高等职业教育"互联网+"新形态教材·市场营销专业

市场营销基础

（第 2 版）

闫春荣　孙铁玉　张明齐　主　编

符芳芬　刘　平　陈　静　副主编

电子工业出版社

Publishing House of Electronics Industry

北京·BEIJING

内 容 简 介

本书根据高职市场营销专业的人才培养目标与教学特点，以职业能力培养为宗旨，为了方便培养学生对营销的基本规律、基本知识的掌握与应用，在内容设计上做到"有所为，有所不为"，重点选取了 5 个项目，即认知市场营销理念、识别商机、确立竞争优势的途径、市场营销组合和市场营销的新发展。在 5 个项目下共设计了 17 个任务，在每个项目开始设有"经商信条"，每个任务由"试一试""想一想""经典赏析""学一学""练一练"5 步构成，在"学一学"的每个知识点处又及时加入了"小案例""视野拓展""营销谚语"等，对营销的思维、基本知识、原则及方法进行了诠释。

本书既可作为高等职业院校、高等专科学校、本科院校的二级学院、成人高校、五年一贯制市场营销专业和其他商贸类专业的教学用书，也可作为中职相关专业、社会从业人员的培训用书。

图书在版编目（CIP）数据

市场营销基础 / 闫春荣，孙铁玉，张明齐主编. --2 版. -- 北京：电子工业出版社，2018.8
ISBN 978-7-121-34357-5

Ⅰ. ①市… Ⅱ. ①闫… ②孙… ③张… Ⅲ. ①市场营销学－高等职业教育－教材 Ⅳ. ①F713.50

中国版本图书馆 CIP 数据核字（2018）第 115535 号

策划编辑：贾瑞敏
责任编辑：贾瑞敏　　　　　特约编辑：胡伟卷　苗丽敏
印　　刷：大厂聚鑫印刷有限责任公司
装　　订：大厂聚鑫印刷有限责任公司
出版发行：电子工业出版社
　　　　　北京市海淀区万寿路 173 信箱　邮编 100036
开　　本：787×1 092　1/16　印张：17.75　字数：513 千字
版　　次：2013 年 8 月第 1 版
　　　　　2018 年 8 月第 2 版
印　　次：2021 年 6 月第 6 次印刷
定　　价：48.00 元

凡所购买电子工业出版社图书有缺损问题，请向购买书店调换。若书店售缺，请与本社发行部联系，联系及邮购电话：（010）88254888，88258888。

质量投诉请发邮件至 zlts@phei.com.cn，盗版侵权举报请发邮件至 dbqq@phei.com.cn。

本书咨询联系方式：电话 010-62017651；邮箱 fservice@vip.163.com；QQ 群 427695338；微信 DZFW18310186571。

前　言

随着中国市场的逐渐成熟，作为一门科学，更是一门艺术的市场营销理论也更加成熟，并且具有一定的中国特色。作为知先于行的实践性极强的应用型课程，市场营销基础也越来越成体系。

高职院校市场营销专业是培养一线能胜任营销管理工作的高端技能型专门人才的主阵地，市场营销基础是市场营销专业或商贸类专业的一门专业必修课程。作为夯实专业基础、开启专业学习之门的重要载体，本书的编写思路在于提高趣味性与实用性。只有吸引学生爱读，方便教师教学，教材的实用性才会发挥出来。

本书的特色在于3个"点"。

一、内容选择有重点

在对企业营销工作岗位调研的基础上，本书重在培养学生对营销基本规律、基本知识的掌握，在内容设计上做到"有所为，有所不为"，不贪大求全，而是重点选取了5个项目，即认知市场营销理念、识别商机、确立竞争优势的途径、市场营销组合和市场营销的新发展。在5个项目下共设计了17个任务。

二、内容呈现有亮点

1．增加图片元素

本书增加图片元素符合高职学生的学习特点。针对"95后"学生获取信息渠道多样化的客观变化，单纯的文字吸引力已不比从前，同时，学生对自己学习营销专业的未来岗位十分关注。因此，本书根据相应内容增加了大量的图片案例（如学生实训、实习照片等），与以往单纯的文字案例相比，对学生更有吸引力。这增强了教材的趣味性，使学生对营销知识的理解更加容易。

2．使用经典案例，增强时代感

本书所用案例具有代表性，耐人寻味，对读者理解与应用新的营销理论具有一定的参考价值。尤其对于市场营销初学者，更会乐于看，看得懂，入门快，易操作。

3．使用互动式的教材体例

在每个项目开始设有"经商信条"，每个任务均设计为"试一试""想一想""经典赏析""学一学""练一练"的5步递进式的体例，符合学生的学习与认知规律。在"学一学"的每个知识点处又及时加入"小案例""视野拓展""营销谚语"等，对营销思维进行启迪与诠释。

三、内容组合激发教学的兴奋点——注重体验，边学边练

本书重视营销体验，强化悟性培养。通过"试一试"，先引导学生总结自身与营销相关的经验，并在此基础上进一步学习。在每个任务后通过"练一练"，既能夯实学生的营销基础知识，又能启发学生深入思考，培养学生的营销思维。

本书由丽水职业技术学院闫春荣、海南广播电视大学孙铁玉、天津海运职业学院张明齐任主编；海南广播电视大学符芳芬，丽水职业技术学院刘平、陈静任副主编。闫春荣负责全书的统稿。具体分工为：闫春荣编写项目一的任务一至任务三、项目三的任务二至任务四；孙铁玉编写项目四的任务一、任务二；张明齐编写项目二的任务一至任务三；符芳芬编写项目四的任务三、任务四；刘平编写项目二的任务四，项目五的任务一、任务二；陈静编写项目三的任务一。

在本书的编写过程中，得到了浙江丽水东方彩红布艺有限公司总经理周欢的大力支持与帮助，在编写中引用、参考了许多教材、专著及企业案例，其中个别资料难以找寻出处，在此一并深表谢意。

由于编者水平和涉猎的市场营销相关图书及活动范围有限，再加之是教学改革的尝试，有些问题尚需探索与完善，书中难免有疏漏之处，恳请读者指正。

编　者

目 录

项目一

认知市场营销理念

经商信条　我们会成为什么样的人，全看我们重复做什么样的事。——亚里士多德

任务一　认知市场

试一试　如果未来天气持续有雨，请你找出可能的商机。

想一想　请你选择"市场"，在相应的图片标题上画"√"，并说明理由。

在校的大学生

电器商场

医药仓库

杨梅

📖 **经典赏析**

美丽的代价

　　27 岁的 M 周末经常陪自己的女友去酒吧玩。女友很爱穿高跟鞋，于是每次回家的路上她总会抱怨脚疼走不动路。此时，M 便免不了充当女友的脚力。几番痛苦的背女友经历让 M 灵机一动——"这时候，许

多女士也许最需要的就是一双舒适的平底鞋"。

于是，M投资创建了R品牌，设计制作出一种体积微小、携带方便的平底鞋，有点类似芭蕾舞鞋，还可以折叠、卷曲，极适合"轻装外出"夜归的年轻人。

而问题在于，并不是所有的鞋店在深夜还会营业，而大家也不可能多带一双鞋子出去玩，如何销售这种平底鞋就成为一个难题。M想到了自动贩卖机，它没有时间和地点的限制。与英国供应商接洽后，没有一家愿意向他提供这种特殊的自动贩卖机。几番周折，他看中了西班牙生产的一种可以回收使用的香烟自动贩卖机，体积和性能都正合他意，不需要进行任何改造。随后，他在英国25家酒吧附近放置了这种自动贩卖机，出售R平底鞋。

这种售鞋机出售金色、黑色、粉色和银色4种颜色的平底鞋，有多种不同鞋码供选购，操作简单。而每双仅售价5英镑，并配有布袋，方便消费者携带换下来的鞋子。

此举一出，立刻掀起了一波时尚夜猫们的换鞋浪潮。这种新型的售鞋方式对于夜归的派对狂热族来说可谓雪中送炭，让她们奔波于各种高跟鞋舞会的双脚得到了养护。

新奇的事物往往能够吸引眼球。美国著名的时尚博客主P迷上了这种新鲜的自动贩卖机，他在自己的时尚博客上极力宣传这种漂亮、简单、舒适的R平底鞋。口碑传播效果立竿见影，名模D和足球明星G随即决定向M定制个性鞋，在他们的婚礼上作为答谢礼送给每位宾客。此举无疑又免费给R品牌鞋做了宣传，引得大批粉丝追捧。

资料来源：谢园. 自动售鞋[J]. 市场营销案例，2010（1）.

点评　市场只青睐于有心人。

评一评　"市场"是怎样出现的？

学一学

无论何人、何事、何时，处处都存在着营销。人类的历史，可以说就是一部营销的历史，其实我们每个人也都在谱写着自己的营销史。

市场营销是关于构思、货物和服务的设计、定价、促销和分销的规划与实施过程，目的是创造能实现个人和组织目标的交换。——美国市场营销协会（1985年）

一、市场的概念

市场最初是指商品交易的场所。"市"就是买卖，"场"就是场所，市场就是买者和卖者在一定的时间聚集在一起进行商品交换的场所。随着商品生产和商品交换的发展，市场的含义也随之发生了变化，从卖者的角度来认识市场，市场等同于需求。

小·案例

在中国，老年人与中青年人的服饰有很大区别，服装的款式和颜色都更保守，而西方的老年人则更偏爱色彩鲜艳的服饰。中国历来有尊老、敬老的传统，老年人备受尊重，老年人用品大量被青年人买来送给长辈，而西方文化推崇年轻和活力，忌讳标有"老年人专用"字样的商品。

ⓘ 营销谚语

> 欲做斗牛士，必将先做牛。

视野拓展

市场营销的核心概念

1．基本需求和欲望

市场营销思考问题的出发点是消费者的需求和欲望，基本需求是人类经济活动的起点。人的基本需求是人们感到某些基本满足被剥夺的状态。它存在于人本身的生理需要和自身状态之中。例如，人饿了要吃饭，渴了要喝水，冷了要穿衣，困了要睡觉，等等。为了生存，人需要食物、衣服、房屋、安全感、尊重和其他一些东西。这些都是自然的状态，不是市场营销者所能创造的。

欲望是指人们希望得到更深层次的需要的满足。例如，某经理人上班时要开宾利车，下班后要去高尔夫球场娱乐，穿衣要穿名牌，这就是欲望。人类欲望的形成受到社会、团体、学校、家庭和公司的影响。

2．产品需求

产品需求通常是指针对特定产品或服务的欲望，即对某一特定产品或服务的市场需求。产品需求需要满足两个条件，就是既要有支付能力，又要愿意购买。

市场营销人员不能创造需要，但是可以影响消费者的欲望。例如，在消费者对车有需要且有购买力的前提下，可以通过激发消费者的虚荣心来促使其购买高档车。

3．产品

产品是指商家提供的各种商品和劳务，是可以满足需要和欲望的物质。一个企业的产品越是与消费者的欲望一致，在市场竞争中成功的可能性就越大。值得注意的是，产品的重要性不在于拥有产品本身，而是得到它们提供的价值。例如，一位妇女在购买化妆品时，她购买的是"美"；一个木匠在购买电视时，他购买的是"娱乐与信息"。

4．价值

产品或者服务的价值是这种产品或服务本身带给人们的极大满足。一个消费者在满足其需要时会根据其价值观念来评估产品选择系列，然后选出一个能极大满足自己需求的产品。例如，小明需要娱乐，能满足这一需求的产品或服务有许多，如打球、看电影、玩游戏等，这构成了一个产品选择系列；小明在需要娱乐的同时还附带其他需求，如安全、价格优惠、健身等，这又构成了需求系列。然后，小明会根据自己的价值观念从产品或服务中选出最能满足自己需求的一个。

5．交换和交易

交换是市场营销理论的核心，是市场营销产生的前提，如果没有实现买卖交易的交换行为，只是用产品去满足特定的需要，还不能构成市场营销活动。交换是一个过程，一般双方都要经历一个寻找有合适产品和服务的商家，洽谈价格、供货及其他交换条件直至达成交换协议的过程。一旦达成交换协议，交易也就产生。

资料来源：中国就业培训技术指导中心．营销师国家职业资格培训教程营销师三级[M].北京：中央广播电视大学出版社，2006．

二、市场的分类

企业要想更好地满足市场的需要，就应当在组织市场营销活动时抓住市场的特点。为此，有必要对市场进行分类。按照一定的标准对市场的类别可做如表1.1所示的归纳。

表1.1　市场分类

分类依据/标准	市场类别	备　注
商品流通区域	国际市场	美国市场、韩国市场和泰国市场等
	国内市场	本地、外地，农村、城市，内陆与沿海等
商品供求关系	买方市场	商品供大于求时的市场
	卖方市场	商品供小于求时的市场
商品市场竞争程度	完全竞争市场	有众多买者、卖者，产品丰富，无人能决定价格，是价格的接受者
	不完全竞争市场	垄断竞争、寡头垄断和完全垄断
商品形态	有形产品市场	钢铁市场、棉花市场、日用百货市场等
	无形产品市场	劳务市场、信息市场、技术市场等
商品用途	消费品市场	食品、电器、服装、化妆品、汽车等市场
	工业品市场	钢材、煤炭、棉花、木材等市场

三、消费品市场

（一）消费品市场的概念

消费品市场也称生活资料市场或最终产品市场，是指所有为个人消费而购买物品或服务的个人和家庭所构成的市场。它是市场体系的基础，也是起决定作用的市场。

① 从交易的商品看，消费品市场的产品花色多样，品种复杂，专业技术性不强，而且替代品较多。

② 从交易的规模和方式看，消费品市场由于是由个人和家庭组成的，所以购买者众多，营销范围广，市场分散，成交次数频繁。但每次交易数量零星，支付金额少。

③ 从购买行为看，消费者的购买行为具有很大程度的可诱导性。由于大多数消费者缺少专门的商品知识，所以消费品市场多属于非专家购买，其购买行为易受广告、营销人员、家人与朋友等的影响。尤其是耐用品和新品上市，需要在卖方的宣传、介绍和帮助下，消费者才会对产品有更清晰的认识。因此，企业可以制定营销策略，以便有效引导消费者的购买行为。

（二）消费品的分类

消费品经营范围广，品种多，从不同角度对消费品进行分类，可以认清不同消费品的特征及消费者的购买态度。

1. 根据消费者的购买习惯分类

① 便利品。便利品是指购买频率较高、售价低廉的日常必需品。消费者熟悉这类商品的性能、品种、规格和价格，购买时往往比较随便，不做过多的比较与挑选，要求购买便捷。例如，食盐、纸巾、肥皂、牙膏和毛巾等。

② 选购品。选购品是指售价较高，消费者比较要求样式、品质的商品。消费者缺乏对这类商品的相关知识，所以购买这类商品时较为谨慎，需要"货比三家"，并经常要征求他人意见后才决定购买。例如，时装、衣料、灯具和化妆品等。

③ 特殊品。特殊品一般是指具有独特性和品牌标志的产品。这类产品售价高，经久耐用，品质好，有特色。消费者购买这类商品时最为谨慎，购买前一般要做充分的准备，对商品的各个方面进行充分的调查、研究和比较，不会轻易做出购买决策。这类商品的质量、信誉和服务的好坏，是消费者做出购买决策的关键因素。例如，高档服装、住房、汽车和计算机等。

2. 根据消费者的购买态度分类

① 热门商品。热门商品是指受到消费者的偏爱及追捧的商品或服务，如名牌商品、时髦商品和特色商品等。例如，具有悠久历史的浙江丽水的龙泉宝剑多次成为国家领导人赠予外国首脑人物的国礼。

② 冷淡商品。冷淡商品是指消费者从心理上排斥的商品或服务，从而导致很少主动问询，如人寿保险、花圈及殡葬服务等。

③ 理智商品。理智商品一般是指价格比较昂贵，消费者对这类商品或服务一般不会形成冲动购买，而是会冷静理智对待，如住房、奢侈品等。

3. 根据消费品的生产技术先进性及需求时代性分类

① 时尚商品。时尚商品或称新潮商品，是指代表当今消费时尚，具有时代感，符合现实需求的商品，如人工智能吸尘器、电动汽车等。

② 超前商品。超前商品是指代表新技术成果，具有先进性能，但尚未完全被消费者接受的商品，如太阳能汽车、墙壁四周都可以触屏上网的智能房屋、无人驾驶的汽车等。

③ 过时商品。过时商品或称淘汰商品，是指消费需求萎缩甚至消失的商品，其功能被新产品所取代，如大城市里的黑白电视机、蚊帐、胶鞋等。值得注意的是，在某一地区是过时商品，在另一地区可能就是新产品。

对消费品分类的方法还有许多。因为不同的商品，在不同的情况下可以有不同的市场作用，所以任何一种商品分类都是相对的，任何呆板或固定的分类都是不科学的。只有综合考虑各方面因素，灵活机动地应用商品分类的方法，才能真正达到认识市场需求特征的目的。

视野拓展

消费品市场的特点

1. 多样性

一方水土，养一方人。消费者因生活习惯、行为准则、道德规范和兴趣爱好等方面的差异，对于商品和服务的需求也会有较大的差异。以对食品的需求为例，不同地区有不同的特色，表现出"南甜、北咸、东辣、西酸"的一般特点。但具体到每一个人，又有着不同的偏好——有的偏爱馒头，有的喜爱米饭；有的爱吃鱼虾，有的爱吃猪肉；有的注重营养，有的偏重口味，等等。企业在市场营销中，必须分析目标市场消费者的需求特点及发展趋势，以满足不同消费者的不同要求。

2. 层次性

美国心理学家亚伯拉罕·马斯洛从心理学角度提出了需要层次论，将人们的需要分为生理需要、安全需要、社会交往需要、自尊需要和自我实现需要5个层次，如图1.1所示。

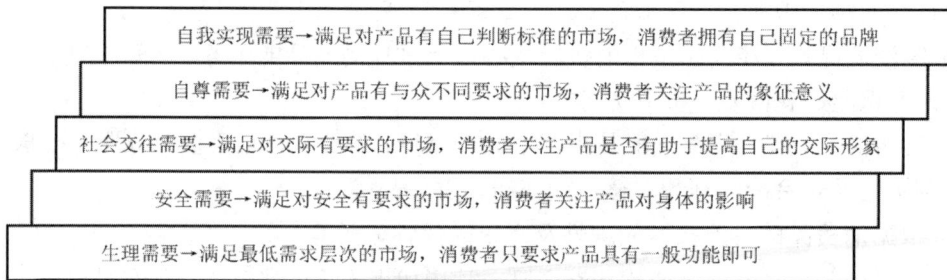

自我实现需要→满足对产品有自己判断标准的市场，消费者拥有自己固定的品牌

自尊需要→满足对产品有与众不同要求的市场，消费者关注产品的象征意义

社会交往需要→满足对交际有要求的市场，消费者关注产品是否有助于提高自己的交际形象

安全需要→满足对安全有要求的市场，消费者关注产品对身体的影响

生理需要→满足最低需求层次的市场，消费者只要求产品具有一般功能即可

图1.1 需要层次与市场对应关系

① 生理需要。这是指人们为了保证生存的最低限度的需要。例如，为充饥、御寒而对食品、衣服、住房的需要等。

② 安全需要。这是指保护人身、财产安全和防止失业的需要，使人们免于生理和心理伤害。

③ 社会交往需要。这是指人们成为某个团体中的成员，得到群体的友谊的需要。

④ 自尊需要。这是指人们为了体现自己的身份，受到群体的重视，得到一定的社会地位等方面的需要。

⑤ 自我实现需要。这是指人们对事业成就的欲望，对理想的追求等。这是最高级的需要。

需要层次论作为一种分析消费者需求状况的方法，企业在营销中可以借鉴。马斯洛认为，低层次需要尚未得到满足的人一般不会产生高层次的动机。这一结论似乎有些机械。但是，马斯洛的理论对于企业分析和研究市场却不失为重要的理论依据。例如，当分析顾客购买某种商品的动机时就应当弄清楚，他是为了满足自己的某种需要，还是为了送给朋友以满足社交的需要。因为对于不同的需要，营销的策略和方法也不一样。

3. 发展性

消费者的基本消费需求得到满足以后，就会产生更高层次的消费欲望。人们的消费欲望不仅千差万别、各具特色，而且随着社会进步、经济发展而不断发展变化着。一种需求满足以后，又会产生新的更高的需求。例如，对洗衣工具的需求，由对洗衣棒、皂角的需求，发展到对洗衣搓板、肥皂的需求，对洗衣机、洗衣粉的需求，对洗衣带甩干机的需求等。这些需求满足以后，将会进一步发展到对洗衣带烘干机、洗衣烘干熨衣机等的需求。这就要求企业在市场营销中，不断研究市场需求的发展趋势，根据市场需求研制新产品，并根据科技的发展生产新产品来引导和促进需求的发展。

4. 结构性

在消费品市场上，人们的消费需求既表现出对吃、穿、住、用等各类商品的需求结构性，还表现出同类商品需求中的高档品、中档品、低档品的需求结构性。掌握消费结构及变化，对于评判消费档次，调整企业的产品结构，确定企业的经营方向十分有利。在此基础上，进一步掌握目标市场消费者对企业产品的需求，就能以此为依据不断改进产品，向市场上提供适销对路的产品。

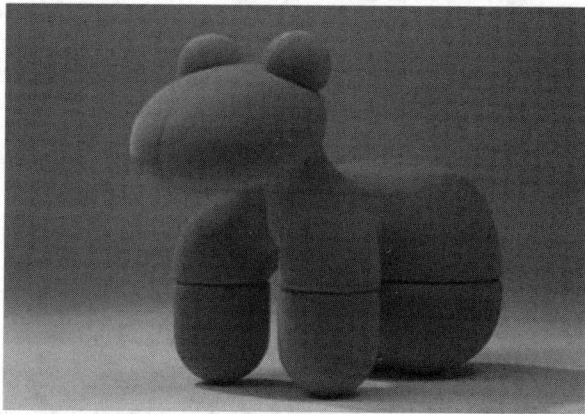

5. 情感性

消费者的爱好、厌恶等情绪及一定时期的感情，都对市场需求有很大的影响。不同地区、不同民族、不同类型的消费者有着特殊的喜好和禁忌，每一个人在不同时期也有不同的市场需求。例如，年轻的父母关注孩子的成长，需要有利于孩子身心和智力发展的食品、玩具和用品等。这就要求企业在市场营销中，经常分析目标市场的喜好和禁忌，并针对目标市场消费者情感的特点及变化，适时地提供目标市场所需要的产品和服务，从而在满足市场需求的同时，提高企业的经济效益。

小·案例

在食品方面，信奉伊斯兰教者食牛、羊肉；在色彩方面，中国人喜欢红色，法国人忌墨绿色；在图案方面，中国人喜欢松、鹤，日本人忌荷花；在数字方面，中国人喜欢 8、12，欧洲人忌 13，等等。

四、工业品市场

（一）工业品市场的概念

工业品市场也称生产资料市场或生产者市场，是指为满足生产者生产其他产品的需要而提供产品或服务的市场。工业品市场和消费品市场的主要区别在于：购买者主要是企业或社会团体，而不是个人或家庭消费者；目的是用于生产或转卖以获取利润及其他非生活性消费，而不是为了满足个人或家庭的生活需要。

工业品市场主要由以下产业构成：农、林、牧、渔业；采矿业；制造业；建筑业；运输业；通信业；公用事业；银行、金融、保险业；服务业。

以工业品市场为服务目标的企业，必须深入研究该市场的特点，并分析其购买行为，才能取得营销上的成功。

（二）工业品市场的分类

按照参与生产过程的不同，工业品市场可划分为直接工业品市场和间接工业品市场两大类。具体如下。

1．直接工业品

直接工业品是指市场买卖仅限于用作制造其他产品并构成产品实体的工业品，也就是完全参与生产过程的工业品。它主要包括以下几种。

① 原料。原料是未经加工但可经过制造程序变成产品主要实体的工业品。例如，矿产品、农产品、林产品、水产品等。

② 半成品及零件。半成品及零件是已经经过加工程序，将变成产品实体的工业品。其中，半成品需继续加工变成产品，如钢、铁、棉纱等；零件经装配即可成为产品的一部分，如自行车链条、钢架等。

2．间接工业品

间接工业品是指那些部分参与生产过程或不参与生产过程，但制造产品时必需的商品。它主要包括以下几种。

① 主要设备。主要设备价值较高，使用年限长，是决定企业生产规模的主要依据。例如，车床、电机等。

② 次要设备。次要设备的价格较低，使用期也较短。例如，小型动力工具、装卸堆码设备等。

③ 供应品。供应品不直接参与生产过程，但为维持生产、经营、管理所必需。供应品价格低，消耗快，需要量大。例如，清洁剂、电灯泡等。

视野拓展

工业品市场的主要特征

① 需求是衍生需求。对生产资料的需求是由基于消费品需求而引起的，消费品市场需求的大小会间接影响到生产资料市场需求的大小。

② 购买者的数量少，购买量大。企业对工业品的需求是基于生产产品的需要，为了保证生产持续进行，需要有合理的库存，因此一般都是批量购买。

③ 需求是缺乏弹性的需求。生产资料购买者的需求受价格变动的影响不大，在一定时期内，需求的品种、规格及数量相对比较稳定。

④ 生产资料市场的计划性强。企业购买工业品时，都要充分考虑生产过程对工业品的需求数量及质量、成本和利润等因素，所以购买决策过程较为复杂。

⑤ 购买者较为集中。工业品因其专用性强，可替代性差，一般只限于有生产需要的企业购买，因此购买者非常集中，潜在购买者少。

⑥ 购买相对稳定。工业品因其使用方向专一，需求弹性较小，在一定时期内，用户依赖性很强，所以通常会持续购买。

⑦ 专家理智型购买，决策过程较严谨。工业品对购买企业制成品的质量及成本等因素有着显著影响。用户在采购工业品时，往往要派出对工业品有着深刻了解的专职人员进行购买。

⑧ 生产资料直接购买。对生产资料的购买不通过中间商。

练－练

一、案例分析

生意无大小，成功需智慧

千万别瞧不起街头小贩，大部分成功者都是从小贩开始的，积累街头商业智慧，小商变大商。在 A 小城的 C 菜市场，有一卖板鸭的精黑汉子，认识他的人都称他为"板鸭大哥"。他穿着洗得一尘不染的白色厨师服，每天都是准时蹬着三轮车悠悠而来，出现在自己的摊位上，从容不迫地支起那块"南京板鸭"的广告牌。

因为板鸭质量好，"板鸭大哥"的生意自然红红火火。但在许多"明白人"看来，他有许多"不正常"的地方。

① 不租门面。有人劝"板鸭大哥"在繁闹市区或买或租一个门面房，"板鸭大哥"都以没钱为由拒绝了，说成本高生意反而没有现在好。

② 不买好摊位。当初他进市场晚，得到一个偏僻的位置。此后，市场上多次进行摊位竞买，他却只用自己的老摊位。他有自己的"摊位观"：摊位最好能固定，不宜经常变动，否则回头客不容易找到你。

③ 从不讲价。市场低迷，板鸭的销售理所当然地进入低潮。这位大哥的板鸭价格却始终不降。他一本正经地对别人说："活鸭虽然便宜，但我制作板鸭时不能偷工减料，新添了几种名贵的中药，板鸭也比以前更好吃。"

大家觉得有理，不再计较。价格虽然不变，售货方式却有一点小小的改变。过去鸭肉、鸭骨都是放在一块儿称。现在若是你买的板鸭中骨头稍多了一点，"板鸭大哥"就会主动地把骨头抽出来，给你切点肉补上去。

④ 出摊不抢早。每天上午 11 时和下午 5 时，是市民买菜高峰期，购买欲望特别强的人们也要下班买菜回家，正是一个出摊的好时候。"板鸭大哥"说，太勤快了不一定就是好事。如果一大早就把板鸭摆在

市场上，临近中午大家就有理由怀疑板鸭不够新鲜。

卖板鸭时他也有不少吊顾客胃口的"小"窍门：摆在桌案上的板鸭，只有那么两三只，让人产生一种货将售空，再晚就买不到的感觉。实际上等你刚刚走开，他就会从案桌底下的暗橱中又拎出几只肥肥大大的板鸭。

⑤ 天天出摊，不灵活。不管刮风下雨他都按时出摊。有人看不下去了："这么冷的天，你还出摊呀？""板鸭大哥"回答得很实在："要是有人跑了一趟，买不到板鸭，不是要跺着脚骂我吗？"

二、单项选择题（每小题1分，每小题只有一个最恰当的答案）

👆在线测试

1. 一切具有特定的欲望和需求，而且愿意并能够以交换来满足此欲望和需求的潜在顾客构成了（　　）。

    A．市场　　　　　　　　　　　　B．客户群

    C．客户　　　　　　　　　　　　D．目标市场

2. 市场营销出现的前提是：人们决定通过（　　）来满足需要和欲望。

    A．乞讨　　　　　　B．掠夺　　　　　　C．生产　　　　　　D．交换

3. （　　）决定其他各类市场是一切市场的基础。

    A．中间商市场　　　　　　　　　B．产业市场

    C．零售市场　　　　　　　　　　D．消费品市场

4. 市场营销观念与推销观念截然不同，市场营销观念以（　　）需求为中心。

    A．卖方　　　　　　　　　　　　B．生产方

    C．销售方　　　　　　　　　　　D．买方

5. （　　）是企业营销活动的出发点和归宿。

    A．顾客　　　　　　　　　　　　B．企业

    C．营销人员　　　　　　　　　　D．产品

三、多项选择题（每小题1分，每题有多个答案正确。错选、少选、多选，均不得分）

1. 下列对市场营销产生条件的描述正确的有（　　）。

    A．如果没有交换行为，就不能构成市场营销活动

    B．当人们决定通过交换来满足需求和欲望时，才出现了市场营销

    C．市场营销是交换的前提

    D．交流是市场营销理论的中心

2. 市场的构成要素包括（　　）。

    A．有购买能力　　　　　　　　　B．有某种需要和欲望的人

    C．拥有使别人感兴趣的资源　　　D．购买欲望

3. 根据消费品的生产技术先进性及需求时代性分类的是（　　）。

    A．时尚商品　　　　　　　　　　B．超前商品

    C．过时商品　　　　　　　　　　D．冷淡商品

4. 下面属于冷淡商品的有（　　）。

    A．住房　　　　　　　　　　　　B．花圈

    C．龙泉宝剑　　　　　　　　　　D．人寿保险

5. 下面属于选购品的有（　　）。

    A．时装　　　　　B．化妆品　　　　　C．纸巾　　　　　D．毛巾

任务二　认识市场营销观念

试一试　如果在销售产品时，顾客很挑剔，你会如何做？

想一想　在你认为描述正确的图片标题上画"√"，并说明理由。

不管你要什么，我们只有白色电动车——生产观念

过季商品打折——生产观念

这些饺子都是顾客事先订好的——市场营销观念

怎么还没人来买——市场营销观念

经典赏析

海尔小王子冰箱受谁影响

　　10年前的一天，我对同事、朋友进行了一番调查、咨询后，终于想买海尔小王子冰箱了。于是，我去了当地最有商誉的百货大楼，那里的电器虽然贵些，但品类最全，可以货比多家。由于职业的敏感，去了之后我也东瞧瞧西看看，看看长虹，瞅瞅西门子，再逗留一下 TCL。营业员都非常热情，尤其是 TCL 冰箱的营业员，语气、语调、语言都无可挑剔，真是让人舒服。他细心加耐心地讲解，让我有些不好意思，因为我从心底没想买 TCL，总是对海尔念念不忘，心里暗想，没想买还让人家浪费这么长的时间，真过意不去。然后我说了一句再考虑一下，就匆匆来到海尔专柜。但出乎意料的是，海尔专柜的营业员却不冷不热，问她话，也不看我，问三句答一句，潜台词很像在说："这个你还不懂！"因为刚受到热情相待，这会儿突然遭遇冷漠，真是让我无法接受。我很生气，于是我毫不犹豫地买了 TCL 的冰箱。

　　点评　观念决定行为，在营销中，你与顾客如何沟通取决于你的观念。

　　评一评　海尔专柜的营业员为什么会失去客户？

学一学

市场营销观念也称营销哲学，是指企业在开展市场营销活动时，对处理企业、顾客和社会三者利益关系方面所持的态度、思想和观念。

一、传统营销观念

（一）生产观念

生产观念是一种传统的、古老的经营思想。其基本内容是：企业的一切经营活动以生产为中心，集中一切力量增加产量，降低成本，以产定销，即生产什么卖什么，生产多少卖多少。这个观点认为，消费者喜欢那些到处可以购买且价格低廉的产品，企业只要提高生产效率和分销效率，扩大生产，降低成本，就可以扩展市场。

小·案例

从1869年至20世纪20年代，美国皮尔斯堡面粉公司一直运用生产观念指导企业的经营。当时这家公司提出的口号是"本公司旨在制造面粉"。美国汽车大王亨利·福特曾傲慢地宣称："不管顾客需要什么颜色的汽车，我只有一种黑色的。"

生产观念是在物质短缺的卖方条件下产生的，在资本主义工业化初期及第二次世界大战（以下简称二战）末期和二战后的一段时期内，由于物质短缺，市场上的产品供不应求，生产观念在企业管理中颇为流行。我国在改革开放之前的计划经济条件下，由于产品短缺，企业只需每年年初从政府那里领取计划，依据计划组织生产，年末将生产出来的产品交给国家就完成了生产任务。因此，此时的企业在经营过程中奉行的是生产观念，主要表现为工业企业重视生产，轻视市场营销，实行以产定销；商业企业集中精力抓货源，工业企业生产什么就收购什么，工业企业生产多少就收购多少，而不重视市场营销。

营销谚语

> 皇帝女儿不愁嫁。

显然，生产观念是一种重生产、轻市场营销的商业哲学。

（二）产品观念

产品观念是一种与生产观念相似的经营哲学。这种观点认为：顾客总是喜欢质量好、功能多和有某种特色的产品，企业应集中力量提高产品质量，并不断加以改进，只要物美价廉，顾客就会自动找上门来，无须花大力气开展推销活动。生产观念强调的是"以量取胜"，产品观念则强调"以质取胜"。这种观念也是产品在市场上供不应求的情况下产生的，此时企业最容易出现"市场营销近视"，即把注意力放到产品上而不是市场需求上。这种观念表现为在市场营销管理中缺乏远见，只看到自己的产品质量好，看不到市场需求在变化，从而会导致企业经营走向困境。

> "酒香不怕巷子深""一招鲜，吃遍天"

追求产品质量，虽不是错误观念，但本质上还是"生产什么，就卖什么"。它比生产观念多了一层竞争的色彩，考虑了顾客对产品质量、性能和特色方面的愿望。

小·案例

日本有一家保险箱生产公司的经理抱怨消费者没有眼光，该公司生产的"牢不可破"的保险箱很少有人问津。一次，他在对一位朋友谈起此事时怒不可遏，竟然抬起一台保险箱从5楼扔了下去，然后让朋友去看保险箱有没有损坏。然而朋友只是淡淡一笑，说道："我想您的顾客购买保险箱决不会是为了从楼上往下扔吧？"

这个例子说明，如果不是从消费者的需要出发去开发和设计产品，自以为很好的产品可能也不会有市场。

（三）推销观念

20世纪20年代末，西方国家市场形势发生了重大变化，大批产品供过于求，销售困难，而且竞争加剧，企业不是担心能不能大量生产，而是担心生产出来的产品能不能全部销售出去，于是产生了推销观念。推销观念是生产观念的发展和延伸。这一观念认为：消费者通常表现出一种购买惰性或抗衡心理，如果不努力推销，顾客就不会大量购买某一个企业的产品。换句话说，只要企业千方百计地卖什么产品，顾客就会更多地购买什么产品。奉行这种观念的企业强调它们的产品是被"卖出去的"，而不是"买出去的"；企业的口号是"我们卖什么，顾客就买什么"。

在这种观念的指导下，企业纷纷建立了专门的推销机构进行大力推销和打广告，以此获得在竞争中的地位。推销观念与生产观念的主要区别在于：推销观念认为消费者不是因为自身的需求与愿望主动购买产品，而是由于受到推销的引诱才采取了购买行为，对企业现存的产品只有努力推销，才能增加产品的销售量，从而使企业获得更多的利润。由于推销观念只注重现有产品的推销，对顾客购买后是否满意，是否还会重复购买没有足够的重视，所以实质上还是"生产什么，就销售什么"，是只重视眼前利益的短期行为。在产品供给稍有宽裕并向买方市场转化的过程中，许多企业往往奉行推销观念。而在产品更为丰富的条件下，顾客有了更多的选择余地，不能更好地满足顾客需要的那些产品，将难以吸引顾客，推销观念就不再适合市场环境了。

二、现代营销观念

（一）市场营销观念

市场营销观念的基本内容是，顾客需要什么产品，企业就应当生产、销售什么产品。这是一种完全不同于前述经营观念的营销哲学，是一种以消费者需求为中心的观念。具体观念如"顾客至上""哪里有消费者的需要，哪里就有我们的机会"。它要求生产适应市场，要求企业主动去发现顾客需要，并通过比竞争者更有效的方式来组织生产和销售以满足需求，而不是将产品生产出来之后再设法推销出去，是生产能够卖出去的产品，而不是卖已经生产出来的产品。企业的主要目标不是单纯地追求销售量的短期增长，而是着眼于长久占领市场，从而实现从"以产定销"向"以销定产"的重大转变。

在市场营销观念的指导下，企业的经营活动应建立在市场调查预测的基础之上，企业首先要确定目标市场的需求和价值，然后以顾客需求来指导与检查经营方向和经营策略。二战后，西方许多先进企业的经营思想由推销观念发展成为市场营销观念。这是由于许多产品供过于求，企业之间竞争激烈，买方市场进一步发展，如果企业的生产经营不以消费者为中心，企业便难以生存发展。市场营销观念一经提出就引起了强烈反响，并成为当今市场营销研究、应用的主流。

🕐 小·案例

美国通用电器公司是最早应用现代营销观念的企业。在开始树立市场导向的观念时，该公司总经理改变了本公司的经营态度，将原来的电扇电毯部改为家庭舒适化服务部。当时，许多同行很不理解，认为这个名称不伦不类，这种做法也莫名其妙，此事一时被传为笑谈。但是该公司总经理和部门经理心里都明白，这不是部门名称的简单改变，而是为了满足消费者对家用电器的需要，使他们的家庭生活更舒适、更方便。确立这种营销观念之后，该部门根据消费者的需求大力发展各种家用电器，产品品种迅速增加。除了继续生产经营电扇、电毯以外，又陆续推出了各种电灶、电气调湿器、电动吸尘器和各种照明设备等新产品。企业销售额迅速增加，并获得了巨额利润。此时，原来持嘲笑态度的同行们才恍然大悟，争相学习通用电器公司的营销态度，树立市场导向的营销观念。

ⓘ 大师妙语

营销的目的就是要使推销成为多余。

——管理大师彼得·德鲁克

（二）社会市场营销观念

社会市场营销观念的基本内容是：企业不仅要满足消费者的需要与欲望，而且要符合消费者和社会的长远利益，应将企业利润、消费需要、社会利益三方面协调统一。社会市场营销观念产生于20世纪70年代的西方。其之所以被提出，一方面是考虑在环境恶化、人口爆炸性增长、全球性通货膨胀的条件下，单纯的市场营销观念是否合适；另一方面是因为保护消费者利益的消费者运动。这种经营思想是对市场营销观念的重要补充和延伸。有观点认为单纯的市场营销观念忽视了满足消费者需求与损害长远的社会利益的矛盾，从而使生产的产品过于陈旧，浪费了大量物资，而且环境污染更加严重。例如，饮料行业为了满足人们便捷的需要，增加了饮用后即可丢弃的包装，从而造成了资源的浪费；清洁剂工业满足了人们对洗净衣服的需要，却造成了水土污染。在这种情况下，社会市场营销观念应运产生，并得到了迅速的发展。

传统营销观念和现代营销观念有着质的区别：前者的出发点是满足企业要求，以生产为导向，以现有产品为中心，依靠增产或加强推销将现有产品销售出去以获取利润；后者的出发点是满足目标市场的顾客需求，以顾客需求为中心，依靠生产适销对路的产品和营销来满足顾客并获取利润。

上述5种营销观念都是在一定的生产力发展水平、一定的商品供求状况和企业规模下产生与存在的，有其必然性与合理性。尽管它们在历史上出现的顺序有先后，但它们不是此消彼长的关系。不同条件下，企业高层管理人员的价值取向和经验会不同，同一时期，企业也会以不同的营销观念来指导企业活动，这就使实际营销活动呈现出多种营销观念并存的局面。由于现代营销观念的先进性，即使是一直推行传统营销观念的企业，也会受到现代营销观念的启迪。

视野拓展

市场营销观念不可绝对化

目前，越来越多的企业崇尚市场营销观念，但也不能绝对化：一方面要求生产紧随消费，另一方面也要求生产走在消费的前面，即对消费者需求而言，应该一半是满足，一半是引导和创造。

近年来，西方也有一种观点认为：完全按照购买者的需要与欲望去组织生产，可能会压抑产品创新。批评家举例说，发明家、科学家、工程师给世界带来了电话、电灯、激光和晶体管等，靠的是对科学知识的追求，而不是根据消费者需求发明创造出来的。还有人指出，对于一些企业来说，取得成功的关键可能是依靠技术或生产，如果仅以市场为导向，则可能在未来的发展中忽略技术、生产这些十分重要的方面。例如，在计算机领域，技术是关键性的；在造纸、钢铁业中，较低的成本比可能施展的任何市场营销技巧都更具影响力。

企业应从市场营销环境和自身实际出发决定营销观念的选择。例如，在同属汽车行业的大公司中，日本的丰田是典型的市场导向型企业，德国的奔驰则更多地偏重于高质量、高性能的生产导向。

练一练

一、案例分析

"选择顾客"的陈老板

这个商家就是浙江慈溪的陈老板，当地最重要的家电经销商，主营音响、空调、背投彩电、普通电视、视听及其他小家电，是浙江省家电协会成员，同时也是当地的知名人士。他有自己独特的经营方式。

陈老板从事家电营销十多年，从最初辞职开个小小的音响店，到如今坐拥两家大型的专业家电卖场，固定资产上千万元，其成功的秘诀就是始终坚持"选择顾客"的营销策略。

陈老板认为，自己的目标顾客群必须同时符合以下3个条件。

① 必须是慈溪县城及其周边乡镇的居民。超出这个范畴的顾客，陈老板概不接待，因为陈老板要为自己的每一位目标顾客提供超一流的服务。

② 具有一定经济实力、懂得享受生活的中产阶级和富裕起来的农村居民，此外还包括一部分追求高品质生活的准中产阶级（年轻人）。只有这类人才会将品牌、品质、服务看得比价格更重要，也才能消费得起陈老板店中的产品，毕竟陈老板卖的家电都属于中高端产品，而且服务水准颇高。

③ 顾客具有一定的文化素养，或者虽然文化水平不高，但是个人修养很不错，懂事理、讲道理。陈老板期望自己的产品和服务能够完全满足顾客的消费需求，让顾客从内心深处感到满意。但是由于一些不可预测的因素，自己的产品或服务难免有不到位的地方，懂事理的顾客大体能谅解，而无修养的顾客可能会对此生出许多抱怨，这是陈老板极力避免的现象。

从这 3 个条件出发，陈老板确定自己的目标顾客群为当地的政府官员、私营企业家、富裕起来的居民和农民、有一定文化修养的准中产阶级（年轻人，尤其是那些准备结婚的年轻人），而把不符合这 3 个条件的顾客排斥在自己的服务对象之外。

陈老板举过这样一个例子，一个从农村来的小伙子，指名要买一套家用电器产品作为结婚用，其中包括背投彩电、普通彩电、冰箱、洗衣机、家庭影院等，总价值近 3 万元。陈老板起初很高兴，但后来发现那个小伙子一直喋喋不休，不懂装懂，对各种电器产品吹毛求疵，甚至提出整套电器产品打八折、服务年限延长等不合理要求，完全不符合陈老板选择顾客的第 3 条标准，应予排斥。陈老板当机立断，打消了做这笔生意的念头，直言该小伙子不是自己商店的目标顾客，请他离开。小伙子一时愣住了，好一会儿才快快然地离去。"不是自己的目标顾客，坚决不做（生意）"，这是陈老板事后的解释。

二、单项选择题（每小题 1 分，每小题只有一个最恰当的答案）

1．人类经济活动的起点是（   ）。
  A．人的基本欲望　　　　　　　　　　B．人的基本需求
  C．消费者的需求　　　　　　　　　　D．消费者的欲望

2．人们购买电视，其真正需要的是（   ）。
  A．自我实现的满足感　　　　　　　　B．电视机
  C．高性能、满足视觉需要的终端设备　D．信息和娱乐

3．人的（   ）包括食物、衣服和房屋等。
  A．基本需求　　　B．兴趣　　　C．欲望　　　　D．产品需求

4．消费者依据（   ）评估产品选择系列，并选择一个能极大满足自己需求系列的产品。
  A．感觉　　　　　B．价值观　　　C．需求　　　　D．欲望

5．20 世纪 70 年代，随着竞争的加剧，市场营销管理哲学逐渐演变为（   ）。
  A．生产观念　　　B．产品观念　　　C．市场营销观念　　　D．推销观念

6．（   ）是市场营销理论的中心。
  A．交换　　　　　B．需求　　　　　C．消费　　　　D．欲望

三、多项选择题（每小题 1 分，每题有多个答案正确。错选、少选、多选，均不得分）

1．生产观念产生的条件主要是（   ）。
  A．供不应求　　　B．成本太高　　　C．产品质量差　　　D．大规模生产

2．营销哲学是指企业在市场营销活动中，处理（   ）之间利益方面所持的态度、思想和观念。
  A．社会　　　　　B．政府　　　　　C．企业　　　　D．顾客

3．市场营销者在制定营销政策时要兼顾（   ）是社会市场营销观念。
  A．消费者需要　　B．所有者利益　　C．企业利润　　　D．社会利益

4．构成市场的 3 个要素分别是（   ）。
  A．购买欲望　　　B．生产能力　　　C．人口　　　　D．购买力

5．马斯洛把人的基本需求由低到高分为（   ）。
  A．社会需求　　　B．受尊重需求　　C．生理需求　　　D．安全需求

6．下列属于人的基本需要的是（   ）。
  A．高档汽车　　　B．食物　　　　　C．珠宝　　　　D．住所

任务三　营销工作人员的职业素养

试一试　去拜访一家企业，争取获得一个兼职的机会。

想一想　面对拒绝，请你选择"态度"，在相应的图片标题上画"√"，并说明理由。

不在意	伤心离开
死缠烂打	分析原因，找对策

经典赏析

听话要听音

　　精明的销售人员要善于从顾客的潜台词中听出其真正意图，抓住销售机会。张女士走进一家百货店，站在手套专柜前看了很久。这时细心的女店员小王走过来热情地问："请问您要什么样的手套呢？"张女士问："有没有银灰色的手套？"店员小王微笑答道："真抱歉，刚刚卖光，过几天才能到货。货到前，能否用白色的代替呢？"张女士说："买白色也行，不过白色的爱脏。"店员小王说："对，白色确实容易脏。不过，白色手套与您的时装更相衬，只要勤洗，我想如果再有一副可替换的，那就方便多了，您可以选两副。"张女士听后露出了愉快的笑容，高高兴兴地买了两副手套。

　　点评　要学会听出顾客没说出来的话。

　　评一评　张女士的"潜台词"是什么？

学一学

一、营销职业心态

（一）自信

　　自信是营销人员必备的素质。营销是与人交往的工作，营销人员要与不同的人打交道，有的地位显赫、财大气粗，有的经验丰富、博学多才。营销人员要获取他们的信任和欣赏，就必须相信自己的企业，相信自己的产品，相信自己的营销能力，相信自己能够取得成功。

⏱ 小·案例

世界汽车推销大王乔·吉拉德认为做到以下方面可以突出自己。

用名片征服世界。他到处用名片，到处留下他的痕迹。"给你个选择：你可以留着这张名片，也可以扔掉它。如果留下，你知道我是干什么的、卖什么的，我的细节你会全部掌握。"我们应当坚守诚实、守信、敬人的品质。吉拉德曾经遇到这样一位钢琴家，她靠教人弹钢琴维生，是一个很有能力和才华的老师，但是她有自己的原则，从不教那些教不来的学生，即使学费很高。许多父母带着缺乏天分的孩子来学习钢琴，一堂课之后，她就会如实告诉不适合学习音乐的孩子的父母，哪怕他们不愿意相信。别人对她说："你收学费，照样教课，有没有学到什么就不用管了。"可是她做不了，如果她那样做，收入会高出很多，但她说自己的良心过不去，父母的付出并没有等价地回报在孩子身上。这位钢琴家虽然得不到更高的收入，但是坚守了自己的原则。不论从事何行何业，只要你坚守原则，那些关注你的顾客总有一天会关照你的生意。你要相信自己，你不会永远输的。

（二）诚实

所谓诚实，就是说老实话，办老实事，做老实人，即"童叟无欺"。诚实是赢得客户信赖的最好方法。

⏱ 小·案例

人人都希望别人对自己诚实，如果对方欺骗了自己，那么一定会对对方怀恨在心。因此，人人都喜欢诚实的人。

在深圳，有一位求职者到公司应聘，由于各方面的条件都不错，他很快便从众多的应聘者中脱颖而出。面试的最后一关由公司的总经理亲自主持。当这位求职者刚一踏进总经理的办公室，总经理便惊喜地站起来，紧紧握着他的手说："世界真是太小了，真没想到会在这儿碰上你。上次在黑龙江游玩时，我的儿子不慎掉入水中，幸亏你奋不顾身地跳下去把他救起。由于当时匆忙，我忘记问你的名字。你叫什么名字？"这位求职者被弄糊涂了，但他很快想到可能是总经理认错人了。于是，他平静地说："总经理先生，我从来没有在黑龙江救过人，你一定是认错人了。"但无论这位求职者怎么解释，总经理依然一口咬定自己不会记错。求职者呢，也犯起了倔强，就是不承认自己救过他的儿子。过了好一会儿，总经理才微笑地拍了一下这位求职者的肩膀说："你的面试通过了，明天就可以到公司上班。你现在就到人事部去报到吧。"

原来，这是总经理设计的一场心理测验：他口头制造了一起"救人"事件，其目的就是要考察一下求职者是否诚实。在这位求职者之前进来的几位，因为都想将错就错，趁机揽功，结果反被总经理淘汰了。而这位求职者在面试的时候，成功地展示了自己诚实的美德，所以他成功了。

其实，人们喜欢诚实的人也是一种很正常的心态。与不诚实的人交往，心惊胆战；与诚实的人交往，轻松自在。

以营销业务员为例，某机构的统计数据显示，70%的人之所以会购买你的产品，是因为他们喜欢你、信任你、尊敬你。因此，营销成功最基本的策略是诚实。诚实表现在向客户介绍产品时实事求是，好就是好，不足之处也不回避，不弄虚作假、夸大其词。优秀的营销人员懂得客户的真正需求是什么，而不只是追求营销技巧。在现实生活中，有些诚实的业务员，说得少，做得多，看似与客户"关系"不太密切，不喜欢应酬，头脑看起来也不太"灵活"，但很多客户在心里都喜欢这类业务员；有些业务员急功近利，急于把产品销售出去，总是要小聪明，自己占便宜，一旦露出破绽，往往是"偷鸡不成反蚀把米"。把客户当成傻瓜的业务员本身就是最大的傻瓜。

小·案例

很多人认为，只要产品是最好的，价格又便宜，顾客没有理由不买我的东西。可事实并非如此，营销人员只有赢得了顾客的认可，获得了他们的信任，才可能促进成交。而信任、认可源于营销人员的所作所为。在营销过程中，你要尽可能地成为顾客的朋友。具体要做到以下几点。

① 认真倾听顾客讲话。在与顾客交谈时，不要忽略别人在说什么。每个人都喜欢好听众，顾客也是如此。你倾听得越久，对方就越会接近你。上天之所以给每个人都是两个耳朵一张嘴，意思就是让人们多听少说。例如，业务员小刘花了近1个小时才使顾客下决心购买他卖的产品，之后，小刘要做的只是让他走进自己的办公室，签下一份合同。当小刘同他一起向办公室走去时，顾客提到他的儿子考进了一所有名的医科大学。他自豪地说："刘先生，我的儿子就要当医生了。""真棒。"小刘边说边看其他的业务人员。"刘先生，我的孩子很聪明吧？他还是婴儿时我就发现他相当聪明。"他继续说。"成绩非常不错吧？"小刘说，仍然望着别处。"在他们班里他是最棒的！"顾客又说。"那他大学毕业后打算做什么？"小刘问道。"我告诉过你，刘先生，他会成为一名医生。""那太好了。"小刘回答说。顾客看了看小刘，突然说："我该走了。"第二天上午，小刘给那位顾客打了个电话："我是小刘，我希望你能来一趟，我想我有一辆好车可以卖给你。""哦，不好意思，我已经从别人那里买了车。我从那个欣赏、赞赏我的人那里买的，当我提起我为我儿子感到多骄傲时，他是那么认真地听。"

② 让顾客感觉到你很在乎他（她）。随着同类产品增多，同质化竞争日趋激烈。因此，在顾客购买你的产品时，要附加上你的感情与尊重，让顾客体会到他们的重要性。刘利在这一方面就做得比他的同事要好。他是怎么做的呢？当顾客一家三口走进刘利的办公室时，他所做的第一件事就是送给孩子一种心形的气球，上面写着"刘利让你满意而归"。接着，他会蹲下来对孩子说："宝宝叫什么名字？啊！明明，你好呀，你真乖。"接着，他会陪着明明一起爬到柜子旁边，此时他的父母一直在瞧着这一切！"明明，我这儿有好东西给你。瞧瞧是什么好东西！"他把手伸进柜子抓出一把棒棒糖，告诉孩子："明明，现在你拿一个棒棒糖，剩下的妈妈拿着。这是气球，气球爸爸拿着。好，我跟爸爸、妈妈谈话时你要乖乖的，是不是啊？"整个时间刘利都是与孩子平起平坐的。这些都是人情，也是营销的一部分。可想而知，这位顾客怎么会拒绝一位与他的孩子一起趴在地上玩耍的人呢？为什么这样做呢？这是让顾客欠自己的人情。顾客不仅是在购买产品，也是在购买态度，购买快乐，购买感情。他可以购买任何一个人的产品，而你给了他和他关心的人尊重、爱心，他就欠了你一份情，以后有机会他会来还这笔人情债，而最好的还债方法就是购买你营销的产品。

（三）积极乐观

营销人员的性格最好是开朗外向的，但并不是说性格内向的人就不能做营销。客户是千差万别的，其中有性格古怪的，也有素质低下的，因此营销人员遭遇拒绝是很平常的事情。积极的心态是成功者最基本的品质，一个人如果心态积极，乐于面对人生，乐于接受挑战和应对困难，那他就成功了一半。

小·案例

有位年轻人整天愁眉苦脸，闷闷不乐，逢人便像祥林嫂一样："我实在是太不幸了！家里没权没势，父母又没有给我留下丰厚的财产。我没有房子，没有小轿车，甚至连件像样的衣服都没有。"

一位智者对年轻人说："你愿意把你的一只手卖给我吗？我出100万元。"

"我不愿意！"年轻人毫不犹豫地近乎怒吼道。

"那么，我出200万元买你的一条腿。这可以吧？"

年轻人坚决地摇了摇头说："怎么可能，真是开玩笑！"

智者笑了："年轻人，你现在不是正拥有300万元吗？你还抱怨什么呢？"

年轻人怔了一下，高兴地笑了。因为他悟出了幸福的真正含义，那就是用心珍惜并把握自己所拥有的一切。

（四）老板心态

营销人员只有具备了老板的心态，才会尽心尽力地工作，才会去考虑企业的成长、营销的成本，才会意识到企业营销相关的事情就是自己的事情，就会知道什么是应该做的，什么是不应该做的。

（五）毅力

研究表明，人的非智能因素（如毅力等）在成才过程中起决定作用——非智能因素对智能因素起定向与激励作用。

ℹ️ 营销谚语

心若一潭清水，便可容量无限；心若一潭浑水，只能整日无闲。身若累了，只不过一身臭汗，一觉醒来又是一条好汉；心若累了，人生不再有希望，期盼一睡不醒，处处逃避。

营销人员会经常面临巨大的业绩压力。在一些中小企业中，如果一个月没有合同，收入就要大受影响，而两个月拿不到合同，就有可能卷铺盖走人。一些营销人员在与客户初步接触后，见客户没什么反应，就抱怨公司的产品价格太高，怀疑产品不适销对路和产品有问题，到最后开始怀疑自己的能力，于是辞职。这都是缺乏毅力、意志不坚强的表现。在营销的各个环节中，会遇到各种困难和挫折，也会有意外情况出现，这就要求营销人员有毅力，坚持到底。

小·案例

刘利经过近半年的艰苦努力，终于与客户把近500万元的合同谈妥了。合同刚签完字，不甘心失败的竞争对手对客户的负责人说，刘利这个合同的价格比其他厂商高了几十万元。客户的负责人一听非常愤怒，要把合同作废，也不怕跟刘利的公司打官司。因为刘利的公司已经与国外公司签了供货合同，所以如果这个合同作废，就会让刘利的公司遭受惨重的损失。刘利只好去找那个负责人解释，但对方负责人就是不肯见他，结果他在那位负责人门口站了3天。当时正值三伏天，刘利每天中午回宾馆换一次衣服，晚上再换一次。他的诚意终于感动了那位负责人，同意听刘利解释，最后使合同得以执行。如果刘利没有这种毅力，被炒鱿鱼是小事，公司还会因此蒙受几百万元的损失。

资料来源：孔繁正，等. 营销综合管理[M]. 北京：高等教育出版社，2010.

（六）宽容

ℹ️ 大师妙语

> 大气之人，语气不惊不惧，性格不骄不躁，气势不张不扬，举止不猥不琐；静得优雅，动得从容，行得洒脱。就像一朵花，花香淡雅而悠长；就像一棵树，枝叶茂盛而常青。
>
> ——邱裕华

营销人员在工作中应当尽量控制个人的喜好，把每一位客户都当作自己的亲人，让客户喜欢自己。做到这一点很难，但这是努力的方向。因此，当你遇到那种特别刁横或傲慢的客户时，无论在说话态度上，还是在谈话内容上都要格外小心，一定要先把对方当作朋友对待。一个优秀的营销人员，在遇到这类客户时，不仅不会厌恶，反而会谦逊地把对方当作人生中的良师益友，因为正是在与这种客户打交道的过程中，提高了自己的沟通能力。对于营销人员来说，他面对的客户是具体的、形形色色的，他们都会有这样或那样的优缺点，就像我们自己也会有优缺点一样，因此，当你发现客户身上有与你的习惯相悖，甚至让你讨厌的地方时，你不能老盯着那一点。例如，你讨厌随地吐痰，而你的客户就有随地吐痰的习惯，当他在你的办公室随地吐痰时，哪怕你脸上露出一点点厌恶的神色，你们的关系也就可想而知了。

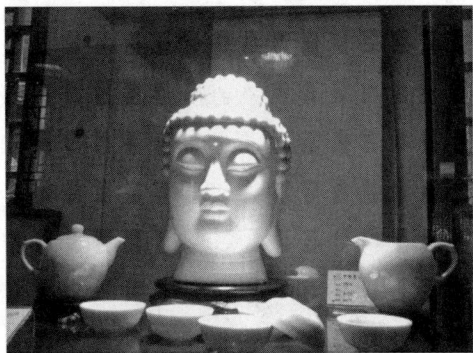

ℹ️ 大师妙语

> 干活原本无技巧，能忍自然效率高；人生态度千万种，一个熬字万事销。
>
> ——莫言

"金无足赤，人无完人"。营销人员在与客户打交道时，心里应多一些包容，多关注对方的优点。例如，对方喜欢随地吐痰，但他为人守信用，从不拖欠货款。如果你总是这样地欣赏对方，那么在对方眼中，你的形象同样也会慢慢高大起来。这样，你们之间的感情就会逐渐加深。在当今市场上，竞争的双方往往旗鼓相当，就像可口可乐和百事可乐一样。在这种情况下，作为营销人员要想在竞争中取胜，唯一的秘诀就是让客户信赖你，与你成为朋友。

⏱ 小·案例

在生活中，你是喜欢与一个乐于助人的人，还是与一个不肯帮助你的人打交道呢？如果别人帮助了你，你是否会感谢对方？如果你回答"是"，那么大部分人还是喜欢主动帮助别人的人。

一个风雨交加的夜晚，一对老夫妇走进一间旅馆的大厅，想要住宿一晚。无奈饭店的夜班服务生说："十分抱歉，今天的房间已经被早上来开会的团体订满了。若是在平常，我会送二位到没有空房的情况下用来住宿的旅馆，可是我无法想象你们要再一次地置身于风雨中，你们何不待在我的房间呢？它虽然不是豪华的套房，但是还是蛮干净的，因为我必须值班，我可以待在办公室休息。"

这位年轻人很诚恳地提出这个建议。老夫妇大方地接受了他的建议，并对造成服务生的不便致歉。隔天雨过天晴，老先生要前去结账时，柜台仍是昨晚的这位服务生。这位服务生依然亲切地表示："昨天您住的房间并不是饭店的客房，所以我们不会收您的钱，也希望您与夫人昨晚睡得安稳！"

老先生点头称赞："你是每个旅馆老板梦寐以求的员工，或许改天我可以帮你盖栋旅馆。"

几年后，他收到一位先生寄来的挂号信，信中说了那个风雨夜晚所发生的事，另外还附有一张邀请函和一张往返纽约的机票，邀请他到纽约一游。

在抵达曼哈顿几天后，服务生在第5街及34街的路口遇到了这位当年的旅客。这个路口正矗立着一栋华丽的新大楼，老先生说："这是我为你盖的旅馆，希望你来为我经营。好吗？"

这位服务生惊奇莫名，说话突然变得结结巴巴："你是不是有什么条件？你为什么选择我呢？你到底是谁？"

"我叫威廉·阿斯特，我没有任何条件。我说过，你正是我梦寐以求的员工。"

这家旅馆就是纽约最知名的华尔道夫饭店，这家饭店在1931年启用，是纽约尊荣的地位象征，也是各国的高层政要造访纽约下榻的首选。

当时接下这份工作的服务生就是乔治·波特，一位奠定华尔道夫世纪地位的推手。这就是后来全球赫赫有名的希尔顿饭店的第一任总经理走马上任的真实故事。

二、营销职业道德

（一）守信

ℹ 营销谚语

> 人而无信，不知其可也。
>
> ——孔子

信誉是在长时间的商品交换过程中形成的一种信赖关系。它反映出一家企业、一位营销人员的素质和道德水准。只有守信，才能为企业和营销人员带来良好的信誉，赢得了信誉，才会在当今的竞争中立于不败之地。损害了自己的信誉，终将被市场淘汰。

⏱ 小·案例

吉林省某公司的赵经理从事果仁生意。该公司目前是赵经理和香港的一位朋友一起创办的。

赵经理是做松子仁起家的。20世纪90年代初，他刚刚起步的时候，有几吨货已经卖给了美国一家公司,然后有个朋友带着一位香港客人来到他的公司,说要买他这批货,而且价钱比卖给美国公司的高很多。他想,作为一个商人,一定要讲诚信,所以他说,这批货已经卖给美国一家公司了,看看下次有没有机会合作。这样赵经理就结识了香港客人陈先生,陈先生对他的诚信印象深刻。

有一次,陈先生跟他订了两个柜的马尾松,当时定的价格是每吨 3.6 万元,等他从产区把原料买回来,然后加工出成品,这时的市场价格已经涨到 4.6 万元,即 1 吨涨了 1 万元。合同共签了 32 吨,如果按照当时的市场价,他可以多赚 32 万元。他也曾经动摇过是否交货,思考再三,要是不把货交给他,可能只赚了眼前的一笔——多赚了 32 万元,以后可能会少赚 300 万元或是 3 000 万元。于是,赵经理毅然按照原价把这批 32 吨的货物卖给了陈先生。

这件事对香港的陈先生触动很大,他主动向赵经理提出合作建厂,他们的合作成功了。

守信就是"一诺千金"。要信守承诺,不仅要信守书面承诺,还要信守口头承诺。口头承诺是无法律约束力的,但却是营销人员帮助顾客建立购买信心的重要标志。聪明的营销人员不会冒着丧失信誉的风险违反对顾客的口头承诺。此外,承诺有明确(显性)承诺和隐含(隐性)承诺之分:明确承诺是合同、协议等明确规定的应履行的义务;隐含承诺则没有明确规定,是隐含着的承诺,如质量合格的产品本身就隐含了承诺对该商品所应具有的质量负责的含义。一旦营销人员由于某种原因未能履行承诺,就有义务做出解释,请求顾客的谅解,必要时应主动赔偿损失,接受惩罚。

(二)负责

负责是要求营销人员在营销过程中对自己的一切经济行为及后果承担政治、法律、经济和道义上的责任。

大师妙语

悬衡而知平,设规而知圆。

——韩非子

任何逃避责任的行为都是不道德的,而且是非常愚蠢的。在市场经济条件下,营销人员的营销决策一般是独立做出的,因此他要对自己独立自主的营销活动及可能带来的后果承担责任。营销人员在营销过程中的言行举止都代表着企业,要对顾客、企业及社会负责。因此,在营销过程中,营销人员应当向顾客讲实话,客观地介绍产品的优点和不足,以为顾客排忧解难为宗旨,向顾客提供能有效满足其需要的商品,从而赢得顾客的信赖,提高企业的声誉、经济效益和社会效益。坚持负责原则,要求营销人员积极、自觉、自信,必要时有牺牲自己利益的心理准备和勇气。

小·案例

越要越得不到

凡事都要回报的人最令人反感,做好事不求回报的人最能受到人们的喜爱。

某学院 2 号楼的王大妈来帮儿子看家,半年里天天义务打扫楼梯,大家过意不去,主动提出每户给她

60元，她没收。她走时，那幢楼的人都出来送她。看到打扫楼梯挣钱，住在楼里的刘婶趁着众人都在场说："各位，王大妈走了，我做这事，各位每月给我10元。"没人回答她，大伙不欢而散。

也是住这幢楼里的年轻人小张，他和妻子小花都是孤儿，家里很困难。小花就要生孩子了，小张不让小花打工了，让她在家待产，每天去打扫楼梯，就当活动了。

小花默默地打扫着，邻居们看了对小张说，小花大着肚子，怎么还干活儿？年轻人说，她待产没事干，活动活动好生产。再说，扫楼梯又不是什么重活儿。

小花生孩子了，邻居们都提着礼物到医院看望他们。邻床的产妇对他们说，你们的邻居对你们真好。孩子满月后，年轻人对妻子说，就凭着邻居们去医院看咱们，这楼梯脏了，我们也该打扫。就这样，小花一边带孩子，一边打扫楼梯。3个月过去了，有天晚上，几个邻居走进他们家，给他们送来一个大红包，领头的说："大伙商量过，决定每月每户出10元，作为你们打扫楼梯的报酬。"小花说："楼梯我们也要走，再说，我在家看孩子有的是时间，钱还是拿回去吧。"邻居们却说："我们都清楚，你们日子过得紧，就当是大伙给孩子的一点心意吧！"

刘婶和小花有什么不同？你从中得到了什么启示？你越要，人家越讨厌，你就越得不到。

（三）公平

公平是社会生活中一种普遍的道德要求，是以每个社会成员在法律和人格上人人平等为依据的。在营销过程中，要想获得双赢，在处事时就要贯彻一个原则，即公平原则。坚持公平原则主要有以下两方面的含义。

① 营销人员对待营销对象，即顾客必须公平。营销对象不论男女老幼、贫富尊卑，都有权力得到服务。各种以次充好、缺斤短两、弄虚作假的行为都是违反公平原则的，更是不道德的。

i 营销谚语

君子爱才，取之有道。

② 与对手的竞争中也应坚持公平原则。营销不可避免地存在竞争，竞争是提高服务质量、改善服务态度的外在动力，因而市场经济是鼓励营销人员之间大胆展开竞争的，但竞争可能会带来一些负面效应。例如，许多营销人员为了战胜竞争对手，采用诋毁、诽谤竞争对手的产品甚至人格的不正当竞争行为。显然这种行为是十分不道德的，更是非法的。营销人员应尽情发挥自己的聪明才智展开公开、公平、合理的竞争。

守信、负责、公平是现代营销最主要、最基本的职业道德要求。营销人员在营销过程中应肩负起社会责任，使自己的行为有利于社会公众的利益。从长远来看，坚守营销道德，坚持守信、负责和公平的道德原则，是使营销人员个人、企业、顾客乃至社会多方共赢的事情。

小·案例

比一比

一位老师带了甲、乙两位学生。甲沉稳而好学，乙外向而张扬。老师很喜欢甲，常向人夸奖他的优秀；老师也很想改变乙，但始终没找到一个好机会。

乙对老师表现出来的偏心有意见，于是去找老师谈。一天，乙看到老师心情很好，便问道："老师，您经常夸奖甲，甲到底优秀在什么地方？"

老师早就在等乙找他的这一天，认为这是教育乙的最好机会。他听完乙的话，微笑着对乙说："优秀不优秀，你们两个人比试一下。"乙当即同意了。

第二天，老师开始主持二人的比赛。老师说："我这里有两只桶，那边有两只一样大的水缸，你们两个人用这两只水桶从这边水池里打水，谁先把水缸装满，谁就是获胜者！"

甲、乙两人看到老师身后有一大一小两只水桶。老师说："乙可以先挑选水桶！"乙听到老师说他可以先挑选水桶，拿起那只大桶向水池跑去，甲拿起小桶跟着跑了过去。当乙把桶从水池里提出来的时候才发现，自己的水桶底部有个大洞。等他提着一桶水跑到水缸跟前的时候，桶里的水已经所剩无几了。等甲把水缸装满的时候，乙才装了不到半缸。

老师宣布甲获胜。他对二人说："在做任何事情的时候都要仔细观察，如果观察不到位，即使获得了先机也可能失败！"

乙对比赛结果很不服气，于是老师决定再比一次，这次由甲先挑选水桶。甲仔细地看了看两个桶，拿起了那只大桶。乙偷偷地笑了笑，提起小桶朝水池跑去。甲则从旁边顺手拿了一块毛巾，把水桶底部的洞堵上了，然后才去水池提水。大桶装的水比小桶两桶还多。等甲装满水缸时，乙刚装了一半多一点。

比赛结果又是甲取胜。老师说："发现问题及时采取补救措施，仍然不会失去优势。"

乙依然不服气，老师决定第二天再比。

回去以后，甲好像没发生什么事情一样，依然读他的书，写他的文章，而乙则找了一块软木，刻了一个木塞准备第二天使用。

第二天一大早，大家都来到了水池边。老师说："今天你们谁也不能先挑选水桶，要抢！抢到大桶，用大桶；抢到小桶，用小桶！"乙眼疾手快，不等老师说完就把大桶抢到了手，甲拿到了小桶。等乙把大桶拿到手里的时候，傻眼了！这只大桶根本就没底！自然又是甲获胜了。

老师说："任何事物都不可能是一成不变的，光靠经验去处理问题往往会导致失败！"乙这次彻底服气了，之后也变得沉稳，踏实起来了。

做任何事情都不可投机取巧，一成不变的思维模式终究会遭到淘汰。善于观察、善于发现、善于创新、沉稳执着、不骄不躁，才是一个成功人士应该具备的基本条件。

三、营销礼仪

（一）营销礼仪的原则

ⓘ 大师妙语

生活中最重要的是礼仪，它比最高的智慧，比一切学识都重要。

——[俄]赫尔岑

1．敬人

敬人是营销礼仪的第一个原则。一个讲礼仪的人一定是一个好人，因为他在乎别人与他相处时的感受。礼仪可以教我们敬人，对他人怎样表达尊敬，令对方感觉愉快，并愿意跟我们相处。

小·案例

有一次，英国王室在伦敦为印度客人举办了一场宴会，宴会由温沙公爵主持。大家觥筹交错，气氛很融洽。最后一道餐点结束时，侍者给每个人端来了一盘洗手水。看到银盘里清澈的凉水，印度客人端起盘子一饮而尽。作陪的英国贵族顿时目瞪口呆，不知如何应对，只能将目光投向温沙公爵。只见温沙公爵神情自若，一边与客人谈笑风生，一边端起自己面前的洗手水，也像客人那样喝光了。于是大家马上跟着喝光，难题被轻轻松松地化解了，宴会也顺利结束了。

2．自律

礼仪不是由司法机关强制执行的，它是一些约定俗成的、大家都认可的规则，是靠人们的自觉来维系的。当我们掌握礼仪后，就知道有些事情是适合做的，而有些事情是不适合做的。在掌握这个尺度之后，我们才能与他人愉快地相处。在学习、应用礼仪的过程中，要自我要求、自我约束、自我控制、自我对照、自我反省和自我检点。

3．适度

礼仪就是要懂得把彼此之间的距离和关系调整到一个适当的尺度，过犹不及，不够也不行。应用礼仪时要注意把握分寸，做到自然得体，切勿失分寸、矫揉造作，要表现为感情适度、谈吐适度、举止适度和装扮适度。

4．真诚

一个人即使掌握了各种各样的技巧，但如果没有一颗真诚的心，表里不一，不是从内心愿意去跟别人沟通和打交道，只流于表象的礼仪，也是没有用的，因此真诚也是很重要的一个基本原则。

5．从俗

"十里不同风，百里不同俗"。由于国情、民族、文化背景不同，所以必须坚持入乡随俗，与绝大多数人的习惯做法保持一致，切勿目中无人、自以为是、我行我素，要理解他人、体谅他人，对他人不求全责备。

（二）商务活动的基本礼仪

礼仪是交往的规矩，是用来维护自我形象，对他人表示尊重友好的形式。在商务活动中，如果双方都表现出较高的礼仪素养，对于营造有利气氛、沟通感情、形成相互尊重和信任有很大的帮助。另外，了解商务中的禁忌也是非常重要的。

1．仪表庄重

一般人的穿戴可随个人的性格、爱好而随意变化，不必过分挑剔、指责。而对营销从业人员来说，要把个人仪表看成是职业水平的重要组成部分，给予高度重视、严格要求，因为营销人员的个人仪表是给顾客的第一印象，他们的着装、姿势，甚至一言一行、一举一动都会给社会、企业带来一定的影响。例如，当我们走进百货大楼时，可以看到营业员统一的着装、漂亮的打扮，给人一种愉快的感觉，使我们愿意来这里购物。

2．介绍礼仪

① 自我介绍时，首先应注意介绍的时机，在开始介绍时可以先递名片，介绍时要简短。一般来说，自我介绍有 4 个要点，即单位、部门、职务、姓名。如果所在的单位和部门名字比较长，首先要使用全称，再改用简称。

② 介绍他人。介绍他人可以分为家里与单位两种情况。如果家里来了客人，一般由女主人介绍；如果单位来了客人，可以由公关、文秘、办公室主任、外办、接待办的人员负责介绍。介绍的一般惯例为尊者应当优先知道对方的信息，具体如下。

- 把身份低的介绍给身份高的。
- 把年轻的介绍给年长的。
- 把男士介绍给女士。
- 把未婚的介绍给已婚的。
- 把主人介绍给客人。
- 把晚到者介绍给先到者。
- 性别、年龄、地位相同的平等介绍。

3．握手礼仪

当我们遇见认识的人或与人道别时，当某人进你的办公室或离开时，当被相互介绍时，当安慰某人时，都需要与人握手。握手的方法为：身体以标准站姿站立，上体略前倾，右手手臂前伸，肘关节略屈，拇指张开，四指并拢。握手的优先决定权视不同情况会有所不同，一般来说，主人和客人之间，客人抵达时主人应先伸手，客人告辞时由客人先伸手；年长者和年轻者之间，年长者应先伸手；身份、地位不同者之间，应由身份和地位高者先伸手；女士和男士之间，应由女士先伸手；参加会议或聚会时，先到者先伸手。总之，尊者有握手的优先决定权。握手的时间以 3～5 秒为宜，以握碎一个鸡蛋的力度为宜。握手的部位一般是女士之间手指相握，力度稍轻；男士之间虎口对虎口，力度可以稍大；男士握女士的手指，力度要稍轻。

四、有效沟通

小·案例

割草的男孩出价 5 美元请他的朋友打电话给一位老太太。电话拨通后，男孩的朋友问道："您需不需要割草工？"

老太太回答："不需要了，我已经有割草工了。"

男孩的朋友又说："我会帮您拔掉花丛中的杂草。"

老太太回答："我的割草工已经做了。"

男孩的朋友再说："我会帮您把草与走道的四周割齐。"

老太太回答："我请的那个割草工也已经做了，他做得很好。谢谢你，我不需要新的割草工。"

男孩的朋友便挂了电话，接着不解地问割草的男孩："你不是就在老太太家割草吗？为什么还要我打这个电话？"割草的男孩说："我只是想知道老太太对我的工作是否满意。"

（一）恰当的寒暄

与陌生人打交道比较难的就是如何打开话匣子，如何拉开交谈的序幕。寒暄是表达感情的一种方式，是交谈的序曲，也是开场白。得体、恰当的寒暄可以使谈话顺利开始。常用的寒暄有以下几种。

1．问候型

问候型用语比较丰富，概括起来有以下 4 种。

① 表达礼貌的问候语。

小·案例

"您好！""晚上好！""过年好！"等。

根据不同的场合、环境、对象，可以有不同的问候。例如，对孩子，可以问："几岁了？""上几年级了？"对成年人，可以问："忙吗？""今天休息啊？""上班啊？""上街啊？"

② 表现思念之情的问候语。

小·案例

"多日不见，近来怎么样？""好久不见，好想你！"等。

③ 表现对对方关心的问候语。

小·案例

"最近好吗？""您来这里还习惯吧？""来多久了？""最近研究工作进展如何，还顺利吗？"

④ 表现友好态度的问候语。

小·案例

"生意好吗？""开学了吗？""开始上班了吗？""什么时候休息啊？"等。这些提问的话语，听话人不必详细作答，只是一种交际的媒介。

2．言他型

言他型是初次见面较好的寒暄形式，特别是陌生人之间见面，一时难以找到话题，可以采用这种方式。

小·案例

"今天又下雨了。""南方天气很热吧？"之类的话，可以打破尴尬局面。

3. 触景生情型

触景生情型是针对具体的交谈场景临时产生的问候语。例如，对方刚做完什么事，正做什么事，以及将做什么事，都可以作为寒暄的话题。

小·案例

早晨在家门口或路上，可以问："您好，上班吗？"在食堂里，可以问："才去吃饭吗？"在图书馆或教室里，可以问："在学习啊？"这种寒暄，随口而来，自然得体。

4. 夸赞型

没有人不喜欢被人赞美，说赞美的话，别人听了舒服，自己也不降低身份。心理学家根据人的天性做过这样的论断：能够使人在平和的精神状态中度过幸福人生的最简单的法则，就是给人以赞美。作为一个社会成员，需要他人的肯定和承认，也需要他人的诚意和赞美。

小·案例

办公室小王穿了一件新皮衣，你可以用赞美的语言说："小王，你穿上这件皮衣真是更漂亮了！"小王会很高兴。老刘今早理了新发型，你可以说："老刘真是越来越年轻了。"老刘也会很高兴。

5. 攀认型

在人际交往中，只要彼此留意，就不难发现双方会有这样那样的"亲""友"关系，如同乡、同事、同学，甚至远亲。在初次见面时，寒暄攀认某种关系，从感情上靠拢对方，可以创造建立交往、发展友谊的契机。

小·案例

"我出生在黑龙江佳木斯市，跟您这位佳木斯人可是同乡啊！""您是研究食品安全的，我爱人在食品厂工作，咱们可算是近亲啊！""噢，您是××职业技术学院毕业的，说起来咱们还是校友呢！"这些事例说明：在交际过程中，要善于寻找契机，发掘双方的共同点。

6. 敬慕型

敬慕型的寒暄方式是对初次见面者尊重、仰慕、热情有礼的表现。

小·案例

"我是慕名而来！""早就听说过您！""您的大作，我已拜读，得益匪浅！""您的气质真好，做什么工作的？""您的方案设计得真好。"

（二）掌握交谈的技巧

1．人人都喜欢被奉承

恰如其分地说奉承话是生意人的一门重要功课，因为恭维话人人爱听，而且越是傲慢的人，越爱听奉承话，越喜欢受人奉承。说奉承话，别人听了舒服，自己也不降低身份。在谈话时要谈对方感兴趣的、引以为荣的、能够满足其虚荣心的话题。

小·案例

3个年轻人跪在大法师面前，要求剃度当和尚。大法师问第一个人："你为什么要当和尚？"那个人答："我爸爸叫我来的。"大法师当头就给他几棒："对这么大的事情都没主见，你爸爸叫你来，你就来了？将来后悔怎么办？"法师说得对。再问第二个人同样的问题。这人一听前面那个人说爸爸让来的会挨打，便答是自己要来的。法师打得更凶了："这么大的事情不与你爸爸商量就来，你爸爸跟我要儿子怎么办？"法师讲得对。同样的问题再问第三个。他吓得一句话都不敢讲。这下大法师使出全身力气打他："这么重大的事情想都不想就来。"如果换成你，你会怎么回答法师而不挨打？

资料来源：曾仕强．上级交办的事情要怎么办[OL]．http://www.wsbgt.com/PublicFolder/Player/VideoPlay.aspx？VideoID=43480&StartTime=0.

2．人人都有同情心

人是感情动物，而同情心是人类最基本的情感。用情感打动别人，使其有心理负担或欠人情债的感觉，即使是一个非常坚持立场的人也可能发生改变。

小·案例

杨树枝在推销产品时遭到了客户的拒绝，但过了一段时间，他又去了。这位客户仍冷漠地说："我不想买，你再来多少次也没用，我劝你不要再浪费时间了。"杨树枝仍精神抖擞、面带笑容地回答说："请不必为我担心，只要您能给我一点时间听我解释，我就心满意足了。"客户看到他全身是汗却还满脸笑容，不买有些不好意思，于是就买了一点。恶劣的天气是杨树枝上门推销的好日子。外面下着雨（雪），别人待在家里，而杨树枝站在门口，很容易使人产生同情心，因而难以拒绝。

3．人人都有自尊心

人们都希望得到别人的尊重，自尊心越强的人，越是强调自己的与众不同，也越希望得到别人的另眼相待。在生意场上，适度刺激对方的自尊心有时会收到好的效果，不妨用适度的话来刺激对方的自尊心以"俘虏"对方。

小·案例

在一家大商场的珠宝玉器柜台前，有一对穿着讲究的夫妇对一只标价10万元的翡翠戒指流连忘返。营业员见他们的样子，知道是嫌价格太贵，于是热情地说："这戒指的确很精美，有个国家的总统夫人看上了，后来因价格太贵，换了个价格适中的戒指买走了。要不您二位再看看别的有没有中意的？"那对夫妇看了营业员一眼，女士说道："那我就要它了。"并当即付钱。

视野拓展

交谈中有失礼仪的 10 种表现

在交谈中，除了要用语文明、态度谦逊以外，还应注意谈话的方式、方法。

① 闭嘴。在与交谈对象谈话时，自己始终保持沉默会被视为对话题内容不感兴趣。本来双方洽谈甚好，一方突然"打住"，会被理解成对对方的"抗议"，或者对话题感到厌倦。

② 插嘴。插嘴就是在他人讲话的中途，突然插上一句来打断对方的话。

③ 杂嘴。杂嘴就是使用的语言不标准、不规范。例如，在国内的商务交往中，应使用汉语普通话，因为它是国人彼此之间理解和沟通的最佳方式。如果开口方言，闭口土语，不光可能被人误解，弄不好还会被人视为做人不够开化。在对外商务交往中，应使用双方均能够接受的语言。

④ 脏嘴。脏嘴就是交谈中讲话不文明，满口都是"脏、乱、差"的语言。

⑤ 荤嘴。荤嘴就是交谈中带有"色"，时时刻刻把丑闻、艳事挂在嘴上。

⑥ 油嘴。油嘴就是说话油腔滑调，毫无尺度地乱幽默。

⑦ 贫嘴。贫嘴就是爱多说话，不分男女、不论长幼、不辨亲疏地乱开玩笑。

⑧ 犟嘴。犟嘴就是喜欢跟别人争辩，喜欢强词夺理。

⑨ 刀子嘴。刀子嘴就是说话尖酸刻薄，喜欢恶语伤人。

⑩ 电报嘴。电报嘴就是爱传闲话，爱搬弄是非。

资料来源： 中国就业培训技术指导中心. 营销师国家职业资格培训教程营销师三级[M]. 北京：国家开放大学出版社，2006.

练一练

一、案例分析

两辆中巴

有两对夫妇，分别开 201、202 两辆中巴车。坐车的大多是一些船民，由于他们长期在水上生活，因此，一进城往往是一家老小。201 号的女主人很少让孩子买票，即使是一对夫妇带几个孩子，她也是熟视无睹似的，只要求船民买两张成人票。有的船民过意不去，执意要给大点的孩子买票，她就笑着对船民的孩子说："下次给带个小河蚌来，好吗？这次让你免费坐车。"

202号的女主人恰恰相反，只要有带孩子的，大一点的要全票，小一点的也得买半票。她总是说，这车是承包的，每月要向客运公司交多少多少钱，哪个月不交足，马上就干不下去了。船民们也理解，几个人掏几张票的钱，因此每次也都相安无事。不过，3个月后，门口的202号不见了，听说停开了。它应验了202号女主人的话——马上就干不下去了，因为搭她车的人很少。

在线测试

二、单项选择题（每小题1分，每小题只有一个最恰当的答案）

1．对顾客无益的交易也会有损于营销人员，所以营销人员所做的一切必须有利于他的顾客。这是遵循（　　　）。

    A．信用原则　　　　B．互惠原则　　　　C．平等原则　　　　D．相容原则

2．正常情况下，在谈判过程中，视线关注对方脸部的时间应占全部谈话时间的（　　　）。

    A．60%～100%　　B．10%～20%　　C．20%～30%　　D．30%～60%

3．打开尴尬局面，靠的是会客中的开场白，即交谈的序幕。这是（　　　）。

    A．寒暄　　　　　　B．握手　　　　　　C．致谢　　　　　　D．道别

4．职业人士一定要仪表端庄。以下做法符合要求的是（　　　）。

    A．男服务员留胡子　　　　　　　　　　B．穿睡衣睡裤上岗

    C．穿西装制服者配衬衣领带　　　　　　D．女士长袜有破洞

5．与仪表端庄要求不符的有（　　　）。

    A．着装朴素大方　　　　　　　　　　　B．站姿前趴后靠

    C．鞋袜搭配合理　　　　　　　　　　　D．饰品和化妆品适当

6．寒暄是会客中用来打破僵局的开场白、序幕，通过"噢，您是××职业学院毕业的，说起来咱们还是校友呢！"等用语来进行的寒暄属于（　　　）。

    A．言他型　　　　　B．问候型　　　　　C．攀认型　　　　　D．夸赞型

7．通过"您好！""最近身体好吗？"等用语来进行的寒暄属于（　　　）。

    A．攀认型　　　　　B．问候型　　　　　C．言他型　　　　　D．夸赞型

8．在食堂遇见问"吃过了吗？"，这种问候方式属于（　　　）。

    A．表现礼貌　　　　B．触景生情型　　　C．言他型　　　　　D．表现对对方关心

9．用"小李，你穿上这件衣服更加漂亮了"作为交谈的开始。此寒暄属于（　　　）。

    A．夸赞型　　　　　B．言他型　　　　　C．攀认型　　　　　D．问候型

10．一般来说，在交谈过程中，目光应看着对方的（　　　）。

    A．身体　　　　　　　　　　　　　　　B．腿脚

    C．脸部的上部三角形　　　　　　　　　D．脸部的下部三角形

三、多项选择题（每小题1分，每题有多个答案正确。错选、少选、多选，均不得分）

1．下列用语属于触景生情型寒暄的是（　　　）。

    A．在路上问"早晨好，节日快乐！"

    B．在路上问"早晨好，上班吗？"

    C．在教室问"这么用功，在读书啊？"

    D．在食堂问"吃过了吗？"

2．企业道德水准和社会责任感的影响因素主要有（　　　）。

    A．报酬制度　　　B．个人道德观　　　C．组织关系　　　D．企业价值观

3. 企业道德水准和社会责任感的提升办法主要有（ ）。

 A．塑造优秀企业文化 B．优化市场营销环境

 C．制定营销道德规范 D．奉行社会营销观念

4. 下列用语属于问候型寒暄的是（ ）。

 A．"您好！" B．"节日好！" C．"早上好！" D．"吃过了吗？"

5. 下列用语属于触景生情型寒暄的是（ ）。

 A．在会议室前问"早上好，在忙什么呢？"

 B．在会议室前问"早上好，开会吗？"

 C．在食堂问"吃过了吗？"

 D．在食堂问"好久不见，近来怎样？"

6. 女性注重谈判礼仪的首饰选择原则是（ ）。

 A．色彩一致 B．以少为佳 C．质地相同 D．合乎惯例

7. 交谈人应该讲究商务礼仪，下列行为不应该有的是（ ）。

 A．在他人讲话时，突然插一句，打断对方的话

 B．一言不发，使交谈变相冷场，导致不良的后果

 C．使用不标准、不规范的语言

 D．喜欢争辩，强词夺理

8. 座次安排的礼仪非常重要，下列正确的有（ ）。

 A．谈判桌横对入口处时，来宾对门而坐，东道主背门而坐

 B．座次的基本讲究是以右为尊，右高左低

 C．双边谈判多用长方形桌子，多边谈判多用圆桌形式

 D．多边谈判中为了强调对贵宾的尊重，己方人员有不满座的习惯，即坐 2/3 即可

9. 下列符合商务礼仪的正确描述的是（ ）。

 A．主人应迎接在门口，应主动与客方成员握手

 B．一般情况下，东道主应先行到达洽谈地点

 C．在握手寒暄、相互问候后，主人应抢先落座表示诚意

 D．为了表示诚意，握手的时间应越长越好

10. 在较为正式的洽谈活动场合中，女性的春秋季着装应为（ ）。

 A．西装 B．西装套裙 C．衬衫 D．毛衣套装

项目二

识别商机

经商信条　成功者，看到的是问题后面的机会：排除问题，解决问题，挑战困难；失败者，看到的是机会后面的问题：畏怕和逃避困难，被问题排除。

任务一　调研市场

试一试　每年都有很多学生要处理部分用过的图书、资料和用品。试着询问一下你周围的同学，看看他们要处理的物品都有哪些，尝试找出两类回收后再次贩卖还可能会受到其他同学欢迎的物品，并在课余时间拿去校园的"跳蚤市场"贩卖（或者在校园一角摆摊贩卖），以验证你之前的想法。

想一想　你认为下列图片中的活动哪些是市场调研活动？在你认为描述正确的图片标题上画"√"，并说明理由。

学生在校园发放并回收问卷

某公司在校园向学生宣传新产品

学生在图书馆查阅资料

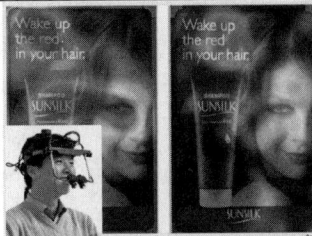

广告公司利用仪器测试受众
看到某平面广告后的眼球轨迹

经典赏析

完美嫁期

"在中国，每年有超过 1 000 万新人结婚登记，产生的直接消费超过 6 000 亿元。""完美嫁期"CEO 王琦解释说，对大部分年轻人来说，传统婚礼的举行更像是一种负担：婚礼模式固定、没有新意，婚礼过程像走流程般无趣，新人没有存在感，更多的是满足老一辈的需求。而海外婚礼给年轻人提供了一种新的选择方式，如在海外拍摄婚纱照、策划求婚仪式等。如果 1 000 万人中有 1‰的人选择海外婚礼，就会形成一个年均 6 亿元的消费市场。

但国内传统的婚庆公司产业链长，信息不对等、不透明，现有的服务商均为海外公司的国内代理，服务质量及后期的效果无法自我掌控，价格虚高。而"完美嫁期"通过在海外自建团队、在国内创立后期团队来保障服务质量，以跨国直营的方式提供一站式的海外婚礼服务。

目前，"完美嫁期"正在寻求 Pre-A 轮融资，用于市场培育、广告推广及建立海外网络营销渠道等。

一、减去中间代理环节，降低成本

王琦告诉创业邦，目前国内的海外婚礼基本由婚庆公司采取代理运营方式承办，单场婚礼的价格为 6 万到 20 万元，大众消费意愿低。原因主要可归结为以下几点。

① 服务满意率低。国人对西式教堂婚礼流程不清楚，导致服务内容有所偏差。

② 婚庆机构良莠不齐。客户零散，有需求才去寻找海外的上游资源，服务质量差；区域化覆盖，只能服务于本地客户，且集体婚礼骗局频发。

③ 代理运营，层层利润叠加，终端售价偏高。

④ 后期产品均由国外完成再发往国内客户，有问题无法及时修改，沟通成本大。

而"完美嫁期"采取跨国直营方式，通过在巴厘岛等东南亚地区自建团队、聘请当地人来降低人工成本，并从海外政府及行业协会获取相应资源，使得单场婚礼的承办价格为 2 万～10 万元，受众群体大幅度增加，吸引了一批日本和我国台湾等地的用户。

对于婚礼照片及视频 MV 的制作，王琦表示会由国内的后期团队进行制作，用户有不满意、需要修改的地方可以直接修改，加强了沟通环节，提高了用户体验。

目前，"完美嫁期"共服务 600 多对国内新人，微信用户 2 000 人以上，成单率在 60%左右，仅 2016 年一年淘宝店成单量就接近 300 个。据王琦介绍，公司已于 2016 年中实现盈利。

二、线上线下结合，通过互联网营销

"完美嫁期"的主要受众群体是标新立异、追求时尚的新婚年轻人，他们希望获得不同的婚礼体验，而"完美嫁期"提供的包括婚礼仪式、牧师宣讲、场地布置等在内的一站式服务更能迎合年轻人怕麻烦的心理。同时，"完美嫁期"还提供婚礼后的附加服务，如蜜月游、定制晚宴、机票及酒店预订等。

在服务上，"完美嫁期"可根据用户需求实现线上预订，采用先服务后付费的模式，保障用户体验。由于是聘请当地人来提供服务，为保证全程沟通无障碍，"完美嫁期"还会为每场婚礼配一至多名翻译，满足用户需求。

王琦曾在惠普、戴尔等世界 500 强公司工作，拥有 10 年以上售前咨询与销售经验，善于把握市场动向。合伙人则为巴厘岛本地人，拥有 5 年以上婚礼团队管理工作经验及当地婚礼行业从业资格，同时也有一定的政府资源。

资料来源：徐硕. 完美嫁期：跨国直营，2 万搞定一场海外婚礼[J]. 创业邦，2017（5）.

点评　谁有善于把握市场动向的能力，谁就能捕捉到自己的机会。

评一评　市场调研对营销决策能起什么作用？

![学一学]

一、市场调研的概念

市场调研是市场调查与研究的简称，指的是运用科学的方法，系统地搜集、整理、记录和分析特定市场信息，以了解该市场的现状和预测其发展趋势的商业行为。充分的市场调查研究、分析和预测是决策科学化的有效保障。

ℹ️ 营销谚语

营销的宗旨是发现并满足需求，满足需求的前提条件是有效的市场调研。

👀 知识拓展

市场调研的历史、现状和未来

市场调研成果是管理决策的重要依据，整个市场调研的历史可以分为从萌芽期到成熟期5个阶段。

1. 萌芽期（20世纪前）

营销调研活动的诞生早于管理学，可以追溯到20世纪前。有记载的市场调研活动最早是在1824年8月，由一家名为宾夕法尼亚哈里斯堡报（Harrisburg Pennsylvania）的美国报刊发起，当时的调研是为当地即将进行的选举活动而开展的。之后另一家报刊——罗利星报（The Raleigh Star）也开始使用民意调查，这是人类能追溯到的最早的由机构开展的市场调研活动。

而最早开展市场调研的个人是约翰·雅各布·阿斯特（John Jacob Astor），在18世纪90年代，他找了一位画家要求绘制当时时髦的纽约妇女戴的帽子的草图，以便自己能够跟上潮流。

根据史料记载，直到1879年商业上才开始使用系统的市场调研为营销决策提供参考。当时最早使用市场调研的是一家名叫艾尔（N.W.Ayer）的广告代理商，其调研的内容主要是美国谷物产量的期望值，通过对美国各州和地方官员的调查得到谷物产品的期望值，进而为农业设备制造商安排广告内容和时段。

之后，著名的杜邦公司也进行了一次系统的市场调研。为了整理出该公司顾客的有关特征，杜邦公司让推销人员做了大量的文案工作。这些在今天看来司空见惯的营销人员的本职工作之一的市场调研文案工作，在当时却引起了推销人员的强烈不满。

学术研究人员开始使用市场调研是在1895年。当时，一位名叫哈洛·盖尔（Harlow Gale）的明尼苏达大学的心理学教授使用邮寄问卷的方式研究广告，他总共寄出200份问卷，最后回收了20份问卷，回收率为10%。之后不久，美国西北大学的沃尔特·迪尔·斯克特（Walter Dill Scott）则开创性地采用了实验和心理学方法来研究广告实践。

2. 成长期（1900年—1920年）

进入20世纪后，消费市场和大规模生产的发展，使传统手工作坊条件下兼具卖者和工匠身份的生产者每天与市场接触的情况一去不复返。企业的规模越来越大，管理者的工作也越来越复杂，当然，负责做决策的管理者们与市场的距离也越来越远。为了使决策仍然具有科学性，能像以往那样正确地紧跟市场变化，基于了解消费者购买习惯和对商品态度的市场调研需求应运而生。为了适应这种需求，第一家正式的市场调研机构——柯蒂斯出版公司（Curtis Publishing Company）应运而生。这是一家针对企业行业的调研机构。当时的汽车制造商认为，那些有钱并且愿意购买汽车的人已经都拥有汽车了，因此制造商试图不断寻找并开发新的客户群以便进行促销。几年后，斯塔奇（Daniel Starch）和斯特朗（E.K.Strong）分别提出了广告反应的认知测度和回忆测度，以及营销量表。

3. 成长期（1920年—1950年）

历史上，怀特（Percival White）首次将科学研究方法应用到解决商业问题中。他在书中写道："公司拥有自己的市场分析部的最大优势是可以将它变成一个连续的过程，至少是可以定期分析的过程。如此一来，企业就可以全面检测市场和行业不断变化的外部环境。不应忽视的是，企业外部市场环境应该是不断变化的而非静止不动的。"让人遗憾的是，虽然怀特著书立说，坚称其秉持上述观点，可是在他的著作里，除了简单提及一些美国人口调查数据外，并没有任何统计和相关的数学方法。

直到20世纪30年代，问卷调查法才得到了广泛运用。1922年，全球著名调研公司尼尔森公司的创始人尼尔森（A.C.Nielsen）进入调研服务业并在怀特早期工作的基础上提出了"市场份额"的概念，并提供很多其他服务，为尼尔森公司后来成为全美最大的市场调研机构奠定了基础。20世纪30年代末，大学里开始正式开设市场调研课并逐步普及开来。之后在20世纪40年代末，小组访谈（一种现代市场调研活动中常见的调研方法）在罗伯特·默顿（Robert Merton）的带领下发展起来。同期，人们也普遍认识到了随机抽样的重要性。

总的看来，广播媒体的发展和二战是促使市场调研由一门不成熟的学科演变成一个行业的两大因素。一方面，广播媒体创造了有趣的新现象，大大增加了人类行为的不确定性。人们已不满足于对应答者回答的简单分析，于是开始根据收入、性别和家庭地位等方面的差异对调查对象进行分类与比较，简单的相关分析（一种统计学方法）开始在数据分析中得以应用。另一方面，二战迫使社会学家从事前线要求的研究。由于作战的需要，战前被认为是新奇事物的一些方法和工具被应用于研究士兵的消费行为及后方家庭的行为中，其中包括实验设计、民意测验、人为因素调查和运筹学等。

4. 成熟期（1950年至今）

二战后，卖方市场逐渐向买方市场转变，于是更好、更精确的市场情报的需求也越来越迫切。生产设备、广告和存货成本的上涨及其他一些因素使依靠低价销售的可能性也越来越低。此时，商业界通过市场调研发现市场需求的愿望也比以往任何时候都要迫切。

20世纪50年代中期，市场调研人员依据容易区分的顾客人口统计特征提出了市场细分概念。同一时期，人们开始研究购买动机，研究重点开始向分析消费者行为转移。市场细分、动机分析与先进的调查技术的结合，开创了个人心理变化和利益细分等新型的研究领域。20世纪60年代之后，研究人员又先后提出了许多描述性和预测性的数学模型，如随机模型、马尔科夫模型（Markovian model）和线性模型。更重要的是，20世纪60年代初计算机技术的快速发展，使调研人员分析、存储和检索大量信息的能力迅速增强。

5. 市场调研的未来

随着大数据时代的到来和云技术的发展，可以确定的是未来的市场调研无论在数量上还是在质量上都会有极大的提高，大量事实也已经证明结合大数据在消费者行为分析和预测技术上具有传统调研方法所不具备的优势。同时，市场调研的活动范围也会扩大，从普通公司到非营利性机构，从政府部门到民间大众，都会大量使用市场调研的技术和方法。大数据时代和云技术的普及也会使预测成本大大降低，这些都为未来提供高质量的市场调研结果提供了保障。新技术在市场调研领域的应用已经越来越受到一些创新型公司的重视，许多公司在新技术应用上也取得了一些令人瞩目的成绩。

二、市场调研的流程

总的来看，市场调研的过程就是根据某种需要，搜集、筛选、提炼、分析数据并进行展示的过程。其流程大致可分为 4 个阶段，如图 2.1 所示。

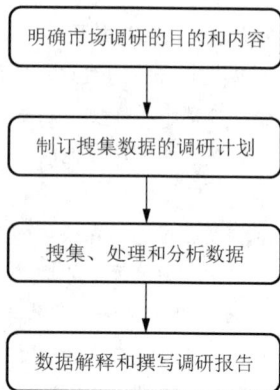

```
┌─────────────────────┐
│ 明确市场调研的目的和内容 │
└─────────────────────┘
          ↓
┌─────────────────────┐
│ 制订搜集数据的调研计划  │
└─────────────────────┘
          ↓
┌─────────────────────┐
│ 搜集、处理和分析数据    │
└─────────────────────┘
          ↓
┌─────────────────────┐
│ 数据解释和撰写调研报告  │
└─────────────────────┘
```

图 2.1　市场调研的 4 个阶段

（一）明确市场调研的目的和内容

每次调研活动都是伴随着一些问题或机会开始的。这些问题或机会可能来自某种产品销量的逐年下降，也可能是实验室开发出了一种新产品而管理层不确定该产品是否会受市场的欢迎。公司在经营的过程中，管理层会发现一系列问题或机会，但是却不知道这些问题发生的具体原因和某个机会可能带来的后果，这时候就需要进行市场调研来帮助管理者进行决策。在开始市场调研之前，市场调研人员首先要明确本次市场调研需要解决的问题是什么和本次市场调研需要达到什么效果，然后才能开始下一阶段的工作。

小·案例

国外有一家食品企业想推出一款新的速冻食品，以此来扩大企业的市场份额。但是，管理层在正式推出该产品前存在以下顾虑。

① 消费者对味道能感到满意吗？

② 人们在加工这种制成品时有哪些方面的困难？

③ 罐头的外观，蔬菜切块的大小、颜色和新鲜程度会受到目标消费群体的喜欢吗？

④ 人们对该产品在烹饪过程中发出的味道是否喜欢？

⑤ 菜肴的稀稠度是否合适？

⑥ 罐头上的使用说明对消费者来说是否一目了然？会不会太复杂而不容易读懂，或者会不会因为太复杂而不愿意去阅读使用说明？消费者读了使用说明会不会按照使用说明去操作？

为了解决以上几个问题，这家企业委托市场调研人员展开了一次调查，并对这种蔬菜罐头的潜在消费者进行了研究。在调研中，他们逐项了解了下列一些问题：菜肴的香味如何，如果不理想应当怎样变化；罐头的外观如何；蔬菜切块的大小、颜色和新鲜程度的影响作用如何；人们在烹制和进食时会闻到什么味道；菜肴的稀稠度是否合适，等等。而且他们还想了解食用者对罐头上使用说明的看法，他们究竟读不读，是否会照着去做。速冻食品一般装在一个密封的塑料袋里（这家企业是用硬纸盒包装的），人们把食品取出后，在锅里放些油，然后不断翻炒加热就可以食用了。

他们对各种不同的试验者选用了两种测验试方法：一种是操作测试，另一种是消费者测试。第 1 批被抽样的消费者被邀请到企业的试验厨房里进行操作测试——请他们亲手烹制这种蔬菜罐头；第 2 批被测试者则带几罐速冻食品罐头回家，在某一规定的时间内试用完后，再把他们家里人的意见反馈上来。

最后，试验人员把两组测试结果结合起来，得到了比较准确的被测试对象的反馈。测试暴露出了这种速冻食品的一些重大缺陷。在开启纸盒时，已经有好几位被测试者弄伤了手指甲，因为硬纸盒上缺少一种便于开启的胶带，没有辅助工具根本就打不开密封袋，而用一般的罐头刀开起来也很费劲。虽然人人都看了包装上的使用说明，并照着去做了，但他们却抱怨说，这上面还缺少一项说明——明确指示烹制这种食品需要多大的火候。另外，在按照使用说明所说的时间把东西烧熟以后，蔬菜已经被煮得稀烂了。有的人还用一个较高的温度来烹制这种食品，结果更糟糕，而且在烹制的时候还需要站在一旁不断地在锅里翻炒它。虽然两种罐头只是在加料的刀法上，而不是在分量上有所不同，但被测试者看来较喜欢样子好看的整个小葱头和大片的青菜叶，切碎的加料（尽管实质上完全一样）却被人们认为是无味的且调料太少。这说明了"人用眼睛吃饭"这句话的真实性。也就是说，食品的形状本身就能说明其味道上的特点。受试验者所欢迎的、最后挑选出来的蔬菜罐头与其形状、稀稠度和味道的新鲜程度都有很大关系，而这又取决于烹制时间的长短。人们把这些叫作自然的味道，但在食用这种食品前所需要做的准备工作，却不太适合工作繁忙、生活在现代城市中的人。

根据以上调研结果，这家企业最后决定保持人们所喜欢的配料种类和形式，但完全改变它的包装方式和烹制方法。经过改进，这种食品现在被装在一种较薄的铝箔袋里，使人们很容易打开，而且只要放在烤箱里，不需要人工处理就能烹制好。这样，人们就不再需要加其他佐料及动用其他厨具了，主要是再也不会煮得稀烂了。此外，还修改了产品的使用说明——指定烤制的温度和时间，在外面的硬纸盒上也加了开启胶带。这家企业只用了很短的时间和很低的成本就及时认识并弥补了这种产品的不足之处。而如果它不了解消费者的意见保持产品的原样，将注定遭受失败。

资料来源：http://www.fangce.net/Article/yingxiao/jingying/200809/2461.html.

视野拓展

市场调研的分类

根据调研目的不同，可以将市场调研分为以下3类。

① 描述性调研。这是指对所面临的不同因素、不同方面现状的调查研究，主要目的是描述现象，着重于客观事实的静态描述。例如，浙江省某市市区人口人均可支配收入和男女比例等。这是最常见的一种市场调研活动。

② 验证性调研。这也称为因果性调研，是指为验证因果关系是否成立的市场调研活动。例如，某产品降价5%促销，增加销量而带来的利润增长能否抵销因降价带来的利润损失。

③ 探索性调研。这是指在计划实施市场调研的初期，为明确调研方向与范围而进行的信息搜集和分析的市场调研活动，主要目的在于界定和提出假设。例如，某公司产品的市场份额和销售量逐年下降，导致该现象发生的原因是多种多样的，如经济衰退、广告支出的减少、消费者的习惯改变等，公司往往一时间无法得知问题的根本原因，这时就可以利用探索性调研来寻求最可能的原因。利用探索性调研搜集到的信息试探性地提出一些假设，从而为以后全面开展市场调研活动确定方向和范围。因此，市场调研人员经常会从探索性调研开始，随后再开展描述性调研和验证性调研。

（二）制订搜集数据的调研计划

在确定了调研目标和内容以后，调研人员一般需要制订一份切实有效的调研计划。通常这份计划要由主管审批确认后，调研人员才可以按照计划开展调研活动。一份考虑周详的市场调研计划是调研活动有效开展的前提。

制订一份有效的调研计划，需要对调查工作的各个方面和整个工作过程进行通盘考虑，计划的内容根据每次调研活动的不同而略有差异。但是无论调研活动如何变化，计划的内容都应该包含整个调研活动的全部步骤和具体活动等的安排。

调研计划通常包含以下几项内容。

① 调研内容。前一阶段完成了对问题方向和调研目标的界定后，需要在这一阶段把调研目标具体化，把调研目标转化为为了达成目标所需要搜集的具体信息。

② 调研对象。在明确了需要搜集哪些信息之后，就应该确定信息该由谁来提供，也就是调研人员该调查谁来获取信息。

③ 调查范围。市场调查在开始之前除了需要确定调查对象外，还需要确定调查的范围。

根据调查对象的范围大小来进行划分，可以分为全面调查和抽样调查。全面调查指的是对调查对象的每一个成员进行逐一调查，如人口普查；抽样调查指的是从全体对象里抽取一部分具有代表性的个体作为样本进行调查，从而推断总体特征。抽取样本的技术称为抽样技术，抽样技术越好，调查的结果就越精确，反之则越有可能出现偏差。

④ 调研方法。在调研计划里还要规定采用何种方式取得调研资料。资料可以来自图书馆或政府统计部门等多个渠道。通过查阅他人已经整理出来的数据来做进一步分析和研究，一般把这种资料称为二手数据。资料也可以由调研人员通过各种调研方法（如观察法、实验法等）自己取得。我们把这种调研人员通过具体调研方法自己取得的调研资料称为一手数据或原始数据。

⑤ 调研时间和期限。调研人员需要对调研活动所需的时间进行论证和限定，并将其写入调研计划，同时需对调研工作的各个环节的时间安排做更加具体细致的规定。如果调查的现象是发生在某个时点的，则必须对调研活动规定统一的时点。

⑥ 调研经费预算。调研工作人员在调研活动过程中经常会发生一些调研费用，如交通费用、培训费用等，这些费用都要在正式调研活动开始前进行预算并提交给主管审核。

（三）搜集、处理和分析数据

调研人员在这一阶段的主要任务就是把调研计划付诸实际行动。这一阶段的工作内容大体上包括搜集数据，将搜集到的数据进行必要的筛选、补全、纠正或删除，以及对数据进行统计分析。

该阶段是整个市场调研活动中成本最高、耗时最长，对市场调研工作人员专业素质要求最高，也是最容易出错的阶段。在这一阶段中，市场调研工作人员可能需要用到一些搜集数据的工具，如调查问卷，也有可能需要使用一些数据分析方法，如回归分析法。科学设计和使用搜集数据的工具，以及正确选用数据分析方法是一个专业的市场调研人员必须掌握的一项技能。

（四）数据解释和撰写调研报告

在这一阶段，营销调研人员需要对数据结果做出解释，并写成调研报告呈报给相关部门的主管。营销调研报告是指通过对某一情况或问题进行调查研究之后，将了解到的情况、问题的本质和规律等通过书面形式进行陈述的一种商业文书。

在实际工作中，有时同样的数据结果会有不同的解释方法，因此市场研究人员能够摒弃主观偏见，彼此之间紧密合作，对数据结果多加讨论就显得非常必要了。

有的学者认为，调研报告是市场调研过程中最重要的部分，也是评价整个调研过程是否达标的重要标准。因此，调研人员在撰写调研报告时无论是在排版、作图，还是在内容、数据解释上都要严格要求自己——在排版上，力求简洁美观，一目了然；在内容上，争取言之有物，有理有据。

🖋 小·资料

XX 市居民家庭饮食消费状况调查报告

前言（略）

目录（略）

摘要（略）

一、调查目的

为了深入了解本市居民家庭在酒类市场及餐饮类市场的消费情况，特进行此次调查。调查由本市某大学承担，调查时间是 2009 年 7 月至 8 月，调查方式为问卷式访问调查，本次调查选取的样本总数是 2 000户。各项调查工作结束后，该大学将调查内容予以总结。

二、调查对象的基本情况

1. 样品类属情况

在有效样本户中，工人 320 户，占总数比例 18.2%；农民 130 户，占总数比例 7.4%；教师 200 户，占总数比例 11.4%；机关干部 190 户，占总数比例 10.8%；个体户 220 户，占总数比例 12.5%；经理150 户，占总数比例 8.52%；科研人员 50 户，占总数比例 2.84%；待业户 90 户，占总数比例 5.1%；医生 20 户，占总数比例 1.14%；其他 260 户，占总数比例 14.77%。

2. 家庭收入情况

本次调查结果显示，从本市总的消费水平来看，相当一部分居民还达不到小康水平，大部分人均收入在 1 000 元左右，样本中只有 2.3% 的消费者月收入在 2 000 元以上。因此，可以初步得出结论，本市总的消费水平较低，商家在定价的时候要特别慎重。

三、专门调查部门

1. 酒类产品的消费情况

（1）白酒比红酒消费量大

分析其原因，一是白酒除了顾客自己消费以外，用于送礼的较多，而红酒主要用于自己消费；二是商家做广告多数也是白酒广告，红酒广告很少。这是直接导致白酒市场大于红酒市场的原因。

（2）白酒消费多元化

① 从买白酒的用途来看，约 52.84% 的消费者用来自己消费，约 27.84% 的消费者用来送礼，其余的是随机性很大的消费者。买酒用于自己消费的消费者，其价格大部分在 20 元以下。其中，10 元以下的约占 26.7%，10~20 元的占 22.73%。从品牌上来说，稻花香、洋河、汤沟酒相对看好，尤其是汤沟酒，约占 18.75%，这也许跟消费者的地方情结有关。从红酒的消费情况来看，大部分价格也都集中在 10~20 元。其中，10 元以下的占 10.23%，价格档次越高，购买力相对越低。从品牌上来说，以花果山、张裕、山楂酒为主。

送礼者所购买的白酒价格大部分选择在 80~150 元（约 28.4%），约有 15.34% 的消费者选择 150元以上。这样，生产厂商的定价和包装策略就有了依据，定价既要合理，又要有好的包装，才能增大销售量。从品牌选择来看，约有 10.2% 的消费者选择 40~80 元的价位，选择 80 元以上的约 5.11%。总之，从以上的消费情况来看，消费者的消费水平基本上决定了酒类市场的规模。调查资料显示，消费者关注的因素依次为价格、品牌、质量、包装、广告和酒精度。这样就可以得出结论，生产厂商的合理定价是十分重要的，创品牌、求质量、巧包装、做好广告也很重要。

②顾客忠诚度。调查表明，经常换品牌的消费者占样本总数的32.95%，偶尔换的占43.75%；对新品牌的酒持喜欢态度的占样本总数的32.39%，持无所谓态度的占53.27%，明确表示不喜欢的占3.4%。可以看出，一旦某个品牌在消费者心目中形成，是很难改变的，因此，厂商应在树立企业形象、力创品牌上狠下功夫。这对企业的发展十分重要。

③动因分析。这主要是消费者自己的选择，其次是广告宣传，然后是亲友介绍，最后才是营业员推荐。

不难发现，怎样吸引消费者的注意力，对于企业来说是关键，怎样做好广告宣传，消费者的口碑如何建立，将直接影响酒类市场的规模。而对于商家来说，营业员的素质也应重视，因为其对酒类产品的销售有着一定的影响作用。

2. 餐饮类市场的消费情况

本次调查主要针对一些餐饮消费场所和消费者比较喜欢的饮食进行。调查表明，消费有以下几个重要特点。

①消费者认为最好的酒店不是最佳选择，而常去的酒店往往又不是最好的酒店，消费者最常去的酒店大部分是中档的。这与本市居民的消费水平相适应，现将几个主要酒店比较如下。

玫瑰大酒店是大家最看好的，约有31.82%的消费者选择它；其次是家乐美食广场和丁香大酒店，都是10.23%；然后是佳佳宾馆。调查中我们发现，佳佳宾馆虽然说是比较好的，但由于这个宾馆的特殊性，只有举办大型会议时使用，或者是贵宾、政府政要才可以进入，所以调查中作为普通消费者的调查对象很少会选择佳佳宾馆。

②消费者大多数选择在自己工作或住所周围的酒店，有一定的区域性。虽然在酒店的选择上有很大的随机性，但也并非绝对如此。例如，欢欢酒楼也有一定的远距离消费者惠顾。

③消费者追求时尚，如对手抓龙虾、糖醋排骨、糖醋里脊、宫保鸡丁的消费较多。特别是手抓龙虾，在调查样本总数中约占26.14%，以绝对优势占领餐饮类市场。

④近年来，海鲜与火锅成为市民饮食市场的两个亮点，市场潜力很大，目前的消费量也很大。调查显示，表示喜欢海鲜的占样本总数的60.8%，喜欢火锅的约占51.14%。在对季节的调查中，喜欢在夏季吃火锅的约有81.83%，在冬季约有36.93%，显示火锅不但在冬季有很大的市场，在夏季也有比较大的市场潜力。目前，本市的火锅店和海鲜馆遍布街头，形成居民消费的一大景观和特色。

四、结论和建议

1. 结论

①本市的居民消费水平还不算太高，属于中等消费水平。平均收入在1 000元左右，相当一部分居民还没有达到小康水平。

②居民在酒类产品消费中主要是用于自己消费，并且以白酒居多，红酒消费比较少。用于个人消费的酒品，无论是白酒还是红酒，其品牌以家乡酒为主。

③消费者在买酒时多注重酒的价格、质量、包装和宣传，也有相当一部分消费者持无所谓的态度，对新牌子的酒认知度较高。

④对酒店的消费，主要集中在中档消费水平上，火锅和海鲜的消费潜力较大，并且已经有相当大的消费市场。

2. 建议

①商家在组织货品时要根据市场变化制定相应的营销策略。

② 对消费者较多选择本地酒的情况，政府和商家应采取积极措施引导消费者消费，从而实现城市消费的良性循环。

③ 由于海鲜和火锅消费的增长，导致城市化管理混乱，政府应加强管理力度，对市场进行科学引导，促进城市文明建设。

附录（略）

资料来源：邓剑平. 市场调查与预测——理论、实务、案例、实训[M]. 北京：高等教育出版社，2010.

三、市场调研的常用方法

在市场调研过程中，根据资料来源不同，可以把研究方法大致分为原始数据研究方法和二手数据研究方法两大类，如表 2.1 所示。

表 2.1　常用市场调研方法

资料来源	是否量化	具体方法
原始数据	定性研究	焦点座谈会、深度访谈、观察法
	定量研究	电话访问、邮寄访问、面访问卷调查、网上问卷调查
二手数据		文献调查法、专家意见法

（一）原始数据研究

原始数据研究，又称一手数据研究，是指调研人员通过各种具体调研方法取得调研数据的研究方法。原始数据研究根据所得数据是否能够量化又可以分为定性研究和定量研究。

1. 定性研究

① 焦点座谈会。这是指一组人（一般为 6～10 人）在主持人的引导下，就某一主题深入讨论的研究方法。焦点座谈会经常被用来探索未知领域（如产品概念开发和测试），以深入了解消费者（如目标消费群体需求研究）和迅速获得对事物性质的判断（如广告沟通效果评价）。它的优点是参与者配合度较高，内容灵活，数据搜集速度快；缺点是对主持人要求较高，容易受调研者和参会者的偏差而影响调研结果。

② 深度访谈。这是一种一对一的无固定结构的由调研人员与被访者面对面交谈的研究方法，常用来研究政策效果、消费趋势和员工满意度等。其优点主要是灵活性强，有针对性，对问题探讨比较深入；缺点是对调研人员的专业性要求比较高，耗时往往比较长。

③ 观察法。这是指调研人员根据一定的研究目的，有计划地利用自己的感官或借助辅助工具系统观察被研究对象，从而获得资料的一种方法。它的优点是能获取一些无法用言语表达或下意识的行为和思想，不用依赖被研究对象的记忆；缺点是只能了解行为的表面现象而无法获知事物的本质。

2. 定量研究

① 电话访问。这是指调研人员通过电话与被访者沟通，从而取得调研信息的研究方法。此类研究方法经常用于突发性问题的调查或针对特定群体展开，如毕业生就业情况调查。它的优点是能保证在调研成本较低的情况下，迅速开展针对特定群体的调查；缺点是抽取样本的代表性有一定的问题。

② 邮寄访问。这是指将问卷通过邮件的形式寄给事先选定好的访问对象，访问对象填

完问卷后寄回问卷的一种研究方法。该研究方法成本低，受访者自由度大，调研结果不受调研人员专业素质高低的影响，但是有回收率低等问题。

③ 面访问卷调查。面访问卷调查可能是应用最为普遍的一种研究方法。它是指调研人员面对面按照问卷要求进行数据搜集的一种研究方法。很多人都有在购物商城附近逛街，被某机构工作人员请求配合填写一份问卷的经历，这其实就是面访问卷调查。面访问卷调查使调研人员和被访者直接面对面，容易搜集到更全面、更真实的数据，但是访问成本较高，搜集数据所需的时间也相对较长。

④ 网上问卷调查。这是指将问卷放到网上，被调查对象通过互联网完成问卷作答的一种研究方法。网上问卷调查相对于传统调查方法而言成本更低廉，参与问卷作答的被调查对象往往自愿性较强，配合度也会更高，但是也同样存在被调查者身份无法核实等一系列问题。

（二）二手数据研究

二手数据是已经整理好的数据。搜集二手数据的常用方法有文献调查法和专家意见预测法。

1．文献调查法

文献调查法也称为文案调查法，是指通过搜集、筛选、整理和研究文献资料来获得所需信息的研究方法。因为文献调查容易组织，方便实施，而且相对成本低廉，所以在调研过程中，调研人员如果能使用文献调查法就能得到所需数据的，一般都首先选用文献调查法。文献调查中的资料可以来源于机构内部，也可以来源于机构外部。一方面，机构内部往往存有一些信息资料，如企业内部往往存有客户信息、销售报告等。现代企业也逐渐意识到内部信息资料对营销活动的重要性，纷纷开始建立内部数据库，这为营销调研活动提供了很好的数据来源渠道。另一方面，机构外部的其他组织，如社会团体、媒介等，也能成为市场调研活动数据来源的一大渠道。随着互联网的普及，利用互联网进行信息检索成为获取外部数据的一个重要手段。

2．专家意见预测法

专家意见预测法是指以专家作为信息索取的对象，通过整合专家意见做出判断的一种研究方法。这是常被用来预测未来市场走向的定性研究方法。专家意见预测法需要组织专家就某一问题进行探讨。组织专家讨论的形式有很多，其中德尔菲（Delphi）法比较有名。德尔菲法主要通过背对背轮番函询的方式，征询专家小组成员的意见，通过多轮征询和反馈，各种意见会渐趋一致，最终得出一个比较合理的预测结果。

四、抽样方法

总的来看，抽样方法可以分为随机抽样和非随机抽样两大类，如表2.2所示。

表2.2　抽样方法

是否随机	具体方法
随机抽样	简单随机抽样法、等距抽样法、分层随机抽样法和分群随机抽样法
非随机抽样	任意抽样法、判断抽样法和配额抽样法

1．随机抽样

随机抽样是指随机抽取个体作为调研样本。从统计学的角度来看，在抽取的范围内，每个个体被抽中的概率是一样的。随机抽样常用的抽样方法如下。

① 简单随机抽样法。简单随机抽样法又称单纯随机抽样，是指从总体中逐一抽取样本的抽样方法。它是最为简便的一种抽样方法，也是其他抽样方法的基础，其他抽样方法都是在简单随机抽样的基础上发展而来的。简单随机抽样根据操作方式的不同，可以分为抽签法和随机数表法。抽签法俗称抓阄，是指为单个个体打上标签，打乱次序后随机抽出所需的样本个体的方法；随机数表法又称乱数表法，是指使用随机数表（一种由 0～9 随机组成的号码表）抽取样本的抽样方法。

② 等距抽样法。等距抽样法又称系统抽样或机械抽样，是指将单个个体按照一定间隔被随机抽取的抽样方式。

③ 分层随机抽样法。分层随机抽样法是指根据调研对象的特性，先将调查对象进行分类或分组，然后从每一类中随机抽取部分个体作为样本的抽样方法。

④ 分群随机抽样法。分群随机抽样法是指在调查对象异质性很高的情况下，采用从若干区域抽取样本的方法。该抽样法经常被应用在调查单位地域分布比较广的情况下，此时调研人员会抽取若干区域作为样本进行调查。

2．非随机抽样

非随机抽样与随机抽样正好相反，是指调研人员根据主观选择选取样本的抽样方法。非随机抽样主要使用在被调查对象的总量不确定的情况下。非随机抽样的常用方法如下。

① 任意抽样法。任意抽样法又称便利抽样法，是指调研人员按照随意原则抽取样本的抽样方法。例如，调研人员随机抽取路过的几位行人进行访问调查即为任意抽样法。任意抽样是非随机抽样中最简便、费用最少和时间最节省的一种调研方法，但是当被调查对象差异性较大时，往往调查结果即抽样的结果误差也会较大。

② 判断抽样法。判断抽样法又称立体抽样法，是指根据调研人员的经验从被调查对象当中抽取最具代表性的个体作为样本进行调查的抽样方法。该方法一般用在被调查对象总量不是很大的情况下。

③ 配额抽样法。配额抽样法又称定额抽样法，是指将被调查对象按一定特征进行分组或分类来确定各分类的样本数额，并在配额里进行任意抽样的抽样方法。配额抽样法和分层随机抽样法都要求对被调查对象根据其特征进行分类，但是分层随机抽样法是按照随机抽样的方法在组内进行抽样，而配额抽样法则要求调研人员根据其经验在配额内主观选取具有代表性的样本。

五、调查问卷设计

调查问卷可能是调研人员搜集原始数据最为常用的工具，一份设计良好的问卷可以使搜集到的数据客观有效，并真正为营销决策所用；相反，一份设计糟糕的问卷不但不能提供对决策有参考价值的信息，甚至有可能会直接使搜集到的信息有误，从而导致判断失误，最终影响决策的制定。

1. 问卷结构

问卷一般都有开头、正文和结尾 3 个部分。

① 开头部分一般包含问候语、填表说明和问卷编号等，有的问卷会在开头部分要求调研人员填写自己的资料，以方便查找责任人，有的问卷也会把这一部分内容放在结尾。

② 正文部分是调研人员需要搜集信息的主体部分，问卷在正文开始一般都会要求被调查者填写一些背景资料，以方便对被调查者进行甄别或分类。

③ 结尾部分一般都以感谢语结束，以表示尊重和对被调查者配合调研人员工作的感谢。

2. 问题的分类和设计的原则

问卷中的问题可以分为两类：封闭式问题和开放式问题。封闭式问题是指问题的答案已经被调研人员设计好，被调查者只需在被设计好的问题上对答案进行选择的问题，如单选题和多选题；开放式问题是指被调查对象可以自由回答，问题答案不受限制的问题，如"你对本公司的售后服务有何改进意见"。

无论是哪种类型的问题，在设计的过程中都要注意以下几个问题。

① 问题设计要简洁，在问题设计的过程中，要使问题读起来简洁易懂，防止出现问题晦涩冗长的情况。

② 提问时坚持 6W2H 原则。6W2H 即 Who（谁）、Where（哪里）、When（何时）、Why（为什么）、What（什么事）、Which（哪一个）、How（如何）和 How much（多少）。在提问时可以用 6W2H 标准来检验问题设计是否清晰。

③ 一个问题只包含一项内容，应避免在一个问题中要求被调查者就一项以上的内容进行作答。例如，你对本公司的售后服务及产品定价是否满意？这个问题中实际要求被调查者回答两项内容，是不符合问卷设计的基本原则的。如果需要问两项及以上的内容时，应当将调查内容放到两个或多个问题中。

④ 要避免问题具有诱导性。在问题设计上要尽量保证问题的客观性，防止问题出现诱导性。例如，我们公司售后服务一直广受好评，你对我们的售后服务满意吗？这就是一个典型的具有诱导性的问题。

⑤ 要避免出现否定式的问题。在问题设计上要始终保持提问式和客观性，避免出现否定式的问题。从某种意义上说，否定式问题也是一种具有诱导性的问题。例如，你觉得我们公司的售后服务定价不合理吗？该类问题容易先入为主，因此在问题设计上要尽量避免。

小·案例

商业调查问卷

尊敬的先生/女士：

您好！

目前我司正在进行一项针对某市南部新城房地产项目的市场调研，您是从所在区域中精选出来的对象，我们将在项目开发过程中充分采纳您的建议，因此您的意见对于我们来说非常重要。我们将对您的意见严格保密。现特向您征询相关问题，感谢您的合作与支持！

感谢您的参与，请您在选项前打"√"。

第一部分　关于区域

1. 您对某市的南部新城区（水阁）的情况了解吗？

□不了解　　　　□一般　　　　□了解　　　　□非常了解

2. 您对办公或居住在南部新城区（水阁）的看法是？（可多选）

□交通便利　　　　□城市未来发展方向　　　　□投资升值空间大　　　　□配套设施不完善

□人气不旺，且缺乏居住氛围　　　　□工业区，环境不理想

□生活环境不佳，尤其是空气　　　　□其他（请注明）

3. 您对南部新城区（水阁）的规划了解吗？

□从来没有听说过　□一般了解　□了解　□非常了解　□其他（请注明）

4. 您对南部新城区（水阁）的发展前景有信心吗？

□有，未来发展前景非常好　　　□没有，不具备发展空间　　　□不确定，看政府力度

5. 您认为在南部新城区（水阁）最适宜发展何种档次的办公楼或商铺？

□甲级、高档消费　□准甲级、中高档消费　□乙级、中档消费

□乙级以下、中低档消费

6. 您会选择在南部新城区（水阁）购买办公楼或商铺吗？

□会　　　　　　　□不会（请简述缘由）

7. 您认为南部新城区（水阁）目前发展的重点是什么？

□完善区域配套　　□增强交通系统　　□治理环境污染　　□其他（请注明）

8. 您选择在南部新城区（水阁）购置办公楼或商铺主要原因是？（可多选）

□增值潜力大　□城市未来发展方向　□交通便利　□家庭原因

□房价较低　　　　□其他（请注明）

第二部分　关于产品

1. 您会在南部新城区域（水阁）内选择何种产品？（可多选）

□商铺　□办公楼　□SOHO公寓　□普通住宅　□高档住宅

□其他（请注明）（如选择其他，请填写以下与这种产品形态相近的类型）

2. 请您在以下表格中结合您在上一题中所选择的产品进行填写。

商铺	您选择的面积	□30 m²以下	□30～50 m²	□51～80 m²	□81～120 m²
		□121～150 m²	□151～200 m²	□201～300 m²	□300 m²以上
	您所能接受的总价是	□50万元以下	□50万～100万元	□101万～150万元	□151万～200万元
		□201万～300万元	□301万～400万元	□400万元以上	
	您想购买街铺还是商场内铺	□街铺	□商场内铺		
	购置目的	□自营　□投资　□自营&投资		□养老　□留给子女　□其他	
办公楼	您选择的面积	□50 m²以下	□50～70 m²	□71～90 m²	□91～120 m²
		□121～150 m²	□150 m²以上		
	您所能接受的总价是	□30万元以下	□30万～50万元	□51万～70万元	□71万～90万元
		□91万～120万元	□121万～150万元	□150万元以上	
	是否要求装修	□是	□否		
	装修标准	□1 000元/m²以下	□1 000～1 500元/m²	□1 501～2 000元/m²	
		□2 001～2 500元/m²	□2 501～3 000元/m²	□3 000元/m²以上	
	购置目的	□自办	□投资	□自办&投资　□给子女　□其他（请注明）	

（续表）

SOHO 公寓	您选择的面积	□50 m² 以下	□50～60 m²	□61～70 m²	□71～80 m²
		□81～100 m²	□101～120 m²	□121～150 m²	□150 m² 以上
	您所能接受的总价是	□30 万元以下	□30 万～40 万元	□41 万～50 万元	□51 万～60 万元
		□61 万～80 万元	□81 万～100 万元	□101 万～120 万元	□120 万元以上
	是否要求装修	□是	□否		
	装修标准	□1 000 元/m² 以下	□1 000～1 500 元/m²	□1 501～2 000 元/m²	□2 000 元/m² 以上
	购置目的	□自用 □投资 □自用&投资 □给子女 □其他（请注明）			
普通 住宅	您选择的面积	□80 m² 以下	□80～100 m²	□101～120 m²	
		□121～144 m²	□145～180 m² 以上	□180 m² 以上	
	您所能接受的总价是	□50 万元以下	□51 万～70 万元	□71 万～100 万元	
		□101 万～150 万元	□150 万元以上		
	是否要求装修	□是	□否		
	装修标准	□1 000 元/m² 以下	□1 000～1 500 元/m²	□1 501～2 000 元/m²	□2 000 元/m² 以上
	购置目的	□自住 □投资 □自住&投资 □度假 □养老 □留给子女 □其他（请注明）			
高档 住宅	您选择的面积	□180 m² 以下	□180～220 m²	□221～280 m²	□280 m² 以上
	您所能接受的总价是	□150 万元以下	□150 万～200 万元	□201 万～250 万元	
		□251 万～300 万元	□301 万～400 万元	□400 万元以上	
	是否要求装修	□是	□否		
	装修标准	□2 000 元/m² 以下	□2 001～2 500 元/m²	□2 501～3 000 元/m²	□3 000 元/m² 以上
	购置目的	□自住 □投资 □自住&投资 □度假 □养老 □留给子女 □其他（请注明）			
	是否需要花园	□是	□否		
	花园面积需求	□50 m² 以下	□50～100 m²	□101～200 m²	□200 m² 以上

3. 如果您将在该区域购买上述任意物业，您最关注的因素是？

（请按顺序排列——5项以内）

（1）区域规划前景　　（2）区域的景观资源　　（3）物业管理　　（4）房型

（5）升值潜力　　　　（6）生活配套设施　　　（7）交通状况　　（8）开发商品牌

（9）社区景观　　　　（10）价格　　　　　　（11）社区规划　　（12）其他（请注明）

第三部分　问卷归类（关于您）

1. 关于您本人？

性别

□男　　□女

年龄

□25 岁以下　　□25～30 岁　　□30～35 岁　　□35～40 岁　　□40～45 岁

□45～50 岁　　□50～60 岁　　□60 岁以上

学历

□小学　□初中　□高中　□大专　□本科　□研究生及以上

2. 请问您的家庭结构

□单身　□单身与父母同住　□二人世界　□三口之家　□三人以上

3. 目前您的居住地点？

□某市市区　□南城　□某市乡镇　□青田　□龙泉　□缙云　□松阳　□遂昌　□庆元　□云和

□景宁　□省内　□省外　□国外

4. 关于您家庭的交通工具？

□公交　　　□的士　　　□单位配车辆　　　□私家车辆

5. 您从事的行业归属是？

□政府机关　□事业单位　□国企　□个体老板　□自由职业　□企业主

□集体企业　□不工作　□其他（请注明）

6. 您从事的行业类别？

□金融类　□机关类　□投资类　□电子科技类　□IT类　□房地产类

□医疗类　□贸易类　□一般工业　□教育类　□其他（请注明）:

7. 您的职业身份？

□普通职员　□中高层管理人员　□公务员　□事业单位　□私营企业主

□经商客户　□其他（请注明）:

8. 请问您家庭一般每年的总收入是多少？

□8万元以下　□8万~15万元　□16万~30万元　□31万~50万元　□51万~80万元

□81万~100万元　□100万元以上

9. 请问您现在居住的房屋类型？

□多层公寓（7层以下）　□小高层及高层公寓（8层以上）　□独立别墅　□联拼别墅

□叠加别墅　□租房

10. 请问您有过几次置业（买房经验）？

□从未置业　□一次　□二次及以上

11. 请问您还有什么关心的问题或意见提给我们的吗？

> 非常感谢您花这么久的时间配合我们的问卷，谢谢您的合作，祝您一切顺利！

练一练

一、案例分析

挑选商铺位置的方法

在现实生活中开一家实体店铺最关键的是店面位置的选址问题。给店铺挑选一个黄金地段不仅可以使房屋升值，更重要的是可以为店铺带来源源不断的访客流量。因此，开店如何挑选一个好的店面位置就很关键。一般要看如下几个方面。

1. 比人口构成

不管是新铺还是二手商铺，决定其成败的主要因素是当地的消费者。因此，在选择商铺的时候，一定要对当地的消费者构成进行对比。一般说来，如果当地人口流入数量大，而且多为消费能力较强的白领构成，则区域内将会容纳更多的中高端商品专卖店，从而促使区域内租金水平的上升。比较人口的居住条件，即比较周边楼盘密度，以及楼盘的品质。一般情况下，楼盘密度大，而且多为知名开发商，就意味着人口数量大，而且购买人群也多为收入较高的群体。

2．比交通状况

交通便捷程度在很大程度上决定了人流的数量。一般而言，不管是繁华的城市中心地段，还是新晋的社区商业，无不具备交通便捷的特点。不论是新铺，还是二手商铺，如果交通状况不甚理想，也表明未来的成长空间不会很大。当然，需要注意的是，不能选择靠近快速交通干道的商铺，此类商铺虽然具备交通便捷程度高的特点，但人流却无从汇集，无法带来人气。

3．比经营团队

商铺之于经营团队，犹如石料之于能工巧匠。一个有丰富管理经验的商业运营团队操盘，能够在极短时间内盘活一个商业项目，并使其具有很高的人气。

4．比规划前景

对于区域内的规划前景，也应该进行综合比较。相对而言，人口数量趋于稳定的区域，其上升空间显然不及不断完善过程中的区域。还需关注的是规划的变动情况。由于当前城市建设经常会出现规划调整的情形，这会导致原本为闹市区的地方，因为市政建设而突然改变了原来的面貌。虽然这种情形不多见，但一旦发生，对投资者影响巨大。

最后，在店面选址基本确定后，还应该考虑是否有一定的停车位置，能不能满足消费群体停车的需要从而留住高档消费群体；有没有合适的广告位、大气的门头，以方便广告宣传、促销活动的需要；有没有隔离、遮挡，能不能满足消费群体的消费习惯，等等。

二、单项选择题（每小题1分，每小题只有一个最恰当的答案）

👆在线测试

1．（　　）是一种以书面形式了解被调查对象的反应和看法，并以此获取信息的载体。

    A．抽样调查　　　　　B．深度访谈　　　　　C．观察法　　　　　D．问卷

2．某行业协会发表的行业报告等资料属于（　　）。

    A．外部资料来源　　　B．电子数据资料　　　C．直接资料　　　D．内部资料来源

3．（　　）又称系统抽样，是指将单个个体按照一定间隔被随机抽取的抽样方式。

    A．简单随机抽样　　　B．非随机抽样　　　　C．分群抽样　　　D．等距抽样

4．如果调研人员在调查中发现，被调查对象由于总体数量过于庞大而导致总体情况无从了解，则这种情况适合采用（　　）抽取样本。

    A．随机抽样　　　　　B．等距抽样　　　　　C．非随机抽样　　　D．简单随机抽样

5．分群抽样法在实际工作中应用最为广泛的领域是（　　）。

    A．消费分群抽样　　　B．年龄分群抽样　　　C．性别分群抽样　　　D．地区分群抽样

6．公司派调研人员到该公司所在的行业协会打印该协会内部发行的行业信息报告，则该公司所获取的打印资料属于（　　）。

    A．二手资料　　　　　B．一手资料　　　　　C．直接资料　　　D．过时资料

7．在街道上随意访问过往行人的抽样方法属于（　　）。

    A．主观抽样　　　　　B．等额抽样　　　　　C．系统抽样　　　D．任意抽样

8．假设样本总量为100，要抽取4个个体样本，采用等距抽样的方法，先将总体按100编号，并求出抽样间隔为25，则从1到（　　）编号中随机抽取一个号码作为第1个入样数。

    A．50　　　　　　　　B．99　　　　　　　　C．4　　　　　　　D．25

9．"未来一年内，您是否计划买房？"该问题的提问方法属于（　　　）。

   A．开放式提问　　　　　　　　　　B．多项选择式提问

   C．二项选择式提问　　　　　　　　D．顺序提问

10．简单随机抽样法又称（　　　）。

   A．系统抽样　　　　B．分群抽样　　　　C．单纯随机抽样　　　　D．分层抽样

三、多项选择题（每小题 1 分，每题有多个答案正确。错选、少选、多选，均不得分）

1．问卷开头一般包含以下哪几项内容？（　　　）。

   A．问卷编号　　　　B．感谢语　　　　C．问候语　　　　D．填表说明

2．分层随机抽样的优点是（　　　）。

   A．样本代表性高　　　　　　　　　B．节约时间

   C．低成本　　　　　　　　　　　　D．提高总体数量指标的估计值的精度

3．非随机抽样常用的方法有（　　　）。

   A．配额抽样法　　　　B．判断抽样法　　　　C．任意抽样　　　　D．等距抽样

4．在设计问卷时，提问的问题要注意（　　　）。

   A．提问的内容尽可能详尽　　　　　B．用词确切、通俗

   C．多使用否定式　　　　　　　　　D．问题间不能交叉

5．下列问卷问题设计得比较合理的有（　　　）。

   A．您对我们公司的产品和服务满意吗？

   B．我们公司产品多年稳居同类产品销量排行榜第 1 位，您对它的质量满意吗？

   C．您认为该产品定价合理吗？

   D．您认为售后服务质量的高低会影响您的购买决定吗？

6．下列属于问卷中敏感问题的是（　　　）。

   A．个人情感问题　　　　　　　　　B．个人收入问题

   C．个人生活问题　　　　　　　　　D．政治宗教信仰问题

7．下列属于 6W 原则的是（　　　）。

   A．Who　　　　　　B．Where　　　　C．Weigh　　　　D．When

8．下列对分群随机抽样表述正确的是（　　　）。

   A．它属于随机抽样　　　　　　　　B．它适用于被调查对象异质性很高的情况

   C．它又称为系统抽样　　　　　　　D．它常被应用于被调查对象分布较广的情况

9．下列对非随机抽样表述错误的是（　　　）。

   A．非随机抽样含有调研人员的主观选择

   B．它适用于被调查对象总量确定的情况

   C．它的常用方法之一是任意抽样

   D．它的常用方法之一是分层抽样

10．在运用单纯随机抽样调查时，通常用（　　　）来实现随机抽取样本。

   A．排列法　　　　B．乱数表法　　　　C．排序法　　　　D．抽签法

任务二　分析宏观环境

试一试　查找近一年对中小企业有利的政策，并分析政策对中小企业的影响。

想一想　请你根据下列环境选择商机，在相应的图片标题上画"√"，并说明理由。

晴空万里——防晒眼镜

雾霾天气——防护口罩

网民增加——防电脑辐射用品

老龄人口增加——方便食品

经典赏析

营销跟着人口走

　　在二战后出现的婴儿潮是美国历史上人口增长的一个高峰。伴随着这次婴儿潮，20世纪五六十年代强生公司迅速崛起，成为全球婴幼儿用品行业的领头羊。而当婴儿潮的人口整体成长到青少年时代时，麦当劳出现了。在这代人步入中年以后，他们的消费趋向引发了房地产市场的繁荣，他们的投资理财需求推动了美国股市的大涨和金融保险行业的迅速发展。

　　一些品牌按照社会人口结构的变化，及时调整了营销战略。例如，梅赛德斯奔驰是一个与第二次世界大战后美国婴儿潮息息相关的品牌，梅赛德斯消费者主要是生于1946至1962年的人。在1986年，第一批婴儿潮人群步入"不惑之年"，梅赛德斯在美国销量为9.9万辆；2006年，这批人年近花甲，梅赛德斯在美国销量增长为25万辆，占全球总销量的20%；但如今，梅赛德斯的消费者已经很老了，市场大大缩水。为了抓住消费者，梅赛德斯雇用了500名20至30岁的雇员，着手研究这一代人在节能、车型设计和广告等方面的喜好，并在营销活动上进行了调整。

　　点评　不同时代的消费者，其收入、兴趣、爱好和观念等各不相同，对产品也有着不同的需求和体验。因此，只有从人口入手看待市场，才能准确定位目标市场，抓住营销契机。

　　评一评　除了从人口变化中发现商机，还能从哪些方面捕捉到商机？

学一学

宏观环境包括人口、经济、自然、科学技术、政治与法律、社会文化等因素。与微观环境相比，它对组织的作用是间接的，会对组织形成市场机会或环境威胁。这些因素往往是客观的、不断变化的和不可控的，对企业的影响深远而广泛。

大师妙语

物竞天择，适者生存。

——达尔文（Charles Darwin）

一、人口环境

市场=人口+购买力+购买欲望。人口是市场包含的 3 个主要因素之一，人口的多少直接决定市场的潜力，人口越多，市场规模越大。人口环境是指人口的多少、地理分布、年龄、性别、家庭、民族、职业及其他有关情况。

1．人口数量及增长速度

世界人口以爆炸性的速度增长，目前全世界人口约为 70 多亿人。2016 年年末全国内地总人口 138 271 万人（见表 2.3），比上年末增加 809 万人，其中城镇常住人口 79 298 万人，占总人口比例（常住人口城镇化率）为 57.35%，比上年末提高 1.25 个百分点。户籍人口城镇化率为 41.2%，比上年末提高 1.3 个百分点。全年出生人口 1 786 万人，出生率为 12.95‰；死亡人口 977 万人，死亡率为 7.09‰；自然增长率为 5.86‰。全国人户分离的人口 2.92 亿人，其中流动人口 2.45 亿人。人口增长速度之快，使消费品的购买量有增加的趋势。

表 2.3　2016 年年末人口数及其构成

指　标	年末数/万人	比例/%
全国总人口	138 271	100
其中：城镇	79 298	57.35
乡村	58 973	42.65
男性	70 815	51.2
女性	67 456	48.8
0～15 岁（含不满 16 周岁）	24 438	17.7
16～59 岁（含不满 60 周岁）	90 747	65.6
60 周岁及以上	23 086	16.7
65 周岁及以上	15 003	10.8

生育政策调整完善，带动了二孩出生明显增加。根据国家统计局发布的 1‰抽样调查推算数据，2016 年全年出生人口达到 1 786 万人，比"十二五"时期年均增加了 140 万人以上，比 2015 年多出生 191 万人，成为 2000 年以来最高的出生人口年份。据国家统计局统计数据显示，2015 年我国 0～14 岁儿童数量约 2.42 亿人，总量庞大。庞大的人口基数决定了我国巨大的教育需求。

2．人口的地理分布

地理分布是指人口在不同地区的密集程度。由于社会、经济、政治和自然等多方面因素的影响，人口地理分布不均匀是正常的。就世界范围而言，仅亚洲的人口总数就远远超过了其他几个洲的人口总和。我国人口的地理分布也极不平衡，如果连线黑龙江的漠河到云南的腾冲，把我国分为东南和西北两部分，则东南部的人口数约占总人口数的94%，而西北部的人口数仅占总人口数的6%。人口的地理分布表现在市场上，则体现为消费习惯的不同。例如，在饮食习惯上，我国有"南甜北咸，东辣西酸"之说。

3．人口结构

① 年龄结构。不同年龄的消费者对商品的需求不一样。2016年人口数与我国2010年第六次人口普查资料相比，14岁以下人口数占总人口数的比例基本持平，65岁以上人口数占总人口数的比例上涨近2%。我国人口老龄化趋势非常明显，因此，有关老年保健用品、老年营养食品及老年人生活、休闲娱乐等用品的生产企业将拥有更为广阔的市场发展空间。

② 性别结构。我国人口男女性别比例不仅显著高于发达国家，也高于某些发展中国家。我国2016年与2010年第六次人口普查资料相比，男性人口占比51.2%，少了0.07%，女性人口占比48.8%，多了0.07%，女性比例虽有所增加，但是从总人口性别比看男性依然多于女性。人口性别不同，其市场需求也不同，反映到市场上就会出现男性用品市场和女性用品市场。

③ 家庭结构。家庭是商品购买、消费的基本单位。从第六次人口普查结果看，平均每个家庭户的人口为3.10人，比2000年第五次全国人口普查的3.44人减少了0.34人。从2016年的数据看，全国人户分离的人口2.92亿人，可看出家庭户微型化更加明显。三代同堂、四世同堂的大家族式的家庭已越来越少见了，一人户、二人户和三人户比例的加大，会给小户型住房、微型家庭用具等带来商机。

④ 社会结构。随着我国城市化进程的加快和农村人口向城市的迁移，原来广阔的农村市场逐步转变为城市市场。城市家庭户的快速增加，必将引起家庭用品，如住房、炊具、家用电器和家具等商品的需求量大幅度增加。

⑤ 民族与宗教。我国是一个多民族国家，除汉族以外，还有满族、回族、壮族、蒙古族、维吾尔族、瑶族、土家族、苗族和藏族等55个少数民族，各民族在长期的生活中各自形成了独特的社会风俗和生活习惯，而这些风俗与生活习惯使他们有着独特的消费需求，在服饰、饮食、居住、婚丧、礼仪和节日庆典等方面都具有鲜明的民族特色。因此，企业在针对不同民族的消费者进行营销工作时，要注意民族间的文化差异，尊重少数民族的宗教、风俗和消费习惯，采取差异化策略，开发出符合不同少数民族所需的产品。

二、经济环境

经济环境是指企业市场营销活动所面临的社会经济条件，包括消费者收入水平、消费者支出模式和消费结构、消费者储蓄和信贷情况等。

1．消费者收入水平

消费者收入水平影响消费者的购买力，进而影响企业的市场营销活动。相关概念如下。

① 国内生产总值（GDP）。国内生产总值是指一个国家或地区的所有常住单位在一定时期内新生产的最终产品和提供的劳务价值的总和。国内生产总值反映一个国家的经济水平，是衡量一个国家经济实力和购买力的重要指标。从国内生产总值的增长幅度，可以了解一个国家经济发展的状况和速度。一般来说，工业品的营销与这个指标有关，而消费品的营销则与其关系不大。

② 国民收入。国民收入是指一个国家在一定时期（通常为一年）内新创造的最终产品和劳务的市场价值总和。用国民收入总量除以总人口的比值，就是人均国民收入。这个指标大体反映了一个国家经济发展水平和人民生活水平的高低，也在一定程度上决定着商品需求的大小。一般来说，人均国民收入增长，消费品的需求和购买力增加，反之就小。根据近 40 年的统计，一国人均国民收入达到 3 000 美元时，电视机可以普及，其中彩色电视机占 30%左右；一国人均国民收入达到 5 000 美元时，机动车可以普及，其中小轿车约占一半，其余为摩托车和其他类型车。

③ 消费者收入。消费者收入是指消费者个人的工资、红利、租金、退休金、馈赠和补贴等收入。它形成消费资料的购买力，是社会购买力的重要组成部分。消费者收入的多少、收入的结构、收入与支出比例、对储蓄与信贷的态度等都影响着消费者的生活方式和消费行为模式。

④ 消费者收入结构。它主要包括以下内容。

- 人均收入。用一个国家或地区的个人收入总和除以总人口，就是人均收入。人均收入的大小可衡量一个国家或地区的市场容量大小和消费者购买力的高低。

- 个人可支配收入。个人可支配收入是指在个人总收入中扣除应缴纳的税款和其他费用的剩余部分。这部分收入由消费者个人支配，主要用于购买生活必需品，是影响消费者购买力和消费支出的决定性因素。个人的可支配收入越高，其购买力越强；反之，则购买力越低。

- 个人可任意支配收入。个人可任意支配收入是指在个人可支配收入中扣除购买生活必需品（如食品、服装和水电费等）的支出和固定支出（如房租、保险费和分期付款等）以后剩余的收入。消费者可将其自由地用于储蓄、教育和旅游等多个方面，是影响市场消费需求变化的有利因素。针对这部分收入，企业可以重点研究与分析，并制订出切实可行的营销计划，创造需求，引导消费来积极满足消费者的差异化需求。

视野拓展

从这段十九大报告的内容中能发现什么商机

十九大报告提出，要坚持在发展中保障和改善民生，在幼有所育、学有所教、劳有所得、病有所医、老有所养、住有所居、弱有所扶上不断取得新进展，保证全体人民在共建共享发展中有更多获得感。"期盼有更好的教育、更稳定的工作、更满意的收入、更可靠的社会保障、更高水平的医疗卫生服务、更舒适的居住条件、更优美的环境、更丰富的精神文化生活"，有了更凝练的表述。

- 货币收入和实际收入。在通货膨胀、税收增加等因素的影响下，有时货币收入虽然增加，但实际收入可能下降了。在分析消费者平均收入时，还要研究不同社会阶层、不同地区和不同时期的消费者收入。

2. 消费者支出模式和消费结构

消费者支出模式是指消费者各种消费支出的比例关系，也就是消费结构。随着消费者收入的变化，其消费支出模式也会发生相应的变化，继而使一个国家或地区的消费结构发生整体变化。德国统计学家恩斯特·恩格尔根据他对德国、法国和比利时等国家的许多家庭收支预算的调查研究，发现家庭收入和各方面支出变化之间的规律可以用恩格尔系数表示。恩格尔系数越大，生活水平就越低；反之，恩格尔系数越小，生活水平就越高。

根据恩格尔的观点，随着家庭收入的增加，恩格尔系数会下降，用于服装、交通、娱乐、保健、教育等方面的支出和储蓄占家庭收入的比例会上升。

视野拓展

城乡消费差距的日益缩小，伴随消费总量的快速增长，消费结构也将日益改善。从宏观视角看，一方面，消费占经济总量的比例将显著提升，从而为经济转型所要求的"以内需拉动为主"的政策逐步加码，甚至未来消费有望成为拉动经济增长的第一动力；另一方面，区域和城乡结构差异将进一步缩小。专家分析预测，2000年，我国城镇每百户拥有洗衣机、空调、计算机和移动电话数量分别是农村的3.2倍、23.3倍、20.6倍和4.5倍；到2010年，上述城乡差距已经分别降低到1.7倍、7倍、6.9倍和1.4倍；到2020年，以耐用品为标志的中高端消费水平会进一步提高，城乡消费差距倍数将缩小到1以内。

3. 消费者储蓄和信贷情况

储蓄和信贷对消费者的购买力也有直接的影响。当收入一定时，消费者的储蓄越多，其现实消费量就越小，但潜在消费量就越大；反之，消费者的储蓄越少，现实消费量就越大，但潜在消费量就越小。一般来讲，利率、通货膨胀率、消费观念、收入水平、经济景气度与发展预期等是影响消费的主要因素。不同消费者的储蓄动机是有差异的，这种差异将影响未来潜在市场的走向，从而影响企业如何选择目标市场。

消费信贷对市场的影响很大。美国的消费信贷在全世界最高，各种形式的赊销、分期付款业务十分发达且增长迅速。我国为了促进市场经济发展，正逐步扩大消费信贷的规模和范围。例如，住房、汽车和旅游等方面已开展消费信贷，尤其是住房消费，房屋按揭消费已成为房地产销售的主流方式。

三、自然环境

自然环境是指影响企业生产经营活动的客观因素，包括地理环境、气候、自然资源及生态等。自然环境是企业赖以生存的基本环境，其变化会给企业造成环境威胁和市场机会，如对企业产品的原材料价格、运费及成本等都有影响。因此，企业要充分分析自然环境方面的动向，以便采取相应的对策。

1. 自然资源短缺的影响

我国历来以地大物博著称于世，是一个资源丰富的国家，许多矿物资源的绝对量位于世界前几位。但我国人口众多，大多数资源的人均占有量很低，如我国水资源总量名列世界第一，但人均占有量仅是世界人均占有量的 1/4。我国原料资源短缺，特别是不可再生资源越开采储量越少，对许多企业的发展自然就是一种威胁。因此，企业要提高产品的科技含量，积极开发节能型、环保型产品，才会有自己的发展空间。

2．环境污染与自然灾害

在发展经济的过程中，伴随着工业化、城市化发展而来的是环境污染，我国是世界上环境污染较严重的国家之一。早在 2000 年中国环境研究组的报告就指出，我国现阶段的污染程度相当于工业发达国家 20 世纪 60 年代公害泛滥阶段的状况。环境污染的严重性，已引起了政府和社会公众的极大关注，要求保护环境与控制污染的公众呼声也越来越高。

我国是一个自然灾害频发的国家，自然灾害的发生给国家和企业的发展带来了重大的影响及损失。雪灾、地震、泥石流、台风等对人民的生命和财产安全造成了巨大损失，同时也给医药、建筑、机械等行业带来了巨大商机，对各种医疗防护用品、治疗器械、药品、建筑材料和工程机械等救灾物资及灾后重建用物资的需求极其旺盛。

3．政府对环境污染及使用自然资源的控制

近 40 年的改革开放，在发展经济的同时，也带来了环境污染、自然资源的破坏，影响了我国经济的可持续发展。为了治理环境，保护自然资源，我国政府出台了各项法律和法规，如关、停、并、转污染严重的企业。消费者对环境的保护意识不断加强，许多消费者自觉抵制污染，选择安全、环保的"绿色"商品。

视野拓展

雾　霾

1．雾霾的构成

① 二氧化硫、氮氧化物和可吸入颗粒物是雾霾的主要成分。前两项为气态污染物，最后一项颗粒物才是加重雾霾天气污染的罪魁祸首，它们与雾气结合在一起，让天空瞬间变得灰蒙蒙的。颗粒物的英文缩写为 PM，北京监测的是 PM2.5，也就是直径小于 2.5 微米的污染物颗粒。这种颗粒本身既是一种污染物，又是重金属、多环芳烃等有毒物质的载体。

② 城市有毒颗粒物的来源。首先是汽车尾气。使用柴油的大型车是排放 PM2.5 的"重犯"，包括大公交车、各单位的班车及大型运输卡车等。使用汽油的小型车虽然排放的是气态污染物，如氮氧化物等，但碰上雾天，也很容易转化为二次颗粒污染物来加重雾霾。其次是北方到了冬季燃煤供暖所产生的废气。第三是工业生产排放的废气，如冶金、机电制造业的工业窑炉和锅炉，还有大量的汽修喷漆、建材生产窑炉燃烧排放的废气。第四是建筑工地和道路交通产生的扬尘。

2．雾霾的影响

空气污染对新生儿健康有影响。最近一项大型的国际研究证实，接触过某些较高空气污染物的孕妇，更容易产下体重不足的婴儿，而出生体重低的婴儿很容易增加死亡率和患疾病的风险，并且与婴儿未来一生的发育和健康都有很大关系。

这项研究合并了来自美国、韩国和巴西等 9 个国家及地区的 14 个研究中心所提供的 300 万名新生婴儿的数据。它侧重于两类有害的空气污染物，直径小于 2.5 微米和小于 10 微米的可吸入颗粒物，即 PM2.5 和 PM10。这些颗粒物来自工业和交通运输燃烧的化石燃料及木柴的燃烧，也包括尘埃和海盐微粒。通过

研究人员的计算，PM 10每增加 10 μg/m³，婴儿出现体重不足的概率就会增加 3%，并且其体重的总平均值将减少 3 克。

李克强总理指出，资源相对不足、环境容量有限已经成为中国的基本国情和发展的短板，而大力推进生态文明建设就是要打破这一瓶颈的制约。他表明，"十二五"期间，中国将调动 3.4 万亿元人民币投放到生态环保领域，将以节能减排作为结构调整和创新转型的重要突破口，到 2015 年使单位 GDP 的二氧化碳排放比 2010 年下降 17%。

资料来源： 百度百科. 雾霾[OL]. http://baike.baidu.com/view/740466.htm.

四、科学技术环境

科学技术是人类在长期实践中所积累的经验、知识和技能的总和。科学技术是社会生产力中最活跃的因素，作为营销环境的一部分，不仅影响企业的生产经营活动，还与其他环境因素相互依赖、相互作用。

1．科学技术的发展趋势

① 科学技术革新的速度加快。从科学技术发展史中可以知道，近几十年人类的发明创造成果远远超过以前几千年的成果总和。科学技术从开发到应用，时间大大缩短。例如，当今的计算机技术平均每 18 个月就会使原有产品的制造成本下降一半，而且新产品在技术上更先进。

② 研究和开发费用大幅度增加。当前，世界各国政府或企业纷纷投入大量的资金用于研究与开发。例如，世界知名的宝洁公司、雀巢公司、IBM 公司和惠普公司等在全球都有专门的研发中心，美国的微软公司每年都将 40 多亿美元用于研究和开发新产品。

③ 科研创新的范围更广。科学技术革新的速度加快，范围也越来越广，给人类带来了无穷的创新机会。目前，最引人注目的科学研究是人类基因工程、固态电子学、机器人和材料科学等。科学家们正在研究治疗癌症、治疗艾滋病、淡化海水、家政机器人和安全有效的减肥食品等新技术。

④ 科学技术革新的法规不断增多。科学技术的迅速发展，使不断涌现的新产品日益复杂，消费者需要确信这些新产品是安全的、健康的，他们要求政府部门在新科技商业化之前进行有效的评估。因此，出台的相关法规对新产品的调查更加严格，尤其在食品、药品、汽车、服装、电器和建筑等行业增加了保障安全和健康的法规。

2．科学技术环境的变化对企业营销策略的影响

① 科学技术加快了产品的升级换代，缩短了产品的生命周期。例如，冰箱从上下两门到上中下三门、左右六门；电饭煲从普通到电脑预约；电视机由黑白到彩色，由普通型到平面直角型、超平型、平面型、数码型，再到现在的高清晰背投、等离子型和液晶彩色电视。新产品推出的速度越来越快。

② 科学技术的发展促进了新行业的产生。通过科学技术创新，形成了新的技术和产品，使企业迅速打开了市场销路，扩大了市场份额，获取了超额利润。例如，移动互联网的发展，滴滴快车、共享单车的出现，电动汽车、无人驾驶汽车、人工智能的出现，都是对传统同类行业的颠覆，同时也带来新的商机。

③ 科学技术有利于增强企业的综合实力。科学技术是推动企业管理变革的积极因素和

外在动力。例如，大型超级市场运用条形码技术，使货款结算速度迅速提高；卫星定位系统的应用，使物流系统更有效率。

小·案例

智能老年公寓落户普兰店

在大连市普兰店市安波镇将建成首个智能老年公寓。智能老年公寓由6栋公寓楼、一座温泉洗浴中心和一座餐饮中心及一座医疗中心组成，形成集居住、养老、休闲、餐饮和医疗为一体的智能化养老"生活圈"。

该项目建成后均为带电梯精装修公寓，各项配套设施专为老年人的生活需要而设置，老人入住后可享受温泉洗浴、体检医疗和日常服务等配套服务，将形成一个纯养老式的高科技智能生活圈。公寓实行高科技智能管理，小区有光纤入户、卫星电视，还有互动电视平台，入住老人可与家人建立远程视频聊天，并能通过视频与120、医院医生、物业联动进行紧急呼叫。

此外，每位入住的老人将会佩戴智能化手镯和带有紧急呼叫功能的手机，手镯中的电子存储卡会记录老人的基本信息和身体状况。同时，手镯具有远程定位的功能，一旦老人有突发事件或不慎走失，可以及时定位就诊或寻回。

资料来源：陆瑶. 智能老年公寓落户普兰店[EB/OL]. (2012-08-27)[2018-02-03]. http://house. china.com. cn/dalian/view/558731.htm.

④ 科学技术可改变商业结构和消费者偏好。科学技术的发展和运用催生了新的商业机构，如网络购物、电视直销、超级自选市场、专卖店、自动售货机、广告购物、邮购和电话购物等，动摇了传统百货商店的主导地位，而且多方位、多层次地满足了不同消费者的个性化需求。互联网技术的发展和运用，加速了电子商务的发展。网络营销作为一种新兴的营销方式，日益表现出传统贸易方式无法比拟的优势。例如，海尔的用户可以在海尔网站上设计自己喜欢的冰箱，企业将根据消费者的个性特征，提供符合其个性化需求的产品和服务。

⑤ 科学技术发展可缓解全球能源短缺的问题。

⑥ 科学技术在一定程度上可改变人类的价值观念和伦理观念。

五、政治与法律环境

在任何社会制度下，企业的市场营销活动都必然受到政治与法律环境的限制和约束。这种环境是由那些限制与影响社会上各种组织和个人行为的法律、政府机构、公众团体所组成的。

1. 政治环境

政治环境是指企业市场营销活动的外部政治形势和状况，以及国家方针和政策的变化给市场营销活动带来的或可能带来的影响。

① 政治局势。政治局势是指企业营销所处的国家或地区的政治稳定状况。

② 方针和政策。国家通过制定经济与社会发展战略、各种经济政策来改变社会资源的供给，扶持和促进某些行业的发展，并通过方针、政策对企业的营销活动施以影响。例如，

通过征收个人所得税、利息税等来调节消费者收入，进而影响消费者的购买力来影响消费者需求，从而间接影响企业的营销活动，如我国在 2010 年至 2011 年 5 月连续 4 次上调银行存款利息及贷款利息，并推出限购住房的相关政策，对相关房地产企业的营销活动产生了一定影响。

目前，各国政府采取的对企业营销活动有重要影响的政策和干预措施主要有以下几个方面。

- 进口限制。进口限制是指政府所采取的限制进口的各种措施和制度，如进口配额、许可证制度、外汇管制和关税等。
- 税收政策。政府在税收方面的政策和措施会对企业经营活动产生影响。例如，对某些产品征收特别税或高额税，会使这些产品的竞争力减弱，给经营这些产品的企业带来一定影响。
- 价格管制。当一个国家发生了经济问题时，如经济危机、通货膨胀等，政府就会对某些重要物资，乃至所有产品采取价格管制措施。
- 外汇管制。外汇管制是指政府对外汇买卖及一切外汇经营业务所实行的管制。这往往是对外汇的供需与使用采取限制性措施。
- 国有化政策。国有化政策是指政府由于政治、经济等原因对企业所有权采取的集中措施。例如，由于为了保护本国工业免受外国势力的阻碍等因素，将某些企业收归国有。

视野拓展

国际营销环境分析

国际市场营销是国内市场营销在国际市场上的延伸，所以国际市场营销学与国内市场营销学在原理上是一致的。虽然许多指导国内企业营销活动的策略和方法，如营销调研、环境分析、购买者行为研究、细分市场和目标市场选择、市场营销组合策略的制定与实施等均可以用来指导国际市场营销活动，但是国际市场营销作为跨越国界的贸易活动，却不是国内市场营销在国际市场上的简单延伸。国际市场营销所面对的是本国以外的其他国家的市场。国外市场范围广阔且距离遥远，各个国家的政治制度、法律体系、经济体制、人口状况、技术水平、消费方式和风俗习惯等不可控制的环境因素均有较大差异，环境特性成为国际市场营销和国内市场营销之间质的区别。这意味着从事国际市场营销活动的企业将面临极为复杂的国际营销环境。国际营销环境具有如下特点。

1. 政治多极化

就经济实力而言，美国的霸主地位开始动摇，亚洲太平洋地区正在成为新的世界经济中心，亚太地区将和北美、欧盟鼎足而立，世界政治多极化的趋势已越来越明显。

2. 经济全球化

科学技术的进步、信息网络的发展和低成本宽带通信能力的增强，对经济全球化趋势的形成起到了不可低估的推动作用。经济全球化以各国国内市场国际化为依托，其发展又进一步促进了国内市场国际化程度的提高。

3. 知识经济的全面到来

在直接依赖知识和信息的生产、分配、使用的 21 世纪，知识已成为生产的支柱和主要产品，服务业将在国民经济中占据主要地位，高新技术产业的飞速发展是重要标志之一。知识经济为企业创新提供了良好的外部环境,给企业的发展带来了全方位的影响,企业必须进行营销因素的重新组合才能更好地生存和发展。例如,在营销中引入知识要素,依靠知识进行产品创新,充分利用新近发展起来的网络渠道。

4. 商品结构高级化

越来越多的产品趋向小型化、轻型化,科技含量高、附加值大是产品创新的主要选择。由于新技术开发与应用的周期逐渐缩短,所以企业必须坚持进行经常性、前瞻性的产品开发,以满足不断变化的消费需求。

5. 老龄化社会

据统计,65岁以上的人口在世界总人口中的比例到2030年可能上升到15%,有的国家则会达到20%,退休提前化的趋势将出现逆转,平均退休年龄可能上升到65岁以上。老年人的增加将对保健服务,尤其是精神保健产生很大的需求,银色市场潜力巨大。

6. 网络的普及

当前计算机和网络用户群的规模不断扩大,截至2011年12月底,中国网民数量达到5.13亿人。由于电子商务的发展,消费者可从因特网上得到任何产品的图片,阅读产品说明书,并按最适宜的价格和条件从自动售货机上买到商品,所以使得商店的交易量趋于减少,更多的商店开始经营娱乐性项目。大多数公司建立了专门的客户基本资料,向个别客户提供按要求定做的产品。总之,网络的普及带来了营销活动的虚拟化。

③ 国际关系。国家间的关系必然会影响企业的营销活动。这种国际关系包括企业所在国和营销对象国之间的关系。例如,中国在国外经营的企业会受到市场国对中国外交政策的影响。

小·案例

1990年,我国与韩国还没有建立外交关系。某报纸上刊登了一条十分简短的新闻:某月某日,江泽民主席在北京会见了韩国商会会长,双方进行了亲切、友好的交谈。

这条信息对绝大多数中国人来说,没有引起任何注意。但是,部分做生意的有心人从此信息中领悟出一条新的信息:中国即将与韩国建立外交关系,中韩贸易必将发展。于是他们提前打开地图,了解韩国的历史、法律、地理、文化、经济和教育,分析与朝鲜的关系、与美国的关系,以及中朝、中韩、中美和中日的多边关系,提前搜集相关的信息(主要是商务和教育),分析韩国国民的风俗习惯,从方方面面做了各项资料的整理、研究,并提前做好了商务可行性分析报告和风险评估。一旦中韩建立外交关系,他们即可向国家主管部门和相关部门报批贸易批准手续,以便及早进行商务考察、项目确定、商务谈判、法律咨询和风险保障等工作,从而做成第一批中韩贸易生意。只要你是有心人,就会发现商机无处不在。

资料来源:钱仲威. 做好生意的第一步[M]. 北京:清华大学出版社,2008.

2. 法律环境

企业开展市场营销活动,必须要深入研究国家或政府颁布的有关经营、贸易和投资等方面的法律法规,不可违背相关法律法规。在国际市场营销中,企业还要研究相关国家的法规,否则就会受到法律的制裁。例如,美国和欧盟一些国家制定的《反倾销法》规定,某种外国产品在本国市场的销售价格低于"公平价格",并对本国工业带来"实质性损害",就会被裁定为倾销成立,会要求其支付高额的反倾销税。近几年,我国的很多产品在出口美国或欧盟时受挫,如彩电和钢铁等都被裁定为倾销,并加收高额关税,从而失去了市场竞争力。例如，2003年欧盟对来自中国温州的打火机的反倾销调查和课征惩罚性关税的实施，造成了企业出口成本的增加。

小·案例

2012年11月18日的星期天下午，王振滔正在省里开会学习十八大精神，接到电话说官司打赢了。

王振滔是温州市政协副主席、浙江奥康鞋业集团（以下简称奥康）董事长。奥康和欧盟委员会（以下简称欧委会）之间的反倾销官司已经整整打了6年半，现在二审判决下来，奥康胜诉——这是中国企业在此类案件中罕见的胜诉。"听了之后心里没什么大波动，很平静。"2012年11月21日，王振滔在奥康总部对《南方周末》记者说。

6年前，欧盟宣布对中国鞋企征收高额反倾销税，中国鞋企高调联合起诉欧盟，是当时的一大新闻。但屡屡失败之后，同行者逐渐偃旗息鼓，只剩下奥康一家上诉至欧盟高级法院。如今这场马拉松式诉讼的胜利给奥康带来的直接经济收益仅是约500万元人民币的诉讼费，以及还需要争取的部分退税。对于市值逾70亿元、年盈利超过4亿元的奥康来说，经济价值很有限。

"今天打赢官司，象征意义更大。"王振滔说，"它让中国企业以后碰到类似情况时知道，鸡蛋是可以和石头碰碰的。"

资料来源：冯禹丁. 奥康皮鞋反倾销案：鸡蛋如何碰赢石头[EB/OL]. (2012-11-30)[2018-02-03]. http://www.infzm.com/content/83335.

改革开放以来，我国日益重视经济立法与执法，使规范市场经济的相关法律越来越完善，先后颁布了《中华人民共和国公司法》《中华人民共和国经济合同法》《中华人民共和国价格法》《中华人民共和国产品质量法》《中华人民共和国商标法》《中华人民共和国广告法》《中华人民共和国专利法》《中华人民共和国破产法》《中华人民共和国反不正当竞争法》《中华人民共和国环境保护法》《中华人民共和国消费者权益保护法》和《中华人民共和国证券法》等法律法规。这些法律法规的实施，对企业生产经营活动提出了更高的要求。

视野拓展

中国食品与饮料业信任度已亮红灯

全球最大的独立公关公司爱德曼发布的2012年度全球信任度调查报告显示，在全球信任度综合指数从55%下降到51%的大背景下，中国76%的数字，一跃成为全球信任度综合指数最高的国家。然而，从细分行业的情况来看，中国食品与饮料业成为最不受信任的行业。

资料显示，此次是爱德曼连续第12年度公布信任度调查，2011年调查中信任度最高的巴西，以及信任度中等的日本和西班牙，2012年均出现信任度的大幅下降，而且多个发达国家的企业信任度下降超过20%。而中国企业信任度的逆势上升幅度位列全球第一，阿联酋和新加坡紧随其后，数字分别为68%和67%。

据了解，此次调查中，中国科技企业信任指数位列榜首，其后是媒体和汽车行业，而2011年受到"瘦肉精"和"塑化剂"等恶性事件冲击的食品与饮料行业成为最不受信任的行业。此外，消费品行业、能源行业信任度的大幅上升对中国产业整体信任度的影响较大。但是在数字增长的背后，受访者普遍认为，中国企业在商业合规、善待员工、商业行为透明且公开、采取负责任的行动处理问题或危机、努力保护和改善环境等方面仍有待提高。

资料来源：李冰. 调查称中国食品饮料业信任度最低[EB/OL]. (2012-02-13)[2018-02-03]. http://mon-Ey.163.com/12/0213/01/7Q3USCFH00253B0H.html.

六、社会文化环境

社会文化主要是指一个国家、地区的民族特征、价值观念、生活方式、风俗习惯、宗教信仰、伦理道德、教育水平和语言文字等的总和。文化对企业营销的影响是多层次、全方位、渗透性的。

主体文化占据支配地位,起凝聚整个国家和民族的作用,是由千百年的历史所形成的,包括价值观和人生观等;次级文化是在主体文化支配下形成的文化分支,包括种族、地域和宗教等。文化对市场营销的影响是多方面的,对所有营销的参与者都有着重大影响,不仅影响企业营销组合,而且影响消费者心理和消费习惯等。这些影响多半是通过间接的、潜移默化的方式来进行的。下面进行分析。

1. 价值观念

价值观念是指人们对社会生活中各种事物的态度和看法。不同文化背景下,价值观念差异很大,影响着消费需求和购买行为。对于不同的价值观念,营销管理者应研究并采取不同的营销策略。例如,在西方发达国家,分期付款、按揭消费被广泛使用,而东方人则讲求量入为出、勤俭持家。

小·案例

中国老太太与美国老太太

中国老太太和美国老太太在天堂里碰面了,她们谈到生前的事感慨良多。中国老太太带着遗憾的口气说:"我一辈子省吃俭用,终于凑够了一笔买房子的钱,来不及好好享受就来这里了。"美国老太太心满意足地说:"与你不一样,我早就买好了房,舒服了一辈子,但来这之前我才还清了银行的贷款。"

2. 教育程度

教育程度不仅影响劳动者的收入水平,而且影响消费者对商品的鉴别力、消费者心理、购买的理性程度和消费结构,从而影响企业营销策略的制定和实施。不同教育水平的人表现出不同的审美观,购买商品的选择原则和方式也不同。一般来讲,教育水平高的地区,消费者对商品的鉴别力强,容易接受广告宣传和新产品,从而购买的理性程度也较高。

小·案例

欲取之,先予之

在商界,企业对外宣传时总会打出"用户即是上帝""顾客是我们的衣食父母"的招牌。为什么要这样说呢?因为用户是你赚钱的对象,只有把他们侍候好了,他们才能心甘情愿地掏钱让你赚。也就是说,你先要给予他们良好的服务、优质对路的产品,才能够获得丰厚的利润。

一个商人的乐善好施有时比精打细算会给自己带来更多的收益。日本一家制酪公司,其社长日比先生十分乐善好施,无论什么都是免费或超低价供给,无味大蒜就是其中一例。

这种无味大蒜是由一个拥有此项开发技术的人推销到日比先生这里的,日比先生自己试过后感觉很好,于是就买下了这项技术。一次，一个朋友来要点儿过年用的咖啡，"那么，这个也给你，一起用着试试看"。日比先生顺手将无味大蒜也给了这位朋友一些。朋友们反应很好，日比先生灵机一动，何不让更多的人都知道无味大蒜的妙处？于是，他以此为开端，开始广泛地发放。到现在为止，这种无味大蒜已经派发给了全国 3 万余人。大家越吃越上瘾，不好意思再白要，就打电话过来，要花钱购买。日比先生就是不同意，照常白送，近处的派车送，远处的就邮寄过去。这件事说起来简单，真正做起来可是非同小可。大蒜本身的成本加上运费、邮资，他每年至少要花费 25 亿日元。

然而，另一笔就是另一种算法了，自从派发这种无味大蒜以后，公司营业额迅猛增长，第二年收入就超过了 700 个亿。

"给予便是获得"并非只是宗教中的一种境界，也是创造市场机会的有效战术。

3. 宗教信仰

人类的生存活动充满了对幸福感、安全感的向往和追求。在生产力低下，人们对自然现象和社会现象迷惑不解的时期，这种追求容易带有崇拜的宗教色彩，沿袭下来的宗教色彩会逐渐形成一种模式，影响人们的消费行为。

不同的宗教信仰有不同的文化倾向和戒律，影响人们认识事物的方式、价值观念和行为准则，进而影响人们的消费行为，并带来特殊的市场需求，这与企业的营销活动有密切的关系。

4. 风俗习惯

风俗习惯是指人们在一定的社会物质生产条件下长期形成的，并世代相传成为约束人们思想、行为的规范。它在饮食、服饰、居住、婚丧、信仰、节日和人际关系等方面，都表现出独特的心理特征、伦理道德、行为方式和生活习惯。不同国家、民族有不同的风俗习惯，对消费者的消费嗜好、消费模式和消费行为等具有重要的影响。例如，在我国每年的春节前夕会形成生活用品购买的最高峰；在清明节、端午节、中秋节、国庆节前夕，人们对商品的需求也会显著增长。近几年，许多人受西方文化影响，风俗习惯也正在改变。例如，圣诞节、复活节和情人节等，这些西方节日在我国也悄然兴起。营销人员在了解传统风俗习惯的同时，还要注意传统习俗演变的方向。

视野拓展

中西语言交际的注意事项

中国人初次见面，通常要请教尊姓大名、住址和年龄等，询问人家的底细不仅不被认为失礼，而且视作交际场上应有的礼节。但西方国家是建立在个人主义基础之上的，因此在与西方人交谈时，要特别注意不要问及对方的隐私。隐私，即不愿告诉他人或不愿公开的个人情况，通常包括个人的年龄、婚否、经济收入、地址和家庭等。在与西方人交际的过程中，应特别注意以下几点。

1. 欣赏物品，忌问价值

如果你到西方人家中做客，发现对方新购买了一个款式新颖的大衣柜，或者一件精美的工艺品，你应该表示十分欣赏，并说一些赞美的话。但一定不要像在中国一样问："你花多少钱买的？"因为西方人只愿意讨论一般的物价、行情，而不愿意提起他家中某些物品的价格。

2. 交情莫逆，忌问工资

西方人非常忌讳别人问他的收入，往往除夫妻互相了解工资情况外，连父母和儿女之间、兄弟姐妹之间，也互不知道对方的工资。"你每月挣多少钱？"尽管我们认为提这类问题只不过是为了加深了解，增进友谊，但西方人不这样看。我们应该尊重对方的习俗和感情。

3．敬老尊贤，忌问年龄

中国古礼讲究敬老尊贤，遇人请问一声"贵庚"是件很平常的事。西方人却不愿意别人问其年龄，尤其是妇女，总希望别人看不出她有多大年龄。因此，如果冒昧地问年龄，是很失礼的。对医生来说，即便诊断上需要知道病人的年龄，也是能不问就不问，对妇女多凭推测估计她们的年龄。由于人种、地域、气候、饮食和生活方式等方面的原因，西方人一般看上去比相同年龄的东方人要老气些。

4．与人交友，忌问婚姻

出于对友人的关心，我们有时会亲切地问："你的个人问题解决了吗？"此处的"个人问题"就是婚姻问题的婉转说法。但是，你如果用这句话去问西方人，他们会感到莫名其妙。因为西方人并不把婚姻问题看成像中国人认为的"终身大事"，而认为结婚、同居还是独身纯属个人隐私范围，外人不应干涉。因此，如果要了解对方这方面的情况，对西方人必须语言委婉。你可以这样问："你和家人一起住在这里吗？"或者问："你家里人很多吗？"如果对方一味谈父母兄妹之事，而闭口不谈丈夫或妻子，那就意味着对方尚未结婚或已经离婚。你对于想了解的问题也就心中有数了。

5．与人约会，忌问住处

如果有西方人约你去喝茶或吃饭，你也不用问他："Where do you live（你住哪儿）？"因为他在请帖上一定会写得清清楚楚。如果对方是商人，也不宜唐突地问他："What are your business（你做什么生意）？"因为他的身份和生意，你在闲谈中自然也可以明白。如果他不说，那就表示他不愿意说，你也不要再问下去。因为那是个人的私事，所以不问为妙。

6．关心爱护，忌问身体

朋友之间一段时间未见，对方胖了，我们常会幽默地说："你发福了，恭喜恭喜。"因为我们的观念是：生活好了，忧虑少了，心宽体胖，这是好事。然而，西方人，特别是妇女，常常因自己发胖而苦恼。因此，你如果看到对方长得人高马大，恭喜"发福"就会适得其反，令对方难堪。

7．问候致意，忌问吃饭

中国见面时习惯问："吃了没？"这说明中国几千年来的"民以食为天"的传统观念深植人心，表达了人和人之间的关切之情。而外国人对中国的历史、民俗不了解，对这样的问候语，会觉得莫名其妙。如果遇到英国人你热情地问："你吃了没？"对方会以为你要请他（她）吃饭。而对于未婚男女来说，这又可能被理解为你想与对方约会。

8．个别语言，忌做直译

中国文化博大精深，其语言更是丰富多彩，而其他国家的语言也有自己的文化背景。这使得各国语言有许多是无法直接翻译的，硬性表达必然会令人莫名其妙。例如，"王胖子跳井——下不去"和"和尚打伞——无法无天"等，就不能直译，应采用通俗性的解释，以取得相应效果。再如，"一箭双雕"在俄文中应译成"一枪打死两只兔子"；在法语中，译成"一块石头打两处"；在英文中，译成"一块石头打死两只鸟"；在德语中，译成"一拍子打死两个苍蝇"。可见，翻译不但应有过硬的外语功底，而且需要具备丰富的文化知识。

外语是进行交际的工具，往往一字之差，就会造成无法弥补的严重后果。外语翻译与外贸关系是极为密切的。我国袋装的白猫牌洗衣粉是国内名牌产品。例如，"白猫"二字英文应译成 White Cat，设计者别出心裁把 WC 作为"白猫"的标志，不曾想 WC 是国际通用的"厕所"的英文缩写。因此，白猫牌洗衣粉在国际市场上自然无人问津。

因语言的文化差异,在美国和日本之间还曾发生过引起极大震动的一个悲剧。1992年11月26日晚,在美国一名叫服部刚丈的日本留学生和他的一位美国同学化好妆去参加万圣节舞会,他们走错门而误入一家私人住宅。住宅男主人见生人闯入,手握一支枪向他们喊道:"Freeze!" freeze 在英语中的一层含义是"不许动",与他一起的美国男孩听到叫声立即停下来。但在服部刚丈的记忆中,英语课上讲授的 freeze 一词的意思是与冷冻或制冰有关的,因此他仍在向前走,结果胸部中弹而亡。这一悲剧从反面说明了把语言和文化结合起来学习的重要性。

5. 审美观

审美观影响人们对产品和服务的看法,营销人员需要根据营销活动所在地区人们的审美观设计产品,提供服务。审美观的差异体现在对产品和服务的要求上,如表现在对产品实体的色彩、形状、标志、形态和式样等方面的不同偏爱。例如,中国人视红色为喜庆,泰国人视黄色为高贵。一般来讲,各国消费者对本国国旗颜色的接受程度最高。因此,国旗颜色又称保险色。

6. 消费时潮

由于社会文化多方面的影响,使消费者产生共同的审美观念、生活方式和情趣爱好,从而导致社会需求的一致性,这就是消费时潮。消费时潮在服饰、家用电器及某些保健品方面表现最为突出。消费时潮在时间上有一定的稳定性,但有长有短,有的可能几年,有的则可能是几个月。其在空间上还有一定的地域性,同一时间内,不同地区时潮的商品品种、款式、型号和颜色可能不尽相同。

 练一练

一、案例分析

金枝本是一个普通的打工妹,一次偶然的机会,她发现红豆很受青年人的喜爱,于是就做起了卖红豆的生意。红豆又称相思豆,与玫瑰花一样,都是爱情的象征,但是只有海南出产较多。金枝凭借经营红豆,刚开始赚了一笔小钱。后来由于红豆热销,她不得不每月跑一次海口。一次,她以较低的价格购买了 2 000 多颗红豆,在清洗之后发现受骗了,原来这些红豆,几乎每颗都有瑕疵,有的带着明显的疤痕,有的表皮皱巴巴,有的颜色不正,再去找那个商人的时候,对方早已没有了踪影。经过一夜思索,金枝想出了一个好办法。她将这些红豆分类,把颜色偏紫红的陈旧红豆制成"红得发紫,爱到心痛",把皱巴巴的红豆制成"等你等到红颜老",把一半黑一半白的红豆制作成"天亮了,我还是不是你的女人"。结果这些红豆一下引起了销售热潮,又让她大赚了一笔。

二、单项选择题（每小题1分,每小题只有一个最恰当的答案）

1. 下列叙述正确的是（　　）。

    A. 自然环境的变化,如自然资源的短缺、环境污染的日益严重,给企业带来的都是威胁而没有市场机会

    B. 新技术的产生给企业发展创造了良好的条件,因此新技术的出现是一种市场机会

    C. 图腾文化渗入市场营销工作的全过程,并往往决定着市场营销活动的成败

    D. 政治和法律环境是上层建筑的内容,与市场营销关系不大

在线测试

2. 下列说法正确的是（　　）。

    A. 发达国家人口出生率下降，会给企业带来威胁

    B. 世界人口迅速增长，使世界市场潜量增大

    C. 由于人口趋于老龄化，所以会给所有经营青少年用品的企业带来威胁

    D. 晚婚、晚育和高离婚率使家庭规模小型化，会给所有经营家庭用品的行业带来机会

3. 按照恩格尔定律，随着家庭收入的增加，用于家庭经营方面的支出一般会（　　）。

    A. 增加　　　　　　B. 减少　　　　　　C. 大体不变　　　　　　D. 没有表述

4. 宗教信仰属于宏观环境中的（　　）。

    A. 人口环境　　　　B. 政治环境　　　　C. 社会文化环境　　　　D. 法律环境

5. 下列环境因素中，通过影响消费者的思想和行为来影响企业的因素是（　　）。

    A. 经济环境　　　　B. 人口环境　　　　C. 政治法律环境　　　　D. 社会文化环境

6. （　　）主要是指一个国家或地区的民族特征、价值观念、生活方式、风俗习惯、宗教信仰、伦理道德、教育水平和语言文字等的总和。

    A. 社会文化　　　　B. 政治法律　　　　C. 科学技术　　　　D. 自然资源

7. 影响消费需求变化的最活跃的因素是（　　）。

    A. 个人可支配收入　　B. 可任意支配收入　　C. 个人收入　　　　D. 人均国内生产总值

8. 下列属于宏观环境的是（　　）。

    A. 公众　　　　　　B. 竞争者　　　　　C. 顾客　　　　　　D. 消费结构状况

9. 一般而言，亚、非、拉、中东地区的客商相对注重礼物的（　　）。

    A. 意义　　　　　　B. 感情价值　　　　C. 外形　　　　　　D. 货币价值

10. 在（　　），孔雀受到该国人民的喜爱，适合用作商标图案。

    A. 英国　　　　　　B. 法国　　　　　　C. 委内瑞拉　　　　D. 泰国

三、多项选择题（每小题 1 分，每题有多个答案正确。错选、少选、多选，均不得分）

1. 在与西方人交际的过程中，应特别注意的是（　　）。

    A. 欣赏物品，莫问价值　　　　　　　　B. 情同手足，莫问工资

    C. 敬老尊贤，莫问年龄　　　　　　　　D. 与人为友，莫问婚姻

2. 属于对企业市场营销活动构成间接影响和制约的宏观环境因素是（　　）。

    A. 人口　　　　　　B. 政治与法律　　　C. 经济　　　　　　D. 社会文化

3. 属于社会文化环境因素的有（　　）。

    A. 教育水平　　　　B. 价值观念　　　　C. 宗教信仰　　　　D. 语言文字

4. 属于宏观环境因素的有（　　）。

    A. 人口环境　　　　B. 经济环境　　　　C. 自然环境　　　　D. 法律环境

5. 直接影响营销活动的经济环境因素有（　　）。

    A. 消费者收入水平的变化　　　　　　　B. 消费者支出模式和消费结构的变化

    C. 消费者储蓄和信贷情况的变化　　　　D. 经济发展水平

6. 分析人口结构对企业营销的影响，人口结构应包括（　　）。

    A. 年龄结构　　　　B. 性别结构　　　　C. 家庭结构　　　　D. 社会结构

7. 在与西方人交谈时，要特别注意不要问及对方的隐私。下列被西方人视为隐私的是（　　）。

    A. 年龄　　　　　　B. 经济收入　　　　C. 家庭　　　　　　D. 地址

8. 西方人普遍认为 13 这个数字是不吉利的，常以（　　）代替。

    A. 14（A）　　　　B. 12（B）　　　　C. 13（B）　　　　D. 13（A）

9. 下列对国际商务礼俗和禁忌的说法中，错误的是（   ）。

    A．给英国女士送鲜花时，不要送菊花和蔷薇花

    B．俄罗斯人对数字的好恶同西方人一样，忌讳 13 这个数字

    C．对于匈牙利、保加利亚等国，6 月至 8 月是商人的度假月，在此期间商务活动不宜往来

    D．与美国商人谈判，绝对不要对对方的某一个人进行指名批评，但可以把以前在谈判中出现过的摩擦提出来进一步讨论

10. 在英国从事商务活动时，正确的行为是（   ）。

    A．不要随便闯入别人家里

    B．给英国女士送鲜花时，宜送双数

    C．不要以英国皇室的隐私作为谈资

    D．不要用人像作为商品的装潢

任务三　关注微观环境

试一试　要求学生去参观一家企业，观察其从接订单到发货的整个流程，并认真记录整个过程中所涉及的岗位、部门及企业。

想一想　请你为下面的工作进行排序，在相应的图片标题前标序号，并说明理由。

仓库	商品入库验收
存货库房A区	商品入库上架
根据发货单拣货	出货复核

经典赏析

和谐处处离不了

在生产现场,一批物料用到最后才发现少了,原因是采购入库的物料包装内数量不足。

生产部:数量不足又不是我的错,这批货的批号不要问我,耽误销售不是我的责任。

仓储部:入库只能抽检和凭经验判断,而不是全部开箱检查。如果100%验收,人力和物力都做不到,并且是巨大的浪费,问题在于对供应商的质量和数量的控制。

采购部:入库这么长时间都没有发现问题,连批号都不知道,什么证据都没有,我怎么向供应商索赔?"临时抱佛脚",下一批货很难马上到的。

质保部:什么时候质保部还要管数量了?

销售部:订单没有办法提前预测,客户就是上帝,他们什么时候要,就得什么时候生产出来,你们不知道销售竞争多么激烈。

人事部:人员编制的事,你们内部挖潜或向上面做报告吧,我帮不了你们。

财务部:按照规定,供应商的货款已经结清了,你们自己与他们沟通吧。这张红冲的单子填错一个数,你们连这点小事都做不明白,难怪总出错。我要向总经理反映一下这事。

总经理:如果你们都没有错,那就是我错了。

总结:仓储管理者要建立起服务的意识,不仅要服务好外面的顾客,而且要服务好同事,否则会被大浪淘沙淘汰掉的。

要制定部门工作的优先顺序,不能本位主义,只考虑自己部门的利益。上一道工序是为下一道工序服务的,必须善待下一道工序,让下一道工序满意。上一道工序是否合格,是由下一道工序来评价的。

点评 想搞好企业,就要建立起企业内部和谐的人际关系。

评一评 微观营销环境有哪些?

学一学

微观营销环境是指与企业营销活动发生直接联系的外部因素。一般来说,企业的微观营销环境包括企业本身、营销渠道企业、顾客、竞争者和社会公众。营销活动能否成功,会受这些因素的直接影响。虽然营销活动通常由企业的营销部门具体执行,但需要其他部门的配合,如生产、研发、财务和人力资源部门。因此,企业内部环境属于企业的微观营销环境。

由于微观营销环境对企业营销活动有直接作用,因此企业必须认真研究微观营销环境的各个组成部分。市场营销观念突出强调顾客的作用,往往把顾客需要放在最重要的位置,但这并不意味着企业可以忽视其他环境因素的影响。事实上,微观营销环境的所有因素构成了一个相互作用、相互制约的系统,企业与微观环境中任何一部分的关系处理不好,都会最终影响到企业目标的实现。

一、微观营销环境的内容

（一）企业内部环境

1. 企业内各部门间的关系

企业内部环境是企业市场营销环境的中心。企业内部环境是指企业内部组织划分和层级及非正式组织所构成的整体。企业内部环境不仅强调组织的正式和非正式结构，还强调组织成员的协作关系。

企业营销部门负责主要的营销工作，但营销部门并不是孤立存在的，还面对着其他职能部门及高层管理部门。企业营销部门和财务、采购、制造、研究及开发等部门之间既有合作又有竞争，如图 2.2 所示。因为企业的资源有限，所以营销部门和其他部门之间的合作是否协调，对营销决策的制定和执行有很大的影响。高层管理部门由董事会、总经理及其办事机构组成，负责确定企业的任务、目标、方针政策和发展战略。市场营销目标是从属于企业总目标，并为总目标服务的次级目标。营销部门在高层管理部门规定的职责范围内做出营销决策，营销部门所制订的计划也必须在高层管理部门批准后实施。

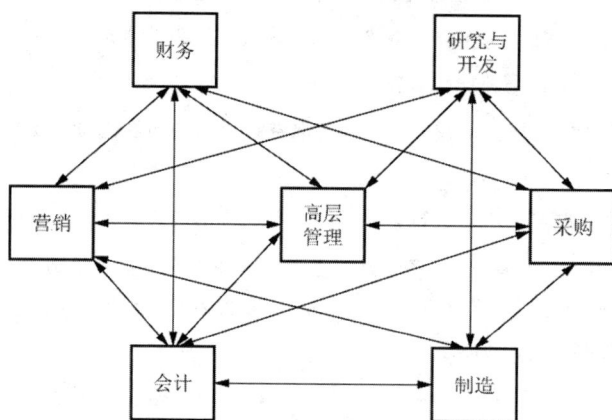

图 2.2 企业内部环境之间的关系

市场营销部门在人员构成上，一般由企业主管市场营销的副总经理、销售经理、推销人员、广告经理、营销研究与计划及定价专家等组成。在制订和实施营销目标与计划时，营销部门不仅要考虑企业外部环境的力量，而且要充分考虑企业内部环境的力量，争取高层管理部门和其他职能部门的支持。

可见，企业内各部门间的合作与协调是企业进行市场营销计划及组织和实施时必须考虑的因素。

2. 企业自有资源条件

当市场环境发生变化时，往往会为企业的发展带来市场机会。但是，企业只有具备了能够利用这一市场机会的自身资源条件，才能把这种潜在的、可利用的市场机会转化为企业现实的发展机会。这一点已经得到了企业营销实践的证明。有时，由于企业关键性资源的缺乏或不足，如缺乏资金或缺乏关键性技术等，使得市场环境明明对企业十分有利，出现了很好的市场机会，企业却不能及时抓住，从而错失了发展的大好机会。因此，企业的市场营销活动要取得成效，不仅需要完成对市场环境、市场机会和竞争对手等的分析，还必须对企业自身的资源保障了如指掌。

视野拓展

企业自有资源的主要内容

一般来说，企业自有资源的主要内容包括以下几个方面。

1．企业的人力资源

企业之间的市场竞争表现为市场上物美价廉的商品和服务之间的竞争。但物美价廉的商品和服务竞争的背后，实质上是企业之间人力资源的较量。其主要分析以下几个方面。

① 企业高层领导者。不仅要分析高层领导者的经营管理能力和素质、领导权威、风险精神、人际关系等直接因素，还要分析高层领导者的年龄、文化程度、道德品质、工资收入状况等个人因素。

② 企业管理人员。首先，分析企业管理人员的数量在全体员工中所占的比例，以及管理人员的年龄、来源、文化程度、流动性大小和工资收入状况等因素；其次，分析企业管理人员的工作效率、敬业精神、经营管理能力和职业道德等因素。

③ 企业技术人员。主要分析企业技术人员的数量在全体员工中所占的比例，以及技术人员的年龄、专业结构、文化程度、流动性、新产品开发能力、工资收入状况和福利保障条件等因素。

④ 企业一般员工。主要分析一般员工的人数、年龄结构、男女比例、文化程度、健康状况、劳动效率、敬业精神、岗位技能培训和福利保障条件等因素。

通过对以上4个方面的分析，判断企业在人力资源上的优势和劣势，并寻找出规避人力资源劣势的方法和措施。

2．企业的财力资源

在制定市场营销整体策划时，要对企业的财力资源进行认真分析，并判断企业在财力资源上的优势和劣势。其主要包括以下内容。

① 认真测算企业在市场营销整体策划实施过程中所需的财力资源总量，从而判断企业能否单独依靠自身内部的财力资源来保证市场营销整体策划的实施。

② 通过对总体财力资源的评估，判断企业还有多少剩余的财力资源用于支持企业其他项目的发展。

③ 如果企业不能依靠自身内部的财力资源来保证市场营销整体策划的实施，就必须考虑如何从企业外部获得财力资源的支持——是引进国外投资、发行股票或增资扩股，还是从银行贷款等。

因此，企业在市场营销活动中，应对本企业的资金来源、资产负债、资本结构、资金的流动比率和速动比率、企业获利能力、经济效益、企业利润分配制度、成本费用结构等财力资源状况进行充分的了解、分析，找出企业在财力资源上的劣势，并寻找进一步完善的措施。

3．企业的物力资源

企业的物力资源主要由厂房、土地、设备、原材料的储备和供应能力，以及能源供应保障等构成。其主要内容如下。

① 生产经营设备。主要分析人均固定资产、设备的生产加工能力、设备平均使用年限、设备性能的先进性、设备的专业工艺特性、交通运输工具和通信设备的先进性等。

② 原材料或零部件供应。主要分析原材料或零部件供应的可靠性、及时性，技术标准与质量保证，

以及企业原材料消耗指标的先进性等。

③ 能源供应。主要分析企业所需的水、电、煤、气、油等能源供应的可靠性、及时性、技术特性和质量保证，以及能源消耗指标的先进性和企业的三废处理水平。

通过上述 3 个方面的分析，找出企业在市场营销活动实施过程中可能出现的物质资源保障的薄弱环节，并及时提出可行的市场对策和改进措施。

4．企业的技术资源

如今，科学技术在市场经济发展中的重要地位日益突显，科技已日益成为企业市场竞争的主要手段。对企业技术资源进行深入分析的主要内容如下。

① 研究与开发。主要分析科研和开发经费占企业总销售额的比例，新产品销售额占总销售额的比例，研究与开发的物质技术基础、工艺技术水平和产品技术水平等在国内和国际市场上的先进性，新产品开发的速度、效果及储备等。

② 信息资源管理。主要分析企业市场营销活动所需的信息资源。例如，分析国际、国内技术发展的趋势和技术市场的供求状况，金融市场供求信息，顾客信息，劳动力市场供求信息，市场竞争格局变化的信息等；分析企业形象信息、商品或服务的品牌信息；分析企业内部经营管理信息流程的通畅与否，以及信息反馈功能是否健全。通过上述分析，判断企业质量技术资源的优势和劣势，以利于提出对策和改进措施。

在进行企业自有资源评估时的注意事项如下。

① 按规范程序对市场营销活动的各种资源保障进行分析，没有资源保障的营销活动只是空喊口号。

② 营销活动在实施过程中，如果市场环境发生变化，必要的资源供应状况也会随之变化，从而影响整体营销活动方案后续步骤的实施。

③ 必须充分利用企业的无形资产。企业的无形资产主要是指企业的市场信息和技术信息、顾客信用、企业形象、品牌知名度、企业文化、市场营销网络等。这些资源对企业的生存和发展都十分重要，但由于其具有看不见、摸不着的无形特征，所以经常在资源分析中被忽视。

3．企业发展战略

企业发展战略是指一个企业的发展以未来为导向的计划，强调的是企业为达到自己的目标而和竞争环境之间的互动。虽然这一计划并不能详细说明企业未来在人、财、物上每一项内容上的具体部署，但为企业未来的管理决策提供了一个基本的框架。另外，企业发展战略反映了企业对于应该在哪里、什么时候、有什么目的，以及与谁如何竞争的认识。

企业发展战略有 3 个层次，即企业战略、经营单位战略和职能部门战略，三者相互渗透，同时又有一定的分工。

① 企业战略。企业战略着眼于整个企业，讨论企业作为一个整体的长期发展问题。它关注的主要是企业的发展战略，影响整个企业的资源配置。其主要包括企业的任务、企业的长期发展目标和企业的业务组合。

② 经营单位战略。经营单位战略主要考虑某个业务经营单位在某一个市场上的竞争问题。经营单位战略回答的问题主要是：谁是主要竞争者？哪一种力量是影响行业盈利能力的主要因素？自身的竞争地位如何？有什么优势？有什么劣势？采用什么办法竞争？有时，竞争战略也可在企业层面上来制定，如当一个企业是一种单一业务的企业时，或者当一项业务被一个企业当作重点项目来发展时。

③ 职能部门战略。职能部门战略是企业战略统御下各职能部门所制定的战略。它一方

面告诉企业高管人员，各职能部门准备怎样执行企业的总体战略；另一方面也通过具体的任务、目标、手段和控制方法，为企业各部门的员工提供行动的指南。营销战略就是一种职能战略。它一方面通过履行营销的职能来贯彻企业的发展战略；另一方面通过具体的任务、目标、完成手段和控制方法，为企业相关人员提供行动的指南。

小·案例

大品牌关店为哪般？

服装业：

2013年，七匹狼关店 505 家、班尼路关店达 388 家、美特斯邦威关店达 200 余家、佐丹奴关店近 200 家、真维斯关店 253 家。

而在 2014 年上半年，七匹狼关店 347 家、班尼路关店 100 余家、艾格关店 88 家、九牧王关店 73 家、卡奴迪路关店 53 家、希努尔关店 46 家。

零售业：

2013年，沃尔玛、乐购、人人乐等主要商超百货企业共计关店100余家，其中仅沃尔玛一家即关店14家。

2014年，主要零售企业在国内共计关闭201家门店。

而 2015年上半年，共计关闭121家，其中百货业关闭25家。在关店的名单里，百货巨头纷纷沦陷，万达关闭了10家，马莎百货关闭5家，还包括天虹商场、阳光百货等。

在制造业方面，不少行业的企业都濒临倒闭，一些企业资不抵债，老板自杀等新闻屡见报端。

此案例说明落后就只有死路一条。

4. 企业任务

了解企业任务就是要明确企业的业务性质是什么，是为哪类消费需要服务的。例如，是生产空调还是生产冰箱，是经营家电产品还是经营服装等。任何一个企业都有特定的任务，明确了企业任务，也就明确了企业的活动领域和发展的总方向。企业任务是只"无形的手"，指引着全体员工朝着一个方向前进。为长远发展考虑，每个企业都应当确定自己的任务。

企业任务规定了企业总的战略发展方向和组织的基本特征，是企业选择营销目标和营销战略的基础。营销战略中的许多要素，如选择目标市场、市场定位、营销目标和营销组合等，都要反映企业任务。因此，营销方案制定者在进行方案制定前，必须十分清楚企业的任务，了解它对制定营销战略的影响。明确企业任务要能说明 3 个问题：第一，企业有没有明确表述的企业任务；第二，如果有明确的任务表述，那它是什么；第三，应该是怎样的一个任务。

一个好的企业任务表述应该具有如下特征。

① 详略得当。很多企业任务因表述太含糊而不能为企业的未来确定方向。但企业任务的表述也不能限制得太死，要有一定的弹性，以避免企业在环境变化时不能有效地寻找机会。

② 易于下达。如果一个企业任务只有最高管理层知道和理解其内容及含义，那么这个任务的意义将大打折扣。一个企业既要使企业的各职能部门和全体员工了解并认同企业任

务,为完成企业的使命而共同努力,也要使企业的股东和有关各方了解并认可企业的使命,支持企业完成自己的使命。

③ 激励员工。企业任务的表述应能激励和鼓动与企业利益相关的人员,即能使员工感受到是"跳起来便可摘到的苹果"。

④ 以顾客为中心。企业任务表述应是外向型的,应体现出"以顾客为导向是企业成功的关键"这一观点,同时兼顾其他利益相关者的利益。

⑤ 客观实际。企业任务的表述应反映可能的东西,而不仅是主观愿望。例如,企业任务要能反映组织的资源和技能、所处环境的要求和限制。

5.企业的业务组合

企业确定业务组合的过程就是选择企业未来发展方向的过程。企业的业务组合既是企业成长的结果,也代表着企业未来的发展方向。一旦业务组合确定以后,企业就明确了应该重点发展哪些业务,应该逐步淘汰哪些业务。企业的市场营销活动,就是通过企业的业务组合与企业战略相衔接,因为企业的业务组合要靠业务经营单位和职能部门的共同努力才能实现。例如,企业要重点发展某一业务,那么这一业务经营单位首先要搞好各方面的管理,同时需要营销部门、财务部门、研发部门和人力资源部门的支持与协助。而对于一个要淘汰的业务,也需要各个职能部门制订计划,逐步退出,以降低损失。

6.企业的业务关系

与合作伙伴的关系对企业营销有着重要影响。分析与供应商、中间商和战略伙伴的合作关系,将帮助营销计划制订者决定企业是否需要在下一年改变营销计划。但成本和费用是首先需要考虑的重要因素。除此之外,还要考虑供应商、中间商和战略伙伴的能力,即它们能否帮助企业增加销售量,能否帮助企业提高或者保持产品或服务的质量。

另外,业务关系的变化也是需要关注的另一个重要因素。企业与供应商、中间商和战略伙伴的业务关系会随着时间而发生变化,因此还要考虑企业是否对于某一个供应商、中间商或战略伙伴已经形成依赖。

7.产品和服务

在进行营销活动开展之前,首先需要清楚地知道企业所提供的产品组合有何特点。需要回答一些现状问题——企业的产品组合、产品、价格、顾客、产品所处生命周期的阶段、销售与利润趋势、某一个产品对企业的总销售额或利润额的贡献率,以及企业的某一个产品市场寿命是否会延长。其次,需要清楚地知道企业的产品组合与企业任务和资源是否一致,即企业的产品组合与企业任务中所表述的理念是否一致——为了完成企业任务中所表述的企业目标,是否需要增加企业产品。

8.以前的业绩

企业以前的做法及其结果也昭示出企业内部的优势和劣势。将上一年的业绩指标(如销售额、利润额和其他财务指标)与以前相对比,营销计划制订者可以观察出企业经营业绩的发展趋势,从而对企业的发展进行整体把握。营销计划制订者还要对上一年企业的营销活动进行分析,厘清哪些营销活动效果好,哪些效果差或无效果,并分析其原因。对赢得和保持顾客的策略进行分析,有助于营销计划制订者及早认清企业营销中存在的问题及已经取得的成绩,也有利于营销活动计划制订者制订出更为有效的营销计划。

9．成功的关键要素

在影响企业成功的各要素中，其重要性是有差异的。营销活动计划的制订者需要明确哪些是关键因素，一定要了解哪些是对实现企业任务和获取竞争优势起关键作用的要素，必须要弄清本行业中好企业和差企业区分的关键要素是什么。明确了这些要素，会使营销计划制订者重点关注这些要素，并设计出成功有效的营销计划。例如，沃尔玛认为零售业成功的关键要素是低价格和网点设置，所以它想尽一切办法降低费用，并在那些竞争者难以服务到位的地方设置销售网点。与此相应，每一个企业在发展过程中也会出现一些问题，当某些问题的症状出现时，就表示企业有严重的潜在问题阻碍其走向成功。营销计划制订者要了解这些症状并需要搞清楚，当哪些现象出现时，说明企业有严重的问题。以沃尔玛为例，采购成本和运输费用的提高是出现问题的症状，如果没有办法解决这个问题，那么沃尔玛就很难实现"天天低价"的战略意图。

（二）市场营销渠道企业

任何一个企业在其经营过程中，都不会离开与各类资源的供应者和各类营销中介的合作。各类资源供应者和营销中介是为企业经营提供各种营销服务的外部组织。这类组织被称为市场营销渠道企业，包括物流机构、营销服务机构和财务中间机构。

① 物流机构。物流机构是指协助企业承担商品保管、储存、装卸、搬运、分拣与配送的专业物流企业，包括仓储、货运、装卸等机构。其作用在于确保企业营销渠道中的物畅其流，为企业营销活动服务，及时、快捷地满足消费者需求，为企业创造时间和空间效益。企业选择物流机构的基本要求是企业讲信誉、经营安全、送达准时、配送准确、费用经济和服务配套。

② 营销服务机构。营销服务机构是指为企业营销活动提供专业服务的中介机构，包括市场调研公司、营销咨询公司、广告公司、审计事务所及律师事务所等。

③ 财务中间机构。财务中间机构包括银行、信用公司、保险公司和其他协助融资或保障货物的购买与降低销售风险的公司。在现代经济生活中，企业与金融机构有着密不可分的联系。

与这些企业之间的关系是否协调，对营销决策的制定和营销方案实施的成败有着重要影响。企业需要在动态的市场环境中与这些营销服务机构建立起稳定、有效的协作关系，以保证企业任务和目标的最终完成。

（三）顾客

顾客是企业最重要的环境因素。顾客是指企业产品和服务的直接购买者或使用者的总称，企业营销者通常将其称为顾客群。顾客的需要是影响企业营销活动最重要的因素，研究顾客需要和偏好是组织营销活动的起点。因此，顾客是营销活动的出发点和归宿。作为企业服务的目标对象，企业的一切营销活动都应以满足顾客的需要为中心。企业要努力通过营销活动创造顾客价值并使顾客满意，从而使企业得以生存和发展。因此，按顾客需要的不同来对市场进行分类最有助于开展市场营销活动。

企业面对的顾客可划分为以下几种类型：消费者市场，即购买商品和服务供自己消费的个人和家庭；生产者市场，即购买商品及劳务投入生产经营活动过程以赚取利润的组织；

中间商市场，即为转售谋取利益而购买商品和劳务的组织；非营利组织市场，即为提供公共服务或转赠需要而购买商品和服务的政府机构及非营利组织。

上述各类市场都有其独特的顾客，他们不断变化的差异化需求，要求企业以不同的方式提供相应的产品和服务，从而影响企业营销策略的制定和服务能力的形成。

一般来说，对顾客需要应进行这些方面的分析：这种产品或服务的顾客是谁；顾客购买什么东西；顾客如何做出购买决策；顾客为何选择某个特定产品；顾客在什么地方购买；何时做出购买决策。

小·案例

全球最佳餐馆的营销哲学

英国《餐馆》（Restaurant）杂志每年都会评选全球100个最佳餐厅，最近4年，西班牙的E餐馆连续夺魁。从经营管理的角度看，E餐馆不太可能会赚钱：它每年只营业半年，预订困难，上菜慢，用餐时间长，人浮于事，交通不便，食客要从巴塞罗那经过2小时的崎岖车程，才能到达海边山顶上的用餐目的地。

然而，它却门庭若市，每年有大约200万的食客渴望成为它半年营业时间内某个晚上50位客人中的一位。"菜品有创造力，顾客自然会不请自来"，餐馆主厨、分子美食学权威F说。他不在乎顾客怎么评价自己的菜品。

与许多营销业内人士一样，哈佛商学院助理教授M很关心他和他的学生能从这样一家餐馆身上学到什么，是什么激起E餐馆那些看起来不理性的消费行为？要在E餐馆用餐，顾客要经历繁复的预订系统，如有幸成为一年中9000位食客中的一位，他就要按约定的时间"跋涉"到餐馆，花上5个小时，约合31300元人民币来享用30道左右由三四十位厨师花数小时精心准备、反复测试、完全原创、令人惊异的菜品。为了打发掉客人5个小时的用餐时间，餐馆会设法逗乐他们，甚至通过富有创造性的方法激起食客们的儿时记忆。

这个案例也充分说明了洞察消费者和倾听消费者声音之间的区别。"如果你倾听消费者的声音，他们说需要什么，这说明他们早就知道了它。但是，如果我喜欢牛排，餐馆当然可以为我提供，我也很受用，可它绝对不是一种永世难忘的用餐体验，要创造这样的消费体验，你就不能听消费者怎么说。"M这样分析。

M让他的MBA学生分析E餐馆的运营状况。在这个全球知名商学院的MBA学生眼里，E餐馆有太多不尽如人意的地方，如处处缺乏效率、应该缩减人员、采用价格更低的原料、提高供应链的效率、增加餐馆的营业时间等。"倘若真要这样做，E餐馆就变成了另一家餐馆，它的无效率也是人们喜欢它的价值的一部分。"M教授这样分析。

E餐馆一顿饭要收600欧元，但它只为心有灵犀的人服务，不为百万富翁上菜。

资料来源：诺顿. 全球最佳餐馆EIBulli的营销哲学[J]. 市场营销实务，2010（4）.

（四）竞争者

企业不可能独占市场，会面临形形色色的竞争对手。即使在某一市场上只有一个企业在提供产品或劳务，如果考虑到替代产品，则企业也会存在广义上的竞争对手。企业竞争对手的状况将直接影响企业的营销活动——企业要成功，必须在满足消费者需要和欲望方面比竞争对手做得更好。企业的营销系统总是被一群竞争者包围和影响着，必须识别和战胜竞争对手才能在顾客心目中强有力地确定其所提供产品的地位，以获取战略优势。在市场营销学中，一般是根据对消费者购买决策过程的分析来识别一个企业所面对的竞争者的。

1. 竞争者的类型

大体来说，一个企业在市场上面对的竞争者主要有以下几类，如图2.3所示。

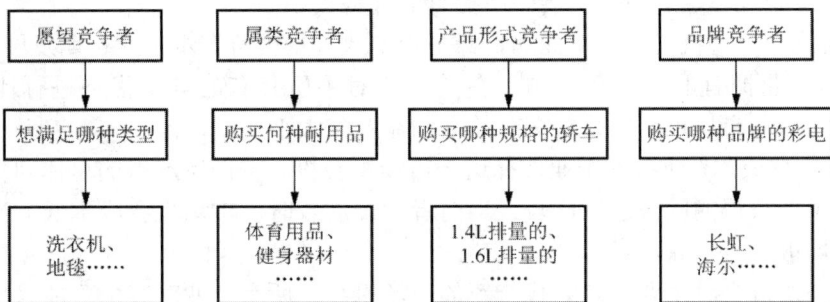

图2.3 竞争者的类型

① 愿望竞争者。愿望竞争者是指提供不同产品以满足不同需要的竞争者。消费者的需要是多方面的，但很难同时满足，在某一时刻可能只能满足其中的一个需要。例如，电视机制造企业的愿望竞争者就是生产冰箱、洗衣机、地毯等不同产品的企业，因为如何促使消费者更多地首先购买电视机，而不是首先购买其他产品就是一种竞争关系。消费者经过慎重考虑做出购买决策，往往是提供不同产品的厂商为争取该消费者成为现实顾客争相努力的结果。

② 属类竞争者。属类竞争者是指提供不同产品以满足同一种需要的竞争者。属类竞争是决定需要的类型之后的次一级竞争，也称平行竞争。例如，消费者为锻炼身体准备购买体育用品，要根据年龄、身体状况和爱好选择一种锻炼的方法，是买乒乓球拍和乒乓球，还是买自行车，或者是买钓鱼竿，这些产品的生产经营者的竞争将影响消费者的选择。

③ 产品形式竞争者。产品形式竞争者是指满足同一需要的产品的各种形式间的竞争。同一产品，规格、型号不同，性能、质量、价格各异，消费者将在充分搜集信息后做出选择。例如，购买轿车的消费者，要对规格、性能、质量和价格等进行比较后再做出选择。

④ 品牌竞争者。品牌竞争者是指满足同一需要的同种形式产品不同品牌之间的竞争。例如，购买彩电的顾客，可在同一规格的进口各品牌彩电，以及国产的长虹、海尔、康佳、TCL等品牌之间做出选择。

由上述叙述可知，产品形式竞争者和品牌竞争者都是同行业的竞争者。企业必须特别重视同行业的竞争者。在分析同行业的竞争者时，尤其要注意分析卖方密度、产品差异和进入难度三大方面。卖方密度是指同一行业或同一类商品经营中卖主的数量，卖主数量的多少，在市场需求量相对稳定时，会直接影响企业市场份额和竞争程度；产品差异是指同一行业中不同企业生产同类产品的差异程度；进入难度是指某个新企业在试图加入某行业时的难易程度——产品差异越小，进入难度越小，则企业面对的竞争将越激烈。此外，企业还要将平行竞争者分析提高到应有的地位，因为世界高科技的发展速度迅猛无比，许多替代品的出现会对企业造成巨大的冲击。

2. 分析竞争对手的步骤

通过对市场机会的深入分析，从寻找到的市场机会中选择与本公司的目标、能力相符合且具有一定竞争优势的机会，这些机会就称为公司机会（company opportunity）。对公司机会的分析主要按以下步骤进行。

1）确定本企业在这一市场机会中应具备的成功条件是否充分。

2）分析本企业在这一市场机会中所拥有的优势大小。

3）分析这一市场机会与本企业的目标是否一致，是否符合本企业长期发展的宗旨。

4）将本企业拥有的竞争优势与潜在的竞争对手所具有的竞争优势进行比较，从而确定本企业在这一市场机会中是否拥有差别利益及其大小。

5）分析机会成本，即将本企业选择这一市场机会投入资源所获得的总体回报与放弃另一市场机会可能获得的回报进行比较，当前者大于后者时，市场机会成本低；当前者小于后者时，市场机会成本高。

在分析公司机会时，要注意寻找全新的市场机会。所有企业对其都可能只拥有部分的竞争优势，获得市场机会成功的关键在于谁先进入这一市场，将这一市场机会转化为现实的产品，并最大限度地满足消费者的需求。

3．分析竞争对手的内容

市场营销整体策划在对市场机会做出决策后，就需要对可能的竞争对手进行分析。对企业的主要竞争对手进行认真、系统的分析，是市场营销整体策划的必要环节。要确定新的市场营销整体策划的实施可能会引来哪些主要竞争者，不仅要分析已出现的竞争对手，还要分析潜在的竞争对手，对本行业中那些具有举足轻重地位的大企业甚至要进行个案分析。竞争对手分析一般可从以下几个方面入手。

① 竞争对手的市场目标分析。在营销活动中分析、判断对手的市场目标十分必要，了解竞争对手的市场目标对分析市场营销计划的可行性具有较大的帮助。对竞争对手的市场目标分析，可以帮助营销计划制订者确定主要竞争对手对其现阶段所处的市场地位和经营状况是否满意，对市场环境变化的反应，以及可能采取的长期发展的市场战略和营销策略等。对竞争对手的市场目标进行综合分析时，不仅要分析其市场竞争定位（领导者、挑战者、追随者或捡漏者）、技术水平、财务及信用目标、企业市场形象等，还应将其市场总目标分解成不同层次的目标进行分析。市场营销活动必须站在全局的角度，只有知己知彼，才能运筹帷幄，决胜千里。

② 竞争对手的自我评价分析。每一个企业都会对自己的市场条件和经营状况有一个基本估计。在营销策划中必须了解主要竞争者的自我评估及其对行业和行业内部的其他企业的评价。例如，要研究竞争者是把自己看作是行业的领导者、低成本生产者、技术领先者、资金雄厚者还是拥有强大的市场营销能量者等。这些情形的自我评价，会直接影响竞争对手的市场行为方式和其对市场变化的反应方式。如果把本企业视为低成本生产者，那么一旦有新的竞争者加入，就可能采用降低产品价格的策略反击竞争者的挑战。当然，竞争对手的自我评价可能是正确的或不正确的，如果不正确，则给进行市场营销策划的企业提供了新的市场机会；否则相反。因此，考察和发现竞争对手自我评价的失误，是进入市场并获得成功的必要一环。

③ 竞争对手现行的市场营销战略分析。分析竞争对手现行的市场营销战略是制订市场营销计划的重要环节，尤其要分析竞争对手现行的市场营销战略中每一业务领域的关键性

营销策略，以及厘清各种业务相互协调发展的内在联系。

④ 竞争对手的能力分析。从判断竞争对手对市场变化的适应能力出发，主要分析竞争对手所具有的优势和劣势。

- 分析竞争对手的优势、劣势。这主要是分析竞争对手的产品成熟度、市场销售网络覆盖率、市场开拓与营销技能、新产品开发速度、经营成本、财务实力等在行业中的优势和劣势，从而找出对策。

- 分析竞争对手的市场竞争能力。这主要是分析竞争对手的决策能力、市场成长能力、市场应变能力和可持续发展的能力等。针对不同的能力结构设计市场营销计划方案。

⑤ 利用市场信号分析竞争对手。一般来说，竞争对手的各种市场行为必然会以某种市场信号在市场上反映出来，其中可能有一些是假象，有一些是警告，还有一些可能表明竞争对手已经采取了某种行动措施。市场信号是企业参加市场营销活动所采取的意向、动机、目标、资源调整等内部或者外部的直接或间接的市场行为的反映。密切观察市场信号，学会识别和准确分析、判断市场信号，对了解竞争对手的市场目标，分析市场竞争的格局，进而制订可行的市场营销计划具有重要意义。

视野拓展

分析竞争对手的参考方法如下。

① 收购竞争对手的垃圾。

② 购买竞争对手的产品，然后加以剖析。

③ 匿名参观竞争对手的工厂。

④ 在港口或火车站记录竞争对手的货运数量。

⑤ 从空中对竞争对手进行拍照，然后加以研究。

⑥ 分析竞争对手的招工合同。

⑦ 分析竞争对手的招工广告。

⑧ 询问顾客或经销商关于竞争对手产品的销售状况。

⑨ 了解竞争对手的供应商，以了解其产量。

⑩ 以顾客的身份讨价还价，以了解竞争对手的价格水平。

⑪ 与竞争对手的顾客交谈，以获取情报。

⑫ 通过咨询人员参观竞争对手的工厂来了解情况。

⑬ 派技术人员参加行业技术会议，以了解竞争对手的技术情报。

（五）公众

公众是指对一个企业实现其目标的活动有实际的或者潜在的兴趣或影响的任何团体。由于企业的营销活动必然会影响公众的利益，因此政府、金融、媒介、群众团体和地方等公众必然会关注、监督、影响、制约企业的营销活动。企业在公众中具有良好的形象是企业的一笔无形资产，不良形象则是企业的一笔巨额负债。因此，企业必须采取积极措施，树立良好的企业形象，力求保持和主要公众之间的良好关系。公众的类型具体有以下几种，如图 2.4 所示。

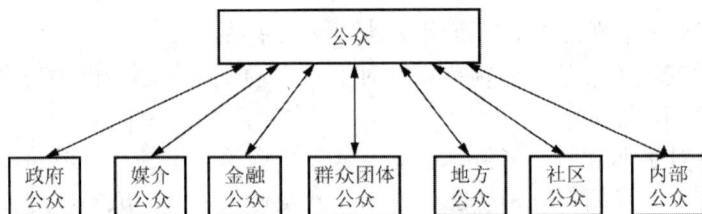

图2.4 公众的类型

① 政府公众。政府公众是指对企业营销活动有影响的相关政府机构，如税务、工商、公安和物价等政府职能部门。

② 媒介公众。媒介公众是指与企业和外界发生联系并具有影响力的大众媒体，包括报纸、杂志、广播电台、电视和互联网等大众媒体。这些组织不仅是企业广告的主要媒体，也对企业建立良好声誉、树立良好形象有着举足轻重的作用。

小·案例

海尔集团申奥广告

北京申奥在中国乃至整个华人世界都是关注度极高的事件，能够利用奥运会这样具有全球性关注度的赛事向全世界宣传自己，也是所有想进入国际市场的企业的最优选择。2001年7月13日，在北京申奥成功的第一时间，海尔集团在中央电视台投放的祝贺广告即时播出。在萨马兰奇宣布北京申请奥运会成功的时候，他话音刚落，中央电视台一套和四套马上插播了"全球海尔人祝贺申奥成功！"的广告。

海尔集团有关负责人事后表示，2001年7月13日申奥直播前后的活动中在中央电视台投入了1 000万元左右的广告，而市场效果至少在5 000万元以上。毋庸置疑，海尔集团是投资申奥直播的最大赢家。国人在多年后回味这一历史喜悦时，也会想起曾经与他们一同分享成功的民族品牌——海尔。

从那时起，国内外众多企业都开始将目光聚焦在北京2008年，聚焦在中国"独家电视转播机构"的中央电视台。奥运节目作为稀缺性的媒体战略资源，成为商家品牌营销的必争之地。

③ 金融公众。金融公众是指影响企业资金融通能力的各种金融机构，包括银行、投资公司、证券公司和保险公司等。

④ 群众团体公众。群众团体公众主要包括消费者组织、环境保护组织及其他民间团体。群众团体可能热心地支持企业的某些活动，也可能激烈地反对企业的某些行为。例如，经营"野味"的餐饮业可能会受到野生动物保护组织的反对，而饭店放弃使用一次性餐具的举动则会受到环境保护组织的鼓励。这些民间团体的影响作用越来越大，是企业不可忽视的力量。

小·案例

雀巢公司：婴儿奶粉危机

20世纪70年代初，人们开始对在发展中国家推广并销售婴儿奶粉感到不安。因为有证据表明，西方跨国公司任意销售的奶粉导致婴儿营养不良。媒体对此已有报道，但那些西方跨国公司却毫无反应。

1977年，一场著名的"抵制雀巢产品"运动在美国爆发了。美国婴儿奶制品行动联合会的会员到处劝说美国公民不要购买"雀巢"产品，批评这家瑞士公司在发展中国家有不道德的商业行为。对此，雀巢公司只是一味地为自己辩护，结果遭到了新闻媒体更猛烈的抨击。整个危机持续了 10 年之久，正如美国新闻记者米尔顿·莫斯科维兹所言，"抵制雀巢产品"运动是"有史以来人们向大型跨国公司发起的一场最为激烈和最动感情的战斗"。直到 1984 年 1 月，由于雀巢公司承认并实施世界卫生组织有关经销母乳替代品的国际法规，国际抵制雀巢产品运动委员会才宣布结束抵制运动。

⑤ 地方公众。地方公众是指企业所在地区附近的居民、地方官员和地方群众团体。他们对企业的态度将影响企业的营销活动。

⑥ 社区公众。社区公众是指企业所在地附近的居民和组织。社区公众如同企业的"邻居"一般，某些时候会对企业的生产和经营活动产生重要的影响。企业应处理好与社区公众的关系，避免与周围公众发生利益冲突，并且还应在社区举办一些公益活动。

⑦ 内部公众。内部公众是指企业内部的管理人员、基层员工等。内部公众对企业营销的影响表现为直接的或间接的影响。例如，企业营销人员对待顾客态度粗暴，服务质量差，会引起顾客对企业产品和服务的失望、不信任，给企业带来直接的负面影响。

公众对企业市场营销活动的影响可能带来促进作用，也可能带来阻碍作用。因此，企业必须采取积极的措施，如建立公关部门开展公共关系工作等，努力维持并发展与公众的良好关系，塑造企业良好的形象，形成关系融洽、相互沟通与理解的氛围。

二、市场营销环境分析与企业对策

（一）市场营销环境分析

1. 营销环境影响企业营销活动的方式

营销环境影响企业营销活动的方式主要包括：影响顾客生活方式、生活标准及产品偏好与需要，从而决定企业开展营销活动的内容；影响购买者对企业营销组合的反应，从而影响营销经理的决策和行动。

2. 营销环境分析的实质

一个企业所处的环境基本上有两种发展趋势：一是环境威胁，二是市场营销机会。环境威胁是指环境中不利于企业营销的因素，对企业的发展形成挑战，也对企业的市场地位构成威胁。例如，因 2001 年底我国禁止含有 PPA 的药品销售（政治法律环境），迫使传统的"康泰克"退出市场，从而导致了不含 PPA 的感冒药需求剧烈上升。市场营销机会是指对企业营销活动富有吸引力的领域，在这些领域中企业拥有竞争优势。

环境机会对不同企业有不同的影响力，企业在每一个特定的市场机会中成功的概率，取决于其业务实力是否与该行业所需要的成功条件相符合，如企业是否具备实现营销目标所必需的资源、企业是否能比竞争者利用同一市场机会获得较大的差别利益等。例如，人们对节约水资源的关注，为海尔节水洗衣机提供了强大的竞争优势。

小·案例

聪明的报童

某一地区，有两个报童在卖同一份报纸，两个人是竞争对手。第1个报童很勤奋，每天沿街叫卖，嗓子也很响亮，可每天卖出的报纸并不很多，而且还有减少的趋势。

第2个报童肯动脑，除了沿街叫卖，他还坚持每天去一些固定场合，一去就给大家分发报纸，过一会儿再来收钱。地方越跑越熟，报纸卖出去的也就越来越多，当然也有些损耗。而第1个报童能卖出去的也就越来越少，不得不另谋生路了。

第2个报童的做法好在哪里？

市场营销环境分析也称机会和威胁分析，是企业战略规划的基础。市场营销环境分析的目的在于确认有限的、有利于企业的营销机会和不利于企业的环境威胁。在这里，"有限"的含义是指营销环境分析不是要列举出无穷多所有可能影响企业营销活动的因素，而是要确认那些关键的值得做出反应的变化因素。

视野拓展

SWOT 分析

SWOT分析法（自我诊断方法）是一种能够较客观而准确地分析和研究一个单位现实情况的方法。利用这种方法，可以从中找出对自己有利的、值得发扬的因素，以及对自己不利的、应该避开的东西，发现存在的问题，并找出解决办法，以明确日后的发展方向。根据这个分析，可以将问题按轻重缓急分类，明确哪些是目前急需解决的问题，哪些是可以稍微拖后的事情；哪些属于战略目标上的障碍，哪些属于战术上的问题。

SWOT分析法很有针对性，有利于领导者和管理者在企业的发展中做出较正确的决策与规划。

SWOT代表 Strength、Weakness、Opportunity和Threat，意思为：S表示强项，优势，W表示弱项、劣势，O表示机会、机遇，T表示威胁、对手。从整体上看，SWOT可以分为两部分：第1部分为SW，主要用来分析内部条件；第2部分为OT，主要用来分析外部条件。另外，每一个单项，如S，又可以分为外部因素和内部因素，这样就可以对情况有一个较完整的了解了。

在发达国家中，许多公司、医院、政府机构、工厂、学校，不管是营利性企业，还是非营利性企业，都非常关注本企业的发展。因此，它们经常用这种方法进行分析、研究，有的一季度一次，有的一年一次，有的甚至一两个月一次。因为它们已经习惯了对目前的情况、存在的问题、条件和环境的变化经常进行了解，以得到较清晰、连续的跟踪，并根据自己的发展目标，做出一套相适应的计划和规范来确保达到目的。它们非常希望知道本企业的市场、产品、顾客和服务等的定位情况。

用SWOT分析法分析国内企业时，一定要考虑到我国的国情和企业的具体情况，不能全盘照搬。只有将SWOT分析法同本企业的实际结合起来，并考虑到我国的文化、经济、政治和人文等因素，才能得出比较正确的结论。

3．营销环境分析工具

机会威胁综合矩阵如图 2.5 所示。

其中：

① 理想业务，即高机会、低威胁的业务。

② 冒险业务，即高机会、高威胁的业务。

③ 成熟业务，即低机会、低威胁的业务。

④ 困难业务，即低机会、高威胁的业务。

		威胁水平	
		低	高
机会水平	高	理想业务	冒险业务
	低	成熟业务	困难业务

图 2.5 机会威胁综合矩阵

（二）企业对策

1．对机会的反应

企业需要慎重地评价市场机会的质量。因为这可能是一种需要，但没有市场，或者可能是一个市场，但没有顾客，或者可能有顾客，但目前不能算一个市场。

2．对威胁的反应

对威胁的反应有以下 3 种可以选择的对策。

① 反抗。反抗即试图限制或扭转不利因素的发展。例如，长期以来，日本的汽车、家电等工业品源源不断地注入美国市场，而美国的农产品却遭到日本贸易保护政策的威胁。美国政府为了应对这一严重的威胁，一方面，在舆论上提出美国的消费者愿意购买日本优质的汽车、电视、电子产品，为何不让日本的消费者购买便宜的美国产品；另一方面，美国向有关国际组织提出起诉，要求仲裁。同时提出，如果日本政府不改变农产品贸易政策，美国对日本工业品的进口也要采取相应的措施，结果扭转了不利的环境因素。

② 减轻。减轻即通过调整市场营销组合等来改善环境适应，以减轻环境威胁的严重性。例如，当可口可乐年销售量达 300 亿瓶时，在美国的饮料市场上突然杀出了百事可乐。它不仅在广告费用的增长速度上紧跟可口可乐，而且在广告方式上也针锋相对：百事可乐是年轻人的选择，年轻人无不喝百事可乐。可口可乐面对这种环境威胁，及时调整了市场营销组合来减轻环境威胁的严重性：一方面，聘请社会上的名人（如心理学家、精神分析家、应用社会学家和社会人类学家等）对市场购买行为新趋势进行分析，采用更加灵活的宣传方式，以强大的宣传攻势向百事可乐挑战；另一方面，花费比百事可乐多 50% 的广告费用，与之展开了一场广告战，力求将广大消费者吸引过来。经过努力，可口可乐收到了一定的效果。

③ 转移。转移即决定转移到其他盈利更多的行业或市场。例如，烟草公司可以适当减少香烟业务，增加食品和饮料等业务，实行多元化经营；英特尔原来是生产硬盘的，后转为生产芯片，成了芯片王者。

练一练

一、案例分析

狗猛则酒酸

宋国有个卖酒的人，酿制的酒香味醇厚，做生意诚实公平，待客人殷勤周到，店外的酒旗高高地迎风招展，可酒就是卖不出去。时间一长，酒都变酸了。卖酒的人很是不解，就去请教邻里的一位长者。这位长者告诉他："你养的那条狗太凶猛了，人们害怕狗咬，谁还敢来买你的酒，酒变酸也就可想而知。"

二、单项选择题（每小题1分，每小题只有一个最恰当的答案）

1. 我国某县县长属于当地企业公众中的（　　）。
   A．政府公众　　　　　　　　　　B．一般群众
   C．地方公众　　　　　　　　　　D．市民行动公众

2. 对企业实现其市场营销目标构成实际或潜在影响的任何团体被称为（　　）。
   A．供应者　　　　B．竞争者　　　　C．公众　　　　D．中间商

3. 下列关于竞争者的说法正确的是（　　）。
   A．所谓竞争者就是与企业竞争的其他企业
   B．所谓竞争者就是与企业产品同类型的其他企业
   C．所谓竞争者就是与本企业产品性能基本相似的其他品牌
   D．竞争者一般是指那些与本企业提供的产品或服务相似，并且所服务的目标顾客也相似的其他企业

4. 下列说法正确的是（　　）。
   A．企业微观环境中的公众是指企业外部的人民群众
   B．企业微观环境中的公众是指购买本企业产品的顾客
   C．企业微观环境包括企业内外对企业营销目标构成实际或潜在影响的直接因素
   D．企业微观环境包括企业外部对企业营销目标构成实际或潜在影响的任何因素

5. 政府在市场营销环境中属于（　　）。
   A．客观环境　　　B．微观环境　　　C．中观环境　　　D．监测环境

6. 顾客属于企业的（　　）。
   A．微观环境因素　　B．宏观环境因素　　C．中观环境因素　　D．内部环境因素

7. 在企业所在地或邻近的居民和社区组织属于（　　）。
   A．社团公众　　　B．社区公众　　　C．内部公众　　　D．政府公众

8. 企业的直接环境包括供应商、营销中介、目标顾客、竞争者、公众和（　　）。
   A．企业内部环境　　B．国外消费者　　C．制造商　　　D．社会文化

9. 下面属于财务中间机构的有（　　）机构。
   A．中间商　　　B．物流　　　C．营销服务　　　D．金融

10. 咖啡生产厂商和茶叶生产厂商之间的竞争关系是（　　）。
   A．欲望竞争　　　B．类别竞争　　　C．产品形式竞争　　　D．品牌竞争

三、多项选择题（每小题1分，每题有多个答案正确。错选、少选、多选，均不得分）

1. 属于对企业市场营销活动构成直接影响和制约的微观环境因素是（　　　　）。
   A．营销中介　　　B．顾客　　　C．竞争者　　　D．各种公众

2. 企业市场营销中介机构包括（　　）。
   A．中间商　　　B．物资分销机构　　C．营销服务机构　　D．金融机构

3. 任何企业的市场营销活动，都会面临（　　）。
   A．市场环境　　B．市场营销机会　　C．环境分化　　　D．市场环境威胁

4. 某生物企业的市场营销管理部门在制定决策时，应考虑到的因素有（　　　　）。
   A．企业外部环境力量
   B．企业的制造、采购、研究开发和财务等部门的情况
   C．最高管理层的意图
   D．企业内部环境力量

5.《市场营销》杂志社在全国有相当齐全的营销渠道,则其市场营销渠道企业可能包括（　　　）。

　　A．供应商　　　　　　B．商人中间商　　　　C．代理中间商　　　　D．辅助商

6. 营销部门在制订和实施营销目标与计划时,要（　　　）。

　　A．注意考虑企业外部环境力量　　　　　B．注意考虑企业内部环境力量

　　C．争取高层管理部门的理解和支持　　　D．争取其他职能部门的理解和支持

7. 营销中间商主要是指协助企业促销、销售和经销其产品给最终购买者的机构,包括（　　　）。

　　A．中间商　　　　　　B．实体分配公司　　　C．营销服务机构　　　D．财务中介机构

8. 对环境威胁的分析,一般着眼于（　　　）。

　　A．威胁是否存在　　　　　　　　　　　B．威胁的潜在严重性

　　C．威胁的征兆　　　　　　　　　　　　D．威胁出现的可能性

9. 企业竞争环境包括的层次有（　　　）。

　　A．愿望竞争　　　　　B．品牌竞争　　　　　C．产品形式竞争　　　D．属类竞争

10. 企业的目标顾客包括（　　　）。

　　A．消费者市场　　　　B．生产者市场　　　　C．中间商市场　　　　D．政府市场

任务四　洞察消费者心理

试一试　小美月工资 4 000 多元,但她却花 7 500 元买了一款 Gucci 挎包。请分析原因。

想一想　关于消费者的购买行为,在描述正确的图片标题上画"√",并说明理由。

消费者的购买行为大致相同	消费者购买行为受到家庭的影响
交易完成后,购买行为就结束	消费者购买行为与个性无关

经典赏析

钻石营销的奥秘

钻石在被发现以后，很长一段时间只是皇家和贵族炫耀财富的饰品，产地固定而且产量稀缺。19世纪后期情况发生了改变，因为南非居然神奇地发现了一座钻石矿，产量有几千万克拉。这一发现使那些投资钻石的商人懵了，如果这些钻石进入市场，钻石的价值将大打折扣。于是，一个叫罗兹的英国商人在1888年创建了大名鼎鼎的戴比尔斯公司，从此钻石营销拉开了它的世纪大幕。

戴比尔斯一咬牙买下了整个钻石矿，之后小心翼翼地控制钻石出量，垄断了钻石的供货市场，最高的时候戴比尔斯掌控着市场上90%的交易量。

如果买了钻石的人要出售掉，钻石的价格体系也会崩溃，所以要想稳定价格除了让别人买外，还得不让他卖。但是这要怎么办呢？可是神通广大的戴比尔斯就是做到了。这个超级难题的解决方案催生了这个世界上最极致的组合，那就是把爱情同钻石紧紧结合在一起。

因为　　　钻石=美好+永恒

而　　　　爱情=美好+永恒

所以　　　钻石=爱情

1938年以后，戴比尔斯的实际控制者奥本海默家族花费了巨额的广告费用开始打造所谓的钻石文化，宣称坚硬的钻石象征的正是忠贞不渝的爱情，而只有钻石才是各地都接受的订婚礼物。通过铺天盖地的广告，强化钻石和美好爱情的联系，广告中新娘身着美丽的婚纱，一脸幸福的微笑，手上的钻戒"闪瞎了"大家的眼睛。1947年，戴比尔斯更是提出了经典的广告语"钻石恒久远，一颗永流传"。通过这个营销，戴尔比斯一石三鸟。

① 男人都认为只有更大、更美的钻石才能表达最强烈的爱意，恋爱中的男人为了女人什么事都做得出来，买钻石比送命门槛低得多！

② 女人都认为钻石是求爱的必需，你连钻石都不舍得买，你还好意思说你爱我。什么，你以为我看中的是钻石？我看中的是你舍不舍得！

③ 钻石都代表着永恒的爱情，拿来出售简直是对神圣爱情的最大亵渎，除非你跟前夫不共戴天，否则很少会卖掉他给你的钻戒。而且就算卖，也不会有人接手，因为那是你的爱情，那不是我的。

正是因为如此，尽管钻石不断开采至今已经有5亿克拉，但在整体上还是供不应求，价格扶摇直上，因为只有戴比尔斯才可以卖钻石。你以为戴比尔斯的营销到这就算完成了吗？那这未免太小看它了，戴比尔斯还可以根据市场形势改变营销，再通过营销反控市场。20世纪80年代，苏联发现一座更大的钻石矿，大量碎钻供应于世。戴比尔斯吓得不得了，马上同苏联订立价格同盟。另一方面，为了不让钻石掉身价，营销广告顺势转向，强调碎钻一样高贵，钻石虽小依然代表高贵的爱情，钻石的珍贵不是看大小，而是看做工和切面，同时又炮制了大量的行业标准。随后，钻石也彻底征服了社会底层，大的、好的钻石卖给富人，碎的、小的钻石卖给穷人。

你以为营销到这个高度就可以了吧？远没有！戴比尔斯已经把女人的心理研究到登峰造极的地步，比如他们研究显示，对于钻石这种奢侈的商品女人的心理是矛盾的：一方面，她们对首饰有着天然的占有欲；另一方面，又认为主动索取会带来良心的负罪感。因此，戴比尔斯的广告在20世纪80年代又开始强调钻戒应该惊喜结合。一个男人默默买了钻戒，在一个精心安排的场合突然送出，这才能最大程度上化解女性的矛盾心理——一方面她们拥有钻戒带来的极度喜悦，一方面又保持了女人的纯真。

把女人研究成这样，实在是不服不行！连拥有戴比尔斯40%股权的奥本海默家族都不禁感叹：感谢上帝，创造了钻石，同时也创造了女人！多少年来，钻石已经逐渐绑架了消费它的人们。你以为女人看重的仅仅是钻石本身吗？错了，她们更看重的是你宁愿花掉3个月的工资差点年纪轻轻就过劳死而为她换来的一件爱情的象征。如果你拿着本文去向你未婚的女友义正词严地指出，买钻戒是一件很傻瓜的事情，那么这种行为才是真的傻瓜，因为你的女友只需要看着你的眼睛说一句话就让你哑口无言："是的，这很傻，可是你就不能为我傻一次吗？"把所有营销学的图书看完都不如完全理解戴比尔斯钻石营销的案例带来的收获大。消费者是需要培养的吗？完全不是，消费者是需要教育的，当把一种商品提升到文化乃至习俗的高度，你拥有的就是宗教般狂热和虔诚的信徒。

资料来源：李良君. 钻石，二十世纪最精彩的营销骗局. 经典网，https://www.ishuo.cn/doc/satiyqqf.html.

点评 商品服务消费者只是一种低端的理念，商品教育消费者才是最高的成就。

评一评 阅读这个案例，对你有什么启示？

学一学

消费者心理是指消费者在购买和消费产品的过程中所产生的一系列心理活动。洞察消费者心理是为了更好地分析消费者行为，心理是内在动因，行为是外在表现。因此，我们先来认识一下消费者行为，再深入分析消费者心理。

一、消费者行为

（一）消费者行为的概念

消费者行为是消费者在购买、使用和处置产品的过程中所采取的各种行动，以及做出这些行动之前的决策过程。消费者所有的行为都是为了满足自身的某种需要，所以企业需要从消费者的角度去观察和看待产品，真正了解消费者的需求，才能有效地开展营销活动。

作为一名营销人员，了解和研究消费者行为是一件极其重要而且非常有趣的事情。首先，研究消费者行为是制定营销决策和营销策略的基础。市场营销的出发点是顾客的需要，只有了解消费者哪些需要没有满足或没有被完全满足，才能找到市场机会。例如，通过分析消费者的个性心理或收入水平的变化，可以揭示消费者会有哪些新的需要和欲望，企业在此基础上可以有针对性地开发出新产品。

其次，研究消费者行为可以帮助企业提高市场营销活动的效果，增强市场竞争力。在开展市场营销的各项活动时，必须找准方向和方法，才能事半功倍，获得成效。例如，某饮料产品在做广告宣传时，针对年轻人热爱运动的特点，选择某年轻的篮球运动员为其拍摄广告，而且重点强调广告产品的运动特性，广告语侧重表现了年轻活力、有主张，这样的广告就深受年轻消费者的喜爱，会带来良好的宣传和销售效果。

最后，即使不从事市场营销工作，作为一名普通的消费者，通过对消费者行为的学习和了解，也可以增长知识，成为一名成熟的消费者。例如，生活中你可能会对某一产品的不同品牌犹豫不决，有时也会为一些冲动的购买行为而后悔，但是了解消费者行为之后，你会掌握品牌选择的方法，准确知道自己的需求，从而少犯错误，逐渐走向成熟。

视野拓展

消费者购买行为的特点

1. 购买的小型性和重复性

消费者购买行为的主体是个人或家庭。一般来说，家庭人口较少，产品消费数量就小。而家庭居住环境也限制了大量产品的储存，同时丰富的产品供应及便利的购物环境，家庭也没必要进行大量的储存性购买。因此，消费者购买产品的数量往往较小，并且经常会重复性地购买。

2. 非专家性

消费者工作和生活中需要购买的产品多种多样，对于其中的绝大多数产品，消费者大多缺乏专门的，甚至是必要的知识，对质量、性能、价格、维护乃至安全性等方面都不是完全了解。大多数消费者集需求、决策和支付于一身，在没有专业知识的情况下，他们往往只能根据个人的感觉和偏好做出购买决策。

3. 伸缩性

消费者的需求受到收入、职业、生活方式、产品价格和社会文化等诸多因素的影响，在购买产品的数量和产品品种选择上有很大的伸缩性。例如，超市里某一产品降价促销时，消费者会增加该种产品的购买数量，等价格恢复时，消费者就会减少购买数量。消费者会转而购买其他产品的品种和品牌，从而导致产品之间的相互替代。

4. 地区性

消费者的购买习惯、购买特点和产品需求还会受到地区的影响而表现出较大的差异性。我国居民在饮食方面就有典型的"南甜北咸，东辣西酸"之说。

（二）消费者行为模式

营销学认为，消费者行为是社会变量、心理变量和经济变量综合作用的结果。内在的生理、心理需要会使消费者产生某种"不足之感"，而外部环境的刺激，会使消费者想要获得"求足之愿"，在内外刺激的联合作用下，消费者心理会产生一些紧张情绪。假定消费者的内心是一个"黑箱"，将这些刺激输入消费者黑箱，消费者会对不同刺激因素产生的效用进行内在的衡量和取舍，最后做出相应的反应，即行为的产生，如图 2.6 所示。

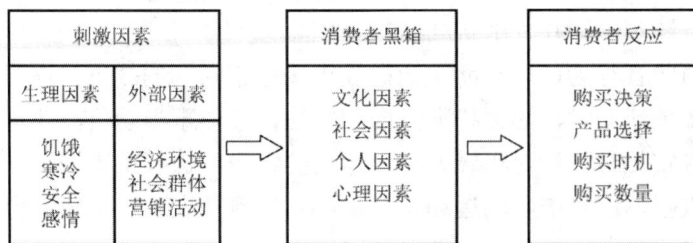

刺激因素		消费者黑箱	消费者反应
生理因素	外部因素	文化因素	购买决策
饥饿 寒冷 安全 感情	经济环境 社会群体 营销活动	社会因素 个人因素 心理因素	产品选择 购买时机 购买数量

图 2.6　消费者的环境刺激——消费者反应模式

环境刺激包括消费者内部的生理和心理因素及外部各方面的刺激因素。消费者内在的生理和心理因素，企业无法控制，但可以通过营销努力，影响其需要的产生。在外部环境中，营销活动主要是指产品、价格、渠道和促销，是企业的可控因素；其余环境包括经济、政治、科技、法律和文化，是企业的不可控因素。

小·案例

湖北某大学的一名学生，为了购买苹果手机及其他消费品，申请网上贷款。随后，经过拆东墙补西墙，不断找其他小贷公司贷款还债，其最终欠下多家公司共计 70 余万元的债务，而原始金额仅为 3 万元。这留给人们的是一种什么启示呢？

视野拓展

消费者行为模式

人类的消费行为是如何发生的？人们为什么会购买各种各样的产品？其实，心理学中对人的行为产生模式早有研究。

1. **人的行为产生模式**

行为心理学的创始人约翰·沃森（John B. Watson）建立的刺激-反应原理指出人类的复杂行为可以被分解为两部分：刺激和反应。人的行为是受到刺激的反应。刺激来自两个方面，即身体内部的刺激和体外环境的刺激，而反应总是随着刺激而呈现的，如图 2.7 所示。

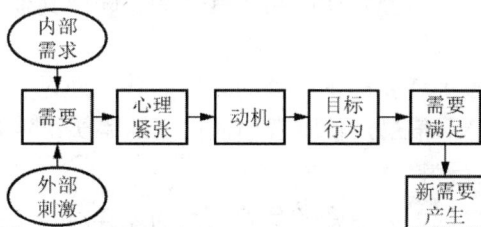

图 2.7 刺激-反应原理

2. **消费者的学习行为**

如果人的本能行为促使消费者去获取所需要的产品的话，那么人的学习行为就教会了消费者去选择、评价和使用产品。例如，消费者在面对多种产品时，依据什么心理路径进行选择？为什么有的购买行为在其发生后多次重复，而有的购买行为一次消失？心理学认为消费者的行为很大程度上是后天习得的，消费者通过学习获得经验、态度、偏好和感受等信息。这些信息存储在消费者的记忆中，在遇到一些问题时，他们会依据记忆中的信息来进行选择和判断。

（三）消费者购买行为的类型

消费者的购买行为既有简单的，也有复杂的，受很多因素的影响。营销专家亚索以消费者的参与程度和品牌之间的差异程度为基础，将消费者的购买行为划分为 4 种类型，如图 2.8 所示。其中，品牌差异是指各品牌在功能、特性、文化取向和个性等方面的不同，可以是实际差异，也可以是心理差异。

消费者参与程度也称消费者介入程度，是指消费者对购买行为的关心或感兴趣的程度，参与程度与消费者的购物经验、产品知识、产品价格、收入状况和自我表现程度等因素有关。产品价格越高、消费者知识经验越少、收入水平越低，消费者的参与程度就越高。

图 2.8　消费者购买行为类型

1. 复杂的购买行为

如果消费者高度参与，并且了解现有各品牌之间的显著差异，则会产生复杂的购买行为。这时消费者要经历大量的信息搜集、全面的产品评估、慎重的购买决策之后，才会开始购买行为。对于复杂的购买行为，营销者应采取有效的措施帮助消费者掌握产品知识，运用各种途径宣传本品牌的优点，简化购买的决策过程，从而影响最终的购买决定。

2. 减少失调感的购买行为

当消费者认为品牌差异不大时，其购买前并不广泛搜集产品信息，也不精心挑选品牌，购买过程简单。但是在购买以后会发现产品具有某些缺陷或其他同类产品有更多的优点，进而产生失调感，怀疑自己原先的购买决策。

对于这类购买行为，营销者要提供完善的售后服务，通过各种途径宣传企业的优点，经常提供有利于本企业的产品信息，使顾客相信自己的购买决定是正确的。

3. 寻求多样化的购买行为

当消费者的参与程度较低，并熟知各品牌之间的差异时，会产生寻求多样化的购买行为。这种购买行为具有很大的随意性，并不搜集信息和进行评估比较就决定购买某一品牌，而且消费者经常转换品牌，转换的原因并不是对产品不满意，而是想尝试新鲜事物。

对于寻求多样化的购买行为，市场营销者可以通过占有货架、避免脱销和提醒购买的广告来鼓励消费者形成习惯性购买行为，而其他企业则可以通过降低价格、折扣、赠券、免费赠送样品等方式鼓励消费者购买。

4. 习惯性的购买行为

对于价格低廉、经常购买且品牌差异较小的产品，消费者不会花费时间进行选择，也不会进行信息搜集和品牌评估，只是习惯于购买自己熟悉的品牌，在购买后可能评价或不评价产品。对于习惯性的购买行为，企业可以通过促销活动吸引消费者购买，也可以开展大量重复性广告，加深消费者印象，或者是增加品牌差异，获取消费者的品牌忠诚。

小·案例

一般情况下，在购买牙膏、小汽车、珠宝时，消费者会分别采用哪种购买行为？为什么？

A. 复杂的购买行为　　　　B. 减少失调感的购买行为

C. 习惯性的购买行为　　　　D. 寻求多样化的购买行为

答：牙膏——

　　小汽车——

　　珠宝——

视野拓展

消费者购买类型

① 习惯型。习惯型是指消费者对某种产品或某家商店非常信赖和偏爱，从而经常、反复地购买该产品。由于经常购买和使用，消费者对这些产品十分熟悉，体验较深，再次购买时往往不再花费时间进行比较选择，注意力集中且稳定。

② 理智型。理智型是指消费者在每次购买前对所购的产品都要进行较为仔细的研究和比较。这种购买者在进行购买时感情色彩较少，头脑冷静，行为慎重，主观性较强，不轻易相信广告、宣传、承诺、促销方式及售货员的介绍，营销活动主要靠产品质量和款式。

③ 经济型。经济型是指消费者购买时特别重视价格，对于价格的反应特别敏感。这种购买者无论是选择高档产品，还是中低档产品，首选的都是价格，他们对"大甩卖""清仓""血本销售"等低价促销最感兴趣。一般来说，这类消费者与自身的经济状况有关。

④ 冲动型。冲动型是指消费者容易受产品的外观、包装、商标或其他促销努力的刺激而产生的购买行为。购买行为一般都是以直观感觉为主，从个人的兴趣或情绪出发，喜欢新奇、新颖、时尚的产品，购买时不愿做反复的选择比较。

⑤ 疑虑型。疑虑型是指消费者具有内倾性的心理特征，购买时小心谨慎和疑虑重重。购买行为一般较为缓慢而且费时多，常常是"三思而后行"，会犹豫不决而中断购买，购买后还会疑心是否上当受骗。

⑥ 情感型。这类消费者的购买多属情感反应，往往以丰富的联想力衡量产品的意义，购买时注意力容易转移，兴趣容易变换，对产品的外表、造型、颜色和命名都较重视，以是否符合自己的想象作为购买的主要依据。

⑦ 不定型。这类消费者的购买多属尝试性，其心理尺度尚未稳定，购买时没有固定的偏爱，在上述 6 种类型之间游移。这种类型的购买者多数是独立生活不久的青年人。

二、消费者购买决策

企业管理者和营销人员除了要了解消费者的行为模式，还需要深入分析消费者的购买决策，以便制定相应的营销策略，实现企业的营销目标。

（一）购买决策的参与者

消费者消费都是以家庭或个人为单位的，虽然最终的购买行为是由购买者执行的，但是购买决策的最终形成却受到多方面因素的影响。除了购买者本身的因素外，相关群体对购买者决策的影响较大。例如，对于某一产品的购买，家庭成员的意见、态度会对购买者的行为产生较大影响，而亲戚朋友的观点、看法也会影响购买者的决策。当然并不是所有行为都是这样，在一项购买活动中，通常可以区分出 5 种对购买决策产生影响的角色。

① 发起者。发起者又称倡议者，即首先想到或者提出购买某种产品或服务的人。

② 影响者。影响者即其观点、看法或意见对最终决策有一定影响的人。

③ 决定者。决定者即对购买决策的某个方面（如买不买、买什么、买多少、何时买和何处买）做出最后决定的人。

④ 购买者。购买者即实际发生购买行为的人。

⑤ 使用者。使用者即实际消费或使用所购产品，或者服务的人。

需要指出的是，并非每个购买决策过程都有上述5种角色的人参与，这5种角色有时集中于消费者一人，有时也会分散到相关群体的多个成员身上。例如，某高中生看到一个玩具很有趣，他自行购买并拿来玩乐，此时5种角色都集中于消费者一人。

了解每一购买者在购买决策中扮演的角色，并针对其角色地位与特性，采取有针对性的营销策略，就能较好地实现营销目标。例如，要购买一辆家用轿车，提出这一要求的可能是丈夫；是否购买由夫妻共同决定，而丈夫对轿车的品牌做出决定，这样汽车公司就可以对丈夫做更多有关品牌方面的宣传，以引起丈夫对该公司生产的轿车的注意和兴趣；至于妻子，在轿车的造型、色彩方面有较大的决定权，公司则可设计一些在造型、色彩等方面受妻子喜爱的产品。

视野拓展

产业市场购买决策的参与者角色

产业市场又叫生产者市场或工业市场，是指为满足工业企业生产其他产品的需要而提供产品或劳务的市场。它是组织市场的一个重要组成部分。产业市场的购买行为无论是从数量上还是从金额上来看都比较大，而且购买过程存在谈判时间长、技术要求高、需要提供服务、有一定的质量和时间要求等特点，因此，产业市场的购买决策相对于消费者市场要复杂很多。在产业用户的采购过程中，他们会组织人员成立一个专门的采购中心，中心人员分别代表不同的角色。一般购买决策的参与者包括以下5种角色。

① 使用者（users）。使用者即采购产品的直接使用者，他们往往是采购某种产品的发起者，在采购产品的质量规格上有直接的影响作用。例如，生产车间的主管发现某一原材料不足，这时他会最早提出采购申请，并对产品的质量和型号提出要求。

② 影响者（influencers）。影响者即企业外部和内部直接或间接影响购买决策的人员，他们协助确定产品的规格和质量，同时影响供应商的选择。企业的技术人员往往是重要的决策影响者。

③ 采购者（buyers）。采购者即企业中实际执行采购工作的人员，他们负责寻找选择供应商并与之进行谈判。

④ 决策者（deciders）。决策者即有权力批准购买某种产品的人。在企业中，决策者通常是高层管理人员。

⑤ 信息控制者（gatekeepers）。信息控制者即在企业外部和内部能控制市场信息流通的人员。例如，技术人员可以向产品使用者或决策者推荐产品信息，而秘书人员也可以组织一些推销员向决策者提供相关产品的信息。

（二）消费者购买决策的内容

消费者市场人数众多，购买产品成千上万，因此其购买行为也各种各样。但是，千差万别的行为背后其实存在着相似的内容。营销学家通过分析发现消费者的购买行为可以归纳为6个主要问题，如表2.4所示。

表2.4　六何分析

5W1H	六何分析法	营销对策
Who	（何人）谁来购买？	分析市场的构成
What	（何事）购买什么？	了解消费者需求
Why	（何因）为什么购买？	洞察消费者心理
When	（何时）何时购买？	掌握消费者的消费周期
Where	（何地）何地购买？	研究消费者的生活习惯
How	（何法）怎样购买？	熟悉消费者的购买方式

消费者购买行为分析的内容涉及以下6个基本要素。

① 消费者市场由谁构成（Who）——购买者的年龄、性别、职业、收入、教育程度和宗教信仰等自然特征是什么？

② 消费者购买什么（What）——购买者需要购买什么样的产品才能满足其需要和欲望？要求产品的样式怎么样？价格高低？什么品牌？

③ 消费者购买动机（Why）——购买者购买这个产品要达到什么目的？购买这个产品的根本原因是什么？

④ 消费者何时购买（When）——购买者在什么时间购买这个产品最合适？

⑤ 消费者何地购买（Where）——购买者会在什么地方购买产品？

⑥ 消费者如何购买（How）——购买者以怎样的方式进行购买？网购还是现场购买？团购还是个人购买？信用卡购买还是现金购买？

视野拓展

5W1H分析法

5W1H分析法也叫六何分析法，是一种思考方法，也可以说是一种创造技法。5W1H分析法为我们提供了科学的工作分析方法，提高了我们的工作效率，特别是在制定工作分析和规划方面。

5W1H分析法的核心

5W1H分析法就是对工作进行科学分析，对某一工作在调查研究的基础上，就其工作内容（What）、责任者（Who）、工作岗位（Where）、工作时间（When）、怎样操作（How）及为何这样做（Why）进行书面描述，并按此描述进行操作，以达到完成职务任务的目标。

5W1H分析法的内容

① 对象（What）——什么产品。公司销售什么产品？顾客需要什么样的产品？能不能销售其他产品？公司到底应该销售什么产品？例如，如果现在这个产品不挣钱，换个利润高点的产品好不好？

② 场所（Where）——什么地点。产品或服务是在哪里做的？为什么偏偏要在这个地方做？换个地方行不行？到底应该在什么地方做？这是选择工作场所应该考虑的问题。

③ 时间和程序（When）——什么时候。这个产品是在什么时候卖的？为什么要在这个时候销售？能不能在其他时候销售？把销售时间提前行不行？到底应该在什么时间卖？

④ 人员（Who）——责任人。现在这个产品或服务是谁在买？为什么要让他做？如果他既不负责任，脾气又很大，是不是可以换一个人？有时候换一个人，整个生产就有起色了。

⑤ 为什么（Why）——原因。为什么生产、销售这种产品或服务？为什么把它设计成红色？为什么要

做成这个形状？为什么采用机器代替人力？为什么采用这种包装材料？

⑥ 方式（How）——如何。手段也就是方法。现在公司是怎样做的？为什么用这种方法做？有没有别的方法可以做？到底应该怎么做？有时候方法一改，全局就会改变。

（三）消费者购买决策过程

每个消费者在进行购买时，都有一个决策过程。但是，由于购买产品的类型和购买者的个性差异，所以每个人的购买决策过程也会有所区别。典型的购买决策过程一般可分为 5 个阶段，如图 2.9 所示。企业只有了解了消费者的购买决策过程，才能制定相应的营销策略。

图 2.9　购买过程的五阶段模式

1．确认需求

消费者首先要认识到自己需要某种产品，然后才会开始选择购买行为。因此，确认需求是消费者购买决策过程的起点。消费者需求的产生，既可以是自身的感受引发的，也可以是受外部条件刺激而诱发的，有时候还可能是内外原因同时作用的结果。

在这一阶段，市场营销人员主要有两个任务：一是了解与本企业产品有关的各类需求，并关注诱发消费者需求的环境因素及有关联的驱动力，企业在此基础上可以安排诱因，促使消费者对企业产品产生强烈的需求；二是了解消费者对某种产品的需求强度和随着时间的推移消费者需求强度的变动情况，并据此设计营销传播策略，促使消费者立即采取购买行动。

2．搜集信息

当消费者产生了购买动机之后，便会开始与购买动机相关的活动。如果他欲购买的产品就在附近，便会实施购买活动，从而满足需求。但是当需求产品难以选择，或者说需求不能马上得到满足时，他便会把这种需求存入记忆中，并注意搜集相关信息，以便后期进行决策。

消费者的信息来源主要有以下 4 个渠道。

① 经验来源。经验来源是指消费者从自己的亲身经验和使用产品的过程中得到的信息。

② 个人来源。个人来源是指从家庭成员、邻居和同事等个人交往中获得的信息。

③ 商业来源。商业来源是指从企业广告、推销员的介绍、商品包装和说明书等方面获取的信息。这是消费者获取信息的主要来源，也是企业可以控制的信息传播途径。

④ 公共来源。公共来源是指社会公众所传播的信息，包括媒体的报道、政府抽检报告和消费者协会的公告等。

以上 4 种信息来源中，消费者经由商业来源获得的信息最多，其次为公共来源和个人来源，最后是经验来源。但是，从消费者对信息的信任程度来说，经验来源和个人来源信任度最高，其次是公共来源，最后是商业来源。商业来源的信息在影响消费者购买决定时，只起告知作用，而个人来源则起评价作用。消费者一般从广告或企业宣传资料中得知有哪些品牌，而消费者在评价不同品牌优劣时，就会向朋友和熟人打听。因此，企业不仅要做好广告宣传等的告知活动，同时还要做好品牌口碑的宣传工作。

小·案例

商场车间

北京王府井百货大楼最近亮出新招，把南京羽绒厂的充绒"车间"搬进了商场。这个现场充绒"车间"有 15 平方米，透过全封闭铝合金玻璃窗，3 位工人称绒、充绒、缝纫的一举一动，顾客一目了然。含绒量有 50%、70%、90%三种，高密度防绒布袋有 7 种颜色和图案可供选择。"车间"外围满了顾客，有的人说："这家厂真会做生意！"也有的人说："生意就该这么做！"

实践证明，羽绒被的日销售额比原来翻了 6 倍。研究表明，绝大多数的购买决策产生于零售终端。在商店内，消费者经常受到商品的价格、形状、颜色、香味，甚至他人的影响在无意识中产生冲动购买。案例中，顾客亲眼看到羽绒被的制作过程，产生信任感。另外，现场顾客的围观和购买热潮，也会起到一定的带动效应。

售点营销正是通过对购买者的心态和购买行为的研究，分析影响他们心态行为的因素，针对购买者进行的、在零售终端直接打动购买者的新型营销策略。具体来说，售点营销就是零售商和品牌商一起运用多种形式，诸如从店铺招牌到店内装饰、商品陈列、灯光效果、POP海报以及数字广告牌等不同元素构筑店内环境，传递给消费者独特的购物体验，使购物者在众多的选择中看到某个品牌商特定的产品，进而诱发他们的购买欲望，影响他们的购买决定。

资料来源：消费者行为学 25 个案例与解析. 百度文库，https://wenku.baidu.com/view/25bae5dca58da0116c17499e.html.

3．评估方案

当消费者从不同渠道获取到有关信息后，便开始对可供选择的产品及品牌进行分析和比较，并对各种品牌的产品做出评价，最后决定购买。消费者对产品的评价过程主要包括 3 个阶段。

① 分析产品属性。产品属性是指产品能够满足消费者需要的特性。消费者一般将某一种产品看成是一系列属性的集合。例如，对于服装，消费者关心的属性往往是服装的风格、穿着的舒适度、布料的优劣、品牌的知名度和美誉度，以及服装的价格等。对于同一产品来说，不同消费者对其不同属性的关心程度也不相同。例如，住宅对于年轻夫妇，由于工作、储蓄和孩子教育等原因，在选择住宅时一般注重交通的便利性、房子的价格高低、是否是学区房等属性；对于中老年人，则更多关注环境因素，如是否安静、小区绿化情况、有无活动场所等。另外，消费者的评价标准可以是客观的，也可以是主观的。例如，在选择电器时，消费者会把节能性和价格等客观依据作为评价标准，也会使用颜色、外观和品牌偏好等主观因素来进行评价。

② 建立属性等级。前面介绍了产品的属性，其实消费者并不一定对产品的所有属性都同样重视，即消费者对产品有关属性会赋予不同的重要性权数。例如，对于培训这类服务产品，有的人重视其教学内容，而有的人更重视能否结识有用的朋友。还有一些产品属性

可能会被消费者遗忘，但一经营销人员提起，消费者就会认为它非常重要。例如，对于饮料，消费者往往重视其口味、营养、价格等属性，但含糖量的高低，消费者很少问起，其实在当前居民的健康状况下，这是一个很重要但却经常被忽视的属性。

市场营销人员不仅要分析该企业产品应具备哪些属性，同时还要了解不同类型的消费者对产品相关属性的划分等级。只有这样才能更好地进行市场细分，对不同需求的消费者提供具有不同属性的产品，既满足了顾客的需求，又最大限度地减少了因生产不必要的属性所造成的资金、劳动力和时间的耗费。

③ 确定选择方法。消费者会根据产品和品牌的各属性及各属性相应的参数，分析各个品牌的优劣势，如各品牌在哪一属性上占优势，哪一属性上相对较差。但是分析评估完毕还不能做出最后的判断，因为不同类型的消费者选择的方法也是不同的。

小·案例

晓晴买车的准备

晓晴是一位普通的上班族，35岁，月收入12 000元。最近，晓晴周边的朋友与同事纷纷买了车，晓晴也有点动心。因为她工作地点离家较远，加上交通拥挤，来回花在路上的时间近两小时，所以她的购车动机越来越强烈。只是晓晴对车一无所知，除了坐车的体验和漂亮的车型。

在驾校学车时，购车是大家最爱讨论的话题。"我喜欢自动致尚版波罗车"，一位女学员对波罗情有独钟。虽然晓晴也喜欢这款车的外形，但她怎么也接受不了这款车的动力小的问题。有一次，晓晴和4个女生一起坐辆小波罗出去吃午饭，回来时车从地下车库开出，上坡时不得不关闭了空调才爬上高高的坡。想起爬个坡便要关上空调，实实在在地阻碍了晓晴对波罗的热情。

问了驾校的师傅，师傅说："宝来是不错的车，在差不多的价位上，还是德国车好。"晓晴的上司是宝来车主，晓晴尚无体验驾驶宝来的乐趣，但后排的拥挤却已先入为主了。想到自己的先生人高马大，宝来的后座便不觉成了胸口的痛。如果有别的合适的车，宝来仅会成为候选。

不久，一位与晓晴差不多年龄的女邻居，在小区门口新开的一家海南马自达专卖店里买了一辆福美来，便热情地向晓晴推荐。晓晴很快去了家门口的专卖店，她被展厅里的车所吸引，销售员热情有加，"福美来各个方面都很周全，在这个价位里别的车有的配置福美来都会有，只会更多"。此时的晓晴还不会在意动力、排量、油箱容量等抽象的数据，销售人员的介绍，令晓晴在这一刻已锁定海南马自达了。她乐颠颠地拿着一堆资料回去——福美来成了晓晴心中的首选。

晓晴回家征求先生的意见。先生说："为什么放着那么多上海大众和通用公司的品牌不买，偏偏要买海南货？它在上海的维修和服务网点是否完善？"两个问题马上动摇了晓晴当初的方案。晓晴不死心，便想问问周边驾车的同事对福美来的看法。"福美来还可以，但是日本车的车壳太薄"，福美来车主因其自身多年的驾车经验，他的一番话还是对晓晴有说服力的。晓晴有无所适从的感觉，直觉让晓晴关心起了精致的汽车杂志。随着阅读的试车报告越来越多，晓晴开始明确自己的目标了，8万元至15万元的价位，众多品牌的车开始进入晓晴的视野。

此时的晓晴，已开始对各个车的生产厂家，每个生产厂家生产哪几种品牌，同一品牌的不同的发动机的排量与车的配置，以及基本的价格都已如数家珍。上海通用的别克凯越、一汽大众的宝来、广州本田的飞度1.5、东风日产的尼桑阳光、海南马自达的福美来，各款车携着各自的风情，在马路上或飞驰或被拥堵的时时刻刻，向晓晴亮着自己的神采，晓晴常用的文件夹开始附上了各款车的排量、最大功率、最大扭矩、极速、市场参考价等一行行数据，甚至是4S店的配件价格。经过反复比较，晓晴开始锁定别克凯越和本田飞度。

特别是别克凯越，简直是一款无懈可击的靓车啊！同事 A 此阶段也正准备买车，别克凯越也是首选。晓晴开始频频地进入别克凯越的车友论坛，但不幸的是，随着对别克凯越论坛的熟悉，晓晴很快发现，费油是别克凯越的最大缺陷。想着几乎是飞度 2 倍的油耗，在将来拥有车的时时刻刻要为这油耗花钱，晓晴的心思便又活了。还有飞度呢，精巧、独特、省油，新推出的 1.5 VTEC 发动机的强劲动力，活灵活现的试车报告，令人忍不住想说就是它了。何况在论坛里发现，飞度除了因是日本车系而受到抨击外没有明显的缺陷。正巧这一阶段广州本田推出了广本飞度的广告，晓晴精心地搜集着有关广本飞度的每一个文字，甚至致电广本飞度的上海 4S 店，追问其配件价格。工作人员极耐心的回答令飞度的印象分又一次得到了增加。

到此时，晓晴对电视里各种煽情的汽车广告却没有多少印象。由于工作、读书和家务的关系，她实在没有多少时间坐在电视机前。而地铁里的各式广告，按道理是天天看得到，但受上下班拥挤的人群的影响，晓晴实在是没有心情去欣赏。只是"纸上得来终觉浅"，周边各款车的直接用车体验对晓晴有着一言九鼎的说服力，晓晴开始致电各款车的车主了。

朋友 C 已购了别克凯越，问及行车感受，说很好，凯越是款好车，值得购买。

同学 D 已购了别克赛欧，是晓晴曾经心仪的 SRV。质朴而舒适的感觉，晓晴觉得宛如一件居家舒适的棉质 T 恤衫。同学说空调很好的，但空调开后感觉动力不足。

朋友 E 已购了飞度（1.3），她说飞度轻巧、省油，但好像车身太薄，不小心用钥匙一划便是一道印痕。周边桑塔纳的车主、波罗的车主等，都成为晓晴的"采访"对象。究竟花落谁家呢？晓晴自己的心里知道，她已有了一个缩小了的备选品牌范围。

试分析晓晴的购买过程。

消费者的选择方法多种多样，经常用到的方法主要有以下几种。第一，期望值模式。消费者首先对产品的不同属性进行打分，然后给不同的属性赋予重要性权数，最后利用加权平均法计算出各产品的属性期望值，选择期望值最高的产品。在此情况下，营销人员应对消费者重视的属性予以高度关注，帮助消费者认识产品，以提高消费者对产品的期望值。第二，排序模式。这种选择模式的消费者会根据偏好将产品属性进行排序，再对各品牌的属性进行打分，比较属性的优劣，最后找到满意的产品。第三，支配模式。在这种模式下，消费者如果认为产品各属性都是优秀的，则会购买，反之则不买。

在复杂的购买行为中，消费者选择产品和品牌的方法还有很多，企业应不断开发满足消费者不同需求的产品，并设法使自己经营的产品的商标、特点给消费者留下印象，以便消费者选择和比较。

4．购买决策

消费者在信息搜集和方案评估之后，就会形成购买决策。其内容包括购买产品的种类、品牌、数量、购买地点和付款方式等。但是只让消费者对某一品牌产生好感和购买意向还是不够的，在购买意向转为购买行为期间，消费者还会受到其他因素的影响，如他人的态度和意外情况的发生等。

① 他人的态度。消费者的购买意向会因他人的态度而增强或减弱。他人的态度对消费者购买行为的影响力取决于他人的可靠性、专长、诚恳度，以及他与消费者关系的密切程度。一般来说，态度越诚恳、可靠性越强、与消费者的关系越密切的人，其影响力就越大。例如，A 同学想买某品牌的计算机，其好友却向他推荐了另一个品牌，而且好友的

网龄很长，态度又很诚恳，最后在好友的劝说下，A 同学改变了原有的购买意向，选择了另一品牌。

② 意外情况的发生。消费者的购买意向，总是与其收入、偏好和产品属性等因素密切相关，当他准备采取购买行动时，一些意外情况的发生，也会导致购买行为的中止。例如，因收入减少、物价上涨而无力购买；因产品质量问题而停止购买；因为服务员的态度而放弃购买，等等。这一切都会使他改变或放弃原有的购买意向。

5．购后行为

消费者购买产品后，就进入了购后阶段，此时市场营销的工作并没有结束。消费者会通过自己的使用和他人的评价，对所购产品产生某种程度的满意或不满意。消费者的满意度将直接影响其以后的购买行为。需要指出的是，消费者的满意是消费者对购买前的付出与购买后的收获进行对比衡量后得出的结果。它往往是一种主观的概念，企业可以通过相应的营销努力，减少消费者的付出，提高消费者的收获，进而增加消费者的满意度。

有研究指出，一个满意的顾客平均会向 3.3 个人传播他的经历，而一个不满意的顾客平均会向 11 个人传播他不愉快的经历。因此，市场营销人员应采取有效措施，加强售后服务，提高客户满意度，从而给企业带来良好的宣传效果。

三、影响消费者购买行为的因素

消费者的购买行为起源于他们的需要和欲望，而人们的需要和欲望及消费习惯都是在许多因素的影响下形成的。营销学家把影响消费者购买行为的因素归纳为以下 4 类。

（一）文化因素

1．文化

文化是指一个国家或民族的历史地理、风土人情、传统习俗、生活方式、行为规范、思维方式和价值观念等的总称。文化是对消费者影响最深远的一个因素，影响社会生活的各个方面，包括社会阶层和家庭，进而影响到每个人的内心。营销专家认为，文化背景不同，消费者的需求及购买习惯也不同。例如，在西方国家的超市里，很多生活必需品都是现成包装好的，他们很少有讨价还价的习惯。再如，有些西方人认为美的商品，东方人却不一定这么认为，也是由于文化的原因使人们形成了不同的审美观念，从而影响了消费者的购买行为。每个消费者都是社会的一员，其购买行为必然受到社会文化因素的影响，营销人员必须充分关注。

2．亚文化

每个社会的文化都是由一些更小的文化群组成的，在较大的社会文化集团中的较小文化团体就是亚文化群。亚文化群内的成员有明确的集体认同感，也有自己独特的信仰、态度和生活方式，是影响消费者行为的一个重要因素。企业在选择目标市场和制定营销决策时，必须注意亚文化群及由此导致的消费者购买行为的差异。亚文化群包括如下几种。

① 民族亚文化群。同一国家或地区内往往存在众多不同的民族，每个民族在其发展完善的过程中形成了独特的文化，如语言文字、宗教节日、饮食文化、服饰文化和风俗习惯等。

② 宗教亚文化群。宗教是人类社会发展过程中出现的一种文化现象。世界上存在多种不同的宗教，每种宗教都有其独立的宗教思想、宗教崇拜和行为规范，宗教文化的规范和戒律直接影响人们的购买行为及消费习惯。例如，圣诞节是基督教信众的盛大节日，世界上所有的基督教会都会举行特别的礼拜仪式庆祝耶稣的诞生。这一天，人们会购买圣诞树，并用五颜六色的彩灯、礼物、纸花和星星进行装饰，购买圣诞袜来装礼物。这些行为给一些企业带来了绝好的营销机会。

③ 种族亚文化群。种族又叫人种，是在体质形态上具有某些共同遗传特征的人群。从大的范围来讲，世界上主要有 3 个种族——白种人、黄种人和黑种人，每个种族的人群都有其独特的文化传统、生活方式和消费习惯。例如，同住在美国的黑人和白人，黑人在时装、汽车和珠宝等炫耀性产品上的花费比白人高 30%，这表明黑人家庭每年在炫耀性消费品上的花费，比同等收入的白人家庭多 2 300 美元，而其他方面的开支他们却会减少。

④ 地区亚文化群。由于自然环境和经济历史发展的差异，不同地理位置的人们往往有着不同的文化，进而导致人们消费习惯和消费特点的差异。例如，在中国，虽然国家提倡普通话，但是每个地方的人们还是喜欢说家乡的方言。从地区上来说，南方人的语言往往比较难懂，且不同地区之间差异较大，北方人的语言虽然也不相同，但差异较小，在沟通上没有太大的问题。而且由于地理环境的不同，我国北方人的性格往往直接豪爽，南方人则比较细致婉转。

视野拓展

青年亚文化

亚文化有各种分类方法，罗伯逊将亚文化分为人种亚文化、年龄亚文化、生态学亚文化等。例如，年龄亚文化可分为青年亚文化、老年亚文化；生态学亚文化可分为城市亚文化、郊区亚文化和乡村亚文化等。因为青年一代对社会的影响作用较为久远，因此我们重点介绍青年亚文化。

青年亚文化是各个时期处于边缘地位的青年亲身创造的一种群体文化，所代表的是处于边缘地位的青少年群体的利益，对成年人的社会秩序往往采取一种批判、颠覆的态度。青年亚文化的研究起源于 20 世纪六七十年代的英国，在当时的社会背景下，中产阶级的价值观成为英国的主流文化，平民阶层的青少年因无法进入主流文化而自创了一种时尚文化，这一文化富有反抗的象征意味。英国工人阶级青少年的亚文化引起了社会的广泛关注，伯明翰大学的学者还集体撰写了一部叫《仪式抵抗》的著作，青年亚文化研究从此拉开了序幕。

青年亚文化的内涵也随着时代的发展出现了变化。在当代，青年亚文化的抗争意识弱化，即反叛阶级、种族、性别主流文化的意识弱化了，取而代之的是以狂欢化的文化消费来抵制成年人文化。例如，朋克一族的娱乐消费，光头族奇特、前卫的着装风格消费，以及当前痴迷网络游戏的一族。虽然青年亚文化中可能存在厌世、颓废的成分，但在青少年看来，这些文化内容给他们带来了轻松、自由和愉悦的感觉，自然就很容易得到他们的认同，如各类网络枪战、打斗游戏，《大话西游》《爱情公寓》等影视剧、韩国影视剧等。青年亚文化的消费成为青少年对抗家庭、社会各种压力的一个出口，带给他们精神上的满足。

作为市场营销人员，要充分认识这种消费的市场潜力，抓住机会制造出符合他们心理需求的产品，并采取相应的措施促进产品的宣传和销售。

3. 社会阶层

社会阶层是社会学家根据职业、收入和受教育程度等因素，把一个社会的居民按照一定的等级标准划分为高低不同、相互区别的社会团体。不同社会阶层的人，他们的经济状况、价值观念、兴趣爱好、生活方式、消费特点、接触大众传播媒体等方面各不相同。这些因素直接影响他们的购买习惯和购买方式，以及他们对产品品牌的态度。而处于同一阶层的人，往往具有相似的价值观、兴趣和行为，在消费行为上相互影响并趋于一致。值得一提的是，人们所处的社会阶层不是一成不变的，可以通过自己的努力迈向更高的阶层，也可能跌向低层，这种升降变化的程度与所处社会的层次森严程度有关。如表 2.5 所示是美国 6 种社会阶层的人数、构成和消费特征。

表 2.5　美国社会阶层的划分

层　次	人数比例	构　成	消费特点
上上层	不到 1%	达官贵人	做慈善、住豪宅、买奢侈品、注重娱乐度假
上下层	2%左右	企业家	重地位、住好房、买好车、喜娱乐休闲
中上层	12%	个体工商户	重教育、有公德、善居家、懂生活
中间层	32%	白领	重视身份、爱赶时髦、追求品牌
中下层	38%	蓝领	劳动阶层的生活方式，努力奔小康
下层	15%	无技能人员	挣扎在贫困线上，为衣食住行而工作

说明：表格参考社会学家丹尼斯·盖伯特等人提出的 6 个社会阶层的系统。

作为市场营销人员，要关注本国社会阶层的划分情况，针对不同社会阶层的爱好需求，通过有效的信息传播方式，适时为消费者提供满意的产品和服务。

（二）社会因素

1．相关群体

相关群体又叫参照群体，是指影响消费者购买行为的个人或集体。按照相关群体对成员的影响程度，主要分为基本群体、次要群体和其他群体。

基本群体是指与消费者有密切联系的群体，多是非正式组织，如家庭成员、朋友、同事和邻居等；次要群体是指日常接触较少，个体并不经常受到其影响的群体，多是正式组织，如专业团体和职业协会等；其他群体主要是指有共同兴趣爱好的群体，如篮球俱乐部和追星族等。不同相关群体对消费者的影响是不同的，而且不同产品受相关群体影响的程度也不一样。产品越特殊、购买频率越低，受相关群体影响越大；个体对产品知识越缺乏，受相关群体影响越大。

2．家庭和角色

家庭是消费者活动的重要场所，家庭成员对消费者行为有直接的影响作用。对于经营家用产品的企业，了解家庭购买决策权的分配可以有效提高营销活动的效率。角色是个体在特定的社会关系中的身份及由此而产生的行为规范和行为模式的总和。处于不同的社会关系中，消费者扮演着不同的角色，其消费行为也是不同的。

小·案例

明星"带货"效果

"带货"是网络上流行起来的新词语，是指明星等公众人物对商品的带动作用。现实社会中，明星们对某一商品的使用和青睐往往会引起消费者的效仿，掀起这一商品的流行潮。

现在谈起明星，最入时的说法已经不是 IP 或流量了，而是带货。不管一个明星有多火、作品收视率、票房爆不爆、一个月上几次热搜、单条微博转发 10 万次还是 100 万次，能不能带货才是终极考验。

尤其是进入 2017 年以后，"带货女王"才是女明星们挤破了头也要为自己打造的形象，所以对越来越多的女明星开始一门心思扑在机场搞街拍的现象就好理解了。一个现象开始风靡的背后，一定有着其内在的原因。杨幂现在已经是最广为人知的"带货女王"，这个人物设计比"少女幂"要当红得多。随手在微博、微信搜一搜"带货"两个字，出来的十有八九都跟着杨幂的名字。当然了，带货女王市场竞争如此激烈，杨幂也绝不是唯一一个高举"带货女王"大旗的，同样在拼力打造带货形象的还有唐嫣、宋茜等一批女明星。

（三）个人因素

对消费者行为影响最直接的因素是个人因素及心理特征。个人因素主要包括以下几个方面。

1．经济状况

经济基础决定上层建筑，在消费者行为方面这句话同样适用。经济状况在很大程度上决定了消费者的需求层次、购买方式及购买产品的种类和数量。一般来说，低收入人群更关注价格，购买行为偏向于经济型，注重产品的性价比。营销人员虽然不能改变消费者的经济状况，但可以影响消费者对消费和储蓄的态度，通过产品及渠道改革来增强价格的适应性。

2．年龄与家庭生命周期

年龄与家庭生命周期有较强的相关性，消费者在不同年龄会处于不同的家庭生命周期阶段，他们购买产品的种类和方式也会有所区别。例如，青少年往往购买能满足自身兴趣爱好的产品；中年人更关心家庭的生活状况和孩子的教育，购买汽车、房产、家庭用品较多；老年人是保健用品的主要购买者。不同年龄的消费者其购买方式也各有特点：在产品消费上，青年人容易出现冲动性购买；中老年人经验丰富，更重视产品的实用性和方便性，属于理智型购买。

3．性别与职业

由于生理、心理的差异，不同性别的消费者在产品的品种、审美情趣和购买习惯方面都有所不同。例如，女性在购物时喜欢精挑细选、相互比较，情感型购买居多，有时也容易受环境的刺激产生冲动的购买行为；男性消费者往往购买目标明确、行动果断，属于理智型购买。此外，不同职业的消费者因其收入、工作环境和职业特点等原因，往往在消费结构和消费习惯上也会不同。营销人员应找准自己的目标市场，并根据其职业特点制定恰当的营销组合策略。

4．生活方式

生活方式是指一个人在特定的社会环境和价值指导下所形成的生活形式和行为特征。生活方式涵盖消费者的一切生活领域，包括工作、人际交往、休闲和家庭等。不同生活方式的人有着不同的需求和购买行为。例如，勤俭奋发型和懒惰颓废型的消费者有着截然不同的购买行为的消费观念。

5．个性及自我观念

个性是心理学名称，是指个人带有倾向性的、稳定的心理特征的总和，包括能力、气质和性格。性格个性对购买行为的影响是直接而又明显的。例如，优柔寡断的人会难以进行选择，而性格急躁的人会产生冲动性购买行为。

与个性相关的一个概念是自我观念，也称自我感觉或自我形象，是指个人对自己的个性特性的感觉、态度和评价。不同自我观念的消费者有不同的购买行为，而购买行为也是表现自我观念的重要方式。

（四）心理因素

消费者心理是指消费者在满足需要活动中的思想意识。它支配着消费者的购买行为。影响消费者行为的心理因素包括以下几个方面。

1．动机

动机是指激发和维持个体活动，使活动导向某一目标的内部动力。心理学家提出多种动机发生的理论，大家比较认同的分别是亚伯拉罕·马斯洛的需要层次理论和弗雷德里克·赫茨伯格的双因素理论。

① 马斯洛认为动机是个体成长和发展的内在力量，而动机是由多种不同性质的需要组成的。不同性质的需要之间，有先后顺序和高低层次之分。马斯洛把人类需要由低到高分成5个层次，分别是生理需要、安全需要、社交需要、尊重需要和自我实现需要。他认为，只有在低层次的需要获得满足后，人们才会去追求更高层次的需要；每一层次需要的满足，都决定了个体发展的境界或程度。

② 双因素理论又叫激励保健理论，是美国行为科学家赫茨伯格提出来的。该理论认为引起人们工作动机的因素主要有两个，分别是保健因素和激励因素。保健因素是指工作条件、薪水、职业安全、人事关系和地位等，这些因素的存在不会使员工感到满意，但没有则会产生不满；激励因素是指员工的晋升、成就感和责任感等，这些因素可以使员工产生满意或尚未达到满意，但是没有激励因素也不会产生不满。也就是说，保健因素是员工满意的必要条件，激励因素是员工满意的充分条件。在市场营销工作中，企业要正确分析消费者对产品属性的划分，在满足必要条件的基础上，适当增加激励因素，以提高营销效果。

2．知觉

在介绍知觉前，我们要先了解一下感觉。感觉是身体感官对外界刺激物或者情境的反应或印象。随着感觉的刺激，大脑会把各种刺激信息联系起来进行组织整理和分析，形成对刺激物或情境的整体反应，就是知觉。知觉是一种主观感受，在刺激物或情境相同的情况下，不同个体会产生不同的知觉。知觉对消费者的购买决策、购买行为影响较大，这是因为消费者知觉是一个有选择性的心理过程，表现为选择性注意、选择性理解和选择性记忆。如果一个人感冒了，在药店他会特别注意能够治疗感冒的药，而忽略其他药。

分析知觉对消费者购买行为的影响，可以使企业制定合适的策略，引起消费者的注意，从而促进消费者购买本企业产品。

3．信念和态度

信念是人们对某种事物的看法，是一种长期积累的结果。品牌信念是指人们对品牌的总体看法。信念对消费者行为的影响很大，会直接导致人们对某一企业或品者牌产生积极的或消极的情感，进而影响人们的购买行为。

态度通常是指个人对事物所持有的长期稳定的评价、情感和行动倾向。态度具有方向性，对消费者行为有很大的影响。例如，消费者曾经看到某个品牌的负面报道，心理会对该品牌产生一些消极的情感和评价，在购买此类产品时，消费者就坚决不会购买该品牌。营销人员发现消费者的态度来源于 3 个方面：与产品的直接接触；受第三方的影响；家庭教育。因此，在市场营销活动中，企业要让消费者了解产品，帮助消费者建立对本企业的信念，培养消费者对企业的情感，从而使消费者的态度向着企业的方面转变。

练一练

一、案例分析

如何打动他人

前段时间，一个在国内从事能源行业的朋友请我为她申请北美商学院的文书提意见。她为自己勾勒了一幅很优秀的素描，但是我仿佛是在读一份加长版的简历，大多描述都可以简化为"我做了……""我赢得了……""我取得了……"。

我对她讲，你的文书太优秀、太高大上了，但是缺少能够打动其他国家人心的细节。好的故事都在细节里，在人物的一颦一笑、说过的话、心中掠过的感觉上。无论你是做多么洋气的申请或路演，好故事都该是你推销辞（pitch）的核心，因为人人都爱听故事，而人性共通的故事有穿越地域、穿越文化去准确表达你的思想和感情的力量。

二、单项选择题（每小题 1 分，每小题只有一个最恰当的答案）

1．消费者对某一品牌评价较差，就会在相当长的时间内保持不变，并且会对使用该品牌的所有产品都有不好的评价。这种心理因素是（　　）。

　　A．动机　　　　　B．态度　　　　　C．知觉　　　　　D．学习

2．王刚经过反复思考，长时间比较选择后，决定购买一套知名楼盘的商品房。其购买行为属于（　　）。

　　A．习惯型购买行为　　B．变化型购买行为　　C．协调型购买行为　　D．复杂型购买行为

3．某技术人员协助决策者确定采购设备的规格、型号等。该技术人员在此购买决策中所扮演的角色是（　　）。

　　A．采购者　　　　　B．信息控制者　　　　　C．使用者　　　　　D．影响者

4．马斯洛需要层次理论中，最低层次的需要是（　　）。

　　A．生理需要　　　　B．安全需要　　　　　C．社会需要　　　　D．自尊需要

5．消费者不可能在真空里做出自己的购买决策，其购买决策在很大程度上受到文化、社会、个人和心理等因素的影响。社会角色与地位属于哪种影响因素？（　　）

　　A．文化因素　　　　B．社会因素　　　　　C．个人因素　　　　D．心理因素

6．按照马斯洛的需要层次理论，最高层次的需要是（　　）。

　　A．生理需要　　　　B．安全需要　　　　　C．自我实现需要　　　D．社会需要

7．同消费者市场购买行为相比，下列属于组织市场购买行为特点的是（　　）。

　　A．派生需求　　　　B．需求弹性大　　　　C．需求量小　　　　D．需求不稳定

8．美国 A 时装公司生产妇女时装，分别设计成"朴素型""时髦型""知识型"和"优雅型"等不同款式。该市场细分的依据是心理细分，具体是（　　）。

      A．生活方式　　　　B．人格　　　　　C．社会阶层　　　　D．使用者情况

9．消费者需求受收入、价格和储蓄等因素的影响，在购买产品的数量和品种选择上具有伸缩性。这是消费者购买行为的（　　　）特点。

      A．替代性　　　　　B．重复性及小型性　C．伸缩性　　　　　D．非专家性

10．大众传播媒介的报道、消费者权益协会的广告信息属于（　　　）。

      A．个人来源　　　　B．经验来源　　　　C．公共来源　　　　D．商业来源

三、多项选择题（每小题1分，每题有多个答案正确。错选、少选、多选，均不得分）

1．消费者购买行为的特点有（　　　）。

      A．替代性　　　　　B．重复性　　　　　C．伸缩性

      D．专家性　　　　　E．地区性

2．在消费者购买行为中，影响其介入程度的因素有（　　　）。

      A．产品价格　　　　B．产品知识　　　　C．消费者经验

      D．自我表现程度　　E．购买动机

3．对于寻求多样化的购买行为，企业的营销策略有（　　　）。

      A．优惠券　　　　　B．降低价格　　　　C．占有货架

      D．产品创新　　　　E．广告促销

4．文化对消费者行为会产生深远影响，包括（　　　）。

      A．风俗习惯　　　　B．价值观念　　　　C．行为规范

      D．经济状况　　　　E．信念态度

5．影响消费者购买行为的心理因素包括（　　　）。

      A．动机　　　　　　B．角色　　　　　　C．知觉

      D．个性　　　　　　E．自我观念

6．对购买决策产生影响的角色有（　　　）。

      A．发起者　　　　　B．影响者　　　　　C．决策者

      D．信息控制者　　　E．使用者

7．消费者获取信息的个人来源包括的途径有（　　　）。

      A．经销商　　　　　B．亲戚朋友　　　　C．邻居同事

      D．个人经历　　　　E．政府质量报告

8．消费者购买决策的过程包括的阶段有（　　　）。

      A．需要确认　　　　B．信息搜集　　　　C．购买决策

      D．购货行为　　　　E．售后服务

9．赫茨伯格的双因素理论中，双因素是指（　　　）。

      A．个人因素　　　　B．心理因素　　　　C．升职因素

      D．保健因素　　　　E．激励因素

10．影响消费者购买行为的亚文化有（　　　）。

      A．民族亚文化　　　B．地理亚文化　　　C．种族亚文化

      D．宗教亚文化　　　E．乡村亚文化

项目三

确立竞争优势的途径

经商信条　核心竞争力表现在两个方面：第一，从顾客角度来看，是企业独有的产品他人无法替代；第二，从竞争者的角度来看，是具有企业特性的、不易模仿和复制的专有技术或技能。

——余世维

任务一　市场细分

试一试　试细分手机市场和住房市场。

想一想　在你认为描述正确的图片标题上画"√"，并说明理由。

"杨红的花店卖4种花"，这就是市场细分

"刘柱的眼镜店可以向中学生、老年人提供眼镜相关服务"，这说的是市场细分

经典赏析

美国联邦快递公司的诞生与发展

美国联邦快递公司的创建来自对运输市场细分时发现的一个新的潜在需求。公司的创立者弗雷德·史密斯在20世纪70年代初还是个学生，他在大学期间的一篇论文中分析，美国工业革命的第三次浪潮将全靠计算机、微处理及电子装备来维系，这些装备的维护则要靠质轻价昂的部件和零件的及时供应来保证，而有关信件、包裹、存货清单均需要在第2天清晨，甚至于几小时内迅速获得。而当时，包裹、信件的隔夜寄达并不见得有迫在眉睫的需求。美国的多数信件、包裹都是交邮局传递，用卡车运输，需要很长时间才能送到，即使用航空邮寄也难以保证时间。因此，史密斯认为，应该向社会提供一种比航空邮寄更快的、

寄达时间有确切保证的航空快递服务。他大学毕业后即着手筹办联邦快递公司。1973 年春天，联邦快递公司开张的第 1 个夜晚仅有 13 个机场的飞机飞到公司的中心站孟菲斯机场，寄递的包裹总共只有 18 件。头两三年，联邦快递公司几度面临破产的境地。飞机驾驶员常用他们自己的信用卡来购买汽油，并亲自参加寄件分类工作，而且是手工作业。但后来事实的发展证明了史密斯的市场分析是完全正确的。现在，联邦快递公司已蓬勃发展，不但拥有广阔的市场，而且有多家公司加入竞争。每天午夜，在孟菲斯国际机场，客运航班都停止时，却有几十架联邦快递公司的飞机陆续飞来，等候空档降落。飞机着陆后，每架飞机卸下又装上成千上万件包裹、公文信件，以及其他重要物品，紧接着又消失在夜空中。穿着公司制服的送货员、印着公司名号的送货车"招摇过市"，大队的货运飞机，一排排的计算机，在街道上、在空中日夜竞争，显示着公司业务兴旺，前途远大。弗雷德·史密斯被西方企业界誉称为"与时间竞赛的人"。

　　资料来源：http://www.docin.com/p-1508618602.html.

　　点评　通过市场细分，会发现新的商机。

　　评一评　结合联邦快递公司的市场细分，谈谈学生餐厅的市场细分问题。

学一学

一、市场细分的概念与作用

（一）市场细分的概念

　　市场细分是美国市场营销学家温德尔·史密斯（Wendell R. Smith）于 20 世纪 50 年代中期提出来的。其含义是企业根据市场需求的多样性和购买者行为的差异性，把整体市场，即全部顾客和潜在顾客划分为若干具有某种相似特征的顾客群，以便选择确定自己的目标市场。

小·案例

蒙牛牛奶的市场细分

　　蒙牛针对 7 类细分市场，推出了七大类奶产品，以满足不同人群的需求，如表 3.1 所示。

表 3.1　蒙牛牛奶市场细分

产品名称	产品特点及构成	品牌定位	市场定位（目标消费群）
纯牛奶	由 100% 牛奶精制而成，采用国际先进的"闪蒸"技术，在不破坏牛奶的营养价值的前提下，低温蒸发部分水分	来自大草原，自然好味道	刚开始面向儿童，后来扩展到普通人群
高钙低脂牛奶	脱脂高干维，吃饱喝足不会增加脂肪	喝出漂亮，喝出好身材	中老年人和青年女性
早餐奶	牛奶、鸡蛋与核桃粉，空腹即饮	营养早点到	上班族
高钙奶	牛奶、维生素 D_3、乳酸钙，能帮助睡眠，并且增加骨骼的硬度和使骨骼结实	喝好才能睡得好	老年人、补钙族
酸酸乳饮料	鲜牛奶添加益菌因子和柠檬酸，能够促进肠道蠕动，抑制有害菌增长，促进 B 族维生素合成	酸酸甜甜就是我	十几岁的女生
真果粒	牛奶、草莓果粒，含水果膳食纤维	牛奶加果粒，每"粒"有新意	爱美的年轻女性
未来星	牛奶加牛磺星，学习起来更轻松	快乐成长好伙伴	少年儿童

（二）市场细分的作用

1．有利于选择目标市场和制定市场营销策略

市场细分后的子市场比较具体，企业可以根据其经营思想、方针及生产技术和营销力量，确定自己的服务对象，即目标市场。较小的目标市场，便于制定特殊的营销策略。同时在细分市场上，信息容易了解和反馈，一旦消费者的需求发生变化，企业可以迅速改变营销策略，制定相应的对策，以适应市场需求的变化，提高企业的应变能力。

2．有利于发掘市场机会，开拓新市场

通过市场细分，企业可以对每一个细分市场的购买潜力、满足程度和竞争情况等进行分析对比，探索出有利于本企业的市场机会，使企业及时做出投产、转移等销售决策，或者根据本企业的生产技术条件编制新产品开拓计划，进行必要的产品技术储备，掌握产品更新换代的主动权，开拓新市场，以便更好地适应市场的需要。

3．有利于提高企业的竞争力

市场细分之后，每一个细分市场上竞争者的优势和劣势就会明显暴露出来。企业只要发挥自己的资源优势，利用竞争对手的弱点，就能在局部市场上提高自己的市场占有率，从而增强竞争力。

4．有利于提高企业的经济效益

通过市场细分，一方面，企业可以深入了解每一个细分市场的需求状况和潜在购买力，以及同行竞争者的情况，做到有的放矢地开发新产品，使潜在需求转化为现实需求；另一方面，把有限的人力、物力和财力投入到目标市场，合理配置企业资源，发挥规模优势，加速资金周转，从而取得最好的经济效益。

二、市场细分的依据和标准

（一）市场细分的依据

市场细分的理论依据基于两个方面的因素：消费者需求的同质性（类似性）和差异性。依据消费者对产品不同属性的重视（偏好）程度，可以分为 3 种偏好模式：同类型偏好、分散型偏好和群组型偏好。

🌀 **视野拓展**

消费者对产品的偏好模式分类

以某两地之间的旅行为例，就每个旅行者对速度和舒适两种特性的偏好程度，来解释消费者对产品的偏好模式。

① 同类型偏好。市场上所有的消费者对速度和舒适两种特征都有同样的需求，偏好相近，不存在明显的差异，可以用一种运输方式满足市场需求。

② 分散型偏好。市场上消费者的偏好很不集中，不同偏好的消费者分布比较均匀，呈分散型。此时，企业有两种可供选择的目标市场：一是向此市场提供某一种运输方式，使市场需求向同质偏好转移；二是向此市场提供多种运输方式，各运输方式在速度和偏好的组合上各有侧重，使市场需求向群组型偏好过渡。

③ 群组型偏好。市场上不同偏好的消费者形成了一些集群，有的偏重于速度，有的偏重于质量，各自形成了几个聚焦点。这样就自然地形成了若干细分市场，各运输企业可以以其中的某一个消费群为自己的目标市场。譬如，A集群对速度要求比较高，而对舒适程度并不太讲究，铁路或公路汽车运输可能比较适合；B集群要求舒适，时间上可以慢慢来，轮船似乎是一种适宜的运输方式；C集群对速度和舒适度的要求都很高，那就应该乘坐飞机或高铁了。以上只是假设，具体哪种运输方式适合哪个集群，应视这两地之间的距离、地理条件和交通状况等各种因素而定。

资料来源：http://www.docin.com/p-1508618602.html。

（二）市场细分的标准

1. 细分消费者市场的标准

① 地理细分。地理细分是把市场分为不同的地理区域，具体变量包括国家、地区，省市、农村，南方和北方等。处于不同地区的消费者，对同一类产品往往会有不同的需求和偏好。例如，中国的茶叶市场，各地区有不同的偏好，绿茶主要畅销于南方地区，花茶主要畅销于华北地区和东北地区，砖茶主要为某些少数民族地区所喜好。因此，企业采取的营销策略应与之相适应。

② 人口细分。人口细分是指按照人口统计变量进行市场细分，具体变量包括年龄、性别、家庭人口数量、文化程度、职业、收入、宗教信仰、国籍和民族等。不同年龄、不同性别、不同收入、不同文化水平的人，在价值观念、生活情趣、审美观念、消费方式和消费特点等方面会有一定差别，即使是对同样的产品，也会产生不同的消费需求。

③ 心理细分。心理细分是指将消费者按照其生活方式、性格和态度而细分成不同的群体，这些群体形成不同的细分市场。其变量包括消费者的个性、购买动机、价值取向、生活方式和社会阶层等。

④ 行为细分。行为细分是指将消费者按照其对产品的理解、态度、使用或反应来细分不同的市场。其变量包括消费者对产品的使用率、使用状况、从产品中追求的利益、购买和使用产品的时机、对品牌的忠诚程度、对质量和广告服务的信赖程度等。

消费者市场细分的标准如表3.2所示。

表3.2　消费者市场细分的标准

序　号	细分标准	细分参数
1	地理细分	国家、地区、城市大小、人口密度、气候和地理特征、交通状况等
2	人口细分	年龄、家庭类型及生命周期阶段、性别、收入、职业、受教育水平、民族、种族、宗教信仰、代沟、社会阶层和国籍等
3	心理细分	社会阶层、生活方式、个性特点、购买动机和价值取向等
4	行为细分	购买时机、追求的利益、使用状况和使用频率、品牌忠诚度、态度等

2．细分生产者市场的标准

生产者市场与消费者市场相比有所不同：一是其购买者是产业用户；二是其购买决策是由有关专业人员做出的，一般属于理性行为，受感情因素影响较少。因此，细分消费者市场的标准，虽基本适用于生产者市场，但应对这些因素赋予新的内容，并增加新的变数。细分生产者市场的标准一般有地理位置、购买者类型、用户规模和购买规模、产品用途、相关采购因素、购买决策者的个性特征等，如表 3.3 所示。

表 3.3　生产者市场细分的标准

序　号	细分标准	细分参数
1	最终用户	商业购买者（如工业、建筑业、商业和银行等）、政府购买者（如行政机构、军队和法院等）、其他购买者（如学校、医院和慈善机构等）
2	用户规模	大客户、中客户和小客户
3	参与购买决策成员的个人特点	年龄、受教育程度、社会经历及所担任的职务等
4	用户的购买状况	购买能力、购买目的、购买类型、追求利益重点、功能要求、质量标准、价格要求、购买频次、使用率和交易方式等
5	用户所处的地理位置	资源、地理位置、自然环境、气候、通信、交通运输、金融、技术水平和国际化程度等

① 最终用户。在生产者市场上，不同的最终用户（或产品不同的最终用户）都可以针对其不同需求制定不同的对策。例如，电子元件市场可细分为军用市场、民用市场和商业市场等。它们各有不同的需求重点，军事用户要求产品质量绝对可靠，供应准确及时，对价格不甚在意；民用工业用户要求质量良好，服务周到，价格适中；商业用户则特别重视价格，对质量要求一般。针对这些不同要求，可以采取不同的营销组合策略。

② 用户规模。企业在细分生产者市场时，可将用户分为大客户、中客户、小客户 3 类。一般来说，大客户数目少但购买额大，对企业的销售市场有举足轻重的作用，应予以特殊重视，可保持直接的、经常的业务关系；对小客户则一般不直接供应，而通过中间商销售。

③ 参与购买决策成员的个人特点。这是指购买决策成员的年龄、受教育程度、社会经历及所担任的职务等，以及由上述因素所带来的购买心理和购买行为的不同。

④ 用户的购买状况。这主要是指购买者的购买能力、购买目的、购买方式、购买数量、付款方式、采购制度和手续等。

⑤ 用户所处的地理位置。这包括用户所在地区的气候资源、自然环境、生产力布局，以及交通运输和通信条件等。

三、市场细分的方法与步骤

（一）市场细分的方法

市场细分的过程，是按照方法切蛋糕的过程，因此方法很重要。常用的方法有以下几种。

1．单一标准法

单一标准法是根据市场主体的某一具体因素进行细分。例如，按品种来细分粮食市场、按性别来细分服装市场、按用途来细分钢材市场等。

2．主导因素排列法

主导因素排列法是指一个细分市场的选择存在多因素时，可以从消费者的特征中寻找和确定主导因素，然后与其他因素有机结合来确定细分的目标市场。例如，职业和收入一般是影响女性选择服装的主导因素，文化、婚姻和气候则居于从属地位，因此应以职业、收入作为细分女性服装市场的主要依据。

3．综合标准法

综合标准法是指根据影响消费者需求的两种或两种以上的因素综合进行细分。综合因素法的核心是并列多因素分析，涉及的各项因素都无先后顺序和重要与否的区别。

4．系列因素法

系列因素法是指细分市场涉及的因素是多项的，但各项因素之间先后有序、由粗到细、由浅入深、由简至繁、由少到多。例如，服装市场细分就可以用系列因素法。

（二）市场细分的步骤

市场细分可以分为以下步骤，如图 3.1 所示。

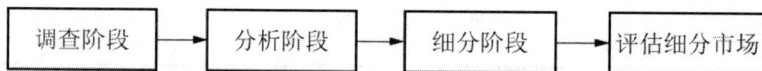

图 3.1　市场细分的步骤

1．调查阶段

在调查阶段，通过交谈和发放调查表，了解消费者的动机、态度和行动，包括对品牌认知度、产品使用方式、对产品类别的态度、心理变量等，为以后的深入分析提供可靠翔实的资料。

2．分析阶段

在分析阶段，通过对调查阶段得来的各种数据，进行汇总分析，列出需求变量进行评价，以找出影响市场需求的关键因素。

3．细分阶段

在细分阶段，根据分析数据，比较每一个细分市场的需求，找出它们各自的特点，细分相应的市场群，并结合企业自身资源，明确自己的目标市场。

4．评估细分市场

市场细分的目的就是根据企业资源及需求的差异性，找到企业自身的市场定位，以取得经济效益。因此，必须在市场细分所得收益和付出成本之间做出权衡，从而综合评估市场的规模、成长性、盈利性、可进入性及风险性。

细分市场处在动态的变化中，如个人电脑市场，因此市场细分的步骤必须定期反复进行。

视野拓展

七步市场细分法

美国营销专家伊·杰·麦卡锡提出的七步市场细分法，被企业界广泛接受。其基本步骤如下。

1）正确确定企业的市场经营范围。这是指在明确企业任务、目标，对市场环境充分调查分析之后，从市场需求出发选定一个可能的产品市场范围。这是市场细分的基础。

2）列出潜在顾客的基本需求。企业可以在地理、心理和行为等方面，通过"头脑风暴法"对潜在顾客的要求做大致分析，为以后各个步骤的深入准备资料。

3）分析潜在顾客的不同需求。企业依据人口因素做抽样调查和典型调查，向不同的潜在顾客了解上述哪些需求对他更重要，从而初步形成几个消费需求相近的细分市场。

4）剔除潜在顾客的共同需求。这是指对初步形成的几个细分市场的共同需求加以剔除，以它们之间需求的差异作为细分市场的基础。

5）赋予这些细分市场名称，即为不同的顾客群体确定一个称谓。

6）进一步认识各细分市场的特点，做进一步细分或合并。企业要对各细分市场的顾客做更深入细致的考察，已知哪些，还要了解哪些，明确各顾客群体的特点，以便决定各细分市场是否需要再度细分或加以合并。

7）测量各细分市场的规模大小，从而估算可能的获利水平。经过以上步骤，细分市场的类型就基本确定了，企业接着应把每个细分市场与人口因素相结合，测量各个细分市场中潜在顾客的数量。企业进行市场细分，是为了分析盈利的机会，这又取决于各细分市场的销售潜力。

资料来源：百度百科，http://baike.baidu.com.

练一练

一、案例分析

三只松鼠的发展之路

2012年2月，三只松鼠电子商务有限公司在安徽省芜湖市成立。三只松鼠是一家以坚果为主打产品的电商企业，品牌一经推出，上线一周就实现了1 000单的销售成绩，上线仅65天就成为全网坚果类销售额的第一名。2012年11月11日，首次参加"双十一"大促，日销售766万元，刷新了天猫食品行业单店日销售额最高纪录，名列零食特产类销售额第一名。2013年，实现销售收入3.26亿元，2014年全年实现销售收入11亿元，2015年实现销售收入25.1亿元，2016年实现销售收入超过50亿元。2016年11月11日24时，三只松鼠"双十一"单日全网交易额达到5.08亿元。短短5年多时间，松鼠老爹章燎原带领着他的团队将三只松鼠打造成了互联网坚果销量领先品牌。

二、单项选择题（每小题1分，每小题只有一个最恰当的答案）

1．同一细分市场的顾客需求具有（　　）。

　　A．绝对的共同性　　　B．较多的共同性

　　C．较少的共同性　　　D．较多的差异性

2．（　　）差异的存在是市场细分的客观依据。

　　A．产品　　　　　　B．价格　　　　　　C．需求偏好　　　　　　D．细分

3．市场细分化是根据（　　）的差异对市场进行的划分。

　　A．买方　　　　　　B．卖方　　　　　　C．产品　　　　　　D．中间商

4．按照收入水平来细分市场和选择目标市场，是属于（　　）。

　　A．地理标准　　　B．人口标准　　　C．心理标准　　　D．行为标准

5．在春节、中秋节、国庆节等节日即将来临的时候，许多商家都大做广告，以促销自己的产品。这种对市场进行细分的方法是根据（　　）。

A. 地理细分   B. 人口细分   C. 心理细分   D. 行为细分

6. 市场细分就是指按照消费者的（   ），把一个总体市场划分成若干个具有共同特征的子市场的过程。

A. 购买行为   B. 欲望与需求   C. 收入水平   D. 偏好

7. 市场细分的意义在于（   ）。

A. 大市场分成小市场   B. 寻找利基市场

C. 寻找卖点   D. 促销

8. 市场细分在本质上是按照（   ）进行的。

A. 购买力差别   B. 需求差别   C. 个性差别   D. 偏好差别

9. （   ）是企业营销活动所要满足的有相似需要的消费者群。

A. 消费群体   B. 细分市场   C. 目标市场   D. 整合营销

10. 现代营销观念基于的 4 个主要支柱是（   ）。

A. 目标市场、顾客忠诚、目标营销和竞争优势

B. 细分市场、顾客忠诚、目标营销和盈利能力

C. 细分市场、顾客忠诚、整合营销和竞争优势

D. 目标市场、顾客需要、整合营销和盈利能力

三、多项选择题（每小题 1 分，每题有多个答案正确。错选、少选、多选，均不得分）

1. 市场细分对企业营销的作用有（   ）。

A. 有利于发现市场机会   B. 有利于掌握目标市场的特点

C. 有利于制定市场营销组合策略   D. 有利于提高企业的竞争能力

E. 有利于节省成本费用

2. 细分消费者市场的标准有（   ）。

A. 地理环境因素   B. 人口因素   C. 心理因素

D. 行业因素   E. 行为因素

3. 属于产业市场细分变量的有（   ）。

A. 社会阶层   B. 行业   C. 价值观念

D. 地理位置   E. 购买标准

4. 消费者市场的细分标准一般有以下几类？（   ）

A. 地理细分   B. 人口细分   C. 心理细分

D. 行为细分   E. 国家标准

5. 下列消费者市场细分标准中属于心理标准的是（   ）。

A. 社会阶层   B. 年龄   C. 生活方式

D. 品牌忠诚度   E. 个性

6. 市场细分的有效标志是（   ）。

A. 可衡量性   B. 可进入性   C. 可盈利性

D. 可持续性   E. 可区分性

7. 属于生产者市场细分标准的是（   ）。

A. 最终用户   B. 地理标准   C. 用户规模

D. 心理标准   E. 用户的地理位置

8. 市场细分的方法有（   ）。

A. 单一标准法   B. 主导因素排列法   C. 综合标准法   D. 系列因素法

9. 市场细分一般要经历的步骤是（   ）。

A. 调查阶段   B. 分析阶段   C. 细分阶段   D. 评估阶段

任务二　目标市场选择

试一试　如果有一个实木家具生产厂，你如何考虑它的目标市场？

想一想　在你认为描述正确的图片标题上画"√"，并说明理由。

| 有一颗子弹，可以打一群鸟 | 有一颗子弹，可以打一只鸟 |

经典赏析

刘备的"市场营销战略"

三国时期，天下诸侯割据，群雄纷争，势力比较大的北有曹操南有孙权，而刘备在诸葛亮的帮助下，审时度势，选取蜀中为据点，终成三分天下之势。用市场营销学的观点来看，这里就有个目标市场选择的问题。

我们常说的目标市场一般包括3个要素——目标地域、目标人群和目标需求，而刘备正是在正确分析竞争者和消费者的基础上，选定了正确的目标地域——被曹操与孙权忽略的蜀中，锁定了正确的目标人群，并迎合了他们的目标需求——蜀中百姓渴望安定、尊崇仁君，从而为其日后市场地位的奠定打下了良好的基础。俗语说"万事开头难"，开好头是成功的一半。目标市场的选择在企业营销中属于开头必不可少的一步，而且是至关重要的一步，因为它关系着企业整个营销战略的方向性问题。企业的营销战略必须适应目标市场的地理环境和人文环境，必须迎合目标消费人群的习惯与爱好，并满足其特定的需求。如果目标市场选择有误，企业以此为基础来制定营销战略，必定会出现偏差。而企业用不正确或不准确的营销战略来指导经营活动，轻则可能造成一定的经济损失，重则极有可能导致企业满盘皆输。

点评　目标市场找对了，离营销成功就不远了。

评一评　刘备如果选择占据北方或南方，试分析结果会如何。三国鼎立的历史对我们选择目标市场有什么启示？

学一学

企业的一切营销活动都是围绕目标市场进行的。选择和确定目标市场，明确企业具体的服务对象，是企业制定营销策略的首要内容和基本出发点。

一、目标市场模式

市场细分是选择目标市场的前提和条件，而目标市场的选择则是市场细分的目的和归宿。选择合适的目标市场类型是企业采取正确营销策略的基础。目标市场类型可以归纳为以下 5 种模式。

1．密集单一市场

密集单一市场是指企业只经营一类产品满足一个细分市场，如保时捷跑车市场、理查德·D. 伊尔文公司经营的经济商业教科书市场等。密集单一市场如图 3.2 所示（图中，P 代表产品，M 代表市场）。

2．产品专门化

产品专门化是指只为所有市场提供一种产品，一般产品有较高的声誉，具有广泛的适用性，如饮水机厂生产的饮水机、大学的实验器材等。产品专门化如图 3.3 所示（图中，P 代表产品，M 代表市场）。

3．市场专门化

市场专门化是指为某个细分市场提供各种产品，一般产品具有关联性，如娃哈哈饮品、政府机构的办公设备等。市场专门化如图 3.4 所示（图中，P 代表产品，M 代表市场）。

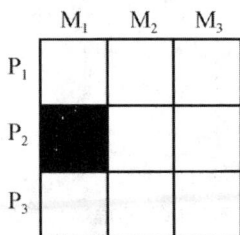

图 3.2　密集单一市场　　　　图 3.3　产品专门化　　　　图 3.4　市场专门化

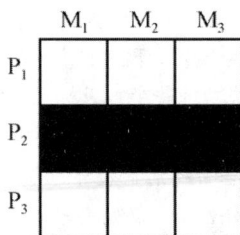

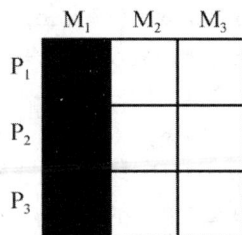

4．选择专门化

选择专门化是指用几个产品满足几个细分市场，以便分散风险。例如，电台的节目会兼顾年轻人市场和老年人市场。选择专门化如图 3.5 所示（图中，P 代表产品，M 代表市场）。

5．完全覆盖市场

完全覆盖市场是指用不同的产品来满足各种市场的需要，一般是有实力的大公司，如宝洁、维珍、丰田汽车等。完全覆盖市场如图 3.6 所示（图中，P 代表产品，M 代表市场）。

在中国的家电产业里，格力集团是一个很有特色的企业。其一，该企业自成立之日起，就将空调作为主要经营业务，而且仅限于做家用空调，不生产中央空调、汽车空调等；其二，该企业进入空调市场时间较晚，当时春兰、华宝、美的等一批国内企业已经崛起，在市场份额和品牌声誉等方面占有了很大优势；第三，目前家电产业的许多企业出于分散风险、迅速扩张等动因，纷纷开展多元化经营，但格力集团仍然坚持专业化经营。格力集团数年来由小到大、由弱到强的辉煌，靠的是单一产品——空调。正因为格力集团的专心、专业，使之有绰号"单打冠军"。在空调行业原材料价格不断上涨、行业洗牌进程大大提速的情况下，格力集团继续保持着优势地位，销量、销售额、利润和市场占有率均稳步提升。

图 3.5　选择专门化

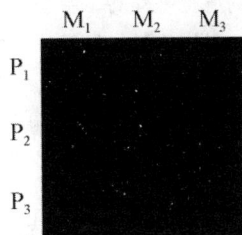

图 3.6　完全覆盖市场

营销谚语

没有哪一个对手强大到无法被挑战，没有哪一个企业弱小到无法去竞争。

二、目标市场战略

营销谚语

只有一种取胜战略，那就是，精心确定目标市场并提供一种卓越的价值。

——菲利普·科特勒

（一）无差异营销战略

1. 概念

无差异营销战略是指企业不考虑细分市场的差异性，把整体市场作为目标市场，只推出一种产品、只运用一种市场营销组合为整个市场提供服务的营销战略，如图 3.7 所示。

市场营销组合 ——→ 目标市场

图 3.7　无差异营销战略

2. 优缺点

无差异营销战略最大的优点是成本的经济性，由于产品品种、款式和规格简单，所以有利于标准化和大规模生产；缺点是单一产品受到所有购买者欢迎，几乎是不可能的，而且容易被效仿，被竞争对手钻空子。

3. 适合的企业

无差异营销战略适合具有大规模的单一生产线，广泛的销售渠道，在消费者中享有较高的知名度和信誉，而且产品质量好的企业。

小·案例

闻名世界的肯德基炸鸡，在全世界有32 500家分店，仅中国就达3 000多家。这些分店都是采用同样的烹饪方法、同样的制作程序、同样的质量指标、同样的服务水平才取得了成功。另一家比较成功的企业是可口可乐，从1886年问世以来，一直采用无差异营销战略，生产一种口味、一种配方、一种包装的产品满足世界156个国家和地区的需要，称作"世界性的清凉饮料"。但随着竞争者的加入，无差异营销战略也处于动态变化之中。

总之，无差异营销战略具有一种营销组合、广泛的销售渠道、大规模的广告宣传和统一形象。

（二）差异化营销战略

1. 概念

差异化营销战略是指面对已经细分的市场，企业选择两个或两个以上的子市场作为目标市场，分别对每个子市场提供针对性的产品和服务及相应的销售措施。企业根据子市场的特点，分别制定产品策略、价格策略、渠道策略及促销策略并予以实施，如图3.8所示。

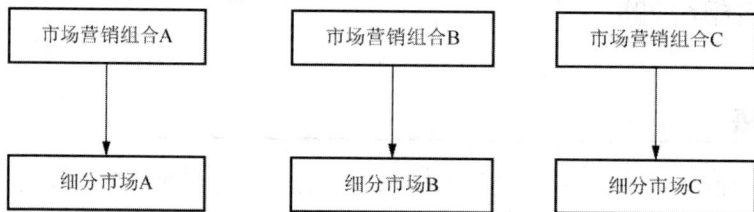

图3.8 差异化营销战略

实现差异化营销战略的方法主要有产品差异化战略、服务差异化战略、品牌差异化战略和市场差异化战略等。

2. 优缺点

差异化营销战略的优点是使顾客的不同需求得到更好的满足，也使每个子市场的销售潜力得到最大限度的挖掘，从而有利于扩大企业的市场占有率，提高企业的竞争能力，同时也大大降低了经营风险；缺点是营销成本过高，生产一般为小批量，使单位产品的成本相对上升，不具有经济性。另外，市场调研、销售分析、促销计划、渠道建立、广告宣传和物流配送等许多方面的成本都无疑会大幅度地增加。

3. 适合的企业

差异化营销战略适合具有较强的技术（研发）力量和较高的营销水平的企业。

小·案例

中国在 20 世纪 80 年代是 10 人用一种产品，90 年代是 10 人用 10 种产品，而今天是一人用 10 种产品。

在世界著名的跨国公司中，宝洁公司是实行差异化营销战略的典型。它的洗衣粉有 11 个品牌，如中国妇孺皆知的有强力去污效果的"碧浪"，价格较高；去污亦强但价格适中的"汰渍"；突出物美价廉的"熊猫"。洗发水则有 6 个品牌，如代表品位的"沙宣"，潮流一族的"海飞丝"，优雅的"潘婷"，新一代的"飘柔"。此外，它还有 8 个品牌的香皂、4 个品牌的洗涤液、4 个品牌的牙膏、3 个品牌的清洁剂和 3 个品牌的卫生纸等。

总之，差异化营销战略是与竞争对手进行比较后的选择，是一个动态的控制过程，是相互补充的完美组合，"鹤立鸡群""羊群里跑骆驼"应该是其追逐的目标。

大师妙语

在其他人都投了资的地方去投资，你是不会发财的。

——美国股神巴菲特

视野拓展

差异化营销战略的核心

卖辣椒的人，恐怕都会经常碰到这样一个非常经典的问题，那就是不断会有买主问："你这辣椒辣吗？"不好回答——答辣，如果买辣椒的人是个怕辣的，立马走人；答不辣，如果买辣椒的人是个喜欢吃辣的，生意还是可能做不成。当然有解决的办法，那就是把辣椒分成两堆，吃辣的与不吃辣的各取所需，这是我给出的策略，那么真正会卖辣椒的人是如何做的呢？

有一天没事，我就站在一个卖辣椒的三轮车旁，看摊主是怎样解决这个难题的。趁着眼前没有买主，我自作聪明地对她说："你把辣椒分成两堆吧。"没想到卖辣椒的妇女对我笑了笑，轻声说："用不着！"

说着就来了一个买主，问的果然是那句老话："辣椒辣吗？"卖辣椒的妇女很肯定地告诉他："颜色深的辣，颜色浅的不辣！"买主信以为真，挑好后满意地走了。也不知今天是怎么回事，大部分人都是买不辣的，不一会儿，颜色浅的辣椒就所剩无几了。我于是又说："把剩下的辣椒分成两堆吧，不然就不好卖了！"然而，她仍是笑着摇摇头，说："用不着！"又一个买主来了。卖辣椒的妇女看了一眼自己的辣椒，答道："长的辣，短的不辣！"买主依照她说的挑起来。这一轮的结果是，长辣椒很快告罄。

看着剩下的都是深颜色的短辣椒，我没有再说话，心里想，这回看你还有什么说法。没想到，当又一个买主问时，卖辣椒的妇女信心十足地回答："硬皮的辣，软皮的不辣！"我暗暗佩服，可不是嘛，被太阳晒了半天，确实有很多辣椒因失去水分而变得软绵绵的了。

卖辣椒的妇女卖完辣椒，临走时对我说："你说的那个办法卖辣椒的人都知道，而我的办法只有我自己知道！"

由此可见，差异化营销战略的核心是通过对消费者需求的了解，认清自己与竞争者相比较的优势，用自己独特的方式，满足不同阶段消费者的相似需求。

（三）集中营销战略

1. 概念

集中营销战略是选择一个或几个细分化的专门市场作为营销目标，集中企业的优势力量，对某个细分市场采取攻势营销战略，以取得市场上的优势地位。根据这种战略，企业将放弃一个市场中的小份额，而去争取一个或几个子市场中的大份额，通过有效使用资源，集中公司的优势来占领空隙市场和边缘市场。集中营销战略如图3.9所示。

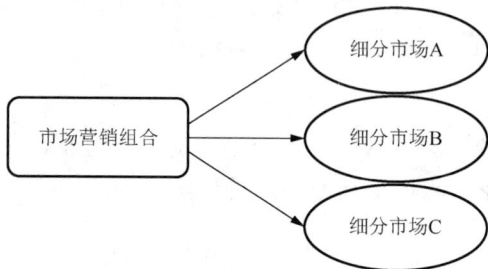

图 3.9　集中营销战略

2. 优缺点

集中营销战略的优点是目标市场集中、企业资源集中，能快速开发适销对路的产品，树立和强化企业、产品形象，从而在市场上建立和巩固地位，也有利于降低生产成本，节省营销费用，增加企业盈利；缺点是目标市场狭小、经营风险较大，一旦市场需求发生急剧变化，或者出现更强的竞争者而本企业又不能随机应变时，就可能造成巨大损失，甚至倒闭破产。

3. 适合的企业

集中营销战略适合资源力量有限的中小企业。

小·资料

100年前，日本京都成立了一家生产纸牌的小店，以汉语"尽人事，听天命"的寓意取名为"任天堂"。100多年以来，任天堂始终抱着"玩具"这一细分市场，从纸质扑克牌、塑料扑克牌、魔术扑克牌、电子游戏机到电脑玩具，坚持不懈，使其产品畅销全球。任天堂抱着一棵"树"不放，这棵树虽然不大，但它不低头，拼命开发创新，使其成为一棵"摇钱树"。

资料来源：目标市场. 百度文库，http://wenku.baidu.com/view/26237e7d31b765ceo5081433.html.

大师妙语

> 善用兵者，不以短击长，而以长击短。
>
> ——司马迁（汉）

（四）"一对一"定制营销战略

1. 概念

"一对一"定制营销战略是指企业为了满足消费者的个性化需求而提供量身定制的服务。其目标是提高短期商业推广活动及终身客户关系的投资回报率，最终提升整体的客户忠诚度，并使客户的终身价值达到最大化。

ⓘ **大师妙语**

> 集中优势兵力，各个歼灭敌人。
>
> ——毛泽东

2．优缺点

"一对一"定制营销战略的优点是能极大满足消费者的个性化需求，提高企业竞争力；以需定产，有利于减少库存积压，加快企业的资金周转；有利于产品、技术上的创新，促进企业不断发展。缺点是有可能导致营销工作的复杂化，加大经营成本和经营风险。

3．适合的企业

"一对一"定制营销战略适合定制利润高于定制成本的一般生产企业。

小·案例

著名的李维斯（Levi's）牛仔服就是采取"一对一"定制营销战略。工厂按照各种尺寸、大小款式和风格制造出大量的模板，顾客来到商店选购款式和布料，然后售货员现场测量尺寸，并立即输入计算机数据库。这个数据库与李维斯的设计部门、工厂和市场营销及客户服务部门紧密连接，接到前方的顾客数据后，就可以现场拼接。顾客只需坐等片刻，或者第2天取货即可，无论尺寸、大小、款式和风格都会满足其所想，甚至会应其要求在领口或袖口绣上自己的姓名或其他喜欢的图案。

更高价值的商品，如奔驰和劳斯莱斯，可以按照顾客对于豪华、气派、安全和个性等要求为其定做风格各异的轿车。

资料来源：一对一营销. http://doc.mbalib.com/view/017c817d13f31cd017ce0804372d80c4.html.

ⓘ **营销谚语**

> 把馒头卖到全国，就是无差异营销战略；把馒头分成大、中、小号，大的卖到农村，中的卖到县城，小的卖到城市就是差异化营销战略；把小个馒头只卖到一个城市就是集中营销战略；专门针对个人或单位送馒头就是"一对一"定制营销战略。
>
> ——佚名

三、影响目标市场选择的主要因素

1．企业实力

企业实力是指企业满足市场需求所需要的资源，主要包括生产能力、销售能力、资金、技术开发能力及经营管理水平等。如果企业资源雄厚，可选择差异化或无差异营销战略；反之，则应将有限的资源集中于一个细分市场，采用集中营销战略。

2．产品同质性

产品同质性是指消费者认为该种产品的性能、花色、品质和造型等方面的区别不大，在消费时可以完全相互替代，如大米、食盐、煤炭、钢铁、水泥和汽油等初级产品。对于同质产品或需求上共性较大的产品，宜采用无差异营销战略；而对于服装、化妆品等需求差异较大、选择性较强的产品，采用差异化营销战略较好。

3．市场类同性

市场类同性是指细分的子市场间相似的程度。如果市场上消费者的需求和爱好相同或相似，对市场营销刺激的反应基本一致，即市场的同质性较高，企业可以采用无差别营销战略；反之，则应选择差别营销或集中营销战略。

4．产品寿命周期阶段

不同产品在不同的市场和不同的市场生命周期阶段都有各自的特点，一般都会经历投入、成长、成熟和衰退4个阶段。这些不同阶段的特点极大影响着企业的市场营销活动，企业的营销战略也必须随之改变，要根据产品的市场生命周期来制定不同的营销战略。

一般应遵循下列原则。

① 在市场投入期应尽快使自己的产品被消费者所认识和接受，尽量缩短投入期的时间，减少经营费用和宣传费用，为此可采用无差异营销战略。

② 运用一切营销手段保持和延长产品的市场成长期与成熟期。由于此阶段竞争者增多，消费者需求向深层次发展，所以可并用差异化营销战略和集中营销战略。

🛈 营销谚语

> 凡战者，以正合，以奇胜。
>
> —— 《孙子兵法》

③ 在新产品未进入成长期之前，逐步收缩市场，在综合考虑的前提下使产品以较慢的速度被淘汰。

总之，要根据产品在市场上所处生命周期的特点来制定相应的战略，以使企业获得最大的利润。

5．竞争者战略

竞争者的数量和规模会影响相应的营销战略。竞争者少时，可采用无差异营销战略；竞争激烈时，企业可与竞争对手选择不同的目标市场覆盖战略。例如，当竞争者采用无差异营销战略时，企业选用差异化营销战略或集中营销战略会更容易发挥优势；对手也采用此战略时，企业就要采用差异性更大的战略。

⏱ 小·案例

20世纪70年代初，美国慢跑热正逐渐兴起，数百万人开始穿运动鞋。但当时美国运动鞋市场上占统治地位的是由阿迪达斯、彪马和虎牌组成的铁三角，并没有察觉"慢跑热"给运动鞋市场带来的机会。耐克却紧盯这一市场，并选定以此为目标市场，专门生产适应这一大众化运动趋势的运动鞋。为了打进"铁三角"，耐克花费巨资，迅速开发新式跑鞋，开发出风格各异、价格不同和多种用途的产品。到1979年，耐克通过策划新产品上市和强劲的推销，其市场占有率达到33%，终于打进了"铁三角"。

然而，到了后来，过去推动耐克成功的青少年消费者纷纷放弃了运动鞋，他们在寻找新颖的、少一点商业气息的产品。此时，耐克似已陷入困境，销售额在下降，利润也在下降。耐克大刀阔斧进行改革的时机已经到了。于是，耐克更新了"外观"技术，推出了一系列新款跑鞋、运动鞋和多种训练用鞋，其户外运动部门则把销售的重点对准了雅皮士一代和新一代未知的顾客。它遵循的信条是：思路新颖。在美国，运动鞋市场已经饱和，只有不断推陈出新的公司才能得到发展。耐克利用其敏锐的眼光去观察选择市场，放手去干，从而能够保持领先。

资料来源：http://zhidao.baidu.com/question/67864855.html.

大师妙语

　　营销队伍与营销管理就像计算机的 Windows 基础平台，策划、广告和公关等只是 Word、PowerPoint 等操作软件，离开了基础平台，任何软件都将失去作用。

　　满足消费者的"急迫需求"，是快速赚取利润的最佳途径；满足消费者的"必然需求"，是长久获利的最佳选择；激活消费者的"潜在需求"，则是获得市场先机的有效手段。

——联纵智达咨询集团董事长、首席营销顾问何慕

视野拓展

博客营销

　　博客营销是指通过博客网站或博客论坛接触博客作者和浏览者，利用博客作者个人的知识、兴趣和生活体验等传播商品信息的营销活动。

　　博客是一个信息发布和传递的工具。与企业网站相比，博客文章的内容题材和发布方式更为灵活；与门户网站发布广告和新闻相比，博客传播具有更大的自主性，并且无须支付直接费用；与供求信息平台的信息发布方式相比，博客的信息量更大，表现形式灵活，而且完全可以用"中立"的观点来对自己的企业和产品进行推广；与论坛营销的信息发布方式相比，博客文章显得更正式，可信度更高。

　　世界 500 强之一的美国宝洁公司，它的博客在全世界有 2 000 万名注册客户。宝洁公司投放了大量的奖券，鼓励长期客户在宝洁的博客里为新产品叫好，而奖券让它们在世界各地购买宝洁产品的时候享有折扣。

　　忆典定制是一家专门提供个性礼品定制服务的企业，很少投放任何广告，却通过博客进行了一次成功的营销。它们在博客上发放免费的定制礼品服务，在短短几个月里，就有几十万人通过博客知道了这家公司。虚拟世界的闲聊引发了现实世界的销量攀升，在不到一年时间里，其销量迅速翻倍。

资料来源：博客营销. 百度百科，http://baike.baidu.com/view/1494.htm.

练一练

一、案例分析

"另类"的卖花先生

　　2006 年初，他在路边看到不少卖花的小姑娘，吆喝得挺起劲，但买花的人很少，甚至有人厌烦地躲她们。他想，假如我卖花，能用什么方式吸引人呢？忽然，他想起在电视上看过马戏团的小丑，那滑稽逗人的模样令人难忘，"我要是打扮成小丑卖花，没准儿能给人惊喜。"想出了这么个鬼点子，他忍不住偷着

乐。他找了家小裁缝店，给自己设计了套小丑服装，一半红一半黄的连衫裤和尖帽子，还用半个乒乓球做了个鼻套。然后买了口红，给自己涂抹了一张麦当劳叔叔的大嘴，对着镜子反反复复练习做鬼脸。

一天晚上，打扮成小丑的他，去花店买了几束鲜花，直奔北京后海的酒吧街。"哎哟喂，快看嘿，真好玩，这是干嘛的？"路人发出惊呼。知道他是卖花的后，有个小伙子说："今天是我女朋友生日，她在酒吧里坐着呢，你给她送束花去。"当他把花送给那女孩，并说"祝你生日快乐"时，女孩兴高采烈地非拉着他合影。那天晚上，他很风光，后海很多卖花的，数他卖得快，不但赚了100多元钱，还有不少中外游客争着和他拍照留念。兴奋之余，他打定主意开"小丑鲜花专递"店。那年的春天，他的花店开张了，门口的牌匾上写着"小丑送花，包你开心"。

一个穿得花里胡哨的小丑，整天骑辆电动自行车，驮着个带"小丑花店"订花热线号码的鲜花箱子，在北京满大街小巷地送花。这"活广告"使他的小店订单源源不断，情人节时一天二三百份订单，忙不过来不得不拒接。

"我做的事情挺伟大的，能给人带去欢乐"，他常被自己送花的故事感动。

二、单项选择题（每小题1分，每小题只有一个最恰当的答案）

1．某工程机械公司专门向建筑业用户供应推土机、打桩机、起重机、水泥机和搅拌机等建筑工程中所需要的机械设备。这是一种（　　）策略。

　　A．市场集中化　　B．市场专门化　　C．完全覆盖市场　　D．产品专门化

2．采用（　　）模式的企业应具有较强的资源和营销实力。

　　A．市场集中化　　B．市场专门化　　C．产品专门化　　D．完全覆盖市场

3．采用无差异营销战略的最大优点是（　　）。

　　A．市场占有率高　　B．成本的经济性　　C．市场适应性强　　D．需求满足程度高

4．集中营销战略尤其适合于（　　）。

　　A．跨国公司　　B．大型企业　　C．中型企业　　D．小型企业

5．同质性较高的产品，宜采用（　　）战略。

　　A．产品专门化　　B．市场专门化　　C．无差异营销　　D．差异化营销

6．企业只提供单一产品，采用单一的营销组合战略，力求在一定程度上适合尽可能多的顾客的需求。这种战略是（　　）。

　　A．无差异营销战略　　　　B．差异化营销战略
　　C．集中营销战略　　　　D．大量营销战略

7．如果企业实力雄厚，可以考虑采用（　　）。

　　A．无差异营销战略　　　　B．差异化营销战略
　　C．集中营销战略　　　　D．大量营销战略

8．对于资源有限的中小企业，或者是初次进入新市场的大企业，一般采用（　　）。

　　A．无差异营销战略　　　　B．差异化营销战略
　　C．集中营销战略　　　　D．大量营销战略

9．下列不属于选择目标市场战略的是（　　）。

　　A．集中营销战略　　　　B．选择化营销战略
　　C．差异化营销战略　　　　D．无差异营销战略

10．（　　）将整体市场划分为若干细分市场，针对每一细分市场制定一套独立的营销方案。

　　A．集中营销战略　　　　B．选择化营销战略
　　C．差异化营销战略　　　　D．无差异营销战略

三、多项选择题（每小题 1 分，每题有多个答案正确。错选、少选、多选，均不得分）

1. 无差异营销战略（ ）。
    A. 具有成本的经济性 　　　　　　　B. 不进行市场细分
    C. 适宜于绝大多数产品 　　　　　　D. 只强调需求共性
    E. 适用于小企业

2. 企业开展目标市场营销的主要过程是（ ）。
    A. 市场细分 　　　B. 目标市场选择 　　　C. 市场定位
    D. 市场营销组合 　　　E. 大市场营销

3. 企业在决定为多个子市场服务时，可供选择的战略有（ ）。
    A. 大量营销战略 　　　B. 无差异营销战略 　C. 差异化营销战略
    D. 集中营销战略 　　　E. 大市场营销战略

4. 企业界在选择目标市场战略时，应该考虑的因素有（ ）。
    A. 企业的资源 　　　B. 产品的特点 　　　C. 市场的特点
    D. 产品生命周期 　　　　　　　　　　E. 竞争者的市场战略

5. 影响目标市场选择的主要因素有（ ）。
    A. 企业实力 　　　B. 产品同质性 　　　C. 市场类同性
    D. 产品生命周期 　　　　　　　　　　E. 竞争者战略

6. 属于选择目标市场的方法的是（ ）。
    A. 密集单一市场 　B. 产品专门化 　　C. 市场专门化 　　　D. 渠道专门化

7. 以下对人口环境要素说法正确的是（ ）。
    A. 就全世界来看，发达国家人口总量一般低于发展中国家
    B. 发达国家经济收入要比发展中国家高，企业开展市场营销也更容易
    C. 最近几年我国每年平均新增就业人口几千万，这说明我国未踏进老龄化界限
    D. 由于经济落后国家的人们购买能力有限，因此婴幼儿市场营销活动应以西方发达国家为主
    E. 目前全世界人口流向一般是从农村流向城市

8. 企业的目标顾客包括（ ）。
    A. 消费者市场 　　　B. 生产者市场 　　　C. 国内市场
    D. 国际市场 　　　E. 中间商市场 　　　F. 政府市场

9. 与消费者市场相比，生产者市场有（ ）特征。
    A. 购买者比较少 　　　　　　　　　B. 购买量较大
    C. 供需双方关系密切 　　　　　　　D. 购买者在地理区域上集中
    E. 需求缺乏弹性

10. 下列属于产品差别化营销战略的优点的有（ ）。
    A. 使企业避开价格竞争，在特定领域形成独家经营的市场
    B. 培养的顾客忠诚性成为其他企业进入该行业的障碍
    C. 产生较高的边际收益
    D. 削弱了购买者讨价还价的能力
    E. 在与代用品的较量中比其他同类企业处于更有利的地位

任务三　市场定位

试一试　选择一个超市（如沃尔玛或世纪联华），观察同一品牌的葡萄酒的价格。谈谈你看到不同价格的同一品牌的产品会产生什么想法，为商家提出建议。

想一想　请在能打动你的说法前面画"√"，并说明理由。

牛奶	茶
A. 喝春天有机奶，睡觉、吃饭就是香！ B. 喝春天有机奶，睡觉就是香！	A. 怕生病，就喝冰冰大麦茶！ B. 怕上火，就喝冰冰大麦茶！
矿泉水	洗发水
A. 农夫山泉有点甜！ B. 农夫山泉味道就是不一般！	A. 用了海飞丝，头屑去无踪！ B. 海飞丝养护你美丽的头发！

经典赏析

定位准确有钱赚

　　古代有个工匠，以打黄金饰品为生，赚钱微薄。工匠每天都在琢磨如何快速发家致富。一次，在去打工的路上，碰上了去郊游的皇帝，他与别人一样跪在路边等候。这时皇帝突然感觉头上的皇冠有点不对劲，一摸，原来是上面的天平冠坏了。于是，他让贴身的侍臣问附近的百姓是否有会修补平天冠的。工匠一听马上站了出来说："小民会修。"他三两下就修好了。皇帝龙颜大悦，马上吩咐左右赏赐给工匠十分丰厚的财物。

　　工匠回家时经过一座山，山路上一只白额大虎拦住了他的去路，吓得他转身就跑。但是他听到背后的老虎吼叫中带着哀求，动了恻隐之心，于是又回来，看到老虎眼里含着泪水，并伸出一个爪子给他看。工匠仔细一瞧，原来虎爪上扎了一根竹刺，鲜血淋漓。赶紧取出工具拔出竹刺，老虎被救了，用嘴扯了扯工匠的衣服，示意他不要走开。一会儿，老虎嘴里叼着一头鹿放到工匠面前，像是献给他的谢礼。工匠高兴地收下了这份礼物。

　　回家后，工匠对妻子说："今天我发现用两个技术可以很快发家致富。"然后，他把原来大门上"打制黄金饰品"的招牌换成了"专修平天冠兼拔虎刺"。工匠把偶然当成必然，最终失败也是必然的。

资料来源：梁英，牧何. 中国人最该读的 100 个财富寓言[M]. 北京：北京出版社，2007.

　　评一评　工匠的定位是否正确？在进行市场定位时要注意什么？

学一学

企业一旦选定了目标市场，就需要根据目标市场的需求特点对产品进行市场定位，从而使产品在消费者心中占据特定的位置。

一、市场定位的概念

所谓市场定位，就是企业在目标顾客心中为其产品创造一定的特色，并赋予一定的形象，以适应顾客一定的需要和偏好。定位就是要使企业的某一产品、品牌在消费者心目中获得一个据点、一个认定的区域位置，根据消费者对产品的某种偏好，塑造本企业产品独特的个性或形象，并把这种个性或形象有效地传递给消费者的方法。产品独特的个性或形象，可以从产品实体上表现，如产地、原材料、结构、性能、寿命、经济性、安全性、可靠性及外观等，也可以从消费者心理上反映出来，如典雅、豪华、时髦、朴素等，还可以表现在价格水平和质量标准上，如高质高价、物超所值等。

视野拓展

市场定位的前提

市场定位有两个前提，即大竞争和长效应。大竞争有两个特征：一是客户的需求被各种形式的产品和服务满足着，明显的"市场空白"越来越少；二是在互联网技术和自由贸易条件下，竞争超越时空限制，竞争之快、之深、之广前所未有且空前惨烈，产品同质化、媒体多样化、信息海量，产品进入消费者的心中无比困难。因此，企业不应只考虑客户的需求，更应该重视竞争情况，以保证不输在起跑线上。

长效应是指企业要想长久存活，必须避免短视行为。中国有句古语："欲得其中，必求其上；欲得其上，必求上上。"如果想让你的企业存活 30 年，那你要按打造百年企业的标准来设计；如果想让你的企业存活 3 年，那你要按打造 30 年的企业标准来设计。从长久来看，企业会越来越享受到准确定位所带来的好处。

资料来源：鲁建华. 定位理论的大厦：定位屋[J]. 管理学家，2011（9）.

二、市场定位的方法与策略

小·案例

派克钢笔在美国乃至世界范围内都享有盛誉，不亚于劳力士手表，集高贵典雅、精美贵重于一身，是财富的象征，是帝王、总统等高贵之人互赠的礼品，更是收藏的珍品。其贵族豪门的定位，令平民百姓望而却步。

但 20 多年前的一天，派克钢笔突然想谦虚一把，它摇身一变，自降身价从贵族豪门走了出来，溜达到了寻常百姓家。从此以后，地位高的人开始瞧不起它，不肯再用高贵的手抚摸它；而寻常百姓对它也并不喜欢，就好似粗人选老婆，看中的是结实能干，突然来了一位纤纤公主，反而不知所措，恰如"焦大不爱林妹妹"。从此，贵族沙龙里没有了派克，百姓的寒舍里也没有了派克，派克钢笔就此被冷落了。

派克的谦虚差点让自己破产。还算它机灵，危机刚一露面，它就惊呼一声，从平民堆里冲进了富人的怀抱，千般认错万般自责，终于获得了贵族们的谅解，重新接受派克归队。

"旧时王谢堂前燕，飞入寻常百姓家"是否适合市场定位？

资料来源： 农资与市场营销版编辑部. 营销小案例[J]. 销售与市场，2009（7）.

（一）定位的主要方法

1. 产品性质和利益定位法

产品性质和利益定位法是指根据产品本身的属性及由此而获得的利益能使消费者体会到它的定位。例如，在汽车市场，宝马宣扬"驾驶的乐趣"；沃尔沃定位于"安全"；奔驰是"高贵、王者、显赫、至尊"的象征，等等。

小·案例

因纽特人的居住环境温度约为-30℃左右，但是，美国一位推销员曾成功地向因纽特人推销了冰箱。他寻找的市场定位是什么呢？他把冰箱能够保温（冰箱内温度为 5℃左右），使食物的组织结构不致被破坏，从而保持营养作为市场定位，而不是冰箱有多制冷。

2. 价格和质量定位法

不同产品在消费者心目中按价值高低有不同的档次，企业可以采用一分价钱一分货的"优质高价"或物超所值的"优质低价"定位。

小·案例

劳力士手表的几万元、二十多万元的高价格定位，象征着财富与地位，拥有它就等于给自己贴上了成功人士或上流社会成员的标签。

3. 产品用途定位法

产品用途定位法是指根据产品使用场合及用途来定位。

小·案例

① 怕上火就喝加多宝！

② 某品牌啤酒，其定位原来是周末饮用的啤酒，改为每天晚上饮用的啤酒，广告语由"周末为某啤酒而设"改为"属于某啤酒的夜晚"。

4. 使用者定位法

使用者定位法是指根据某些市场特点，有意识地引导消费者，通过为某个特点的消费群体创建恰当的形象来定位。

小·案例

强生公司将其婴儿洗发液重新定位于常常洗头而特别需要温和洗发液的年轻女性。

5．竞争定位法

竞争定位法是指根据竞争者来定位，可以接近竞争者，也可以远离竞争者。

小·案例

劲酒在定位上倡导"劲酒虽好，可不要贪杯喔"，与酒鬼酒"酒鬼喝酒鬼，千杯也不醉"形成了鲜明对比，从而避开了与其他同类产品的竞争。

6．形状及外观定位法

形状及外观定位法是指根据产品的形式、状态来定位，如"大大"泡泡糖、"蓝瓶的"葡萄糖酸锌口服液。

小·案例

一次偶然的机会，促使江苏盖天力制药有限公司生产了白加黑感冒药。公司一位工程师访美归来，他在闲谈中提到一种感冒药，白天和晚上需要服用成分不同的片剂。"说者无意，听者有心"，公司老总马上想到，能否研究一种新的感冒药，以白加黑命名，意思就是白天和黑夜服用成分不同的片剂，白色片剂中抽掉感冒药中容易引起瞌睡的氯苯那敏（扑尔敏）成分。与当时市场上几十种感冒药相比，这个产品概念极富创意。接着确定了简练的广告语："白天服白片不瞌睡，晚上服黑片睡得香。"产品名称和广告都清晰地传递了定位的概念，于是在短短 180 天内，白加黑就在竞争激烈的感冒药市场上抢占了 15%的份额，销量达 4 万箱，创造产值 1.6 亿元。它的成功源自准确的市场定位。

7．文化定位法

文化定位法是指将某种文化注入产品之中，形成文化上的品牌差异。例如，金六福的文化定位为"中国人的福酒"，紧紧抓住中国人崇尚福、禄、寿的特有文化。

小·案例

在中国的白酒市场，以文化定位的品牌很多，尤其是古代名人、名诗词都得到一些白酒企业的重视。例如，以李白为代言人的"太白酒"；一句"借问酒家何处有，牧童遥指杏花村"，给杏花村酒撑足了面子。但在众多白酒市场的文化定位中，洋河蓝色经典的文化定位则显得更大气、与时俱进，正如其广告口号一般："世界上最大的是海，比海更高远的是天，比天更博大的是男人的情怀！洋河蓝色经典，男人的情怀！"

8．感情定位法

感情定位法是指运用产品直接或间接地冲击消费者的感情体验而进行的定位。如果市场定位能引起消费者的情感共鸣，那么这种品牌就会赢得消费者的信赖。因此，要培养消费者对品牌的情感，使消费者对品牌"情有独钟"，只有占据消费者的心智，激起消费者的联想和情感共鸣，才能引起兴趣，从而促进购买。例如，当人们看到"红豆"衬衫，就会自然想到王维的千古佳句"愿君多采撷，此物最相思"。这种赋予情感的商品很容易引起人们的情感共鸣，从而产生好感，引起购买冲动。

小·案例

"孝敬父母"的黄金酒、"真诚到永远"的海尔、"做女人真好"的太太口服液等都是以引起消费者的情感共鸣来获得消费者的信任。

（二）市场定位策略

选择市场定位策略的核心问题是解决本企业（企业产品）与其他竞争对手的关系问题。

1.迎头定位

迎头定位是一种"明知山有虎，偏向虎山行"的市场定位策略。它意味着要与目前市场上占据支配地位的、最强的竞争对手"正面冲突"，显示了企业知难而上，志在必得的自信心。这是一种危险的战术。实行迎头定位，企业必须做到知己知彼，了解市场上是否可以容纳两个或两个以上的竞争者，自己是否拥有比竞争者更多的资源和能力，是不是可以比竞争对手做得更好；否则，迎头定位可能会成为一种非常危险的战术，从而将企业引入歧途。当然，也有一些企业认为这是一种更能激发自己奋发向上的定位尝试，一旦成功就能取得巨大的市场份额。

迎头定位必须具备以下条件：能比竞争对手生产出更好的产品；该市场容量足够大；比竞争对手有更多的资源和实力。

小·案例

在世界饮料市场上，作为后起之秀的"百事可乐"刚进入市场时，采用的就是迎头定位——"你是可乐，我也是可乐"，与可口可乐进行面对面的较量。

2.避强定位

避强定位是指企业不与对手直接对抗，将自己置于某个市场"空隙"，发展目前市场上没有的特色产品，从而开拓新的市场领域。这是一种避开较强竞争对手的市场定位策略。避强定位不像迎头定位那样锋芒毕露、咄咄逼人，显得较为平和、宽容，既避开了强有力的竞争对手，又给人们留下了温和的印象。采用这种定位策略，能够使企业很快在市场上站稳脚跟，并能在消费者心目中快速地树立企业形象。避强定位是一种市场风险低，成功率较高的定位策略。

小·案例

七喜饮料为了避免与可口可乐发生正面冲突，在进入市场时把自己定位为非可乐。如此一来，消费者在喝可乐的同时也记下了非可乐，从而在不喜欢可乐的市场中找到了自己的位置。这就是典型的避强定位。

3.重新定位

重新定位是根据市场情况对企业原有的市场定位进行调整后的再定位。现实中，这种定位方式有以下4种情形。

① 经过一段时间的市场实践，发现原有的市场定位不准确，产品打不开销路，市场反

应差，必须对原市场定位进行调整。

② 企业产品在市场推出后，获得了意想不到的成功，有更多的消费者对产品提出了更高的要求。这说明企业对市场分析不够透彻，对市场潜力估计不足，原有的市场定位也必须进行调整。

③ 随着时间的推移，新的竞争者进入市场，选择了与本企业相近的市场位置，致使本企业原来的市场占有率下降。

④ 由于顾客需求偏好发生转移，原来喜欢本企业产品的人转而喜欢其他企业的产品，因此市场对本企业产品的需求减少。

在这些情况下，企业就需要对其产品进行重新定位。因此，一般来说，重新定位是企业为了摆脱经营困境，寻求重新获得竞争力和增长的手段。不过，重新定位也可作为一种战术策略，并不一定是因为陷入了困境，相反，可能是由于发现新的产品市场范围引起的。例如，某些专门为青年人设计的产品在中老年人中也开始流行后，这种产品就需要重新定位。

小·案例

万宝路香烟最初是以女性作为目标市场的，它淡而柔和的口味也是针对女性设计的，正如其广告口号"像五月的天气一样温和"。从包装设计到广告宣传，万宝路都围绕女性烟民。尽管在当时美国吸烟人数年年都增加，但是万宝路的销量却一直平淡无奇。20世纪40年代初，莫里斯公司被迫停止生产万宝路香烟。

后来，广告大师李奥·贝纳为其做出了一个重大决定，使得万宝路获得重生。贝纳决定用万宝路品牌对其进行重新定位，他将万宝路重新定位为男子汉香烟，并将它与最具男子汉气质的西部牛仔形象联系起来，从而吸引了所有喜爱、欣赏和追求这种气质的消费者。通过这一重新定位，万宝路树立了自由、野性与冒险的形象，并在众多的香烟品牌中脱颖而出。从20世纪80年代中期到现在，万宝路一直居世界各品牌香烟销量首位，成为全球香烟市场的领导品牌。

资料来源：王文华. 市场营销学[M]. 北京：中国物资出版社，2010.

4．特色定位

特色定位是指企业通过分析市场中现有产品的定位状况，发掘新的具有鲜明特色的产品，并在市场上找到自己合适的位置来为企业的产品定位。企业根据市场需求情况与本身条件，尽量突出其产品特色，本身就是差异化营销战略。实施这种战略，对企业的要求很高。利用特色产品来占领市场最有利位置的企业是高明的竞争者。这种战略成功率很高，如2元店、8元店、10元店等，突出了平民化、大众化，东西实用、价格便宜。这也是一种成功的定位。

小·案例

北京日化三厂通过从市场调查中所获得的大量市场信息的分析中发现，在化妆品市场上，竞争虽然很激烈，但是顾客的需求并未得到充分满足。现有的化妆品对顾客希望保持皮肤嫩润、防晒、防裂、治雀斑粉刺的需求的市场满足度较好外，有关增白、洁面、延长青春期的产品市场满足度较低，有的甚至是空白。尤其是中青年和中年以上的妇女希望抗衰老、延缓皱纹增生的护肤用品在市场上还没有，妇女们在这方面的物质需求和心理需求都尚未得到满足。于是，北京日化三厂决定开拓与中青年和中年以上的妇女为主要服务对象的新市场，并且做出了产品定位决策，那就是研制开发抗衰老、延缓皱纹增生的雪花护肤品，也就是在很多年前非常著名的奥奇抗皱美容霜。

三、市场定位的步骤

（一）明确潜在的竞争优势

明确潜在的竞争优势，就是要求从目标市场、竞争对手和企业自身3个方面进行分析，从客观分析中找到自身的潜在竞争优势。

① 调查目标市场，就是要调查顾客真正需要什么，他们的欲望满足程度如何，即明确目标顾客有哪些未被满足的需求、被满足需求的满足程度，以及目标顾客期望其需求将以什么方式得到满足等。

🕐 小·案例

外卖、快车、共享单车都盯住大学的校园市场，这其中的原因是什么？

② 分析市场竞争环境，尤其要分析竞争对手，要调查竞争者做了什么，做得如何，即了解竞争者向顾客提供了何种产品、产品特性、产品定位、营销手段及生产经营状况等。

🕐 小·案例

急于发展的企业，大多会采用快速跟进领先产品的策略来迅速获得成长，而实际领先的企业，就像开车一样开在前面，可以随时挡住你前进的方向。很多企业在跟进"老干妈"品牌时，"老干妈"不做反应，等各家企业把"老干妈"类产品炒得红红火火的时候，"老干妈"宣称，别人都不能使用"老干妈"品牌，顷刻间把别人的市场接收了过来，别的企业不得不改称"油辣椒"。很多企业愿意跟随而不愿意创新的代价是致命的，当许多企业还没注意时，从2005年开始，"老干妈"已悄悄地把其起家的产品风味豆豉变成了跟进者的定时炸弹，标准产品从每瓶5.5元，降低到在超市销售的特价4.8元。跟进企业以为"老干妈"只是做一段时间，这期间一些企业被迫跟进降价销售。可是"老干妈"的特价一做就是两年，此间油辣椒产业产品价格全线下降，直到2007年全行业原材料涨价。当跟进企业想明白时，"老干妈"的市场总量已经足以支撑不涨价。在原材料涨价期间，一大批跟进的企业只能关门。

资料来源：陈小龙. 调味产品定位，要从竞争出发[J]. 营销界·食品营销，2011（8）.

③ 评价企业自身，通过对目标市场、竞争对手的调查来研究企业能在此基础上做些什么。评价企业自身可以运用SWOT分析方法来分析企业自身的优势、劣势、机遇和挑战等。

（二）选择相对竞争优势

相对竞争优势是指一家企业能够胜过竞争者的能力，有的是现有的，有的则是具备发展潜力的，还有的是可以通过努力创造的，即一家企业能够比竞争者做得更好或较为经济的方面。企业通过以上三方面的分析，会发现自身有许多潜在的竞争优势。但是，并非所有的潜在竞争优势都能成为现实的竞争优势。如果有的潜在竞争优势过小，成本过高，或者与企业形象不一致，就需要企业运用一定的方法，从多个竞争优势中评估选择出适合本企业的优势项目，以初步确定企业在目标市场上所处的位置。

视野拓展

选择相对竞争优势需要考虑的因素

① 重要性是指能给目标顾客带来足够的利益。

② 优越性是指能够给顾客提供比竞争对手更优越的利益。

③ 可感知性是指确实能被购买者感知和理解。

④ 专有性是指竞争对手无法模仿和复制。

⑤ 可支付性是指购买者有能力支付其价格。

⑥ 可盈利性是指能为企业带来理想的盈利。

（三）强化独特的竞争优势

独特的竞争优势不会自动在市场上显示出来，企业要进行一系列活动，使其独特的竞争优势显化并植入目标顾客的脑海中。这需要企业的一言一行都要表明自己的市场定位，如建立与市场定位一致的形象、巩固与市场定位一致的形象和矫正与市场定位不一致的形象等。

四、市场定位的主要错误

对相对竞争优势的选择，经常会出现以下 3 类市场定位方面的明显错误。

大师妙语

先找点，后找面；先生存，再发展；先做成，再做好；先保本，再赚钱；要抓紧，别着急。

——韩庆祥

（一）定位过低

定位过低是指市场定位不到位，给购买者的印象是企业或产品只有一个模糊的概念，或者很难让人看出企业或产品的特殊之处，该产品在拥挤的市场上就像另一个牌子一样。

小·案例

太太口服液刚上市时，定位于治疗黄褐斑。所谓"三个女人一个黄"，产品是有一定市场潜力的，但是相对于女性的保健需要，这一定位过于平淡，不利于企业的长远发展。

（二）定位过高

定位过高是指企业传递给购买者的定位概念过于狭窄，使购买者对企业或产品的认识较为有限。

小·案例

海尔集团原先将自己定位为白色家电制造商，这很难让人想到该企业还可以涉足生物制药、化工材料和网络工程等行业。

（三）定位混乱

定位混乱是指企业向市场传递的定位信息混乱，没有统一性，购买者对企业或产品缺乏一致的认识。例如，名门闺秀，木兰摩托；及时的关爱，从拥有木兰开始。木兰摩托的定位就显得混乱，前面倡导档次，后面又宣传关爱，两者不统一。定位混乱还表现为在有限的时间、空间里拼命塞进产品的利益点，贪大求全，唯恐有遗漏。

小·案例

某保健品的定位为：滋阴又壮阳，强肝又明目，养颜又益寿。某化妆品的定位为：男女老少都适合，春夏秋冬总相宜。两者均属于贪大求全。

这种错误主要是因为企业对自己的相对竞争优势缺乏全面的了解，总在不断试探市场对企业定位于不同细分市场的反应，结果就可想而知了。仍以太太口服液为例，20世纪90年代中期，其产品定位转变为"除斑、养颜、活血、滋阴"。这一定位与众多的其他女性保健品没有多大区别，失去了产品特色，而且向消费者传递的产品信息过于混乱、肤浅。

视野拓展

如何才能正确定位

正确的市场定位是用"脚+脑"做出来的，要亲自进行实地考察，通过"三多"（多看、多听和多问），了解考察消费者的收入状况、需求状况、风俗习惯、消费态度、当地市场的竞争情况、当地商业经营方式及商业伦理和当地政府部门的限制等。只有在掌握了原始资料，获得了客观环境市场信息的情况下，才能做出比较恰当的市场定位决策。

练一练

一、案例分析

小生意，大学问

不知道您是否注意到一些街边销售品牌折扣化妆品的小贩，特别是在夏天，一到晚上他们就出来摆摊销售。您可千万别小瞧了这些人，好则一个晚上可以进账数千元，不好一晚上也能入账几百元。折扣品就是正规厂家生产的正品，只不过销售时的价格为正品价格的1至3折，货源来自厂家、商场、批发市场、专卖店转出的过季商品、"过气"的商品及断码商品。"折扣"品绝大多数为新品，但是也含有少量的二手产品。

赚钱的秘密有以下几点。

① 产品的利润极高。一款世界一线品牌的香水，别看在地摊上也就卖几百元，可是商贩们的进货价格可能只有百余元，甚至几十元，所以利润空间很高。

② 受众群体多。因为产品的价格便宜，加之都是正品，所以对爱美的女性而言，诱惑力很大，只要选准地段摆摊，销量很大。利润高，销量大，赚的钱必然比专柜更多。

③ 暴利的根源。其实绝大多数的折扣品都是从专柜流出来的，而流出来的折扣品又以赠品为主。现在市场竞争激烈，很多品牌在推广新品的时候都会有大量的同款赠品进入专柜。但是专柜销售人员很少会将这些赠品给顾客使用，他们通常会将这些赠品"转给"这样的经营者。因为赠品对于销售人员而言是零成本，只要有点利他们就会脱手，所以成本会很低。不过，这个环节准确地讲属于灰色环节，但事实上确实有大量的品牌赠品流入市场。

④ 南方货源品质最好。所谓南方的货源，多指香港、广州、深圳三地，因为很多品牌都将三地作为生产基地，因此这些地方也特别易流出折扣品。

⑤ 摆摊有讲究。目前化妆品折扣生意最为赚钱的方式就是摆摊，毕竟只要开店就需要支付房租，会分摊减少不少利润。而摆摊也是有讲究的。首先，不要在白天摆摊，因为折扣化妆品的目标顾客是一些学生或收入偏低的白领，她们白天要上课或上班，你根本不会有生意，而晚上她们没事了，愿意出来逛逛，自然是做生意的好时间段；其次，一定要选择老小区附近摆摊，因为这样的小区租房的人较多，这些人或是刚刚参加工作，或是收入不太高，对折扣化妆品兴趣高，购买潜力大；第三，在所谓的夜市里，一定要选择入口的位置，并且要选择灯光充足的地方，因为不在入口很难吸引人们的注意力。女性购物有个习惯，她们看到喜欢的摊位就会长时间待下去，后面是否还有适合她们逛的，就不会考虑了。另外，灯光充足是要方便顾客挑货，否则顾客怕上当受骗会不愿意光顾。

⑥ 一定要服务到位。每销售一件产品，就把自己的电话给对方。首先，方便她们退换货；其次，当她们有需求或她们的朋友有需求时，拨打电话就能订购心仪的产品，无形中扩大了自己的顾客群体。

⑦ 定价有讲究。由于逛夜市的人普遍不会带太多的钱，所以定价几百元的商品，不会有人关注，最好定价百元以内。

二、单项选择题（每小题1分，每小题只有一个最恰当的答案）

在线测试

1. 迎头定位的含义就是（　　）。
　　A. 找"空隙"
　　B. "明知山有虎，偏向虎山行"
　　C. 调整原来的定位
　　D. 找自己与对手的不同之处

2. 特色定位的含义是（　　）。
　　A. 找"空隙"
　　B. "明知山有虎，偏向虎山行"
　　C. 调整原来的定位
　　D. 找自己与对手的不同之处

3. 重新定位的含义是（　　）。
　　A. 找"空隙"
　　B. "明知山有虎，偏向虎山行"
　　C. 调整原来的定位
　　D. 找自己与对手的不同之处

4. 避强定位的含义是（　　）。
　　A. 找"空隙"
　　B. "明知山有虎，偏向虎山行"
　　C. 调整原来的定位
　　D. 找自己与对手的不同之处

5. 市场定位就是（　　）。
　　A. 在市场上找一个适合的空间
　　B. 在市场上找一段适合的时间

C．在企业中给品牌树立形象　　　　D．在消费者心中树立品牌或产品形象

6．白加黑感冒药采用的定位法是（　　　）。

  A．价格和质量定位法　　　　　　　B．产品用途定位法

  C．使用者定位法　　　　　　　　　D．形状及外观定位法

7．"牙龈出血，请用云南白药牙膏"采用的定位法是（　　　）。

  A．价格和质量定位法　　　　　　　B．产品用途定位法

  C．使用者定位法　　　　　　　　　D．形状及外观定位法

8．"金利来，男人的世界"应用的定位法是（　　　）。

  A．价格和质量定位法　　　　　　　B．产品用途定位法

  C．使用者定位法　　　　　　　　　D．文化定位法

9．"孔府家酒，让人想家"应用的定位法是（　　　）。

  A．价格和质量定位法　　　　　　　B．产品用途定位法

  C．使用者定位法　　　　　　　　　D．文化定位法

10．宝马的"驾驶的乐趣"应用的定位法是（　　　）。

  A．价格和质量定位法　　　　　　　B．产品性质和利益定位法

  C．使用者定位法　　　　　　　　　D．文化定位法

三、多项选择题（每小题1分，每题有多个答案正确。错选、少选、多选，均不得分）

1．定位就是根据消费者对产品的某种偏好，塑造出本企业产品独特的个性或形象。它可以从（　　　）方面表现出来。

  A．外观　　　　　　B．产地　　　　　　C．价格　　　　　　D．心理

2．属于产品性质和利益定位法的有（　　　）。

  A．飘柔让头发"飘逸柔顺"　　　　　B．沃尔沃定位于"安全"

  C．潘婷"营养去屑"　　　　　　　　D．蒙牛"做内蒙古的第二品牌"

  E．喝了不会发胖的啤酒

3．下面属于产品用途定位法应用的是（　　　）。

  A．三洋空调：家有三洋，冬暖夏凉　　B．娃哈哈：喝了娃哈哈，吃饭就是香

  C．M&M巧克力：只溶在口，不溶在手　D．大众甲壳虫汽车：想想还是小的好

4．属于市场定位的方法有（　　　）。

  A．PEST法　　　　　　　　　　　　B．SWOT法

  C．文化定位法　　　　　　　　　　D．感情定位法

  E．使用者定位法　　　　　　　　　F．形状和外观定位法

5．市场定位的策略主要有（　　　）。

  A．避强定位　　　　B．迎头定位　　　　C．重新定位　　　　D．特色定位

6．属于定位过低的有（　　　）。

  A．雪津啤酒，真情的味道　　　　　　B．无所不包——饺子铺

  C．小别意酸酸，欢聚心甜甜——酸汁饮料　D．除钞票外，承印一切

7．选项中定位错误的有（　　　）。

  A．定位过高　　　　B．定位过低　　　　C．定位过窄　　　　D．定位混乱

8．属于定位混乱的有（　　　）。

  A．北极海狗油：人人都为礼品愁，我送北极海狗油

B．渴了、累了就喝红牛

C．听您想说的，说您想听的（中央电视台某农村栏目的广告词）

D．农夫山泉有点甜

9．定位混乱的后果是（　　　　）。

A．言过其实，不可信　　　　　　　B．贪大求全，令人反感

C．不利于清晰传播　　　　　　　　D．使消费者对企业或产品认知受局限

10．定位的步骤是（　　　　）。

A．研究对手，研究消费者，研究企业自己

B．调查目标市场，分析竞争环境，评价自己企业

C．明确潜在竞争优势，选择相对竞争优势，强化独特竞争优势

D．选择相对竞争优势，明确潜在竞争优势，强化独特竞争优势

任务四　选择市场营销战略

试一试　找一家你熟悉的企业，调查出这家企业的主要竞争对手有哪些。

想一想　在你认为以下产品的市场营销战略应选择"市场跟随者战略"的图片标题上画"√"，并说明理由。

羽毛球拍	小轿车
手提包	气炸锅

经典赏析

败家子的"眼光"

1998年8月的一天，位于芬兰赫尔辛基西部的诺基亚总部里一片欢腾，人们打开一瓶又一瓶的香槟，庆祝公司销售网覆盖国家的数量超过了麦当劳。

当时，诺基亚的产品已经销往130个国家，比麦当劳多15个，在10个国家建厂，45个国家设立销售办事处，拥有4.8万名员工，年销售额达到1 180亿瑞典克朗。

芬兰，一个并不显赫的北欧国家；诺基亚，也不过一个小村庄。最初的诺基亚公司更不起眼，不过是一家小小的木材工厂。

诺基亚的成功与一个"败家子"变卖家产分不开。这个"败家子"就是诺基亚的总裁约玛·奥利拉。1993年，奥利拉下达命令：将移动通信之外的部门通通卖掉。

此命令一出，立即遭到了强烈反对，尤其是那些老员工，大骂奥利拉败家。奥利拉没有改变自己的决策，理由是：卖掉其他部门，以保证移动网络和移动电话业务的持续发展。

他真的行动了，每出售一个部门，诺基亚的老员工就会减少一些。随着放弃的部门相继被出售，诺基亚的队伍也越来越年轻。有一年，某技术学院一个班的毕业生全都来到了诺基亚。不久，所有芬兰人都认识到了"败家子"奥利拉快速而坚定地转向电信业的发展规划，以及出售诺基亚其他部门的"败家子"行为是极富创意的决策，这一决策使诺基亚步入了快车道。其实，任何看到1992年诺基亚统计资料的人都知道，电信业务才是诺基亚的饭碗。可是，除了奥利拉外，没有人能够做出丢掉其他部门的决策。

假如没有奥利拉快速而坚定的发展规划，会有今天的诺基亚吗？如果是你，你有奥利拉那样的战略眼光吗？

评一评　什么是市场营销战略？

学一学

一、市场营销战略规划

战略（strategy）一词原系军事用语，源于古希腊文，原意是"将军的艺术"。现如今，市场犹如战场，因而企业家和学者们也常用"战略"一词论述经营管理中的问题，泛指重大的、带有全局性和决定全局的计谋。

ⓘ 营销谚语

> 抱怨竞争加剧，其实是在责怪自己没有太多创意。

市场营销战略是指企业为实现自己的总任务和目标所制定的长远的总体规划，是企业根据外部营销环境和内部资源条件而制定的，指明了企业在一个较长时期内的发展方向。

市场营销战略规划的内容包括如下几个方面。

（一）明确企业任务

明确企业任务需要明确企业的经营范围，具体如下。

① 要明确行业范围。它是只经营一类产品，还是经营一组相关产品或跨行业多角度化经营。如果是多角度化经营，应明确主营业务的行业范围。

② 要明确产品范围。要明确主要产品及其应用领域。

③ 要明确顾客范围。要明确是单一顾客还是广泛顾客。

④ 要明确市场的地理范围。要明确是地区性、全国性还是全球性的范围。

小·案例

世界上最大的旅馆企业——美国假日饭店，就曾把它的业务范围定得太宽，原来规定为"旅馆业务"，后来扩大为"旅行业务"。为了执行这种任务，假日饭店曾购买了一家大公共汽车公司和一家轮船公司。但是，假日饭店没有能力经营管理好这些企业，后来不得不放弃这些业务，回归到主业。

（二）确定企业目标

企业任务确定后，还要将这些任务具体化为企业各管理层的目标，形成一套完整的目标体系，使每个管理人员都有自己明确的目标，并对其目标的实现完全负责。

据一项国际调查称，在公司中30%的工作与实现公司目标没有任何关系；工作中40%的内部问题与大家对于目标有不同的理解有关。对于中国企业来说，相当一部分"内耗"是因为相互抱有不同的目标，或者说是由目标冲突引起的。

（三）分析市场机会

所谓市场机会，就是市场上尚未满足的需求，哪里有未满足的需要，哪里就有市场机会。

小·案例

星巴克公司的董事长霍华德·舒尔茨曾经是西雅图一家小咖啡公司的职员。有一次，他去意大利旅游，很欣赏意大利人喝咖啡的习俗，最后他开始考虑意大利咖啡店的概念能否为西雅图的人们所理解。于是，他把意大利人的习俗——花费数小时无所事事地在咖啡馆里品尝咖啡带回了美国，并让美国人接受了它，最后就有了星巴克公司的诞生。

在竞争激烈的卖方市场，有利可图的营销机会并不多。为了得到一个市场机会，企业营销调研人员要进行专门的调研，千方百计地寻找那些未得到满足的市场机会，并加以分析、评估，看其对企业是否有利可图，以及是否符合企业的战略规划目标及资源优势。

视野拓展

寻找市场机会

每个人都拥有机会。但是，机会稍纵即逝，别让机会从身边溜走。

几年前，在美国肯塔基州的一个小镇上，有一家格调高雅的餐厅，但老板发现，每个星期二店里的生意总是格外冷清，用门可罗雀形容也不为过。

又到了一个星期二，店里客人照样是寥寥无几，老板闲来无事，随便翻阅起了当地的电话簿。他发现当地竟有一名叫约翰·韦恩的人，与美国当时的大明星同名同姓。这个偶然的发现，使他的心为之一动。他立即打电话给这位约翰·韦恩说，他的名字是在电话簿中随便抽样选出来的，他可以免费获得该餐厅的双份晚餐，时间是下星期二晚上8点，欢迎他携夫人一起来。约翰·韦恩欣然应邀。

第2天，这家餐厅门口贴出了一幅巨型海报，上面写着"欢迎约翰·韦恩下星期二光临本餐厅"。这张海报当即引起了当地居民的兴趣，可想而知，对于这样一个偏僻的小镇，有巨星造访，该是何等荣幸。

于是，星期二那天来客大增，创下了该餐厅有史以来的最高纪录。尤其是在那天晚上，6点钟还不到就有人在等着被安排座位，7点钟队伍已排到了大门外，8点钟店内已挤得水泄不通。大家都争相目睹约翰·韦恩这位巨星的风采。

店老板为约翰·韦恩先生的出场做了准备，店里的扩音器广播道："各位女士、各位先生，约翰·韦恩光临本店，让我们一起欢迎他和他的夫人。"

霎时，餐厅里鸦雀无声，众人的目光一齐投向大门口，谁知那儿竟站着一位典型的肯塔基州老农民，身旁站着一位同他一样不起眼的夫人。原来这位矮小的仁兄就是约翰·韦恩。店老板非常尴尬、惶恐，后悔这个推销方法太荒谬、离谱。但在沉寂了片刻之后，人们就明白了是怎么回事，突然爆发出掌声和欢笑声，没有责难与抱怨，客人们簇拥着约翰夫妇上座，并要求与他们合影留念。

此后，店主人继续从电话簿上寻找一些与名人同名的人，请他们星期二来店里进餐，并出示海报，普告乡亲。于是"猜猜今天什么人来吃晚餐"的话题，为生意清淡的星期二带来了许多顾客。

资料来源：于凡. 无中生有的智慧[J]. 传奇文学选刊（人物金刊），2007（3）.

小·案例

超过6 000万人的美国人体重超重，早在1980年只有2 300万人，而至今约有2 800万人加入了这个行列。目前，针对这一趋势的主要商业反应是490亿美元的减肥市场，但现在它被视为驱动一系列消费者需求的潜在力量。就像婴儿潮带动过去半个世纪的商业和经济发展一样，"加大号"顾客群很可能引领21世纪的市场趋势。

不断增长的腰围，已经迫使美国商业重新思考它们设计和销售产品的方式——从香皂到卫浴设备、从服装到车座位及床垫。市场调研公司Mintel估计，美国妇女加大号服装市场在过去5年增加了50%，达到320亿美元。不仅是财富500强公司在行动，而且小企业家们也正在拼抢这个巨大的商业机会。

营销谚语

告诉你的客户你有多么好，不要跟他说你的竞争对手有多坏，还没有人从诋毁别人中取得过长期竞争优势。

（四）竞争者战略分析

竞争者所采取的竞争战略取决于决定行业结构的 5 种基本的力量，这 5 种基本的力量就是迈克尔·波特的五力模型。其具体内容如下。

1. 行业内现有企业之间的竞争

在现代市场经济条件下，大部分行业都存在竞争，有些行业还存在着激烈的竞争。例如，我国的彩电行业，企业为了生存不得不一次次挥出"价格战"的大旗。对于大多数企业来说，行业内现存的竞争者是企业所面对的最直接的对手，因此对这些竞争对手的战略进行分析就成了当务之急。

2. 潜在进入者的威胁

如果行业存在较高的利润率，或者该行业拥有良好的发展前景，那么就会吸引有能力的企业进入该行业。当然，潜在进入者是否进入某个行业，还取决于该企业的预期和行业进入壁垒的高低。对于行业内现存的企业来说，潜在进入者就是潜在的竞争者，因此针对竞争者的战略分析当然不能忽视对潜在进入者的分析。面对潜在进入者，行业内现有企业可以通过降低行业的利润率来打消潜在进入者的进入意图。例如，格兰仕在微波炉行业就采取了这种战略——规模每上一个台阶，就会大幅度降价，以此来阻碍潜在进入者。当然，行业内现有企业也可以通过提高行业壁垒的方法来阻碍潜在进入者。

3. 替代品的威胁

替代品是指在功能上能部分或全部代替某一产品的产品。替代品和现有产品之间存在着较高正值的需求交叉弹性，因此可以说生产替代品的行业与生产该产品的整个行业都是竞争者。企业在进行竞争者分析时不能忽视对生产替代品的企业和行业的分析。

4. 供方讨价还价能力

如果供方在与企业的博弈过程中处于优势地位，那么它就拥有较强的讨价还价能力。供方设置较高的供应价格，会大大压缩下游企业的利润空间，因此企业也要关注供方的成本构成、战略及其意图。最好的结果是，企业与供方建立战略性伙伴关系，共同争夺市场。

5. 买方讨价还价能力

在买方具有很强讨价还价能力的条件下，买方会压低产品价格，要求更高的质量及更多的服务，这势必会降低企业的盈利能力，增加企业的经营风险。例如，国美电器因为拥有渠道优势，所以向家电生产企业提出了苛刻的进货条件，致使广大的家电企业苦不堪言。

要对竞争者展开有效的分析，必须把竞争者置于以上 5 种力量之中。

视野拓展

没有对手的营销战必然失败
——可口可乐与百事可乐的双赢战

一位国际著名的营销大师指出，所谓营销计划一定是针对某一个产品或某一个竞争对手进行的，没有对手的营销战必然会失败，就好像没有配角的戏剧没人爱看一样。在激烈进行的营销战中，往往对立的双方都是胜利者，这一点可以从可乐世界的国际性大战中得到证实。

我们知道，可乐世界的两大主要畅销饮料是可口可乐与百事可乐。可口可乐比百事可乐早12年，它们之间竞争之激烈，时间之久（长达80多年）也令世人瞩目。

美国著名的市场消费战略学家阿·拉依斯和杰克·特拉特断言说："百事可乐与可口可乐竞争的过程中，正在赢得这场可乐战的胜利。"

纵观可口可乐和百事可乐之间绵延数十年的竞争可以发现，在百事可乐向可口可乐的进攻中，也发动过价格战。尤其值得注意的是，正是百事可乐20世纪30年代的价格攻击，才使其脱颖而出。这里，我们提及的就是这一场重要的可乐价格战。

早期的可口可乐内含有从古柯树中提炼出来的可卡因和从可拉果中提炼出来的咖啡因。它"美味、提神、健脑、强身，对所有的神经衰弱、病理性头痛、神经痛、瘾症、忧郁症均有疗效"（早期的营销计划如是说），因而一上市便赢得了人们的喜欢。

20世纪初前后，可口可乐的销售更加可喜。1902年，可口可乐已经成为全美品牌中叫得最响的饮料产品。

1915年，一名来自印第安纳州的设计师特雷豪特为可口可乐公司发明了一种新颖的6.5盎司容量的瓶子。可口可乐公司为瓶子申请了可口可乐盛器专利权。换了新瓶子的可口可乐备受人们喜爱，于是各种仿冒品纷纷上市。仅1916年，就有153种冒牌产品被法庭惩处。

自20世纪20年代起，可口可乐在国际市场上纵横驰骋，无人敢挑战。

20世纪30年代，爆发了世界资本主义范围的经济大萧条，美国也不例外。异军突起的百事可乐伺机向可口可乐发动了商战大猛攻，将当时最高价的百事饮料降价了5美分，而可口可乐只能装6.5盎司，百事可乐装12盎司。百事可乐在降价的同时，大肆渲染销售气氛，在电台播放旧曲新词的英国打猎歌John Peel——"百事可乐击中要害，分量12盎司，实实在在，花上5美分镍币也能买两份，百事可乐饮料对您竭诚相待。"

这是百事可乐向可口可乐发起的第1次饮料工业中的价格大战。百事可乐大出风头，名声高扬，订量也大大增加。从此以后，百事可乐与可口可乐一直在进行或缓或紧的竞争。

百事可乐在首次价格大战中之所以取得成功，有以下3点原因。

① 它成功地选择了年轻人这一可观的市场，因为少年儿童和青年喜欢的是数量而不是质量。

② 成功的进攻战必须是在竞争对手的实力范围内寻觅到这一弱点，然后奋起而攻之。可口可乐的弱点表现在以下两个方面。

- 可口可乐掉以轻心，认为可乐瓶本身是属于自己最强的实力。但是，被亚特兰大可口可乐据为专利、享有盛誉的"最佳设计使用包装"的可乐瓶只能盛6.5盎司而装不下12盎司的可乐。面对百事可乐的价格攻势，可口可乐也许只有忍痛废掉大约10亿只6.5盎司容量的瓶子，才能增加瓶装可乐量，百事可乐正是看准了此点。结果，百事可乐的这番行动点石成金，使可口可乐的实力转为弱点。

- 面对百事可乐的低价攻击，可口可乐能否采取强有力的降价措施予以反击呢？当然不能，因为在市场上，它提供的5美分1瓶6.5盎司的饮料品种和产品实在太多，牵一发而动全身。结果，可口可乐只能以不变应万变了。

③ 对已左右市场的可口可乐公司来讲，始终应该有效地利用其战略攻势，不失时机地实施自我进攻。它本该在百事可乐发动攻势之前就早早地推出第2个品牌的可乐，即在20世纪30年代经济危机刚刚爆发时，利用低价的百事风味的可乐创出自己的第2个品牌。但正如人们看到的那样，可口可乐错过了封锁阻隔百事可乐推出低档可乐商标的良机。

二、选择竞争性营销战略

在市场营销管理过程中，营销者不仅要考虑顾客的需要，还要考虑企业在市场竞争中的地位。企业的营销战略和战术必须从自己的竞争实力出发，并根据自己同竞争者实力对比的变化随时加以调整，使之与自己的竞争地位相匹配。这种根据自己在市场上的竞争地位所制定的营销战略，称为竞争性营销战略。

根据企业在行业中所起的作用，可将企业竞争性地位划分为市场领导者、市场挑战者、市场跟随者和市场利基者。市场结构如表 3.4 所示。

表 3.4　市场结构

市场领导者	市场挑战者	市场跟随者	市场利基者
40%	30%	20%	10%

（一）市场领导者战略

1．市场领导者的含义

市场领导者（market leader）是指在相关产品市场上占有率最高的企业。一般来说，大多数行业都存在一家企业被公认为市场领导者，在新产品开发、价格调整和促销等方面处于主导地位。市场领导者是市场竞争的导向者，也是竞争者挑战、效仿或回避的对象。例如，美国汽车行业的通用汽车公司、软饮料行业的可口可乐公司及快餐业中的麦当劳等都是各自所在市场上的领导者。

市场领导者在市场上占有的市场份额最大，拥有的资源也最多，通常在市场中获得的收益也最多。这些市场领导者的地位是在竞争中通过自己的积累形成的，但不是固定不变的，时刻面临竞争对手的挑战。市场领导者竞争战略的核心是守住自己的市场，保持绝对优势地位。

2．市场领导者的战略

一般来说，市场领导者为了维护自己的优势，保持自己的领导地位，可采取以下 3 种战略。

① 扩大整体市场规模。市场领导者在市场上处于主导地位，所以整体市场规模扩大的最大受益者就是市场领导者。扩大市场需求的途径是：为产品寻找新用户、新用途，或者促使现有用户增加使用量和使用频次。

小·案例

在发掘新的使用者方面，一个非常成功的范例是庄臣公司的婴儿洗发精。由于美国 20 世纪 60 年代以后出生率下降，婴儿用品市场逐步萎缩，为了摆脱困境，庄臣公司决定向成年人推销婴儿洗发精，并取得了良好效果。不久以后，该品牌的婴儿洗发精就成为整个洗发精市场的领导者。

② 保持市场份额。市场领导者必须注意保护自己已有的市场阵地和占有率，否则其扩大整体市场规模的努力将成为"为他人作嫁衣裳"。保持市场份额的上策是以攻为守，不断创新，确保在新产品构思、顾客服务、效率和成本等方面始终处于行业领先地位，同时注意抓住对手的弱点，主动出击。

视野拓展

企业的防御战略

① 阵地防御，即不断改进现有产品，强化品牌知名度，防止竞争对手的进攻。

② 侧翼防御，即通过改善生产和经营中的薄弱环节来防止竞争对手对市场份额的侵占，或者发展与竞争对手相类似的业务来牵制竞争对手的进攻行为。

③ 先发制人，即在竞争对手发起市场攻击之前，向竞争对手发起进攻。

④ 反击式防御，即关注竞争对手的进攻态势，在适当的时候通过强有力的反击阻断对手的进攻。

⑤ 运动防御，即通过拓展业务范围或实施多角化经营开拓新的业务范围，以此来扶持老业务的发展。

⑥ 收缩性防御，即主动放弃无利可图的业务，将力量集聚到主业上。

在规模较大的市场上，每提高一个百分点的市场占有率就意味着销售收入成倍的增长，而且进一步的研究表明，提高市场占有率与增加利润率有对应关系。但是，市场领导者在追求提高市场占有率之前必须认真筹划，以免发生成本过快上升，导致市场占有率虽然上升，利润却下降的问题。在现有市场上扩大市场份额就意味着向其他企业发起进攻，虽然市场领导者是处于市场主导地位的企业，也需慎重行事。

在选择进攻对象时，市场领导者需要区分以下两类竞争者。

① 被进攻企业实力的强弱。进攻实力弱小的企业风险较小，但相应的成果也较小；进攻实力强大的企业风险较大，但企业可以借此巩固自己的领导者地位。

② 进攻近者还是远者。所谓"近""远"，是指与本企业经营范围、产品的相近程度。一般企业容易把经营范围与自己最为相似的竞争者作为进攻对象，其风险是成功后可能会引来更强有力的新公司介入，从而树起更危险的"敌人"。

（二）市场挑战者战略

1. 市场挑战者的含义

市场挑战者（market challenger）是指在相关产品市场上处于次要地位，但又具备向市场领导者发动全面或局部攻击的企业。此类型的竞争者并不甘心居于第2位，一旦条件、时机成熟，就会向市场领导者发起进攻，力求扩大市场占有率，并试图成为领导者。例如美国汽车行业的福特汽车公司、软饮料行业的百事可乐公司等。

2. 确定进攻对象和进攻目标

市场挑战者发动进攻的总目标是扩大市场占有率并提高利润率，但又因进攻对象的不同而有所差异。

挑战者企业可选择下述3类企业中的一类作为进攻对象，重要的是一定要有明确的目标。

① 攻击市场领导者。它是比自身实力还要强大的对手，所以风险很大，当然成功的效果也很明显。进攻的策略主要有两种：一是开发出比市场领导者的产品品质、性能更优良的新产品、新服务；二是寻找市场领导者经营活动中的决策失误，然后充分利用这些时机扩大自己的市场份额。

② 攻击与自己实力相当的竞争者。这主要是那些经营不善或资源不足的企业，以争夺

它们的顾客。

③ 攻击一些仅在有限细分市场上从事经营活动的中小企业。这可以通过企业兼并来实现。

3. 选择进攻的策略

菲利普·科特勒把进攻的策略归纳为以下5种。

① 正面进攻，即集中攻击对手的强项而不是弱点，如在产品开发、定价和广告等方面的较量。正面进攻的胜负取决于谁的力量更强。因此，如果在相应项目上没有优于（至少一倍的优势）对手的资源、能力，贸然采取此策略，就会造成企业在市场上的失败。

② 侧翼进攻。大多数企业实际上不可能一开始就正面强攻，而是采取侧翼进攻，即选择对手的弱点或"缺口"，以己之长，攻彼之短。例如，进攻偏僻地区的市场或某个细分市场，有时这些市场几乎没有竞争者的推销力量，或者这些细分市场并未被竞争者明确意识到，因此是最容易取得攻击胜利的薄弱之处。随着企业在这些市场上销量的增长，竞争者的市场份额将逐渐被侵占。

③ 包围进攻。包围进攻的目标要比侧翼进攻大，即看准敌方一块阵地后，从前后左右几条战线上同时进攻，强迫其全面防守。例如，产品包围战，就是针对竞争者的产品，推出质量、风格、特点各异的数十种同类产品，以此来淹没对手的产品，从而最终占领市场。

⏱ 小·案例

日本精工表在国际市场上采取的就是包围进攻策略。它在美国市场上提供了约400个流行款式，占据了几乎每一个重要的手表商店，并采用了各种吸引消费者的促销手段，从而取得了很大成功。

④ 迂回进攻。这是一种间接进攻策略，即并不进攻竞争者现有的市场或地盘，相反，对这些产品和市场采取回避态度，绕过竞争者，或者是开发新产品去满足未被任何竞争者满足的市场；或者是开展多角化经营，进入与竞争者不相关的行业；或者是寻找新的、未被竞争者列入经营区域的市场。这种迂回战术也能帮助企业逐渐增强自己的实力，一旦时机成熟，即可转入包围进攻或正面进攻。

⏱ 小·案例

美国高露洁公司在面对宝洁公司巨大的竞争压力时就采取了迂回进攻策略，即加强高露洁公司在海外的领先地位，在国内实行多角化经营，向宝洁公司没有占领的市场发展，迂回包抄宝洁公司。目前，高露洁公司不断收购纺织品、医药产品、化妆品及运动器材和食品公司，并获得了成功。

⑤ 游击式进攻。游击战在军事上是以小胜大、以弱胜强的有效策略，在市场营销中也不例外。其典型做法是向竞争者的不同领域或不同部位发动小规模、时断时续的攻击，骚扰对手，使之不得安宁，疲于应对，最终逐渐被削弱和瓦解。例如，突然在某一地区加大促销强度，在某个特定时点降低商品售价，或者对某位经销商的努力推销做出特殊许诺。游击战特别适合弱者向强者发动进攻，以较小的代价耗费对方的资源。但如果进攻者要"击败"对手，最终需有强大的进攻做后盾，因此游击策略是一场强大攻击前的准备。

⏱ 小·案例

百事可乐不仅在美国国内市场上向可口可乐发起了最有力的挑战，还在世界各国市场上向可口可乐挑战。

与国内市场一样，百事可乐因为可口可乐的先入优势已经没有多少空间，百事可乐的战略就是进入可口可乐公司尚未进入或进入失败的"真空地带"。当时公司的董事长唐纳德·肯特经过深入的考察调研，发现苏联、中国及亚洲、非洲还有大片空白地区可以有所作为。

1959年，美国展览会在莫斯科召开，肯特利用他和当时美国副总统尼克松之间的特殊关系，要求尼克松"想办法让苏联领导人喝一杯百事可乐"。于是在各国记者的镜头前，赫鲁晓夫手举百事可乐，露出一脸心满意足的表情。这是最特殊的广告，百事可乐从此在苏联站稳了脚跟，这对日后百事可乐打入前苏联国家和地区也起了很大的推动作用。

在以色列，可口可乐抢占了先机，先行设立了分厂。但是，此举引起了阿拉伯各国的联合抵制。百事可乐见有机可乘，立即放弃了本来得不到好处的以色列，一举取得了中东其他市场，占领了阿拉伯海周围的每一个角落，使百事可乐成了阿拉伯语中的日常词汇。

20世纪70年代末，印度政府宣布，只有可口可乐公布其配方，它才能在印度经销，结果双方无法达成一致，可口可乐撤出了印度。百事可乐的配方没有什么秘密，因此它乘机以建立粮食加工厂、增加农产品出口等作为交换条件，打入了这个重要的市场。

以上5种策略，市场挑战者可以选择其中一种来实施，也可以综合运用各种进攻策略。这取决于市场挑战者自身的资源约束和其所要达到的战略目标。

（三）市场跟随者战略

1. 市场跟随者的含义

市场跟随者（market follower）是指在相关产品市场上处于中间状态，并力图保持其市场占有率不至于下降的企业。这种类型的竞争者安于现状，愿意与领导者、挑战者在"共处"状态下求生存。他们之所以愿意共处，是由他们的资源条件、竞争力决定的。他们如果向市场领导者、挑战者发动进攻，只会遭到惨败，使自己的市场占有率下降。但是，这并不等于市场跟随者就无策略可言。市场跟随者必须懂得如何维持现有的顾客，并争取新顾客；设法给自己的目标市场带来某些特有的利益，如服务和融资等；尽力降低成本并保持较高的产品质量和服务质量。

2. 市场跟随者的战略

一般有3种可供选择的跟随策略，具体如下。

① 紧密跟随。这种策略是在各个细分市场和营销组合方面，尽可能仿效领导者。这种跟随者有时好像是挑战者，但只要不从根本上侵犯到领导者的地位，就不会发生直接冲突。有些跟随者表现为较强的寄生性，因为它们很少刺激市场，总是依赖市场领导者的市场而努力生存。

② 有距离跟随。这种跟随者在主要方面，如目标市场、产品创新、价格水平和分销渠道等方面都追随领导者，但仍与领导者保持若干差距。这种跟随者可通过兼并小企业而使

自己发展壮大。

③ 有选择跟随。这种跟随者在某些方面紧跟领导者，而在另一方面又自行其是。也就是说，它不是盲目跟随，而是择优跟随，在跟随的同时还要发挥自己的独创性，但不进行直接的竞争。有些有选择跟随者可能发展成为挑战者。

（四）市场利基者战略

1. 市场利基者的含义

市场利基者（market nicher）是指专门为规模较小或大企业不感兴趣的细分市场提供产品或服务的企业。市场利基者拾遗补阙、见缝插针，虽然在整体市场上仅占很小份额，但比其他企业更了解和满足某一细分市场，同样能通过提供高附加值得到高利润和快速成长。其精心服务于市场的某些细小部分，而不与主要的企业竞争，只是通过专业化经营来占据有利的市场位置，这种有利的市场位置在西方被称为 niche，即补缺基点。

视野拓展

一个最好的利基者具备以下特征。

① 具有一定的规模和购买力，能够盈利。

② 具备发展潜力。

③ 强大的企业对这一市场不感兴趣。

④ 本企业具备向这一市场提供优质产品、服务的资源和能力。

⑤ 本企业在顾客中建立了良好的声誉，能够抵御竞争者入侵。

2. 市场利基者的战略

一个企业获取利基的主要策略是专业化，企业必须在市场、顾客、产品或渠道等方面实行专业化。

① 最终用户专业化，即专门为某一类型的最终用户提供服务。例如，计算机行业有些小企业专门针对某一类用户（如学校、银行）进行营销。

② 垂直专业化，即专门致力于生产、分销循环周期的某些垂直层次的业务，如制铝厂专门生产铝锭、铝制品或铝质零部件。

③ 顾客规模专业化，即专门为某一规模（如大、中、小规模）的顾客群服务。

④ 特殊顾客专业化，即专门向一个或几个大客户销售产品。例如，美国一些企业专门为西尔斯百货公司或通用汽车公司供货。

⑤ 地理市场专业化，即只在某一地点或地区范围内经营业务。

⑥ 产品或产品线专业化，即企业只经营某一种产品或某一产品线，如日本的 YKK 公司只生产拉链这一类产品。

⑦ 产品特色专业化，即专门经营某一种类型的产品或产品特色。

⑧ 客户订单专业化，即专门按客户订单生产特制产品。

⑨ 质量-价格专业化，即只在市场的底层（低质低价）或上层（高质高价）经营。

⑩ 服务专业化，即向大众提供一种或数种其他企业没有的服务。例如，美国一家银行专门承办电话贷款业务并为客户送款。

⑪ 销售渠道专业化，即企业只为某类销售渠道提供服务，如生产适合超级市场销售的产品。

市场利基者面临的主要风险是当竞争者入侵或目标市场的消费习惯变化时有可能会使企业陷入绝境。因此，营销者通常应选择两个或两个以上的利基，以确保企业的生存和发展。

视野拓展

企业选择竞争战略时常犯的错误

① 跟风。许多人相信，市场营销的根本目的是要说服潜在顾客意识到他们的产品或服务更好。他们告诉自己："我们可能不是第1个，但我们打算做得更好。"没错，可假如你进入市场晚了一步，不得不与阵容强大的对手作战，那么你的营销战略可能就错了。

② 不知所售何物。企业无论大小，往往都经历过描述产品的艰难时期，特别是碰上新产品和新技术的时候。如果用晦涩的术语描述产品，那么这番努力注定会被拒之门外。在头脑中定位产品必须从"这个产品是什么"开始，当面对一个潜在顾客，如果你向他描述一种让人迷惑不解的产品，那么产品进入他头脑的可能性几乎为零。例如，黄金酒在上市之前，巨人投资为了让所有核心人员了解黄金酒到底是什么东西，特意让各部门管理人员都参加了提案报告会，并让黄金酒的定位执行公司向这些人员讲解黄金酒的具体定位。黄金酒最终能够被打造为一款送长辈的礼品白酒，而不是保健酒，与这些执行人员对产品的理解密不可分。

③ 真相终将大白。市场营销人员一门心思做研究，他们分析局势，然后信心十足地朝市场营销领域进军，自以为有最好的产品，而且最好的产品终究要赢得市场。这是错觉，没有客观现实，也没有最好的产品。在市场营销的世界里，只有顾客或潜在顾客头脑中的认知，认知才是现实，其余都是错觉。

④ 别人的创意。搞跟风产品是糟糕透顶，搞跟风的创意同样问题重重。潜在顾客的心目中，两家企业不可能分享同一个创意。当竞争对手在潜在顾客心中拥有了一个词语或定位，你再去贴上同样的东西，只能是徒劳。

⑤ 包揽全局。一旦你试图为了一切人做一切事，你就注定要卷入麻烦。"做一切事"的这种想法导致了所谓的"产品延伸"。随着竞争的加剧，行业必将走向细分市场的局面，国内市场近几年成功的品牌都说明了这一点。例如，江中健胃消食片在胃药市场中开辟出"日常助消化用药"；王老吉在饮料市场中开辟出"可以预防上火"的饮料；劲霸男装近几年强力打造"夹克专家"的形象。

⑥ 靠数字生存。对收益增长做出轻率的预测，往往到头来会迷失目标、股票受挫，甚至做假账，比这更糟糕的是，做出糟糕的决策。

⑦ 不负责。当CEO们和管理层不对战略负责的时候，情况就很难好转了。

资料来源：特劳特. 大品牌大问题[M]. 海口：海南出版社，2004.

练一练

一、案例分析

对比的魅力

曾经看到一段非常有趣的对话。老人家 60 岁左右，看起来很精明，但是明显很恐惧地问医生："装到我骨头里面的是什么材料，会不会有副作用？"

估计是老人家要做骨科手术。医生会怎么安抚她？我以为医生会讲材料的术语，讲这种材料与人体的相容性，讲这种材料临床上用了 30 年以上，全世界都在用，等等。但是，医生只说了一句话，病人就点头了。"没问题的！心脏搭桥就是用这种材料！"心脏搭桥，在老百姓认知里，这几乎是人体最精密、最尖端的手术了，属于事关生死的手术，心脏都能用，骨头怎么不能用？

二、单项选择题（每小题 1 分，每小题只有一个最恰当的答案）

1. 企业要制定正确的竞争战略和策略，就应深入地了解（ ）。
   A．技术创新　　　　 B．消费需求　　　　 C．竞争者　　　　　 D．自己的特长

2. 企业要通过攻击竞争者而大幅度地扩大市场占有率，应攻击（ ）。
   A．近竞争者　　　　 B．"坏"竞争者　　　 C．弱竞争者　　　　 D．强竞争者

3. 一般说来，"好"的竞争者的存在会给公司（ ）。
   A．增加市场开发成本　　　　　　　　　 B．带来一些战略利益
   C．降低产品差别　　　　　　　　　　　 D．必然造成战略利益损失

4. 占有最大的市场份额，在价格变化、新产品开发、分销渠道建设和促销战略等方面对本行业其他公司起着领导作用的竞争者，被称为（ ）。
   A．市场领导者　　　 B．市场利基者　　　 C．强竞争者　　　　 D．近竞争者

5. 市场总需求扩大时，受益最多的是（ ）。
   A．近竞争者　　　　 B．市场追随者　　　 C．市场领导者　　　 D．市场利基者

6. 市场领导者保护其市场份额的途径是（ ）。
   A．以攻为守　　　　 B．增加使用量　　　 C．转变未使用者　　 D．寻找新用途

7. 结合盈利能力考虑，企业的市场份额（ ）。
   A．越大越好　　　　　　　　　　　　　 B．存在最佳市场份额限度
   C．以 50%市场份额为限　　　　　　　　 D．不存在上限

8. 有能力对市场领导者采取攻击行动，有望夺取市场领导者地位的公司属于（ ）。
   A．强竞争者　　　　 B．市场挑战者　　　 C．市场利基者　　　 D．好竞争者

9. 市场追随者在竞争战略上应当（ ）。
   A．攻击市场领导者　　　　　　　　　　 B．向市场领导者挑战
   C．跟随市场领导者　　　　　　　　　　 D．不做出任何竞争反应

10. 市场利基者发展的关键是实现（ ）。
   A．多元化　　　　　 B．避免竞争　　　　 C．紧密跟随　　　　 D．专业化

三、多项选择题（每小题 1 分，每题有多个答案正确。错选、少选、多选，均不得分）

1. 企业每项业务的内容包括（ ）。
   A．要进入的行业类别　　　　　　　　　 B．要服务的顾客群

C．要迎合的顾客需要   D．满足这些需要的技术

E．运用这些技术生产出的产品

2．市场领导者的主要竞争战略包括（   ）。

    A．阻止市场总需求增加   B．保护现有市场份额

    C．扩大市场份额   D．谋求垄断

    E．扩大总需求

3．市场挑战者的主要进攻战略目标包括（   ）。

    A．攻击市场领导者

    B．攻击市场利基者

    C．攻击规模相同但资金不足、经营不佳的公司

    D．攻击市场跟随者

    E．攻击规模较小且资金缺乏、经营不善的公司

4．市场利基者的作用是（   ）。

    A．拾遗补阙   B．有选择地跟随市场领导者

    C．见缝插针   D．攻击市场追随者

    E．打破垄断

5．市场利基者的主要风险是（   ）。

    A．找不到利基市场   B．竞争者入侵

    C．自身利益弱小   D．目标市场消费习惯变化

    E．专业化

6．市场领导者扩大总需求的途径有（   ）。

    A．攻击挑战者   B．开发新用户   C．击倒利基者

    D．寻找产品新用途   E．增加使用量

7．业务范围技术导向型企业把所有（   ）的企业视为竞争对手。

    A．使用同一技术   B．满足顾客同种需求

    C．满足同一顾客群需求   D．生产同类产品

    E．产品售价相同

8．迈克尔·波特的竞争分析五力模型包括（   ）。

    A．现有竞争对手   B．潜在竞争对手   C．替代品

    D．供应商   E．顾客

9．实行需求差别定价的条件有（   ）。

    A．在市场上占据有利地位   B．市场能够细分

    C．价格差异适度   D．价格差异符合管理法规

10．就产品质量和价格而言，企业可供选择的战略有（   ）。

    A．优质高价战略   B．中质低价战略

    C．低质高价战略   D．低质中价战略

项目四

市场营销组合

经商信条 新的竞争不在于工厂里制造出来的产品，而在于工厂外能够给产品加上包装、服务、广告、咨询、融资、送货或顾客认为有价值的其他东西。

——[美]李维特

任务一 产品策略

试一试 请分析说明下述产品分别处于产品生命周期的哪一个阶段：微波炉、家用汽车、汽车电话、家用电脑、教育培训。

想一想 请在你认为是"产品"的相应图片的标题上画"√"，并说明理由。

神奇的九寨沟景观

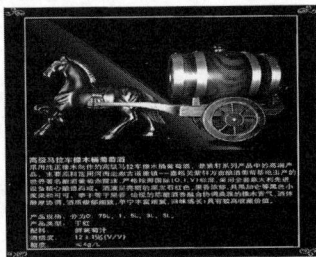

高级马拉车橡木桶葡萄酒

娄底特产

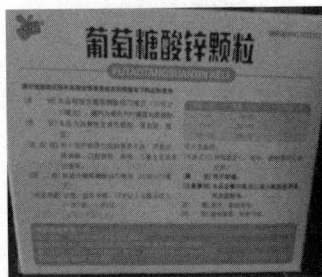

儿童用葡萄糖酸锌颗粒

经典赏析

可口可乐产品策略

一、可口可乐公司简介

可口可乐由药剂师约翰·彭伯顿在美国佐治亚州的亚特兰大市研制而成。1886年5月，可口可乐首次面世于亚特兰大市的雅各布药店。彭伯顿由于身体原因，以2 300美元的价格把可口可乐卖给了阿萨·坎德勒。1892年，可口可乐公司成立，至今已有100多年的历史，一直以其碳酸饮料系列产品风靡全世界。它拥有近400种饮料品牌，畅销世界约200个国家和地区，每日饮用量超过10亿杯，占全世界软饮料市场的48%，其品牌价值已超过700亿美元。

二、Coca-Cola名称的由来

彭伯顿为了更好地推广产品，与富商鲁滨孙合伙开发。彭伯顿是一个古典书法家，他认为"用两个大写C会很好看"，因此为产品起名为Coca-Cola。Coca是南美的一种草药，Cola是非洲的一种果子——可拉果。

20世纪20年代，可口可乐在上海及天津建厂生产。当时，可口可乐还没有正式的中文名字。于是当时专门负责海外业务的Coca-Cola出口公司，在英国登报征求译名，一位上海的旅英学者便以"可口可乐"4个字赢得了350英镑的奖赏。"可口可乐"这个中文名字，一直被认为是世界上翻译得最好的名字，既"可口"，又"可乐"，不但保持了英文的发音，而且比英文更有含义。

三、可口可乐产品的独特性

当偶然将糖浆和碳酸水混合时，奇迹就出现了。顾客对可口可乐的味道赞不绝口，满意地哑巴着嘴说："我爱上了可口可乐！"可口可乐的第一档案管理员威尔伯·库尔茨就是这样描述的。这说明可口可乐自身有独特性。当时，可口可乐的竞争产品是一种浸泡可卡叶的波尔多红葡萄酒。为了突出自己的特色，可口可乐增加了非洲可拉果（像可卡叶一样，可拉果也有一种隐藏的生物碱——咖啡因——含量比例高于茶或咖啡），对可卡叶和可拉果经过提炼，再与糖、水调和，就产生了独特的、不含酒精的、更容易为消费者接受的可口可乐。

可口可乐的独特性不仅体现在以上所说的地方，在20世纪七八十年代，冷饮柜台在城里随处可见，它和苏打水是一种独特的美国现象。苏打水的高贵品质在于它的民主特点，使它成了一种全国性饮料。可口可乐既是一种治疗头痛和沮丧的兴奋剂，又是口味独特的新型苏打水。在可口可乐早期的广告中常会这样描述："可口可乐，可口！清新！快乐！活力！该新潮苏打饮料含有神奇可卡叶和著名可拉果的特性。"

产品特色不但是产品研发的基本要求，也是吸引投资的一个条件。从另外一个角度看，富商坎德勒之所以购买可口可乐的专利权正是看中了可口可乐的产品特色。他曾经说道："如果人们像我那样了解可口可乐的优点，我们就有必要锁上工厂大门，安排一个卫兵，手握散弹枪，强迫人们排队购买可口可乐。"

四、可口可乐的包装策略

1892年，可口可乐公司开发了一种至今仍沿用的瓶装系统。1898年，可口可乐斥巨资购买了一个栩栩如生、惟妙惟肖的玻璃包装专利，使它成为可口可乐的独特形象。当初，可口可乐更新包装的要求是：希望人们在黑暗中摸到的那种饮料就是可口可乐；瓶子的样子应该是这样的，即使瓶子破碎了，人们一眼就能看出那是什么东西。1915年，可口可乐设计出宛若少女身形的曲线玻璃瓶，使可口可乐的包装从品种繁多的饮料中脱颖而出。可口可乐的销售量两年内翻了一番，甚至连可口可乐的曲线瓶所用的绿色都以可口可乐总部所在地冠名——佐治亚绿色。1950年，"人们一眼就能看出"的经典曲线可口可乐瓶成为第1种登上《时代》周刊封面的消费品。

曾经负责可口可乐广告设计的美国画家Haddon Sundblom在1931年绘制了可口可乐的圣诞广告牌

——慈祥微笑着、卷曲的白胡子、带着红色帽子、穿着黑靴子的老人……这就是全世界公认的圣诞老人形象。可是谁又能想到，这个圣诞老人形象是在可口可乐所设计的广告牌中最终定型的。这个形象，随着可口可乐的市场宣传飘散到全世界的各个角落，成为世人皆知的形象。

2003年，可口可乐中文商标的变更是自1979年可口可乐重返中国后的第1次全新设计：英文可口可乐字体特有的可口可乐红没有改变，改变的是在红色背景下加入了暗红色弧形线，并产生了多维的透视效果；"波浪形飘带"在原来单一的白色基础上增加了银色和黄色，形成多层次的设计，中文标志由传统的中文字体变为弯曲流畅的斯宾塞字体。"我们改变的不仅是标志，这也是我们与消费者的一种新的沟通方式。"可口可乐中国公司总裁包逸秋对媒体说，"前期市场上的可口可乐包装是在2000年1月投放市场的，换包装对可口可乐来说已经是约定俗成的事情，每隔一段时间就会对全球消费者进行一至两年的跟踪调查，了解其对口味和可口可乐包装的需求，最终决定是否换包装。"

可口可乐的"本土化"经营体现在包装上，就是本土文化的展示。例如，不定期更换包装上的广告语：在美国是"无法抓住那种感觉"（Can't beat the feeling）；在日本改为"我感受可乐"（I feel cola）；在意大利改为"独一无二的感受"（Unique sensation）；在智利改为"生活的感觉"（The feeling of life），等等。在中国的本土化包装在商界引起了不小的轰动。2001年春节，"大阿福"包装全面上市，爆竹、春联、剪纸、中式棉袄、瓜皮帽等中式元素在品牌标志上全面展现。随后，又推出了十二生肖包装，一直延续到2003年春节。

人们不难发现，可口可乐对时尚信息的敏感度几乎不亚于媒体，无论是世界杯、奥运会，还是歌星、球星，随时都可能出现在其包装图案中。但在其包装设计中，Always Coca-Cola这个元素是不能改变的，尽管包装中新的设计元素和时尚资讯之间随时建立联系，但always、delicious、unique及refreshing怀旧的氛围则保留着并更加具体化。变化的是包装，不变的是永远的可口可乐。

五、可口可乐百年失误

1964年，百事提出"百事新一代"的口号，将火力对准了可口可乐传统的形象，将目标定位于饮料市场最大的消费群体——年轻人。针对可口可乐长期以来的定位"全美国人的选择"，百事可乐着力用"活泼"和"酷"衬托可口可乐的"乏味"。此后，又通过现场口味测试——怂恿越来越多的美国消费者参加未标明品牌的可乐饮料口味测试，并不断传播人们更喜欢偏甜口味的百事可乐的结论。"百事"宣扬青春、激情、冒险的品牌精神，声称其口味足以担当起挑战经典与传统的重任，并引发美国年青一代的共鸣。百事一浪高过一浪的攻势，使得可口可乐的市场占有率一直下滑。难道是产品本身已不符合消费者的口味，需要推出新产品了？

面对百事可乐的强大攻势，1982年可口可乐开始实施"堪萨斯计划"——一个划时代的营销行动。可口可乐的新任总经理罗伯特·戈伊朱埃塔宣布可口可乐进入了变革的新时代，变革的突破口选择为可口可乐那99年来神圣不可侵犯的，但如今不适应时代的饮料配方。2 000名市场调查人员在10个主要城市调查人们是否愿意接受一种全新口味的可口可乐。调查结果显示：10%～20%的调查者对新口味可口可乐表示不安，其中一半的人认为以后可以慢慢适应新可口可乐。1984年9月，可口可乐推出了全新口感的新可口可乐——更甜、气泡更少、柔和且略带胶黏感，并对新产品进行了品尝测试，测试结果是品尝者对"新可口可乐"的满意度超过了百事可乐。市场调查人员认为，新可口可乐可以多增加市场份额，多增加2亿美元的销售额。

可口可乐又投入400万美元进行了规模更大的口味测试。13个城市的19.1万名顾客参加了无标记的不同配方可乐的测试，55%的测试者认为新可口可乐的口味好于传统配方的可口可乐。最后，可口可乐公司决定用"新可乐"取代"传统可乐"，停止传统可乐的生产和销售。

"新可乐"上市初期，1.5亿人在"新可乐"问世的当天品尝了它，历史上没有一种新产品在面世当天拥有这么多买主。新产品的上市，表面看起来是非常成功的。在"新可乐"上市4小时内，可口可乐公司接到650个抗议电话，后来的2个月时间，这个数字上升到8 000多个。大多数的美国人表达了同样的意见：可口可乐公司背叛了他们，"重写《宪法》合理吗？《圣经》呢？在我们看来，改变可口可乐的配方其性质一样严重"。就在这时，《新闻周刊》的大标题宣称"可口可乐乱弹琴"；堪萨斯大学的社会学教授罗伯特·安东尼奥说："许多人认为可口可乐公司把一个神圣的象征给玷污了。"

1985年6月中旬，"新可乐"的销售量远低于可口可乐公司的预期，不少瓶装商强烈要求改回销售传统的可口可乐。经过调查，到了7月份，只有30%的人喜欢"新可乐"。1985年7月11日，戈伊朱埃塔向公众道歉并宣布恢复传统可乐的生产，将其定名为Coca-Cola Classic（古典可口可乐），同时继续保留和生产"新可乐"，其商标为New Coke（新可乐）。华尔街也为可口可乐公司的决定欢欣鼓舞，可口可乐公司的股价攀升到12年的最高点。

六、产品线延伸

饮料行业的大量事实证明，碳酸饮料的增长已经遇到了瓶颈。2005年，普通可口可乐在美国的销量下降了2%。长期以来，碳酸饮料被视为"垃圾饮品"，被视为造成肥胖的主要原因之一。2005年8月，美国饮料协会宣布一项非强制性协议：小学校园售货机只卖瓶装水及百分百果汁；初中校园内的自动售卖机主要售卖瓶装水、纯果汁、运动饮料及低热量或不含热量果汁饮料；高中校园的自动售卖机内软饮料的比例不超过50%。碳酸饮料的市场遭到了极大的冲击，迫使碳酸饮料企业调整产品战略，加快向健康的非碳酸饮料产品方向发展。

从另一个方面看，其他饮料品类，如茶、果汁、乳品、功能饮料等正在不断吞噬碳酸饮料的市场。在很多城市，可口可乐都出现了饱和的趋势，非碳酸饮料市场则均有大幅度提升。例如，茶和果汁的全球年增长率连续几年都超过了5%，尤其在中国，其增长率更是达到了10%，乳饮料的增长率甚至超过了20%。为减少对碳酸饮料的依赖性，保持企业的可持续发展，可口可乐公司董事长兼首席执行官决定拓宽产品线，走产品多元化路线。

1982年，可口可乐公司推出健怡可乐；2001年10月，推出了柠檬口味的柠檬味健怡可乐、酸橙口味的酸橙味健怡可乐、低热量的香草味健怡可乐。

2002年5月，可口可乐开始推出香草可乐（Vanilla Coke）。这种产品，既保持了可口可乐的独特的爽，又令人喝起来感觉像香草味冰激凌搅拌在里面一样。香草可乐表现出强劲发展势头，跻身可口可乐在美国出售的饮料品牌前10名。2003年，香草可乐推广到日本、德国、英国、俄罗斯、摩洛哥等国家；2006年，香草可乐在中国内地上市。

不仅是可口可乐，公司其他品牌的碳酸饮料也加快了新产品的投产步伐。1997年8月，可口可乐公司推出6种果味的碳酸饮料品牌——醒目，包括西瓜、橙子、椰子、苹果、桃子及提子。2003年，雪碧开始销售水果味的Sprite Remix，芬达品牌也开始销售葡萄口味的新产品Fanta Fruity Grapefruit。咖啡饮料属于可口可乐公司为数不多的销量增加的产品，可口可乐最新的咖啡口味汽水饮料于2006年在美国上市，这是一种混合了自然口味与咖啡香浓味道的可口可乐，该产品的客户群主要是成年消费者。

七、产品多元化

2001年，可口可乐公司与雀巢公司合资成立BPW公司，各自拥有50%的股份。可口可乐和雀巢在产品研发和推广上各有优势，可口可乐的目的就是实现品牌、渠道、生产资源共享，推进可口可乐的多元化战略。BPW公司拥有咖啡、绿茶、红茶等众多饮料品种，可口可乐公司旗下的非碳酸饮料全部归入BPW公司运作。

就中国市场来说，BPW公司推出了"冰爽茶"与"冰极茶"。1996年，可口可乐公司首次为中国市场研制出"天与地"，"天与地"的果汁是特别针对中国消费者的口味生产的。1998年和1999年其又推出茶产品和矿物质水；2001年，推出水森活纯净水、冰露纯净水、酷儿果汁、爽白酷儿乳酸味饮料、保锐得运动饮料；2004 年，推出茶研工坊和美汁源果粒橙。目前，酷儿果汁、美汁源果粒橙在中国主要城市如上海、广州等地都颇受欢迎，美汁源已成为中国第二大果汁品牌。

资料来源：王天春. 市场营销案例评析[M]. 大连：东北财经大学出版社，2009.

点评 可口可乐可以说是可乐的鼻祖，一百多年间，可口可乐成功的核心在于它的品牌建设和营销战略。可口可乐面对百事的竞争和碳酸饮料市场的萎缩，通过产品线延伸和多元化，让可口可乐重新复苏。但其间也有过错误的决策——改变可口可乐百年配方，主要是错误的定位与市场调查和预测的不科学导致可口可乐的营销噩梦。

评一评 优质的产品是如何打造的？它应包括哪些方面？

学一学

产品策略是企业为了在激烈的市场竞争中获得优势，在生产、销售产品时所运用的一系列措施和手段，包括产品组合策略、产品生命周期策略、新产品开发策略、品牌策略及产品包装策略。

一、产品整体概念及产品组合

（一）产品整体概念及层次

在现代市场营销学中，产品整体概念是指提供给市场，能够满足消费者或用户某一需求和欲望的任何东西，包括有形产品和无形产品。产品整体概念包含 5 个层次，如图 4.1 所示。

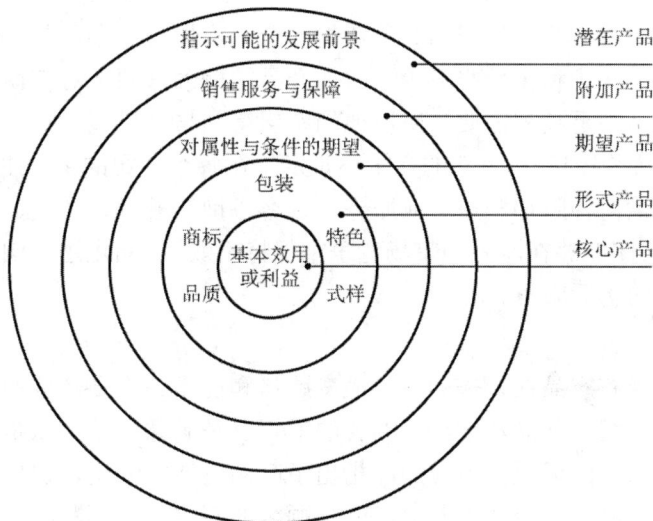

指示可能的发展前景　　潜在产品
销售服务与保障　　附加产品
对属性与条件的期望　　期望产品
包装　　形式产品
商标　特色　核心产品
基本效用或利益
品质　式样

图 4.1 产品整体概念的层次

1. 核心产品

核心产品是指向顾客提供的产品的基本效用或利益。这是消费者购买某种产品时所追求的利益，是顾客真正要买的东西，因而在产品整体概念中也是最基本、最主要的部分。

例如，买化妆品是希望美丽、体现气质、增加魅力；买汽车是为了代步；买大米是为了充饥，等等。因此，企业在开发产品、宣传产品时只有明确确定了产品能提供的利益，产品才具有吸引力。

2. 形式产品

形式产品是核心产品借以实现的形式，即向市场提供的实体和服务的形象。如果有形产品是实体品，则它在市场上通常表现为产品质量水平、外观特色、式样、品牌名称和包装等。产品的基本效用必须通过某些具体的形式来实现。例如，对于冰箱，有形产品不仅指冰箱的制冷功能，还包括它的质量、造型、颜色和容量等。市场营销者首先应着眼于顾客购买产品时所追求的利益，以求更完美地满足顾客需要，从这一点出发再去寻求利益得以实现的形式，并进行产品设计。

3. 期望产品

期望产品是指购买者购买某种产品通常所希望和默认的一组产品属性及条件。一般情况下，顾客在购买某种产品时，往往会根据以往的消费经验和企业的营销宣传，对所购买的产品形成一种期望。

例如，对于旅店的客人，他们期望的是干净的床、香皂、毛巾、热水、电话和相对安静的环境等。顾客所得到的是购买产品所应该得到的，也是企业在提供产品时应该提供给顾客的。对于顾客来讲，在得到这些产品的基本属性时，并没有太多的惊喜和形成偏好。但是如果顾客没有得到这些，就会非常不满意，因为顾客没有得到他应该得到的东西，即顾客所期望的一整套产品属性和条件。

4. 附加产品

附加产品是指顾客购买有形产品时所获得的全部附加服务和利益，包括质量保证、安装、提供信贷、免费送货和售后服务等。附加产品的概念来源于对市场需要的深入认识。因为购买者的目的是满足某种需要，所以他们希望得到与满足该项需要有关的一切。美国学者西奥多·莱维特曾经指出："新的竞争不是发生在各个公司的工厂生产什么产品，而是发生在其产品能提供何种附加利益（如服务、顾客咨询、融资、送货、仓储及具有其他价值的形式）。"海尔集团能够在激烈的市场竞争中保持不败，产品走进全国500多万户家中，靠的就是热情周到的售后服务。

5. 潜在产品

潜在产品是指现有产品在未来的可能演变趋势和前景。许多企业通过对现有产品的附加和扩展来不断提供潜在产品，所给予顾客的就不仅是满意，还可以是顾客在获得这些新功能的时候感到的喜悦。因此，潜在产品指出了产品可能的演变，也使顾客对于产品的期望越来越高。潜在产品要求企业不断寻求满足顾客的新方法，不断将潜在产品变成现实产品，这样才能使顾客得到更多的意外惊喜，从而更好地满足顾客的需要。

产品整体概念的5个层次十分清晰地体现了以顾客为中心的现代营销观念。这一概念的内涵和外延都是以消费者需求为标准的，也是由消费者需求来决定的。

小·案例

奔驰汽车公司的整体产品

奔驰汽车公司认识到提供给顾客的产品不仅是一个交通工具，还包括汽车的质量、造型、功能和维修服务等，以整体产品来满足顾客的系统要求，并不断创新。从小轿车到255吨的大型载重车共160种，3 700多个型号，以创新求发展是公司的一句流行口号，推销网和服务站遍布全国各个大中城市。

资料来源：智库文档. 汽车营销案例[OL]. (2013-03-22)[2018-01-20]. http://doc.mbalib.com/view/d6a82603aa8b293629b5dc400136882c.html.

（二）产品整体概念对企业营销活动的意义

营销谚语

> 有功效质量好，并不等于高端品牌。高端品牌源于时尚与文化的附加。

产品整体概念是市场营销思想的重大发展，对企业经营有着重大意义。

1. 指明了产品是有形特征和无形特征构成的综合体，表明产品的有形和无形特征

为此，一方面，企业在产品设计、开发过程中，应有针对性地提供不同功能，以满足消费者的不同需要，同时还要保证产品的可靠性和经济性；另一方面，对于产品的无形特征也应充分重视，因为它也是产品竞争力的重要因素。

2. 产品整体概念是一个动态的概念

随着市场消费需求水平和层次的提高，市场竞争焦点不断转移，对企业产品提出了更高的要求。为了适应这样的市场态势，产品整体概念的外延处在不断再外延的趋势之中。当产品整体概念的外延再外延一个层次时，市场竞争又将在一个新的领域展开。

3. 对产品整体概念的理解必须以市场需求为中心

产品整体概念的5个层次，清晰地体现了一切以市场需求为中心的现代营销观念。衡量一个产品的价值，是由顾客决定的，而不是由生产者决定的。

4. 产品的差异性和特色是市场竞争的重要内容

产品整体概念5个层次中的任何一个要素都可能形成与众不同的特点。企业在产品的效用、包装、款式、安装、指导、维修、品牌和形象等每一个方面都应该按照市场需要进行创新设计。

5. 把握产品的核心产品内容可以衍生出一系列有形产品

有形产品是核心产品的载体，是核心产品的转化形式。这两者的关系给我们这样的启示：把握产品的核心产品层次，产品的款式、包装和特色等完全可以突破原有的框架，并由此开发出一系列新产品。

以旅游为例，如果说旅游产品的核心层次是满足旅游者身心需要的短期性生活方式，旅游产品就不能仅仅理解为组织旅游者去名山大川游玩。其实，现在旅游产品已经延伸到商务旅游、购物旅游、现代工业旅游、现代农业旅游、都市旅游和学外语旅游等。

产品整体概念把市场营销的产品范围扩展到劳务及其他所有的部门，为企业开发适合消费者需要的有形和无形产品、挖掘新的市场机会提供了新的思路。

小·案例

为顾客设计形象

美国和德国的一些服装商店不久前推出一种形象设计服务，专门聘请形象设计专家为每一位前来的顾客设计形象。专家根据顾客的身材、气质和经济条件等情况，出主意、做参谋，指导顾客该买什么服装，配什么领带或饰物，头发做成什么式样才与服装、身材最相称，穿什么颜色和款式的鞋才能相得益彰，等等，从而使服装及各种配套物品最能体现顾客的长处，达到风度可人的理想境界。这项服务推出后，立即受到了广泛的欢迎，一时间，顾客如云，而且都是服装和饰物整套整套被买走，商店收入顿时大增。

资料来源：产品整体概念. 百度文库，http://wenku.baidu.com/view/e0c044e9856a561252d36fed.html.

（三）产品的分类

在市场营销中要根据不同的产品制定不同的营销策略，而要制定科学有效的营销策略，就必须对产品进行分类。

1. 按产品的用途划分

按产品的用途可划分为消费品和工业品。消费品是直接用于满足最终消费者生活需要的产品，工业品则由企业或组织购买后用于生产其他产品。消费品和工业品在购买目的、购买方式及购买数量等方面均有较大的差异。因此，对于这两类产品，企业的营销策略必须区别对待。

2. 按消费品的使用时间长短划分

① 耐用品。该类产品的最大特点在于使用时间长，且价格比较昂贵或体积较大。因此，消费者在购买时都很谨慎，重视产品的质量及品牌，对产品的附加利益要求较高。企业在生产此类产品时，应注重产品的质量、销售服务和销售保证等方面，同时选择信誉较好的有名的大型零售商进行产品销售。

② 半耐用品，如大部分纺织品、服装、鞋帽和一般家具等。这类产品的特点在于能使用一段时间，因此消费者不需要经常购买。但购买时，对产品的适用性、样式、色彩、质量和价格等基本方面会进行有针对性的比较、挑选。

③ 非耐用品。其特点是一次性消耗或使用时间很短，因此消费者需要经常购买且希望能方便、及时地购买。企业应在人群集中、交通方便的地区设置零售网点。

3. 按产品之间的销售关系划分

① 独立产品，即产品的销售不受其他产品销售的影响。例如，电视机和手表、钢笔和电冰箱等都互为独立产品。

② 互补产品，即产品与相关产品的销售相互依存、相互补充。一种产品销售的增加（或减少）就会引起相关产品销售的增加（或减少）。例如，如果羽毛球拍涨价，其需求量会减少，相应地羽毛球的需求量也会减少。

③ 替代产品，即两种产品之间的销售存在着竞争关系。也就是说，一种产品销售量的增加会减少另一种产品潜在的销售量。例如，如果火车票涨价，坐火车的人会减少，而选择飞机的人可能增加，它们便是替代产品。

（四）产品组合

1．产品组合及相关概念

产品组合是指企业生产或销售的全部产品的大类产品项目组合。产品组合不恰当可能会造成产品的滞销积压，甚至引起企业亏损。

① 产品项目是指产品线中不同品种、规格、质量和价格的每一个具体产品。以表 4.1 为例，宝洁的产品项目为 24 个。

② 产品线是指产品组合中的某一产品大类，是一组密切相关的产品。以表 4.1 为例，宝洁的产品线为 5 条。

③ 产品组合宽度是指一个企业的产品组合中所拥有的产品线的数目。以表 4.1 为例，宝洁的产品组合宽度为 5。

④ 产品组合长度是指一个企业的产品组合中产品项目的总数，以产品项目总数除以产品线数目就可以得到产品线的平均长度。以表 4.1 为例，宝洁的产品组合长度为 24/5，平均长度为 4.8。

⑤ 产品组合深度是指一个企业产品线中的每一产品项目有多少个品种。

⑥ 产品组合关联性是指各条产品线在最终用途、生产条件、分配渠道和其他方面相互关联的程度。

表 4.1　宝洁的产品组合

清 洁 剂	牙 膏	条状肥皂	纸 尿 布	纸 巾
象牙雪 1930	格利 1952	象牙 1879	帮宝适 1961	媚人 1928
德来夫特 1933	佳洁士 1955	柯克斯 1885	露肤 1976	粉扑 1960
汰渍 1933		洗污 1893		旗帜 1982
快乐 1950		佳美 1926		
奥克雪多 1914		爵士 1952		
德希 1954		保洁净 1963		
波尔德 1965		海岸 1974		
圭尼 1966		玉兰油 1993		
伊拉 1972				

资料来源：科特勒．营销管理[M]．10 版．北京：中国人民大学出版社，2001．

2．产品组合分析与决策

（1）优化产品组合分析

一般情况下，企业增加产品组合宽度，有利于扩大经营范围，发挥企业特长，提高经济效益，分散经营风险；增加产品组合深度，可以占领更多的细分市场，满足消费者广泛的需求和爱好，并吸引更多的消费者；增加产品组合长度，可以满足消费者的不同需求，增加企业经济效益；增加产品组合关联性，可以使企业在某一特定领域内加强竞争力并获得良好的声誉。

（2）产品组合决策

① 拓展产品组合。企业可以充分利用资源，发展优势，分散企业的市场风险，从而增强竞争力。其渠道主要是扩大产品组合宽度和加深产品组合深度，即增加一条和多条生产线，拓宽产品经营领域和在原生产线的基础上增加新的产品项目。如果企业现有产品线的销售量和利润下降，应及时扩大产品组合宽度，增加生产线；如果企业需要进军更多的细分市场，满足更多不同需求的消费者，则可以加深产品组合深度，增加新的产品项目。实行这一策略的主要特点是降低企业的市场风险或平衡风险，但企业的投入将增加，成本会提高，利润也可能会减少。

② 缩减产品组合。与拓展产品组合策略相反，企业根据市场的变化及自身情况，可以适当减少一部分产品项目，如减少进入衰退期亏损的产品项目、无发展前景的项目等。该策略的主要特点是集中企业优势发展利好产品，降低成本，但增加了企业的市场风险。

③ 产品线延伸。这是指全部或部分地改变原有产品的市场定位，具体有以下 3 种实现方式。

- 向下延伸，即企业把原来定位于高档市场的产品线向下延伸，在高档产品线中增加低档产品项目。适用条件是：利用高档名牌产品的声誉，吸引购买力水平较低的顾客慕名购买此产品线中的廉价产品；高档产品销售增长缓慢，企业的市场范围有限，资源设备没有得到充分利用，为赢得更多的顾客，企业将产品线向下伸展；企业最初进入高档产品市场的目的是建立品牌信誉，然后进入中、低档市场，以扩大市场占有率和销售增长率；补充企业的产品线空白。

- 向上延伸，即原来定位于低档产品市场的企业，在原有的产品线内增加高档产品项目。适用条件是：高档产品市场具有较大的潜在成长率和较高利润率；企业的技术设备和营销能力已具备加入高档产品市场的条件；企业要重新进行产品线定位。

- 双向延伸，即原定位于中档产品市场的企业掌握了市场优势以后，向产品线的上下两个方向延伸。

ℹ️ 营销谚语

没有真正的失败，只有中途放弃；没有疲软的市场，只有疲软的人。成功的起点是坚信，终点是坚持。

👁️ 视野拓展

芭比智设"美金链"

在美国市场上曾出现过一种注册为"芭比"的洋娃娃，每只售价仅 10 美元 95 美分。就是这个看似寻常的洋囡，竟弄得许多父母哭笑不得，因为这是一种"会吃美金"的娃娃。

一天，当父亲将价廉物美的芭比娃娃买下并作为生日礼物赠送给女儿后，很快就忘记了此事，直到有一天晚上，女儿对父亲说："芭比需要新衣服。"原来，女儿发现了附在包装盒里的商品供应单，提醒小主人说芭比应当有自己的一些衣服。做父亲的想，让女儿在给娃娃穿衣服的过程中得到某种锻炼，再花点钱也是值得的，于是又去那家商店花了 45 美元买回了"芭比系列装"。

过了一个星期，女儿又说得到商店的提示，应当让芭比当"空中小姐"，还说一个女孩子在她的同伴中的地位取决于芭比有多少身份，还噙着眼泪说她的芭比在同伴中是最没"份"的。于是，父亲为了满足女儿不太过分的虚荣心，又掏钱买了空姐衣服，接着又是护士、舞蹈演员的行头。这一下，父亲的钱包里又少了 35 美元。

然而，事情并没有完。有一天，女儿得到"信息"，说她的芭比喜欢上了英俊的"小伙子"凯恩。不想让芭比"失恋"的女儿央求父亲买回凯恩娃娃。望着女儿腮边的泪珠，父亲还能说什么呢？于是，父亲又花了 11 美元让芭比与凯恩成双结对。

洋娃娃凯恩进门，同样附有一张商品供应单，提醒小主人别忘了给可爱的凯恩添置衣服、浴袍、计算机、剃须刀等物品。没有办法，父亲又一次打开了钱包。

事情总该结束了吧？没有。当女儿眉飞色舞地在家中宣布芭比与凯恩准备"结婚"时，父亲显得无可奈何。当初买回凯恩让他与芭比成双结对，现在就没有理由拒绝女儿的愿望。为了不给女儿留下"棒打鸳鸯"的印象，父亲忍痛破费让女儿为婚礼"大操大办"。

父亲想，谢天谢地，这下女儿总该心满意足了。谁知有一天女儿又收到了商品供应单，说她的芭比和凯恩有了爱情的结晶——米琪娃娃！

资料来源：龙平. 芭比智设美金链[J]. 销售与市场，1996（6）.

二、产品市场生命周期及策略

（一）产品市场生命周期的概念及阶段划分

1．产品市场生命周期的概念

产品市场生命周期（Product Life Cycle，PLC）是指某产品从进入市场到被淘汰退出市场所经历的时间。产品在市场上存在的时间长短受消费者需求的变化和产品更新换代的速度等多种因素的影响。产品市场生命与产品使用寿命的概念不同。

2．产品市场生命周期的阶段划分

产品市场生命周期由于受到市场诸多因素的影响，其销售额和利润额曲线并非一条直线，不同的时期或阶段有着不同的销售量和利润。因此，产品市场生命周期各个时期或阶段一般是以销售额和利润额的变化来衡量和区分的，如图 4.2 所示。

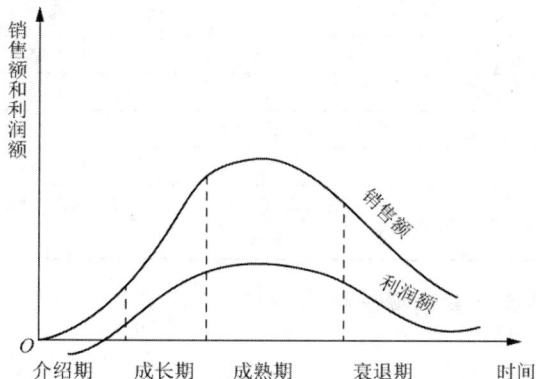

图 4.2　产品市场生命周期

① 典型的产品市场生命周期包括 4 个阶段，即介绍期、成长期、成熟期和衰退期。其产品市场生命周期表现为一条波浪形的曲线，各阶段会体现出不同的特点。

② 产品市场生命周期的其他形态（见图 4.3）有：再循环形态、成长—衰退—成熟形态和多循环形态。

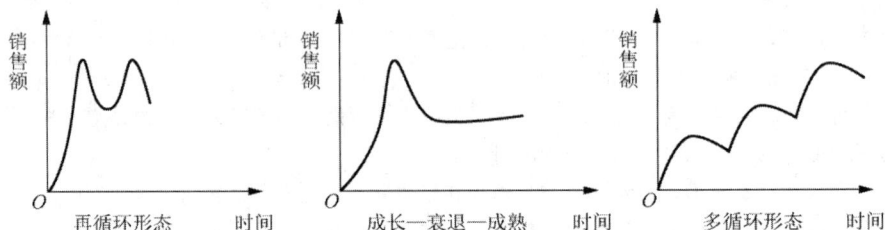

图 4.3　常见产品的生命周期形态

视野拓展

产品市场生命周期的认识

产品生命是有限的。产品销售会经历不同的阶段，每一阶段都对销售者提出了不同的挑战。在产品市场生命周期的不同阶段，产品利润有高有低，产品也需要不同的营销、财务、制造、购买和人力资源战略。

小思考：产品市场生命周期与产品寿命有什么区别？

资料来源：科特勒，凯勒.营销管理[M]. 13 版.王永贵，译.上海：格致出版社，2009.

（二）产品市场生命周期各阶段的特征与营销策略

产品市场生命周期各阶段的特征与对应的营销策略目标如表 4.2 所示。

表 4.2　产品市场生命周期各阶段的特征与营销策略目标

项目 ＼ 阶段	介 绍 期	成 长 期	成 熟 期	衰 退 期
销售量	低	剧增	最大	衰退
销售速度	缓慢	快速	减慢	负增长
成本	高	一般	低	回升
价格	高	回落	稳定	回升
利润	亏损	提升	最大	减少
顾客	创新者	早期使用者	中间多数人	落伍者
竞争	很少	增多	稳中有降	减少
营销策略目标	建立知名度，鼓励试用	最大限度地占有市场	保护市场，争取最大利润	压缩开支，榨取最后价值

1．介绍期的市场特点及营销策略

（1）市场特点

① 消费者对该产品不了解，大部分顾客不愿放弃或改变自己以往的消费行为，销售量小，相应地增加了单位产品的成本。

② 尚未建立理想的营销渠道和高效率的分配模式。

③ 价格决策难以确立，高价可能限制了购买，低价可能难以收回成本。

④ 广告费用和其他营销费用开支较大。

⑤ 产品技术、性能还不够完善。

⑥ 利润较少，甚至出现经营亏损，企业承担的市场风险最大。

⑦ 市场竞争者较少。

（2）介绍期的市场营销策略

对进入介绍期的产品，企业总的策略应该是迅速扩大销售量，提高盈利，缩短介绍期，尽量更快地进入成长期。其主要策略如下。

① 促销活动的重点是向消费者宣传介绍产品的性能、用途和质量，使消费者尝试使用新产品。

② 价格上可采取低价渗透策略，迅速扩大销售量来占有一定的市场，以及采用高价取值策略以提高盈利。

③ 根据市场的具体情况，运用促销和价格组合来选择相应的策略：迅速掠取策略，即以高价格和高促销水平推出新产品的策略；缓慢掠取策略，即以高价格和低促销水平推出新产品的策略；迅速渗透策略，即以低价格和高促销水平推出新产品的策略；缓慢渗透策略，即以低价格和低促销水平推出新产品的策略。

小·案例

娃哈哈绿茶虽然上市比较晚，前有康师傅冰红茶、统一乌龙茶已经占据了优势，后有可口可乐、乐百氏、雀巢、旺旺、午后红茶和三得利等大批企业跟进，但是娃哈哈绿茶在口感上以清淡低糖，包装和诉求上突出"天堂水、龙井茶"，因此一上市就受到了消费者的欢迎。虽然是后来者，但在短短的一年中就成为中国茶饮料的第三品牌。

资料来源：王晓望. 客户关系管理实践教程[M]. 北京：机械工业出版社，2012.

2．成长期的市场特点及营销策略

（1）市场特点

① 消费者对新产品已经熟悉，销售量增长很快。

② 产品已定型，技术工艺比较成熟。

③ 建立了比较理想的营销渠道。

④ 市场价格趋于下降。

⑤ 由于促销费用被分摊到更多的销量上，单位生产成本的下降快于价格下降，因此企业利润将逐步抵达最高峰。

⑥ 为了适应竞争和市场扩张的需要，企业的促销费用水平基本稳定或略有提高，但占销售额的比率下降。

⑦ 由于大规模生产和丰厚的利润，吸引了大批竞争者加入，导致市场竞争加剧。

（2）市场营销策略

① 根据用户需求和其他市场信息，不断提高产品质量，努力发展产品的新款式、新型

号，并增加产品的新用途。

② 加强促销环节，树立强有力的产品形象。促销策略应从以建立产品知名度为中心转移到以树立产品形象为中心，主要目标是建立品牌偏好，争取新的顾客。

③ 重新评价渠道选择决策，巩固原有渠道，增加新的销售渠道，开拓新的市场，以扩大产品销售。

④ 在价格决策上，应选择适当的时机调整价格，以争取更多的顾客。

小·案例

1992年7月，可口可乐公司宣布：该公司在全美范围内的小型办公场所已安装了35 000个"休息伴"（可口可乐小型饮料机）。这种"休息伴"的安装，标志着可口可乐公司实现了多年的梦想——办公室的工作人员足不出户就可以享用可口可乐饮料。每杯平均8美分的机售饮料要比听装饮料便宜得多——每个听罐成本是10美分，搬动数十箱听装或瓶装饮料需要较大的器械并占用很多的存放空间，而研制出的"休息伴"同微波炉大小，装满时重78磅。机器上装有3个糖浆瓶，每瓶大约可提供30份的6盎司饮料，只有可口可乐的糖浆罐与"休息伴"是匹配的，同时还配有一个可调制250份饮料的二氧化碳储气瓶。人们只需在3个按钮中任选一种自己喜爱的饮料，水流就会从冷却区流入混合管，同时二氧化碳的注入就形成了碳酸饮料。

另外，机器上还装有投币器，在买可乐时，可以投入 5、10、25美分的硬币。由于机器输出的饮料只有华氏32度，因此无须另加冰块。

资料来源：徐盈群. 市场营销学精品课程[DB/OL]. (2013-03-23)[2018-02-06]. http://jpkc.zjbti.net.cn/scyxx/ksal04.htm.

3．成熟期的市场特点及营销策略

（1）市场特点

① 成长中的成熟期，即各销售渠道基本呈饱和状态，增长率开始下降，还有少数后续的购买者继续进入市场。

② 稳定中的成熟期。由于市场饱和，消费水平平稳，销售增长率一般只与购买者人数成比例。

③ 衰退中的成熟期。销售水平显著下降，原有顾客的兴趣已开始转向其他产品和替代品；全行业产品出现过剩，竞争加剧，销售增长率下降，一些缺乏竞争力的企业将逐渐被淘汰；竞争者之间各有自己特定的目标顾客，市场份额变动不大，突破变得十分困难。

（2）市场营销策略

① 市场改良策略，即开发新市场，寻求新用户。开发产品的新用途，寻求新的细分市场，刺激现有顾客，增加使用频率；重新为产品定位，寻求新的买主。

② 产品改良策略，也称"产品再推出"，与市场改良策略相辅相成。改良产品将更有效地改良市场。企业可从3个方面改良产品：一是提高质量，使本企业品牌的产品更可靠、更经济、更耐用和更安全等；二是增加特性，使本企业品牌的产品具有其他同类产品所没有的新特性；三是更新款式，包括采用新的造型、花色和外观设计等，以增加产品的美感。

③ 营销组合改良。这是指通过改变定价、销售渠道及促销方式来延长产品成熟期，改良营销组合，以适应激烈的市场竞争形势。产品进入成熟期后，必须重新设计营销因素组

合方案，对产品因素及非产品因素（价格、渠道和促销等）加以整合。总体而言，这一时期应采用竞争性价格策略，或者适当扩大分销渠道，增加促销费用等。

小·案例

不断改良的百事可乐

2003年由贝克汉姆等超级球星一起代言拍摄的百事可乐广告片，在欧洲冠军联赛曼联和皇马对决的第二回合比赛中首次播出，意在与广大年轻的球迷朋友进行情感沟通。2011年，百事可乐又邀集了我国内地、香港和台湾地区的巨星联合拍摄"蓝色飓风"广告片，进一步扩大宣传产品的品牌形象及活力动感的品牌个性。同时，百事可乐还对中国甲A足球联赛冠名，组织百事可乐3人街霸足球赛，等等，一再体现百事可乐在成熟期的诉求核心——将目标永远锁定在年青一代，让他们对百事可乐产生依赖，让他们成为忠实的消费者（消费者随着年龄增长消费习惯依旧保持）。更有意思的是，百事推出的时尚运动靴一开始就打情感牌——时尚。消费者对产品功能品牌价值已经完全认可，对产品的消费因素中的理性因素在减弱，感性因素在加强，消费者更加关注的是消费你的产品所带来的感受，如有没有更温馨的服务，能不能更显示身份等。这个时候，企业广告或促销的目的是要加强消费者对产品的依赖和对品牌的忠诚度，这样既可以迅速扩大市场份额，又能树立品牌形象，为企业更多的产品进入市场打下坚实的基础。

资料来源：卜庆锋. 市场营销与策划[M]. 北京：电子工业出版社，2011.

4．衰退期的市场特点及营销策略

（1）市场特点

① 价格已下降到最低水平。

② 多数企业无利可图，被迫退出市场。

③ 产品销售量迅速下降，消费者的兴趣已完全转移。

④ 留在市场上的企业被迫逐渐减少产品附加服务，削减促销预算等，以维持最低水平的经营。

（2）市场营销策略

① 维持策略，即保持原有的细分市场和营销组合策略，把销售维持在一个低水平上。

② 集中策略，即把资源集中使用在最有效的销售渠道和最易于销售的品种、款式和最有利的细分市场上。

③ 榨取策略，即大大降低销售费用，以增加目前利润。

（三）产品市场生命周期的理论意义

1．产品市场生命周期理论概括地描述了产品销售历史上的阶段性及变化的趋向，有助于经营决策人员制定相应的市场营销策略

当某种新产品开始进入市场时，企业应采取一切措施激发消费者对这种产品的认识、兴趣、试用和采购，并尽量缩短介绍期的时间；当产品已被市场接受，销售量急速上升时，企业应尽可能保持这种快速的销售增长率，采取改良产品质量，扩大产品功能特性和品种规格，或者开发新的市场，适当调整价格等措施；当产品的潜在顾客逐渐消失，产品销售量渐趋稳定而进入成熟期时，市场经营策略应着重于延长产品市场生命周期；当产品销售量持续下降进入衰退期时，企业应审度形势，做出判断，予以淘汰，以避免重大损失。

2. 产品市场生命周期理论促使企业必须具有创新精神

企业所提供的产品品种和产品品牌的寿命总是有限的，最终必然会进入衰退期。当前网络信息科学技术迅速发展，市场竞争极其剧烈，新产品层出不穷，产品市场生命周期普遍出现缩短趋势。据有关统计，产品市场生命周期平均不到 10 年。在此情况下，如果企业死守原有的产品，不做改良，不开发新产品，必将被淘汰，这绝非杞人忧天。

小·案例

"无声小狗"便鞋的产品生命周期策略

20 世纪 60 年代的美国，"无声小狗"猪皮便鞋风行一时。回顾"无声小狗"便鞋从投入一直到衰退的整个生命周期各阶段采用的营销策略，会使我们获益匪浅。

1. 投入期的营销策略

美国澳尔费林环球股份有限公司（以下简称澳尔费林公司）根据潜在顾客的需求，决定生产防汗、不怕潮湿、不会变质、穿起来舒适的猪皮皮鞋，代替马皮皮鞋。1957 年，试销了男工便鞋 3 万双，每种款式有 11 种颜色，向农村和小镇出售。到了 1958 年，试销成功后，即给鞋子起名为"无声小狗"，同时还设计了一个眼神忧郁、耷拉着耳朵的矮脚狗作为广告标志。

一般来说，产品在投入期主要遇到的困难是知名度不高、市场占有率和销售增长率都很低，"无声小狗"也遇到了这一困难。同时，它还面临着销售市场和渠道转变的困难。该公司原来的产品是马皮皮鞋，卖给农民，鞋子的主要特点是结实和抗酸，而"无声小狗"则强调舒适，消费对象是城市郊区的人们，因而原先的销售点及推销员都不能适应。

针对上述两大困难，公司首先加强了广告宣传，在发往 35 个城市的《本周》杂志上大做广告，并通知销售经理，假如在 6 周以内，在 35 个城市设立 600 个新零售点，公司即批准拿出销售额的 17%用作广告费。其次，在 1958 年 8 月，该公司调回分散在各地的推销人员，集训一个多月后，再将他们派往 35 个城市，经过所有推销人员忘我的工作，销路终于打开了。

2. 成长期的营销策略

这一时期，该公司进一步扩大了广告的范围，广告预算是制鞋业平均广告费的 4 倍。与此同时，它又不断开发新款式男便鞋，销售额成倍地增长，到 1961 年，"无声小狗"便鞋在美国已成为名牌。这一时期，生产远远赶不上需求，该公司将每双鞋由原来的 7.05 美元提高到 9.95 美元，同时确定重点经销商，发展新款式。这段时间，销售量猛增，工人一天三班倒着干活，仍供不应求，管理人员忙着采购更多的猪皮。这时，谁也无暇考虑是什么原因和主要有哪些人来购买公司的便鞋。

3. 成熟期的营销策略

1963 年，销售额的增长率开始放慢，该公司开始有时间调查消费者购买"无声小狗"便鞋的一些资料了。该公司了解到购买者多数是属于高收入、高教育水平的阶层，购买原因主要是穿起来舒服、轻便和耐用。

于是，公司首先继续扩大广告范围，开始使用电视广告，同时还增加了 13 种广告杂志的广告，将影响进一步扩大到新的目标市场；其次，强调"无声小狗"便鞋的特点是走路舒适，喊出"穿上无声小狗鞋，使人行走变得更柔软"的宣传主题口号；再次，继续延伸它的销售渠道，发展它的零售点，这时它拥有 1.5 万个零售点。在这一时期后期，成本提高使产品价格涨到 11.95 美元/双，但由于公司便鞋质量好，相对于竞争对手成本低，总销售量仍然上升，利润在 1965 年达到了顶峰。

4. 衰退期的营销策略

从 1966 年开始，"无声小狗"便鞋的总销售量和利润开始逐年下降，到了 1968 年，形势非常严峻，除了竞争更加激烈、原料成本上涨的因素外，更主要的是消费者很少重新购买，原因是消费者不喜欢它的款式。同时，由于鞋子质量好，不易穿坏，因此影响了再购买。

该公司的经理们为销量的下降伤透了脑筋，他们认为"无声小狗"便鞋的重点似乎应该仍是舒适，但款式一定要更新了。他们是否能重新唤起人们的购买热潮呢？

资料来源：陈水芳. 现代市场营销学[M]. 杭州：浙江大学出版社，2001.

三、新产品开发策略

（一）新产品的概念

新产品开发是指从研究选择适应市场需要的产品开始到产品设计、工艺制造设计，直到投入正常生产的一系列决策过程。从营销的角度来考察，新产品是一个广义的概念，既指绝对新产品，又指相对新产品，生产者变动整体产品的任何一个部分所推出的产品，都可理解为一款新产品。

（二）新产品的基本类型

① 全新产品，即采用新原理、新技术和新材料研制出来的市场上从未有过的产品。例如，第 1 台计算机的问世，就是全新产品。

② 换代新产品，即采用新材料、新元件和新技术，使原有产品的性能有飞跃性提高的产品。例如，集成电路计算机取代原来的晶体管计算机就属于换代新产品。

③ 改革新产品，即从不同侧面对原有产品进行改革创新而创造的产品。它包括：改变原有产品的品质，降低成本，但产品用途不变；采用新式样、新包装和新商标改变原有产品的外观而不改变其用途；把原有产品与其他产品或原材料加以组合，使其增加新功能；采用新设计、新结构和新零件增加其新用途。例如，17 英寸屏幕笔记本式计算机取代 15 英寸笔记本式计算机就属于改革新产品。

④ 仿制新产品，即企业未有但市场已有而模仿制造的产品。例如，某公司仿照联想集团制造出来的计算机属于仿制新产品。

（三）新产品开发的基本方式

企业开发新产品，选择合适的方式很重要。选择适合企业实际的新产品，就能减小风险，也易于获得成功。一般有以下 4 种方式。

① 引进方式。技术引进是开发新产品的一种常用方式。企业采用这种方式可以很快地掌握新产品制造技术，减少研制经费和投入的力量，从而赢得时间，缩短与其他企业的差距。但引进技术不利于形成企业的技术优势和企业产品的更新换代。

② 独创方式。企业开发新产品的途径是自行设计、自行研制，即所谓的独创方式。采用这种方式开发新产品，有利于产品更新换代及形成企业的技术优势，也有利于产品竞争。自行研制、开发新产品需要企业建立一支实力雄厚的研发队伍，一个较高的技术平台和一个科学、高效率的产品研发流程。

③ 改进方式。这种方式是以企业的现有产品为基础，根据用户的需要，采取改变性能、变换形式或扩大用途等措施来开发新产品。采用这种方式可以依靠企业现有的设备和技术力量，开发费用低，成功把握大。但是，长期采用改进方式开发新产品，会影响企业的发展速度。

④ 结合方式。结合方式是独创与引进相结合的方式。

（四）新产品开发的意义

① 新产品开发是企业取得竞争优势的源泉。
② 新产品开发可以加强战略优势。
③ 新产品开发有利于保持企业的研究开发能力。
④ 新产品开发可以充分利用生产和经营资源。
⑤ 新产品开发可以提高品牌效益。
⑥ 新产品开发能够增强企业形象。

（五）新产品开发的组织

新产品开发的组织包括产品线经理、新产品经理、新产品开发委员会、新产品部和新产品开发小组。

（六）新产品开发的程序

新产品开发的程序如图 4.4 所示。

（1）产品构思

产品构思是在市场调查和技术分析的基础上，提出新产品的构想或有关产品改良的建议。

（2）构思筛选

并非所有的产品构思都能发展成为新产品。有的产品构思可能很好，但与企业的发展目标不符合，也缺乏相应的资源条件；有的产品构思本身可能就不切实际，缺乏开发的可能性。因此，企业必须对产品构思进行筛选。

（3）产品概念的形成与测试

经过筛选后的构思仅仅是设计人员或管理者头脑中的概念，离产品还有相当的距离，还需要形成能够为消费者接受的、具体的产品概念。产品概念的形成过程实际上就是构思创意与消费者需求相结合的过程，并通过多次的顾客测试。

（4）制订营销战略计划

对已经形成的新产品概念要制订营销战略计划。营销战略计划包括 3 个部分：一是描述目标市场的规模、结构和消费者行为，新产品在目标市场上的定位、市场目标等；二是对新产品的价格策略、分销策略和营销预算进行规划；三是描述预期的长期销售量、利润目标及不同时期的营销组合。

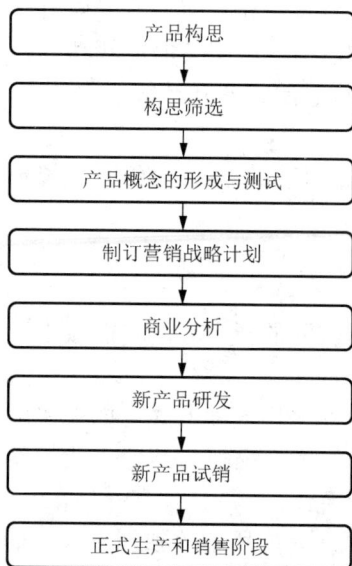

```
产品构思
  ↓
构思筛选
  ↓
产品概念的形成与测试
  ↓
制订营销战略计划
  ↓
商业分析
  ↓
新产品研发
  ↓
新产品试销
  ↓
正式生产和销售阶段
```

图 4.4 新产品开发的程序

（5）商业分析

商业分析的主要内容是对新产品概念进行财务方面的分析，判定它是否满足企业开发新产品的目标。

（6）新产品研发

新产品研发主要解决产品构思如何转化为技术上和商业上可行的产品的问题。它通过对新产品实体的设计、试制、测试和鉴定来完成。据有关调查资料表明，新产品研发过程中所需的投资和时间分别占总研发费用的30%和40%，且技术要求很高，是最具有挑战性的一个阶段。

（7）新产品试销

在这个阶段，企业需要动用大批人力、物力，支付大量费用，而新产品投放市场的初期往往获利甚微，乃至亏损。因此，要从以下几方面进行把握。

① 新产品投放时机。新产品进入市场的时机要把握好。如果新产品是用来代替本企业老产品的，其上市将不利于老产品的销售，那么新产品应当推迟到老产品库存较少时再投放市场；如果新产品的需求具有较强的季节性，应当选在需求最旺盛的季节上市，以争取最大的销量；如果新产品尚有可改进之处，就不必仓促上市，待改进完善以后再投放市场。

② 新产品投放地区。一般情况下，新产品不必立即在全国范围投放，可以先在主要地区的市场上集中开展广告宣传和促销活动，占有一定市场促销份额后，再向全国各地市场扩展。大公司如果拥有完备的全国或国际销售网络，也可以直接将新产品推向全国或国际市场。

③ 新产品目标市场。为了准确选择目标市场，企业可事先对不同地区市场的理想程度做出评判。最具吸引力的市场应当具备的特点是：市场潜力大；企业在这一市场的信誉好；营销费用低；该市场对其他地域市场的影响力大；竞争对手少。

（8）正式生产和销售阶段

在这个阶段，不仅需要做好生产计划、劳动组织、物资供应和设备管理等一系列工作，还要考虑如何把新产品引入市场，如研究产品的促销宣传方式、价格策略、销售渠道和提供服务等方面的问题。新产品的市场开发既是新产品开发过程的终点，又是下一代新产品再开发的起点。通过市场开发，可以确切地了解开发的产品是否适应需要及适应的程度，并分析与产品开发有关的市场情报，可以为开发产品决策、改进下一批产品、提高开发研制水平提供依据，同时还可以取得有关潜在市场大小的数据资料。

（七）新产品的市场扩散

1．消费者采用新产品的程序

认知→兴趣→评价→试用→正式采用。

2．顾客对新产品的反应差异

在新产品的市场扩散过程中，由于社会地位、消费心理、产品价值观和个人性格等多种因素的影响制约，不同顾客对新产品的反应具有很大的差异。如图 4.5 所示是音乐光盘播放机的扩散采用过程。

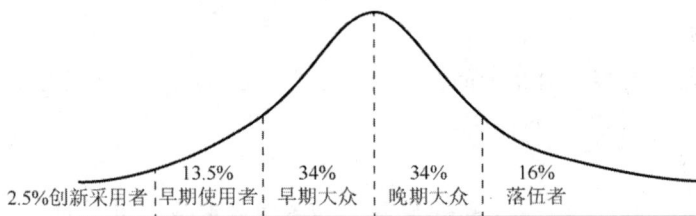

| | 13.5% | 34% | 34% | 16% |
| 2.5%创新采用者 | 早期使用者 | 早期大众 | 晚期大众 | 落伍者 |

图4.5　音乐光盘播放机的扩散采用过程

① 创新采用者。通常富有个性，受过高等教育，勇于革新冒险，性格活跃，消费行为很少听取他人意见，经济宽裕，社会地位较高，广告等促销手段对他们有很大的影响力。这类消费者是企业投放新产品时的极好目标。

② 早期使用者。一般也接受过较高的教育，年轻，喜欢探索，对新事物比较敏感，并且有较强的适应性，经济状况良好，他们对早期使用新产品具有自豪感。这类消费者对广告及其他渠道传播的新产品信息很少有成见，促销媒体对他们有较大的影响力。但与创新采用者比较，他们一般持较为谨慎的态度。这类顾客是企业推广新产品时的极好目标。

③ 早期大众。一般受保守思想影响较小，接受过一定的教育，有较好的工作环境和固定的收入；对社会中有影响的人物，特别是自己所崇拜的"舆论领袖"的消费行为具有较强的模仿心理；他们不甘落后于潮流，但受他们特定的经济地位所限，在购买高档产品时，一般持非常谨慎的态度，经常是在征询了早期使用者的意见之后才采纳新产品。但早期大众和晚期大众构成了产品的大部分市场。因此，研究他们的心理状态和消费习惯，对提高产品的市场份额具有很大的意义。

④ 晚期大众。较晚跟上消费潮流的人，其工作岗位、受教育水平及收入状况往往比早期大众略差；他们对新事物、新环境多持怀疑态度，对周围的一切变化抱观望态度；他们的购买行为往往发生在产品成熟阶段。

⑤ 落伍者。这些人受传统思想束缚很深，思想非常保守，怀疑任何变化，对新事物、新变化多持反对态度，固守传统的消费行为方式。因此，他们在产品进入成熟期后期以至衰退期才能接受。

视野拓展

改变了世界的"沃可曼"

公关专家伯内斯曾说，工商企业要"投公众所好"。这似乎成了实业界一条"放之四海而皆准"的真理。但索尼公司敢于毅然地说"不"。索尼的营销政策"并不是先调查消费者喜欢什么商品，然后投其所好，而是以新产品引导他们消费"。因为"消费者不可能从技术方面考虑一种产品的可行性，而我们则可以做到这一点。因此，我们并不在市场调查方面投入过多的兵力，而是集中力量探索新产品及其用途的各种可能性，通过与消费者的直接交流，教会他们使用这些新产品，以达到开拓市场的目的"。

索尼的创始人盛田昭夫认为，新产品的发明往往来自灵感，灵感突然闪现且稍纵即逝。现在流行于全世界的便携式立体声单放机的诞生，就出自一种必然中的偶然。一天，井深抱着一台索尼公司生产的便携式立体声盒式录音机，头戴一副标准规格的耳机，来到盛田昭夫的房间。从一进门，井深便一直抱怨这台机器如何笨重。盛田昭夫问其原因，他解释说："我想欣赏音乐，又怕妨碍别人，但也不能为此而整天坐在这台录音机前，所以就带上它边走边听。不过这家伙太重了，实在受不了。"井深的烦恼点亮了盛田昭夫酝酿已久的构想，他连忙找来技术人员，希望他们能研制出一种新式的超小型放音机。

然而，索尼公司内部几乎众口一词地反对盛田昭夫的新创意。但盛田昭夫毫不动摇，坚持研制。结果不出所料，该产品投放市场后空前畅销。索尼为该机取了一个通俗易懂的名字——"沃可曼"。日后每谈起这件事，盛田昭夫都不禁感慨万千，当时无论进行什么市场调查，都不可能由此产生"沃可曼"的设想。而恰恰正是这一"不起眼"的产品，改变了世界上几百万、几千万人的音乐欣赏方式。

索尼公司在"创立旨趣书"上写着这样一条经营哲学："最大限度地发挥技术人员的技能，自由开朗，建设一个欢乐的理想工厂。这就是'创造需求'的哲学依据。"

资料来源：刘永红.商务策划实务[M].北京：机械工业出版社，2012.

四、品牌策略

营销谚语

品牌因故事而生动，品牌是需要"制造"和"积累"的。

视野拓展

宝洁：开品牌管理之先河

良好的品牌管理能为企业带来更高的效益，这已成为企业的共识。越来越多的企业都在努力建立适合本企业的品牌管理系统，在这方面，宝洁公司是它们争相参照的经典。

1931年5月31日，一份具有历史意义的备忘录在宝洁诞生。哈佛毕业生尼尔·麦克罗伊在这份长达3页的备忘录中详细介绍了他的品牌管理思想，公司总裁杜普利破例详细阅读并予以批准。于是，一份备忘录改变了宝洁的发展史，"将品牌作为一项事业来经营"从此成为宝洁的信念之一。

在新的品牌管理体系之下，品牌经理要对某一品牌的营销全权负责，而且其收入与该品牌业绩挂钩。宝洁品牌管理系统的精要就是让自己的品牌展开竞争，这对当时的美国工商业都是个全新的概念。

宝洁要求它旗下的每个品牌都是"独一无二"的，都必须自己建立顾客忠诚度。同类产品上的多种宝洁品牌相互竞争但又各有所长，为消费者提供不同的好处从而保持各自的吸引力。例如，洗发水品牌各自承诺不同的利益：头屑去无踪，秀发更出众（海飞丝）；洗护二合一，让头发飘逸柔顺（飘柔）；含维生素B_5，令头发健康，加倍亮泽（潘婷）。在全球范围之内，宝洁还有9个洗衣剂品牌、6个香皂品牌、3个牙膏品牌、2个衣物柔顺剂品牌，也难怪《时代》周刊会称宝洁是个"毫无拘束、品牌自由的国度"。

资料来源：刘常宝.品牌管理[M].北京：机械工业出版社，2011.

（一）品牌概述

1．品牌的概念

品牌是指用以识别制造商或经销商的产品或服务，并使之与竞争对手的产品或服务区别开来的商业名称及标志，通常由文字、标志、符号、图案和颜色等要素或这些要素的组合构成。品牌包含有品牌名称、品牌标志等概念。品牌名称是指品牌中可以用语言来称呼和表达的部分；品牌标志是指品牌中可被识别而不能用语言表达的特定标志，包括专门设计的符号、图案、色彩和文字等。

2．商标的概念

商标是一个专门的法律术语，品牌或品牌的一部分在政府有关部门依法注册登记后获得专用权，受到法律保护的称为商标。经注册登记的商标有 R 标记，或者"注册商标"的字样。

小·案例

商标的特征

① 商标是受到法律保护的产权标志，是经我国工商局核准注册而取得的特殊权利，具有独占性，不容他人或企业侵犯。

② 商标是商品或服务的标志。非商品上的图案、符号、标志或组合都不是商标。

③ 商标是生产者或经营者的标志，区别于其他商品，是企业声誉和评价的象征。

资料来源：韩郁骞. 市场营销与策划[M]. 青岛：中国海洋大学出版社，2011.

3．商标和品牌的区别与联系

两者的联系是：商标的实质是品牌，两者都是产品的标志。

两者的区别如下。

在品牌中未注册的部分没有专用权，不受法律保护；商标具有专用权。品牌可以按企业的要求去设计、创意；商标则要受国家商标登记注册机关的有关规定约束。商标可以为企业独占而不使用；品牌一定是使用的，不管是否为使用者独占。

营销谚语

市场是海，质量是船，品牌是帆。

4．品牌的作用

① 品牌对营销者的作用：有利于促进产品销售，树立企业形象；有利于保护品牌所有者的合法权益；有利于约束企业的不良行为；有利于扩大产品组合；有利于企业实施市场细分战略。

② 品牌对消费者的作用：有利于消费者辨认、识别及选购商品；有利于维护消费者利益；有利于促进产品改良，满足消费者的需求。

（二）品牌策略

1．品牌设计

（1）品牌设计的要求

简洁醒目，易读易记；构思巧妙，暗示属性；富蕴内含，情意浓重；避免雷同，超越时空。

（2）品牌命名的主要方法

① 效用命名。以产品的主要性能和效用命名，使消费者迅速理解商品功效，便于联想

和记忆。例如，桑姜感冒片和手腕式电子血压计等。

②　人物命名。以历史人物、传奇人物、制造者及对产品有特殊偏好的名人姓名命名，衬托和说明产品品质，以提高产品身价。例如，麦当劳、李宁和奔驰等。

③　产地命名。用商品的产地命名，可反映商品的传统特色和优越性能。例如，西湖龙井、鄂尔多斯羊毛和珠海土鸡等。

④　制法命名。多用于具有独特制造工艺或有纪念意义的研制过程的商品，表示制作精良以提高产品威望。例如，北京烤鸭、北京二锅头和傣家干烧牛肉等。

⑤　译名命名。以国外进口商品的商标译名，以及模仿国外商标译名而制作的中文品牌，有音译、意译和音意兼顾命名 3 种。意译的外国商标较少，如 Crown（皇冠）、Gold Queen（金皇后）等；纯粹音译的品牌有限，如 Lux（力士）香皂、SONY（索尼）等；音意兼顾命名，品牌译名中最为常见，如 Pepsi Cola（百事可乐）、Montaqut（梦特娇）等。

⑥　企业命名。可直接说明商品的来源，有利于借助企业声誉推出新产品。例如，伊利、蒙牛和格力等。

⑦　形象命名。用动物形象或抽象图案为商品命名，以增强感染力。例如，雪花和天鹅等。

⑧　数字命名。用阿拉伯数字命名，简单易记。例如，555 和 999 等。

⑨　好兆命名。以吉利的词句、良好的祝愿命名，既暗示商品的优良性能，又迎合消费者的美好愿望。例如，金利来、金六福和红双喜等。

2．品牌决策

（1）根据品牌有无策略

根据品牌有无策略，可分为有品牌策略和无品牌策略。

采用品牌策略对大部分产品来说可以起积极作用，但并不是所有产品都必须采用品牌策略。由于采用品牌策略要发生一定的费用，同时可能对促进销售的作用会很小，这种情况下可以使用无品牌策略。

（2）根据品牌归属决策

根据品牌归属决策分为企业品牌或生产者品牌、中间商品牌和混合品牌。

品牌归属决策是指企业决定使用本企业（制造商）的品牌，还是使用中间商的品牌，或者两种品牌同时兼用。在现代市场经济条件下，制造商品牌和中间商品牌之间经常展开激烈的竞争。一般来说，制造商品牌和中间商品牌之间的竞争，本质上是制造商和中间商之间实力的较量。在制造商具有良好的市场声誉、拥有较大市场份额的条件下，应使用制造商品牌；无力经营自己品牌的中间商只能接受制造商品牌。相反，当中间商品牌在某一市场领域中拥有良好的品牌信誉及庞大的、完善的销售体系时，利用中间商品牌也是有利的。因此，进行品牌归属决策时，要结合具体情况，充分考虑制造商和中间商的实力对比，以求客观地做出决策。

小·案例

五粮液集团的品牌

五粮液集团的品牌如表 4.3 所示。

表 4.3　五粮液集团的品牌

品牌归属	制造商品牌	中间商品牌	混合品牌
五粮液集团品牌	五粮液酒系列	浏阳河酒系列	红杉树系列
	五粮液年份酒	金六福酒系列	京酒系列
	五粮醇酒系列		
	五粮神酒系列		
	五粮春酒系列		

（3）根据品牌统分决策

根据品牌统分决策，可分为统一品牌、个别品牌和分类品牌。

① 统一品牌，即一个企业无论其产品种类有多少，销售地域有多广，都使用一样名称、名词、标志或设计的品牌。这种策略的好处是节省品牌的设计费用，有利于消除消费者的不信任感，从而壮大企业的声誉，如格力、西门子和雀巢等。但采用这种策略时应注意：一是这种品牌在市场上已有较好的声誉；二是各种产品应具有相同的质量水平；三是产品属于同一细分市场，否则会造成损害企业信誉和品牌的错位。

② 个别品牌，即对各种产品分别采用不同的品牌。如果企业的产品类型较多，产品线之间的关联程度较小，企业生产产品有较大差别，采用个别品牌的策略较为有效。例如，宝洁公司从 1988 年进入中国市场以来，生产的各种日化产品，分别使用海飞丝、飘柔、汰渍、奥妙等不同品牌，并创造了飘柔、潘婷、海飞丝、沙萱等不同洗发水品牌。

③ 分类品牌，即企业对生产经营的同类产品分别命名的一种品牌策略。生产或销售同类型的产品，但质量水平有差异，也使用不同品牌以便于识别。例如，美国西尔斯公司经营的器具类产品、妇女服装类产品、主要家庭设备类产品分别使用不同的品牌名称。

（4）根据品牌重新定位决策

根据品牌重新定位决策，可分为功能型利益定位、情感型利益定位和自我表现型利益定位。

品牌重新定位就是对品牌进行再次定位，旨在摆脱困境，使品牌获得新的增长与活力。品牌重新定位有企业本身的原因，也有外部环境的原因。这些原因一般表现在：一是原有定位是错误的；二是原有定位阻碍了企业开拓新市场；三是原有定位削弱了品牌的竞争力；四是消费者偏好和需求发生变化。例如，宝洁公司刚进入我国时，旗下品牌"飘柔"最早的定位是"二合一"，带给人们方便，以及它具有使头发柔顺的独特功效。后来，宝洁在市场开拓和深入调查中发现，消费者最迫切需要的是建立自信，于是从 2000 年起飘柔品牌以"自信"为诉求对品牌进行了重新定位。

五、包装策略

（一）包装的概念

包装是指为产品设计并制作容器或包扎物的一系列活动。它既包括了产品的外部包装和容器，即包装器材，也包括了对产品进行包装的制作过程，即包装方法。产品的包装有 3 个层次：内包装，即产品的直接容器；中层包装，作用是保护产品和促进销售；储运包装（外包装），作用是便于储存、搬运和辨认产品。

ⓘ 营销谚语

> 鸟要羽装，人要衣装，产品也要包装。

产品包装是一项技术性和艺术性很强的工作，通过对产品包装可以达到多种效果。包装设计应适应消费者心理，显示产品的特色和风格，包装的形状、大小应为运输、携带、保管和使用提供方便。

视野拓展

商品包装材料

① 纸和纸板。

② 塑料。

③ 木质材料。

④ 金属材料。

⑤ 玻璃。

⑥ 陶瓷。

⑦ 复合包装材料。

⑧ 其他材料。

（二）包装的作用

作为产品生产的最后一道工序和产品的外衣，包装的作用主要体现在以下几方面。

① 保护产品，区别竞品。保护产品质量安全和数量的完好无损，是产品包装的最原始、最基本的目的。产品在从生产领域向消费领域转移过程中，会出现日晒、震动、挤压和变质等情况，造成一些不必要的损失。同时，不同的产品，包装也不同，包装有利于区别竞争对手的产品。

② 方便使用，便于储运。适当的包装可以起到便于使用和指导消费者的作用。产品的物质形态有气态、液态、固态和胶态等；理化性也各异，可能是有毒的，有腐蚀性的或易挥发、易燃、易爆等；外形上可能有棱角、刃口等危及人身安全的形状。因此，进行合理的包装，可便于产品的运输，从而节省流通时间及降低运输费用；经过合理包装的产品，便于储存和点检，有利于仓库作业，合理堆砌，便于计数，也有利于管理。

③ 美化产品，促进销售。产品首先进入消费者视觉的往往不是产品本身，而是包装。能否引起消费者的兴趣和激发购买动机，在一定程度上取决于产品的包装，因而包装成了"无声推销员"。产品经过包装，其美感进一步强化，好的包装可以增加产品的价值，引起消费者的兴趣，从而促进产品的销售。

④ 增强竞争力，增收节支。不同产品采用不同包装，或者同类产品不同厂家、不同品牌，采用不同的包装，可以使消费者易于识别。同时，通过产品包装，企业可以与竞争者的同类产品有所不同，不易仿制和伪造，有利于维护企业信誉，增强企业竞争力，提高经

济效益。同时，在运输过程中，包装能减少损坏、变质等情况，减少损耗，从而减少支出，增加利润。

（三）包装的要求

① 具有足够的强度、刚度和稳定性，符合环保要求。

② 包装材料选用符合经济、安全的要求。

③ 具有防腐、防水、防潮、防虫和防盗等防护能力。

④ 便于搬运和装卸，包装质量、尺寸、标志、形式等应符合国际与国家标准。

⑤ 能减轻工人劳动强度，操作安全便利。

（四）包装的策略

1．类似包装策略

类似包装策略是指企业所生产的各种不同的产品，在包装上采用共同或相似的图案、形状，或者其他共同的特征，使消费者容易发现是同一家企业的产品。类似包装具有采用统一品牌策略的好处是可以节省包装设计的成本，有利于提高企业的整体声誉，维护企业形象，特别适合新产品进入市场时采用。但如果企业产品品质相差太大，就不宜采用这种策略。

2．等级包装策略

等级包装策略是指按照产品的价值、品质分成若干等级，并实行不同的包装，使包装与产品的价值相称。例如，优质包装和普通包装、豪华包装和简易包装等，有利于消费者辨别产品的档次和品质。它适用于产品相关性不大，产品档次、品质比较悬殊的企业。其优点是能体现产品的特点，并与产品质量协调一致；缺点是增加了包装设计成本。

3．配套包装策略

配套包装策略是指企业根据消费者的购买要求和消费习惯，将多种使用上相互关联的产品纳入同一包装容器内。这种包装策略不仅可以方便消费者的购买和使用，而且有利于带动多种产品销售，特别有利于新产品的推销，如家用药箱、针线包和工具包等。此外，还有利于充分利用包装容器的空间和满足同一消费者的多种需要，扩大销售。

4．再使用包装策略

再使用包装策略是指包装物在被包装的产品消费完毕之后并未作废，还能做其他用途的包装策略。这种策略可以利用消费者一物多用的心理，刺激消费者的购买欲望，扩大产品销售，同时使带有企业标志的包装物在被使用过程中起到延期广告宣传的作用，诱发消费者购买或引起重复购买。例如，国药药材冷水江制药有限公司生产的银翘解毒颗粒采用的金属碗外包装，就属于再使用包装策略，消费者消费了产品之后，还可以用金属碗来盛装饭菜等。

5．附赠品包装策略

附赠品包装策略是指在产品包装物内附赠给购买者一定的物品或奖券。例如，娃哈哈的包装盒里附带了一些生肖小卡片，如果小朋友集齐了十二生肖卡片，就可以免费兑换一套娃哈哈童装，既吊足了小孩和家长们的胃口，又大大促进了娃哈哈的销量。

6. 更换包装策略

更换包装策略是指原产品声誉不是太好，销售量下降时，对原产品包装进行改进或更换来重塑形象，重新投入市场以吸引消费者，从而保持市场占有率。采取该策略，可以重塑产品在消费者心中的形象，改变一些不良影响。

小·案例

罗林洛克啤酒的包装策略

随着竞争的加剧和消费的下降，美国啤酒的竞争变得越来越残酷。像安毫斯·布希公司和米勒公司这样的啤酒业巨人正在占据越来越大的市场份额，从而把一些小的地区性啤酒商排挤出了市场。

出产于宾夕法尼亚州西部小镇的罗林洛克啤酒在20世纪80年代后期勇敢地进行了反击。营销专家约翰·夏佩尔通过他神奇的经营活动使罗林洛克啤酒摆脱了困境，走向了飞速发展之路。而在夏佩尔的营销策略中，包装策略发挥了关键作用。

包装在重新树立罗林洛克啤酒的形象上扮演了重要角色。夏佩尔为了克服广告预算的不足，决定让包装发挥更大的作用。他解释道："我们不得不把包装变成牌子的广告。"

该公司为罗林洛克啤酒设计了一种绿色长颈瓶，并漆上显眼的艺术装饰，使其包装在众多的啤酒中很引人注目。夏佩尔说："有些人以为瓶子是手绘的，它跟别的瓶子都不一样，独特而有趣，人们愿意把它摆在桌子上。"事实上，许多消费者坚持装在这种瓶子里的啤酒更好喝。公司也重新设计了啤酒的包装箱。"我们想突出它的绿色长颈瓶与罗林洛克啤酒是用山区泉水酿制的这个事实。"夏佩尔解释道，"包装上印有放在山泉里的这些瓶子。照片的质量很高，色彩鲜艳、图像清晰，消费者很容易从30英尺外认出罗林洛克啤酒。"

夏佩尔喜欢用魅力这个词来形容罗林洛克啤酒的新形象。"魅力，这意味着什么呢？我们认为，瓶子和包装造就了这种讨人喜欢的感觉。看上去它不像大众化的产品，而给人一种高贵的品质感。而且这种形象在很大程度上也符合啤酒本身。罗林洛克啤酒出产于宾州西部的小镇，它只有一个酿造厂，一个水源。这与安豪斯·布希啤酒或库尔斯啤酒完全不同，我们知道，并非所有的库尔斯啤酒都是在科罗拉多州的峡谷中酿造的。"

包装对增加罗林洛克啤酒的销量有多大作用呢？夏佩尔说："极为重要，那个绿瓶子是确立我们竞争优势的关键。"

资料来源：张岩松，包红君，王海鉴. 现代市场营销案例教程[M]. 北京：清华大学出版社，北京大学出版社，2010.

练一练

一、案例分析

走进宝洁——宝洁产品策略

1. 宝洁公司概况

宝洁公司是美国蜡烛制造商威廉·波克特与肥皂制造商詹姆斯·甘宝于1837年在美国合资成立的，公司总部设在美国俄亥俄州辛辛那提市，是全球500强企业之一。

在 1999—2000 年度，公司全年销售额为 399.5 亿美元，在《财富》杂志评选出的全球 500 家最大工业/服务业企业中排名第 60 位，全美排名第 23 位，并被列为业内最受尊敬的公司。2002—2003 财政年度，宝洁公司全年销售额达到 434 亿美元，名列《财富》500 强第 86 位。2004 年度，宝洁公司全球销售额达到 514 亿美元。2005 年，宝洁在中国的销售额达到了 150 亿元人民币。

今天的宝洁在全球 80 多个国家和地区拥有约 138 000 名雇员，旗下拥有的 300 多个品牌畅销全球 160 多个国家及地区，包括帮宝适、汰渍、碧浪、护舒宝、舒肤佳、佳洁士、玉兰油、飘柔、海飞丝、潘婷、沙宣、伊卡璐等在内的众多深受消费者信赖的品牌。其中，包括玉兰油在内的 13 个品牌其年销售额超过了 10 亿美元，年总销售额近 765 亿美元。

2. 宝洁的产品研发

对任何企业来说，产品都是其品牌的核心。随着技术日新月异的发展和消费者需求的不断变化及产品市场生命周期的缩短，任何产品都不可能永久生存，难免会走向衰落，直至退出市场。企业要在市场上站稳脚跟，就必须不断研发新产品。宝洁作为日化界的巨头，深谙其道：唯有以创新的、适合市场需求的产品作为基础，营销策略才能够真正有效，产品才能赢得消费者的青睐。因此，宝洁一直非常重视产品的研发，每年在研发上的费用超过了 13 亿美元，以寻找下个年度的产品改善空间。其研发创新能力稳居同业之冠，平均每年申请创新产品与技术专利近 2 万项，成为世界日用消费品生产中技术研发投入最多的公司。

宝洁不仅投入大量的研发经费，吸引顶尖的研发人员，同时还建构以研发官为首的强大研发组织和具有强大辅助效果的研发合作网络。这些外部网络包括专利权和智慧财产权的授权与捐赠、与大学研究中心或国家研究室建立密切的合作关系及共同制订研发计划、建立技术购买中心、与关键技术供应链建立合作伙伴关系等。现在宝洁公司 50% 的创新来自外部，研发团队负责将"外脑"源源不断提供的点子和专利转化为适合宝洁的成熟技术，实现了研发的"杠杆效应"。宝洁很早就意识到技术的先进性对带动新产品开发的重要性，所以宝洁非常注重技术的创新。1995 年 10 月 8 日，美国总统克林顿在白宫主持仪式，授予宝洁国家技术奖章（美国国内授予研发技术成就的最高奖项），以表彰该公司在消费类产品方面创造性地开发和应用先进技术。宝洁有 6 项专利都曾获得此殊荣。

宝洁以"消费者为先"的研发理念为指导，以具体的市场调研资料作为支持，不断开发出符合消费者需求、深受市场欢迎的创新产品。

宝洁新产品的研发不仅仅来自于宝洁内部，有时也从公司外部购买新产品。例如，1998 年，克里夫兰地区有 4 位企业家发明了旋转式牙刷，宝洁以 4.75 亿美元购买了该产品的专利，并获得辉煌的营销成果。2000 年，该产品成为全美最畅销产品。

3. 宝洁的品牌管理

众所周知，品牌是产品的灵魂，是开启市场的钥匙，是消费者选择产品的理由。因此，早在一个世纪以前，品牌管理就受到企业的高度重视，并且作为营销管理乃至整个企业管理的一个核心。宝洁一直坚信品牌的力量，它在品牌管理上投入了许多资源，首创品牌经理制度，并将塑造好的品牌形象作为公司的长远目标。

宝洁的品牌管理大致经历了以下几个阶段。

① 1915—1929 年，品牌由职能部门管理。在此期间，品牌的管理由企业具有专业化知识的中层经理和广告机构承担。

② 1930—1945 年，品牌经理制出现。1929 年爆发的全球性经济危机使得生产者品牌受到了极大的挑战，因而促使企业寻求更有效的品牌管理方法。1931 年，宝洁公司首次为它的每一个品牌分配了一个品牌助理和品牌经理，并让他们负责协调各自品牌的广告和其他营销活动，于是品牌经理制应运而生。所谓

品牌经理制，是指品牌经理全面负责产品的构思、设计、宣传、保护和品牌资产的经营，从而在组织上保证全面、有效地实施品牌发展战略，实现品牌运营的协调一致。

宝洁的每一位品牌经理都与公司的其他品牌经理及别的公司的品牌经理进行竞争。他们处于沟通网络的中心位置，并且是市场营销、广告、促销战略的制定者。

③ 1950—1980 年，品牌经理制盛行。1976 年，大型包装类消费品生产企业中有 84%设立了品牌经理，耐用消费品生产企业中有 34%设立了品牌经理。

④ 20 世纪 80 年代末、90 年代初，品牌整合出现。随着环境的变化，品牌经理制逐渐出现许多问题，许多企业对原有管理体制做出了调整，品牌整合应运而生。

4．宝洁的货类管理

1987 年，宝洁设立了新职位——产品大类经理，实行产品大类经理管理制度。这种制度实际上是一种货类管理。货类管理意味着无视制造商如何从品牌的角度来看营销，而是转向消费者从货类的角度来看。

Gulick（古立克）曾是宝洁公司主管特别任务的部门经理，参加过公司第 1 个正式的货类管理研究小组的工作。他说："宝洁的想法是将现有品牌统一起来，按消费品种类重新编排品牌系列。这体现了一种深刻变化。首先，宝洁根据消费者使用产品的情况，确定消费类别，然后将各品牌安排到消费者认为适当的类别中。宝洁进行货类管理的首要目标，在于学会如何冲破传统品牌管理体系来衡量品牌的作用。毕竟，从品牌管理到货类管理，需要学习很多东西。"就是说，宝洁必须学会面对顾客营销，并重新考虑品牌文化和利润结构。例如，玉兰油香皂和舒肤佳香皂，对于这些品牌的制造商或品牌经理来说是一回事，但对消费者来说，却是可供选择的两种香皂。古立克认为，宝洁必须根据消费者的情况进行营销，弄明白消费者如何使用产品。

几乎一夜之间，车间里的员工从单纯的制造者变成了货类管理人。古立克还强调，仅仅做到这些还不够，还应该实实在在地考虑整个架构，从商场一直上溯到制造商及整个制造流程。到 1990 年前后，这一组织结构已相当完善，每一货类都有了自己的队伍。货类经理就像一个小范围的首席行政总监，另外还有货类销售经理、货类制造经理、货类财务总监、货类广告经理。货类管理建立了一条完全透明的供应链，使宝洁公司真正做到了以顾客为导向。

5．宝洁的品牌战略

（1）多品牌战略

宝洁认为如果在一个领域还有另一品牌的空间，那这个品牌也应是宝洁的，因此宝洁制定的多品牌战略，其实就是宝洁占有更多市场份额的撒手锏。在美国市场上，宝洁有 8 种洗衣粉品牌、6 种肥皂品牌、4 种洗发水品牌和 3 种牙膏品牌，每种品牌的诉求都不一样。宝洁正是利用品牌之间功能、特性的差别赢得了不同需求和生活品位的用户，而且每个品牌都有自己的发展空间，不会发生市场重叠，使每个品牌都拥有极高的市场占有率。

宝洁一直信奉功能品牌模式，并对产品的功能进行细分。例如，在洗发用品方面，有柔顺的飘柔、去屑的海飞丝、营养的潘婷、专业发廊效果的沙宣及草本精华伊卡璐。宝洁品牌定位形成了功能定位和情感定位的完美统一，加强了情感方面的诉求。宝洁的品牌广告看起来是简单的功能诉求，但其通过氛围、个性、趋势、形象手段形成的品牌壁垒却让其他日化企业无法超越。宝洁利用多品牌战略，利用一品多牌从功能、价格、包装等方面划出了多个市场。但宝洁知道，宝洁的重点不在于告诉消费者这么多品牌来自宝洁，而在于一个品牌能满足一种消费需要。

（2）宝洁的品牌延伸战略

品牌延伸是多元化经营企业面临的最重要的战略问题。企业一般认为，单一品牌战略能够给企业减少宣传成本，易于被顾客接受。在进行产品定位时，企业延伸战略如果采取品牌战略，那么就能借助成名品牌推出新产品，沿袭成名产品在市场上的独特形象。宝洁在推出每一个产品时，都使用代表公司形象的P&G标志，并借助P&G推出一个个新产品。例如，宝洁旗下有3个沐浴品牌——玉兰油、舒肤佳和激爽，就是采取的品牌延伸战略，即在原来成功的大品牌基础上进行品牌延伸。

但是，宝洁的品牌延伸也面临严峻挑战。2002年6月，当宝洁公司推出激爽的时候，以其特别的路演吸引了无数媒体和大众的目光，甚至引起了营销界关于"事件营销"的讨论。但宝洁公司却无奈地宣布："出于长远发展的战略考虑，宝洁公司已经决定从2005年7月起，停止激爽的生产。"宝洁公司"激爽"品牌的中国对外事务部公关经理王虹这样解释：从市场份额上看，"激爽"沐浴露远远不如"舒肤佳"和"玉兰油"，集中精力做大后两个品牌是公司此次进行资源整合的初衷。想当年，激爽曾以一个新品的姿态闯入全国沐浴品牌前10名，并拿下了接近2%的市场份额，甚至公开与沐浴产品老大"六神"叫板。但消费者并不买账，数字显示：激爽品牌的市场占有率一直徘徊在3%左右，其在超市与对手"六神"的竞争，也基本以失败告终。这相比于3年10亿元的广告投放来说，显然是一个高投入低回报的产品。

资料来源： 王天春. 市场营销案例评析[M]. 大连：东北财经大学出版社，2009.

在线测试

二、单项选择题（每小题1分，每小题只有一个最恰当的答案）

1. 形式产品是指（ ）借以实现的形式或目标市场对某一需求的特定满足形式。

　　A．期望产品　　　　　B．延伸产品　　　　　C．核心产品　　　　　D．潜在产品

2. 产品组合宽度是指产品组合中所拥有（ ）的数目。

　　A．产品项目　　　　　B．产品线　　　　　　C．产品种类　　　　　D．产品品牌

3. 产品组合长度是指（ ）的总数。

　　A．产品项目　　　　　B．产品品种　　　　　C．产品规格　　　　　D．产品品牌

4. 介绍期选择快速掠取策略是针对目标顾客的（ ）。

　　A．求名心理　　　　　B．求实心理　　　　　C．求新心理　　　　　D．求美心理

5. 处于市场不景气或原料、能源供应紧张时期，（ ）产品线反而能使总利润上升。

　　A．增加　　　　　　　B．扩充　　　　　　　C．延伸　　　　　　　D．缩减

三、多项选择题（每小题1分，每题有多个答案正确。错选、少选、多选，均不得分）

1. 产品整体概念包含的层次有（ ）。

　　A．核心产品　　　　　B．形式产品　　　　　C．期望产品

　　D．附加产品　　　　　E．延伸产品

2. 影响产品组合的因素有（ ）。

　　A．适应度　　　　　B．长度　　　　　C．关联度　　　　　D．宽度　　　　　E．深度

3. 典型的产品生命周期包括（ ）阶段。

　　A．介绍期　　　　　B．成长期　　　　　C．成熟期　　　　　D．开拓期　　　　　E．衰退期

4. 顾客对新产品的反映具有很大的差异，主要有（ ）。

　　A．创新采用者　　　　B．早期使用者　　　　C．早期大众　　　　D．晚期大众　　　　E．落伍者

5. 对于产品生命周期衰退阶段的产品，可供选择的营销策略是（ ）。

　　A．集中策略　　　　　B．扩张策略　　　　　C．维持策略

　　D．竞争策略　　　　　E．榨取策略

任务二　价格策略

产品价格是顾客选购产品的主要因素。产品价格对企业经营的成败有决定性影响，其价格高低直接关系到企业所能获得经济效益的大小，价格高，利益大；反之，利益小。合理的产品价格是企业取得竞争最有效和最直接的手段。价格也是市场营销组合一个重要的组成部分，我们十分有必要熟悉它。

营销谚语

营销就是让消费者只关注价值，忘记价格。

试一试　对下面不同产品的价格对比后，进而分析其原因。

小汽车、摩托车、自行车价格对比

| 800 000元 | 5 000元 | 800元 |

思考：为什么小汽车的价格远远高于摩托车和自行车的价格？

想一想　请给下面各图中的产品确定合适的价格，并简要说明理由。

红旗H7

郴州特产东江鱼

杉杉西服

特步休闲鞋

经典赏析

"农夫"，价格有点高

一、"农夫山泉"与众不同的定价策略

农夫山泉股份有限公司原名浙江千岛湖养生堂饮用水有限公司，成立于1996年9月，2001年6月改制成为股份有限公司。1997年6月，农夫山泉在上海、浙江的重点城市上市；1998年，农夫山泉在全国推广，掀起红色风暴，市场占有率跃升到全国第三；2002年3月，AC尼尔森市场研究公司发布的中国消费市场调查结果显示，在瓶装水行业，农夫山泉是最受消费者欢迎的品牌。

在开拓市场之初，农夫山泉遇到的最大挑战就是同行业内的竞争。自1987年青岛崂山矿泉水有限公司生产出我国第一瓶矿泉水，到1996年，我国矿泉水企业已发展到1 200多家。而20世纪90年代中期开始起步的纯净水，更是让水市雪上加霜。从1995年到1997年，娃哈哈相继从国外进口纯净水生产流水线，使得它生产纯净水的能力增加到每天30万箱。紧随娃哈哈之后，不仅乐百氏、康师傅等大型软饮料、食品企业纷纷加入到纯净水生产行列中，更多的中小纯净水生产企业也如雨后春笋般地冒了出来。众多品牌的纯净水大量涌入市场，不可避免地引发了激烈的水市大战。

1997年5月，"农夫山泉"上市，凭借一句"农夫山泉有点甜"的经典广告词在众多瓶装饮用水品牌中脱颖而出。在价格上，为了显示自己的身价，农夫山泉从进入市场以来，一直定位于高质高价，没有被卷入由水业霸主们挑起的价格战之中。即使在水市价格大战打得不可开交的1999年，它依然不为所动：运动型包装2～5元/瓶，普通瓶装1.8元/瓶。这个价格几乎是同量的其他品牌饮用水价格的2倍，从而在消费者心目中树立起了农夫山泉作为高档次、高品质、高品位的"健康水"的品牌形象。如此高价把自己与娃哈哈、乐百氏纯净水区分开来，一方面可以防止低价低利给企业带来损失，另一方面又能避免由于价格竞争带来的风险，使企业在相对稳定的环境中获得满意的利润。一直到2000年4月"纯净水无益论"发表之前，"农夫山泉"和娃哈哈、乐百氏之间都没有发生过较大的正面冲突。在品牌名称上，赋予饮用水"农夫山泉"这样一个名字，有着它深刻的内涵。"农夫"二字给人以淳朴、敦厚、实在的感觉，"山泉"给人以远离工业污染、源于自然的感觉，这正好迎合了当前都市人回归自然的消费时尚。

二、农夫山泉的调价策略

2000年8月21日，从未试过削价的"农夫山泉"突然宣布：从当日起，农夫山泉在全国推出全面降价活动。

农夫山泉在2000年和2001年投资建成了淳安水厂及东北靖宇水厂，大大提高了生产规模。这两个新水厂与原有的生产基地覆盖了华北和东北的主要市场。3个生产基地的运输半径和分销层次被压缩与调整了之后，整个市场的渗透深度加大了。而运输成本的降低，又大大增加了利润空间。这些使得"农夫"主观上具备了在价格上与对手竞争的能力。瓶装饮用水的价格经过1997年到1999年3月的价格战，已经接近成本底线，如表4.4所示。

表4.4　瓶装纯净水批发价格变化　　　　　　　　　　　　　　元/瓶

年　份	1995	1996	1997	1998	1999
零售价	1.85	1.60	1.30	1.10	0.90
注　释		乐百氏上市	农夫山泉上市，康师傅渐渐退出		"农夫山泉有点甜"央视春节广告"轰炸"

而农夫山泉一直都保持相对高价，存在较大的降价空间。另外，成本持续下降为农夫山泉的降价提供了支持。在调价的同时，农夫山泉巧妙地用营销组合中的非价格因素来影响消费者，加强他们的认知价值，减弱他们对价格调整的负面反应。

中央电视台播放的农夫山泉的"一分钱"广告渐入佳境："再小的力量也是一种支持。从现在起，买一瓶农夫山泉，你就为申奥捐出一分钱。"农夫山泉宣称，从2001年1月1日至7月31日，从销售的每一瓶农夫山泉中都提取一分钱，以代表消费者来支持北京申奥事业。

自2001年3月20日开始，农夫山泉进行了大规模的降价行动。农夫山泉通过奥运牌进行价格调整。农夫山泉之前的高价使众多消费者对其优秀品质深信不疑，那么，现在它的降价在消除了负面影响之后更形成了高质低价的品牌形象。

2001年1—5月，农夫山泉销量已达到前一年全年销量的90%。2001年，农夫山泉的销售收入比上年增加了51%。中国商业联合会、中华全国商业信息中心在北京人民大会堂召开信息发布会公布的2001年及2002年两个年度国内消费品市场主要商品销售品牌检测结果显示：2001年度农夫山泉天然水在瓶装饮用水的城市市场占有率已跃居第1位，而在全国的市场占有率稳居第3位；2002年度农夫山泉瓶装饮用水以29.93%的市场销售份额跃居榜首。

资料来源：王天春. 市场营销案例评析[M]. 大连：东北财经大学出版社，2009.

点评 为了在竞争激烈的市场环境中获得有利的地位，企业需要不断开发新产品，提高企业竞争力，从而保持自己的竞争优势。但新产品开发出来后，由于进入市场的策略或时机选择不当而功亏一篑的事例屡见不鲜。因此，新产品选择合适的策略或时机进入市场对企业而言异常关键。如何通过价格、促销、广告等策略另辟蹊径，走出差异化的道路值得企业的营销部门去思考。

评一评 企业该如何定价？

学一学

从最狭义的角度来说，价格是对一种产品或服务的标价；从广义的角度来看，价格是消费者在交换中所获得的产品或服务的价值。历史上，价格是通过买卖双方的协商来确定的。价格大致可以分为产品价格和服务价格两大类。产品价格是各类有形产品和无形产品的价格，货物贸易中的产品价格称为价格；服务价格是各类有偿服务的收费，服务贸易中的产品价格称为费，如运输费或交通费、保险费、利息、培训费、服务费、租金、特殊收费、薪金、佣金和工资等。

产品价格的形成要素及组合又称价格组成，反映了产品在生产和流通过程中物质耗费的补偿，以及新创造价值的分配。它一般包括产品成本、流通费用、税金和利润4个部分。其公式为：

$$价格组成=产品成本+流通费用+税金+利润$$

一、影响定价的因素

ℹ 营销谚语

如果说有效的产品开发、促销和销售为商业成功播下了种子，那么有效的定价就是收获。

——菲利普·科特勒

现代营销理论认为，产品的最高价格取决于产品的市场需求，最低价格取决于该产品的成本费用。一般情况下，企业产品定价就在这个区间选择，最终企业产品价格受市场供求、定价目标、产品成本、市场竞争和其他因素影响。

产品价格的影响因素如图4.6所示。

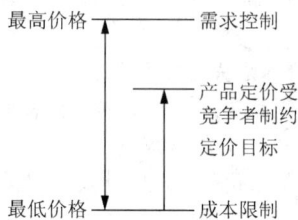

图 4.6　产品价格的影响因素

（一）市场供求因素

在市场经济条件下，市场供求决定市场价格，市场价格又影响市场供求。因此，制定产品营销价格时必须考虑市场的供求状况。

1. 供求与价格的双向影响

产品价格是在一定的市场供求状况下形成的，在一定时期内，某种产品的供求状况反映其供给总量和需求总量之间的关系。这种关系包括供求平衡、供小于求和供大于求3种情况。供求平衡是指某种产品的供给与需求在一定时期内相等。在供求平衡状态时某种产品的市场价格被称为均衡价格。假定供求和价格以外的其他因素不变，当某种产品的价格高于均衡价格时，该产品的需求量就下降，供给量则上升，形成供过于求。显然，价格影响并决定了供求。当某种产品的需求减少且供给增多时，价格便会落至均衡价格或其以下，表明供求影响并决定着价格；当某种产品供小于求，则该产品的供给总量满足不了人们的需求，产品价格便会上涨，形成卖方市场。随着价格的上涨，企业的资金会转向该产品的生产和销售，导致该产品的市场供给量剧增，从而形成供大于求的局面，此时价格自动回落。

2. 需求价格弹性

需求价格弹性简称需求弹性，是指在一定时期内，某种产品的价格变动的百分比与其需求变动的百分比的比值。由于是两个相对数的比值，故又称需求价格弹性系数。在通常情况下，某种产品的价格升高，其需求量就会减少，反之亦然。因此，制定产品营销价格时必须考虑产品的需求价格弹性因素。

实例解读

某产品以20元/件销售，月销量为5 000件；以25元/件销售，月销量为4 500件。试计算该产品需求的价格弹性系数。

解：

$$E = \frac{需求变动百分比}{价格变动百分比} = \frac{\dfrac{需求变量}{原需求量} \times 100\%}{\dfrac{价格变量}{原价格} \times 100\%}$$

$$E = \frac{\dfrac{4\,500 - 5\,000}{5\,000} \times 100\%}{\dfrac{25 - 20}{20} \times 100\%} = -0.4$$

$$计算结果的判断 = \begin{cases} |E| > 1: & 富有弹性的需求 \\ |E| < 1: & 缺乏弹性的需求 \end{cases}$$

缺乏弹性的产品，适宜于稳定价格或适当提价，如粮食、食盐、煤气等生活必需品都属于此类；富有弹性的产品，适宜于适当降价，以扩大销量，如大部分耐用消费品、服装、家电等都属于此类。

视野拓展

需求弹性

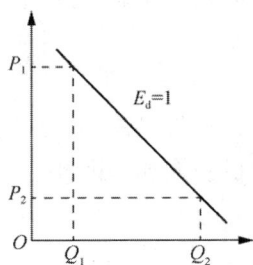

弹性单一

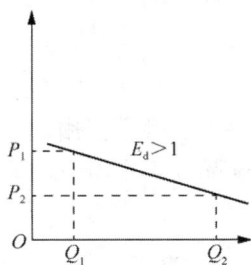

富有弹性

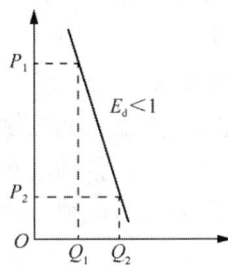

缺乏弹性

需求弹性	总收益的变化	
	价格下降	价格上升
$E_d > 1$	增加	减少
$E_d = 1$	不变	不变
$E_d < 1$	减少	增加

小思考： 请评价"薄利一定多销"这种说法。

（二）定价目标

营销谚语

做出定价决策的终极目标就是抢占先机，超越竞争者。

1．维持生存

制定低价以补偿变动成本和部分固定成本，以求得能在行业内经营下去。

2．当期利润最大化

在准确估计需求和成本的基础上确定价格，能产生最大的当期利润。但要注意以利润最大化为定价目标并不意味着要制定最高的价格。

3．市场占有率最大化

企业制定尽可能低的价格来追求市场占有率的领先地位。

4．产品质量最优化

制定高价格以补偿高品质和研发的成本支出。

（三）产品成本

成本是产品价格构成中最基本、最重要的因素，也是产品价格的最低经济界限。在一般情况下，产品的成本高，其价格也高，反之亦然。产品的成本因素主要包括生产成本、销售成本、储运成本和机会成本。

1. 生产成本

生产成本是企业生产过程中支出的全部生产费用，是从已经消耗的生产资料的价值和生产者所耗费的劳动价值转化而来的。当企业具有适当的规模时，产品的成本最低。但不同的产品在不同的条件下，各有自己理想的批量限度，其生产超过了这个规模和限度，成本反而要增加。

2. 销售成本

销售成本是产品流通领域中的广告、推销费用。广告、推销等是产品实现其价值的重要手段，用于广告、推销的费用在产品成本中所占的比重也日益增加。因此，在确定产品的营销价格时必须考虑销售成本这一因素。

3. 储运成本

储运成本是产品从生产者到消费者手中所必需的运输和储存费用。产品畅销时，储运成本较少；产品滞销时，储运成本增加。

4. 机会成本

机会成本是指企业从事某一项经营活动而放弃另一项经营活动的机会，即另一项经营活动所应取得的收益。但是，产品成本不是个别企业的产品成本，而是所有生产同一产品的生产部门的平均生产成本。通常情况下，机会成本对个别企业的产品成本影响比较大，对平均生产成本的影响比较小，因而对产品价格的影响也很小。

（四）市场竞争

根据市场竞争程度的不同，我们可以把市场分为完全竞争、完全垄断、垄断竞争和寡头竞争4种类型。不同的类型决定着企业定价策略的不同。

1. 完全竞争

完全竞争是指没有任何垄断因素的市场状况。其主要特征是：同种产品有许多生产者，各个企业的产品没有差别，且产量在销售总量中所占比重很小，没有企业能够垄断市场和控制价格。

在这种情况下，企业定价活动几乎发挥不了作用，只能接受市场竞争中形成的价格。例如，一些生产简便、供应来源便捷的日用小商品等，对于这类商品，任何企业都不可能通过加强营销措施来提高价格，提高价格只会造成销售困难。

2. 完全垄断

完全垄断又称纯粹垄断市场或独占市场，是指一种产品完全由一家或少数几家企业控制的市场状况。其主要特征是：企业没有竞争对手，独家或少数几家企业联合控制市场价格，通常主要通过市场供给量来调节市场价格。完全垄断一般只能在特定的条件下形成。例如，拥有资源垄断、专卖、专利产品的企业，像通信、电力和自来水等才处于垄断地位。

3. 垄断竞争

垄断竞争是指既有垄断又有竞争的市场状况。垄断竞争介于完全竞争和完全垄断之间，属于一种不完全竞争，是现代市场经济中普遍存在的典型竞争形式。其主要特征是：同类产品在市场上有较多的生产者，市场竞争激烈；由于产品存在差异性，使少数拥有某些优势的企业可以创造一种独特的市场地位，影响并控制一定的市场价格。在垄断竞争的市场中，由于竞争者众多，所以企业较少受竞争者市场营销战略的影响。

4. 寡头竞争

寡头竞争是竞争和垄断的混合物，也是一种不完全竞争。它是指某种产品的绝大部分由少数几家企业垄断的市场状况。其主要特征是：少数企业共同占有大部分的市场份额，并控制和影响市场价格，个别企业难以单独改变价格。在寡头竞争条件下，产品价格主要实行操纵价格，即由寡头们通过协议或默契决定。这种价格一旦确定，会保持较长时期不变，一般不会出现某个寡头升降价，其他寡头随之升降价的现象。但各个寡头在广告宣传、促销方面竞争较激烈。在现实经济中，寡头竞争比完全垄断更为普遍。例如，飞机制造业、汽车业和钢铁业等都是寡头竞争。

（五）其他因素

1. 政府政策因素

随着供求规律和竞争规律的自发作用，市场经济在发展过程中会产生某些无法自我完善的弊端。为此，政府需要通过运用经济、法律和行政的手段对市场进行宏观调控，有时甚至需要直接对市场价格进行宽严程度不同的管制。政府为发展市场经济制定的一系列政策、法规，既有监督性的，也有保护性的，还有限制性的。有关方针政策对市场价格的形成有着重要的影响，它们在经济活动中制约着市场价格的形成，是各类企业定价的重要依据。因此，企业在经营过程中应密切注意货币政策、贸易政策、法律和行政调控体系等对市场流通与价格的影响，尽可能地规避政策风险。

2. 心理因素

消费者的心理行为是企业制定价格时必须考虑的一个重要因素，同时又是企业定价时最不易考察的一个因素。通常消费者在选购产品时，总是根据某种产品能为自己提供效用的大小来判定该产品的价格，他们对产品一般都有自己的心理预期。如果企业定价高于消费者的心理期望值，则很难被消费者接受；反之，则易引起消费者的误解和拒绝。随着消费心理的日趋复杂，心理因素对企业定价的影响越来越大。

3. 产品自身因素

不同产品能满足不同层次的市场需求，产品自身的特性将直接影响到产品价格。产品质量是影响产品定价的重要内在因素，一般可分为3类：按质论价、物美价廉、质次价高。另外，在产品生命周期的不同阶段，成本和销量差异很大，这就要求企业针对产品所处的不同阶段制定不同的价格，如介绍期价格、成长期价格、成熟期价格和衰退期价格等。

小·案例

100 美元的画为何会卖到 800 美元

在比利时的一间画廊里，一位美国画商正与一位印度画家讨价还价，争辩得很激烈。其实，印度画家的每幅画底价仅在 10~100美元之间。但当印度画家看出美国画商购画心切时，对其所看中的 3 幅画单价非要 250美元不可。美国画商对印度画家敲竹杠的宰客行为很不满意，吹胡子瞪眼睛要求降价成交。印度画家也毫不示弱，竟将其中的一幅画用火柴点燃烧掉了。美国画商亲眼看着自己喜爱的画被焚烧，很是惋惜，随即又问剩下的两幅画卖多少钱。印度画家仍然坚持每幅画要卖 250美元。从对方的表情中，印度画家看出美国画商还是不愿意接受这个价格，这时印度画家气愤地点燃火柴，竟然又烧了另一幅画。至此，酷爱收藏的美国画商再也沉不住气了，态度和蔼多了，乞求说"请不要再烧最后一幅画了，我愿意出高价买下"。最后，竟以 800美元的价格成交。

资料来源：曹洪. 市场定价的影响因素研究[J]. 价格与市场，2008（01）.

二、定价方法

企业要制定一个合适的产品价格，就要采取适当的定价方法。根据定价依据的不同，定价的方法通常可分为三大类：成本导向定价法、需求导向定价法和竞争导向定价法。在这 3 类中，每一类又包含了多种不同的定价法，在制定价格策略时必须慎重选择。

ⓘ 营销谚语

企业只有充分了解市场行情，把握住消费者的购买心理，采取适时适当的定价方法和定价策略，才能使产品在畅销、平销、滞销时段里成为畅销货。

视野拓展

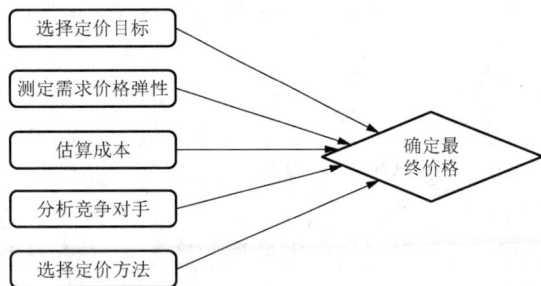

图4.7 定价的基本过程

定价的基本过程

定价的基本过程如图 4.7 所示。

（一）成本导向定价法

成本导向定价法是指企业以提供产品过程中发生的成本为定价基础的定价方法。按照定价成本的性质不同，可分为以下几种。

1. 成本加成定价法

成本加成定价法是一种应用最普遍的方法，是以单位产品成本加上固定的百分率，即为该产品的出售价格。加成率即预期利润与产品总成本的百分比。其计算公式为：

$$单位产品价格=单位产品成本×（1+加成率）$$

⏱ 实例解读

某电子企业生产一部小型录放机的平均变动成本为 75元，固定成本为 65元，利润加成率为 40%。这一小型录放机的售价是多少？

解：销售价格=单位成本×（1+加成率）

= （75+65）×（1+40%）

=196（元）

这种方法的优点是：简单易行，大大简化了企业的定价程序；如果多家企业成本与加成接近，则会避免按需求定价所引起的激烈竞争；企业以本求利，消费者会认为公平合理。其缺点是：按照习惯比例加成定价，忽视了竞争状况与需求弹性，难以确保企业实现利润最大化。

2．损益平衡定价法

损益平衡定价法是指在分析企业未来的生产数量、价格、成本及收益之间关系的基础上，合理确定产品销售价格的定价方法。损益平衡点又称保本点，是盈利为0时的经营时点。损益平衡点所对应的价格为损益平衡价格，是企业的保本价格。其计算公式为：

损益平衡价格=固定成本÷损益平衡销售量+单位变动成本

实例解读

某企业生产自行车，单位变动成本为70元，全部变动成本为40 000元，预计市场销量为1 000辆。企业如何定价才能确保不致亏损？

解：损益平衡价格=固定成本÷损益平衡销售量+单位变动成本

=40 000÷1 000+70

=110（元）

即企业定价至少为110元，销量达到1 000辆时，企业才不致亏损。

损益平衡价格虽无盈利可言，但在市场不景气时，却可以给经营者一个最低价位的提示。企业经营的目的不是保本而是获得一定的利润，如果把利润目标考虑进去，单位产品售价就等于损益平衡价格加上预期利润。其计算公式为：

产品售价=（固定成本+预期利润）÷销售数量+单位变动成本

实例解读

仍以上例为例，如果企业目标利润为20 000元，在产销量不变的情况下，则产品的售价应为多少？

解：产品售价=（固定成本+预期利润）÷销售数量+单位变动成本

=（40 000+20 000）÷1 000+70

=130（元）

即企业要想获利20 000元，在产销规模不变的情况下，产品定价不得低于130元，方能达到预期目标。

这种方法的优点是：企业可以在较大的范围内灵活掌握价格水平，并且运用较简便。但运用这种定价法时，企业生产的产品应以能全部销售出去为前提条件。因此，企业应力求在保本点以上定价或扩大销售来取得盈利。损益平衡定价法侧重于企业总成本费用的补偿，这一点对于有多条产品线和多种产品项目的企业尤为重要。

3．边际贡献定价法

边际贡献定价法是指在变动成本的基础上，加上预期边际贡献来计算价格的定价方法，也称变动成本定价法。边际贡献是指销售收入减去变动成本的余额。其计算公式为：

$$单位产品边际贡献=单位产品价格-单位变动成本$$

例如，某制椅生产企业每年固定成本为 100 000 元，当年由于市场变化，按原价格出售找不到新客户，而且一时也无法生产其他产品。这时，有一批客户订购 10 000 把椅子，最高报价为每把 48 元，如果每把椅子的变动成本为 40 元，按上述损益平衡法可知，企业至少要以 50(100 000÷10 000+40)元的价格出售才正好保本，按 48 元销售将损失 20 000(2×10 000)元。但企业如果不生产，则 100 000 元固定成本的损失不可避免；如果生产，看起来损失了 20 000 元，实际上是补偿了 100 000 元固定成本中的 80 000 元，比不生产少赔 80 000 元。因此，在这种情况下加工比不加工更好。

利用边际贡献法有利于维护买卖双方良好的关系，扩大产品销售，提高竞争能力。它通常适用于两种情况：一是当企业生产两种以上的产品时，可根据各种产品贡献的大小安排企业的产品线，易于实现产品的最佳组合；二是企业产品滞销积压时以变动成本为基础定价，有利于提高企业竞争力。

视野拓展

成本导向定价法小结

成本的不确定性一般比需求的不确定性小得多，定价主要考虑成本，从而使定价工作大大简化，价格也较为稳定。

但成本导向定价法存在一个致命的缺陷。在大多数行业中，要在产品价格确定之前确定产品单位成本是不可能的，这是因为单位成本随产品的销量而变化。事实上，产品成本中有很大一部分"固定成本"需要"分摊"到每件产品上，"分摊"量的多少取决于销售量的大小，销售量则随价格变动。因此，单位成本是一个变动的指标。

（二）需求导向定价法

需求导向定价法是指在预计市场能够容纳目标产销量的需求价格限度内确定消费者价格、经营者价格和生产者价格的一种方法。这种定价法具体可分为以下几种。

1．可销价格倒推法

可销价格倒推法是指通过价格预测，先确定市场可销零售价，再据此向后推算批发价、出厂价的一种方法。其计算公式为：

$$批发价=可销零售价÷（1+批零差价率）$$

$$出厂价=批发价×（1-进销差率）$$

实例解读

通过市场调研，确认消费者对某产品乐于接受的市场零售价为 80 元，批零差价率为 25%，进销差率为 20%。试计算产品的批发价和出厂价。

解：批发价=80÷（1+25%）=64（元）

出厂价=64×（1-20%）=51.2（元）

采用可销价格倒推法的关键在于正确测定市场的可销价格，否则定价会偏高或偏低，影响企业的市场营销能力。市场可销价格一般应满足两个条件：与同类产品的现行市场价格水平大体相适应；与消费对象的支付能力大体相适应。

测定市场可销价格的基本方法如下。

① 主观评估法。这是由企业内部人员以市场上畅销的同类产品的价格为依据，通过比质比价，结合考虑市场供求趋势等因素，对产品的市场可销价格进行评估来确定的一种方法。

② 客观评估法。这是由企业外部专家对产品的性能、效用、使用寿命等方面进行评议、鉴定和估价的一种方法。

可销价格倒推法有强化企业的市场导向意识和提高企业竞争能力等优点。

2．理解价值定价法

理解价值定价法是指根据消费者对产品价值的理解程度来决定产品价格的一种方法。其关键在于企业对消费者理解的产品"价值"有正确的估计。如果估计过高，定价超过了消费者的价值判断，消费者就会拒绝购买；如果估价过低，定价低于消费者的价值判断，消费者又会不屑购买；只有当产品定价同消费者的价值判断大体一致时，消费者才会乐于购买。采用理解价值定价法时，企业并非完全处于被动地位，而是可以在充分了解消费者对产品理解价值的基础上，尽可能地采用多种手段去影响消费者对产品价值的理解。例如，有计划地搞好产品的市场定位，在质量、服务、包装和广告等因素上下功夫，从而进一步提高价格决策的主动性。

视野拓展

理解价值定价法

依据顾客对产品价值的感觉和理解程度作为定价的基础，只要使目标消费者感到让渡价值大于 0，即是合理定价。

是的，我还是信任你们这些知名品牌的产品。3万元，你愿意卖吗？

您知道购买我们公司的产品是非常有保障的，一分价钱一分货啊！

底价1万元

3．需求差别定价法

需求差别定价法是指同一质量、功能、规格的产品，可以根据消费者需求的不同而采用不同的价格，即价格差别并非取决于成本的多少，而是取决于消费者需求的差异。这种定价法主要有以下几种形式。

① 以不同时间为基础的差别定价。例如，酒店晚 12 点以前客户入住全价，过了晚 12 点就打五折。

② 以不同消费者为基础的差别定价。例如，工业用电、民用电按两种价格收费。

③ 以不同产品式样为基础的差别定价。例如，同等质量的产品，新款的可定高价，旧款的可定低价。

④ 以不同地理位置为基础的判别定价。例如，一瓶矿泉水放在超市只卖 1 元，放在五星级饭店就要卖 10 元。

采用需求差别定价法应具备一定的条件：市场要能细分，且细分市场的需求差异较为明显；价格差异恰当，不会引起消费者的反感；高价市场中不能有低价竞争者。

视野拓展

需求导向定价法小结

需求导向定价法是能够克服成本导向定价法缺陷的一种定价方法，根据顾客对产品价值的估量为依据决定价格。它是一种价值导向定价，定价权从财务经理转移到销售经理或产品经理。其关键问题是对顾客产品价值认知的准确估量和有效引导。

（三）竞争导向定价法

竞争导向定价法是指以市场上竞争对手的价格为依据，随市场竞争状况的变化来确定和调整价格的定价方法。这种方法一般可分为以下几种形式。

1. 随行就市定价法

随行就市定价法是指与本行业同类产品的价格水平保持一致的定价方法。适用随行就市定价法的产品，一般需求弹性小、供求基本平衡、市场竞争较充分，且市场上已经形成了相对稳定的行业价格，一般企业不会轻易偏离这个通行的价格，除非它有很强的竞争力和营销策略。采用这种方法的优点是：可以避免挑起价格战，与同行业和平共处，减小市场风险；可以补偿平均成本，获得适度利润，易被消费者接受。因此，被中小企业所普遍采用，是一种较为流行的保守定价法。

小·案例

跟随同行业平均价格水平定价

我们的产品质量不比别人差，但我们可以提供一些赠品或服务。

那我们价格也一样，一定要控制好成本！

老总，这款产品市场统一价为20元每件。

2．竞争价格定价法

竞争价格定价法是指根据本企业产品的实际情况，以及与对手的产品差异状况来确定价格的方法。这是主动竞争的定价方法，一般为实力十分雄厚、产品颇具特色的企业所采用。

它通常将企业估算价格与市场上竞争者的价格进行比较，分为以下 3 个价格层次。

① 低于竞争者定价。在具备较强的资金实力，能应付竞相降价的后果且需求弹性较大时采用。

② 高于竞争者定价。在产品需求弹性较小，本企业产品相对竞品存在明显优势时采用。

③ 等于竞争者定价。在市场竞争激烈，产品不存在差异的情况下采用。

小·案例

跟随价格领导者或竞争对手定价

长虹彩电 2999元　　康佳彩电 2990元　　创维彩电 2995元

3．投标定价法

投标定价法是指在投标交易中，投标方根据招标方的规定和要求进行报价的方法。一般有密封投标和公开投标两种形式。公开投标有公证人参与监督，广泛邀请各方有条件的投标者报价，并当众公开成交。密封的方式则由招标人自行选定中标者。投标的价格主要以竞争者可能的递标价格为转移。递价低的竞争者，可增加中标机会，但不可低于边际成本，否则就不能保证适当利益；标价过高，中标机会又会太小。投标价格中的利润与中标的概率正好相反，投标价格中的利润与中标概率的乘积叫作期望利润，一般可根据期望利润值的大小来制定投标价格方案。

由于各企业密封投标，中标概率难以估计，因此投标企业必须对同行业各企业的实力、经营状况有所了解。

视野拓展

央视黄金时段广告实行招标定价

1995年中央电视台黄金时段广告实行招标以来，中标额总体上稳中有升，年招标数额逐步增加。

2001年招标额为 21.6亿元，比2000年19.2亿元增加了2.4亿元，增长率达到12.5%；2002年中标总额增长更是明显，总额达到26.26亿元，比2001年净增4.66亿元，增长率高达21.9%。2003年央视广告招标总额高达33.146 5亿元，比2002年增长26.22%。2004年广告招标总额达到44亿元，比2003年的33亿多元多出11亿元，增长33.1%。2006年招标总额达到52.48亿元，2005年的招标总额是 44.1157 亿元，增长 18.9%，2013 年央视黄金资源广告招标预售总额创下 19 年新高，达 158.81 亿元，比 2012 年增长 11.39%。

资料来源：骆俊澎. 央视 2013 年黄金时段广告招标达 158.8 亿元再创新高[N]. 东方早报，2012-11-19.

三、定价基本策略

定价策略与定价方法密切相关，定价方法侧重于确定产品的基本价格，而定价策略则侧重于根据市场具体情况，运用价格手段去实现企业定价目标。由于企业生产经营的产品和所处市场状况等条件的不同，企业的定价策略也应有所区别。

ⓘ 大师妙语

> 有了更好的定价策略，提高利润也就有了更大的空间。
>
> ——沃顿商学院 Z.约翰

（一）新产品定价策略

新产品关系着企业的前途和发展方向，它的定价策略对于新产品能否及时打开销路，占领市场，从而最终获取目标利润有很大的关系。新产品的定价策略一般有以下几种。

1. 撇脂定价策略

在新产品上市之初，将价格定得很高，尽可能在短期内赚取高额利润，这种策略如同从鲜奶中撇取奶油一样，所以叫撇脂定价策略。这是一种短期内追求最大利润的高价策略，运用它必须具备的条件有：一是产品必须有特色，竞争者难以在短期内打入市场；二是产品的质量、形象与高价相符，有足够多的消费者能接受这种高价并愿意购买。

撇脂定价策略的优点是：高价格产生高利润，能迅速补偿高额的研发费用，便于企业筹集资金，并掌握调价主动权。缺点是：定价较高会限制需求，销路不易扩大；高价原则会诱发竞争加入，企业压力增大；企业新产品的高价高利时期也较短。撇脂定价策略一般适用于仿制可能性小，高价仍有需求的产品。

◈ 视野拓展

一个苹果值那么多钱

苹果 iPhone 是近几年来最成功的消费类数码产品之一，iPhone4S 零售价高达 5 000 多元人民币，即使对于美国人来说，也是属于高价位产品。但是有很多"苹果迷"既有钱又愿意花钱，纷纷购买苹果手机。苹果认为还可以"撇到更多的脂"，于是又推出了一款容量更大的 iPhone5，定价 6 000 多元人民币，仍然销路很好。第一，市场上存在一批购买力很强，并且对价格不敏感的消费者；第二，这样一批消费者的数量足够多，企业有厚利可图；第三，暂时没有竞争对手推出同样的产品，本企业的产品具有明显的差别化优势；第四，当有竞争对手加入时，本企业有能力转换定价方法，通过提高性价比来提高竞争力；第五，本企业的品牌在市场上有传统的影响力。

资料来源：刘永红. 商务策划实务[M]. 北京：机械工业出版社，2012.

2．渗透定价策略

渗透定价策略是指新产品上市之初，将价格定得较低，利用物美价廉迅速占领市场，取得较高的市场占有率，以获得较大利润，是一种低价策略。适用条件是：潜在市场较大，需求弹性较大，低价可增加销售；企业新产品的生产和销售成本随销量的增加而减少。

渗透定价策略的优点是：低价能迅速打开新产品的销路，便于企业提高市场占有率；低价获利可阻止竞争者进入，便于企业长期占领市场。缺点是：投资的回收期长，价格变动余地小，难以应付在短期内突发的竞争或需求的较大变化。

小·案例

吉利渗透定价突围价格战

一、2001 轿车价格战

2001 年 5 月，国家放开轿车定价之后，轿车价格战拉开了序幕。6 月 7 日，长安铃木在全国范围内调整奥拓系列 11 款轿车的销售价格，降至 35 800～52 500 元。此后，一直以低价位著称的吉利汽车将其三缸化油器车型由 3.99 万元降至 3.49 万元，从而在同类型车中依旧保持其"低价王"地位，目标直指售价 3.91 万元的夏利 7100A 小康型轿车。紧跟着，夏利狂降 1.5 万元，捷达宣布优惠 3 000 元……11 月，神龙汽车公司推出 9.78 万元的 1.4 升富康车，在桑塔纳、捷达、富康三大品牌中率先把价格降到了 10 万元——中国轿车一大价格门槛以下。6 月 8 日，"10 万元轿车""赛欧"正式上市前就接到了 1.6 万辆订单，把整个国内轿车市场搅得沸沸扬扬，降价成了 2001 年中国轿车市场的主旋律。

二、吉利渗透定价抢占先机

尽管吉利进入轿车领域资历很浅，但它"为中国百姓造车"的气魄却给中国轿车市场带来了大冲击，引发了一波又一波的轿车价格战。吉利集团在全国民营企业中经营规模排第四，公司以汽车、摩托车制造为核心产业，在动力机械、装潢材料、农业机械制造和商贸、房地产、教育等方面有广泛投资。1997 年，吉利集团以民营企业的身份跨入了汽车制造行业。1999 年，吉利在宁波投资建设了宁波美日汽车制造有限公司，生产吉利美日家庭轿车。2001 年 4 月，吉利和豪情两家公司成立了浙江吉利汽车工业股份有限公司，吉利集团投资 10 亿元进军汽车制造业，在中国汽车工业中撕开了一道民营资本的口子。

在 2001 年中国轿车市场价格战的短期战役中，吉利抢占了先机。吉利定位于中国经济车型这一细分市场，吉利降低价格拉动中国百姓买车的需求，其成本优势是决定其低价策略的关键因素。吉利采用的价格策略虽然以成本为基础，但是它不是局限于传统的成本导向定价的方法，而是先寻找顾客可接受价格，以便能有效拉动需求，然后确定销售量以估计单位成本和相应的利润，以此来制定合理的具有吸引力的价格。汽车行业是资本密集型行业，固定投资占比重大。汽车是边际收益率较高的产品，要保持原有的利润，降价所需要提高的销量幅度较小，所以适合采用低价策略。因此，吉利将价格降到突破消费者的心理防线，可以有效地吸引对价格敏感的那部分消费者，在价格减少得不多的情况下，大幅度增加销量。

吉利车低价策略的奥秘还在于它能有效降低成本。刚开始，吉利生产能力是一年 2.5 万辆，避免了一次投入几十亿元或上百亿元。宁波美日公司年产 15 万辆的规模也只投资 10 亿元，是同规模企业投资的十几分之一。吉利在新车型、新技术的开发和配件的配套协作上，采取全球资源"技术共享，为我所用"的策略，为此省下了汽车行业最花钱的开发成本。控制投资、资源优化组合形成了吉利的成本优势。

另外，吉利不开发配套体系，而是广泛利用大厂的过剩资源。国家定点的轿车企业配套的零部件企业生产能力普遍过剩，于是吉利通过招投标，与国内 400 多家配套企业建立了协作关系。零部件能通用的就通用，不能通用的请它们为吉利开发，节省了开发成本。而且，这些厂家生产技术相对成熟，能够保证质量。吉利付款及时并采取现金交易，获得了配套厂家的优惠价格。

目前，吉利已经初步建立了"三大一小一外"的采购平台"三大"即一汽、东风、上汽三大集团配套的零部件企业；"一小"指浙江省内的配套企业；"一外"指国际化采购，如用了韩国、日本的机加工件等。不随便增加不经济的固定投资，减少沉没成本的投入，充分利用外部资源，也能最大限度地减轻吉利的成本负担。

三、"捆绑式销售"节省变动成本

在汽车销售上，吉利采用"捆绑式"销售法，在全国各地以区域经营的形式，由经销商买断产品，企业只同经销商发生支付关系，而不直接同客户发生营销关系。这样也节约了营销成本。吉利在价格上采用拉的方式吸引消费者购买，在渠道上使用推的方式，营销对象主要是经销商，所以大大减少了渠道和营销的复杂性。

因此，低成本是吉利低价格的基础。但吉利并不是简单地采用成本导向定价方式，在低成本的基础上加上一定的利润就确定销售价格，而是制定了和企业的营销战略相辅相成的长远策略，瞄准了中国这一市场空白，用具有足够竞争力的价格占据市场，进而拉动需求，把整个市场的蛋糕做大。

资料来源：王天春. 市场营销案例评析[M]. 大连：东北财经大学出版社，2009.

3．满意定价策略

满意定价策略是指在新产品上市之初，将价格定在高价和低价之间，力求使买卖双方均感满意的策略。撇脂定价策略定价较高，易引起消费者的不满及市场竞争，有一定风险；市场渗透定价策略又定价过低，虽对消费者有利，但企业在新产品上市之初，收入甚微，投资回收期长。而满意定价策略既可避免撇脂定价策略因高价而具有的高风险，又可避免市场渗透定价策略因低价带来的企业生产经营困难，因而既能使企业获取适当的平均利润，又能兼顾消费者的利益。

此法的缺点是比较保守，不适于需求复杂多变或竞争激烈的市场环境。

（二）折扣定价策略

折扣定价策略是指企业根据产品的销售对象、成交数量、交货时间和付款条件等因素的不同，鼓励顾客及早付清货款、大量购买、淡季购买，给予不同价格折扣的一种定价决策。其实质是减价策略，主要策略有以下几种。

1．现金折扣

现金折扣是指对按约定日期付款的消费者给予一定比例的折扣。典型的例子是"2/10，n/30"，即10天内付款的消费者可享受2%的优惠，30天内付款的消费者全价照付。其折扣率的高低，一般由买方付款期间利率的多少、付款期限的长短和经营风险的大小来决定。这一折扣率必须提供给所有符合规定条件的消费者。此法在许多行业已成习惯，其目的是鼓励消费者提前偿还欠款，加速资金周转，以减少坏账损失。

2．数量折扣

数量折扣是指根据购买数量的多少，分别给予不同的折扣，购买数量越多，折扣越大。典型的例子是"购货100个单位以下的单价是10元，100个单位以上是9元"。这种折扣必须提供给所有消费者，但不能超过销售商大批量销售所节省的成本。数量折扣的实质是将大量购买时所节约费用的一部分返还给购买者，其关键在于合理确定给予折扣的起点、档次及每个档次的折扣率。它一般分为累计折扣和非累计折扣。数量折扣的目的是鼓励消费者大量购买或集中购买企业产品，以期与本企业建立长期商业关系。

3. 季节折扣

季节折扣是指经营季节性产品的企业，对销售淡季来采购的买主给予折扣优惠。实行季节折扣，有利于鼓励消费者提前购买，减轻企业的仓储压力，调整淡旺季间的销售不均衡。它主要适用于具有明显淡旺季的行业和产品。

4. 交易折扣

交易折扣是指企业根据交易对象在产品流通中的不同地位、功能和承担的职责给予不同的价格折扣。交易折扣的多少，随行业和产品的不同而有所区别。同一行业和同种产品，则要依据中间商在工作中承担风险的大小而定。通常的做法是，先定好零售价，然后再按一定的倒扣率，依次制定各种批发价及出厂价。在实际工作中，也可逆向操作。

5. 价格折让

价格折让是指从目录表价格降价的一种策略。它主要有以下两种形式。

① 促销折让，即生产企业为了鼓励中间商开展各种促销活动，而给予某种程度的价格减让。例如，刊登地方性广告、布置专门的橱窗等。

② 以旧换新折让，即消费者购买新货时将旧货交回企业，企业给予一定价格优惠的方法。例如，"双喜"牌压力锅以旧换新的策略。

企业实行折扣策略时，还应该考虑企业流动资金的成本、金融市场汇率变化和消费者对折扣的疑虑等因素。

（三）心理定价策略

心理定价策略是指企业根据消费者的心理特点，迎合消费者的某些心理需求而采取的一种定价策略。具体有以下几种形式。

1. 声望定价策略

声望定价策略是指利用消费者仰慕名牌产品或名店的声望所产生的某种心理来制定产品价格的一种策略。一般把价格定成高价，因为消费者往往以价格判断质量，认为价高质必优。一些质量不易鉴别的产品，如首饰、化妆品等宜于采用此法。

2. 尾数定价策略

尾数定价策略是指在产品定价时取尾数，而不取整数的定价策略。一般来说，价格较低的产品采取零头结尾，给消费者以便宜感，同时因标价精确给人以信赖感而易于扩大销售。此策略适用于日常消费品等价格低廉的产品。例如，一家餐厅将它的汉堡类食品统一标价为 9.8 元，这比标价 10 元要受欢迎。消费者心理会认为 9.8 元只是几元钱，比整数 10 元要便宜许多。

3. 整数定价策略

与尾数定价策略相反，企业有意将产品价格定为整数，以显示产品具有一定的质量。这种方法易使消费者产生"一分钱一分货""高价是好货"的感觉，从而提升产品形象。它一般多用于价格较贵的耐用品或礼品，以及消费者不太了解的产品。

4．习惯定价策略

习惯定价策略是指按照消费者的需求习惯和价格习惯的定价策略。一些消费者经常购买、使用的日用品，已在消费者心中形成一种习惯性的价格标准。这类商品价格不会轻易变动，以免引起消费者不满。在必须变价时，宁可调整产品的内容、包装和容量，也尽可能不要采用直接调高价格的办法。日常消费品一般都适用这种定价策略。

5．招徕定价策略

招徕定价策略是指企业利用部分顾客求廉的心理，特意将某几种产品的价格定得较低，以吸引顾客、扩大销售。虽然几种低价品不赚钱，但由于低价品带动了其他产品的销售，从而会使企业的整体效益得以提升。

视野拓展

Silverado 珠宝店：一个定价的悖论

位于亚利桑那州滕比的Silverado珠宝店，专门经营由印第安人手工制成的珠宝首饰。Silverado的店主希拉·贝克尔正同珠宝店的副经理玛丽·梅德尔聊起一个有趣的定价现象。

几个月前，珠宝店进了一批由珍珠质宝石和银制成的手镯、耳环和项链的精选品。与典型的绿松石造型中的青绿色调不同的是，珍珠质宝石是粉红色略带大理石花纹的颜色。就大小和样式而言，这一系列珠宝中包括了很多种类：有的珠宝小而圆，式样很简单；有的珠宝则要大一些，式样别致、大胆。不仅如此，该系列还包括了各种传统样式的由珠宝点缀的丝制领带。

希拉以合理的进价购入了这批珍珠质宝石制成的首饰。她十分满意这批独特的珠宝，认为对普通消费者来说，这类珠宝特别适合用来替换他们在滕比地区珠宝店中买到的绿松石首饰。为了让顾客能够觉得物超所值，她为这些珠宝定了合理的价格。当然，这其中已经加了足能收回成本的加价和平均水平的利润。

这些珠宝在店中摆了一个月之后，希拉对它们的销售情况十分失望。于是，她决定试试她在内华达州立大学里学到的几种销售策略。例如，令店中某种商品的位置有形化往往可使顾客产生更浓厚的兴趣。因此，她把这些珍珠质宝石装入玻璃展示箱，并将其摆放在该店入口的右手侧。

可是，当她发现位置改变之后，这些珠宝的销售情况仍然没有什么起色时，她认为应在一周一次的见面会上与职员好好谈谈了。她建议职员们花更多的精力来推销这一独特的产品系列。她不仅给职员们详尽描述了珍珠质宝石，还给他们发了一篇简短的介绍性文章，以便他们能记住并讲给顾客听。

不幸的是，这个方法也失败了。就在此时，希拉正准备外出选购产品。因对珍珠质宝石首饰销售下降感到十分失望，她急于减少库存以便给更新的首饰腾出地方来存放。她决心采取一项重大行动：选择将这一系列珠宝半价出售。在店的出口处，她给玛丽·梅德尔匆忙地留下了一张字条。

当她回来的时候，希拉惊喜地发现该系列所有的珠宝已销售一空。"我真不明白，这是为什么。"她对玛丽·梅德尔说，"这种珍珠质宝石首饰并不合顾客的胃口。下次我在新添宝石品种的时候一定要慎之又慎。"而玛丽对希拉说，她虽然不懂希拉为什么要对滞销商品进行提价，但她惊诧于高价之下商品出售的惊人速度。希拉不解地问："什么高价？我留的字条上是说价格减半啊。"

"减半？"玛丽吃惊地问，"我认为你的字条上写的是这一系列的所有商品的价格一律按双倍计。"结果，玛丽将价格增加了一倍而不是减半。

资料来源：市场营销理论与实务精品课程. 福州职业技术学院，http://scyx.ribs.cn/con.tent.asp?id=261.

（四）地理定价策略

地理定价策略是指与地理位置有关的制定价格的策略。这种策略在外贸业务中运用较普遍。其具体形式如下。

1. 产地交货价

产地交货价是指在产地某种运输工具上交货定价，卖方承担货品装上运输工具之前的所有费用，交货后一切费用及风险则由买方承担。它类似于国际贸易中的离岸价格（FOB）。产地交货价一般适用于生产企业、批发和零售业。其优点是简化卖主的定价工作，缺点是削弱了卖方在较远市场上的竞争力。

2. 目的地交货价

目的地交货价是指在买主所在地交货的价格。它相当于国际贸易中的到岸价（CIF）。目的地交货价实际上就是生产者的全部生产成本，相当于批发商业通用的"送货制价格"。使用这种策略时，是卖主出于竞争需要或为了使消费者更满意而由自己负担货物到达目的地之前的运输、保险和搬运等费用。

3. 统一运货价

统一运货价是指不分买方路途的远近，一律实行统一价格、统一送货，一切运输、保险费用也都由卖方承担的定价策略。这种策略如同邮政部门的邮票价格，平信无论寄到全国各处，均付同等邮资。它一般适用于运费在全部成本中所占比重较小的产品。其优点是：一是扩大了卖主的竞争区域；二是大大简化了计价工作；三是统一价格的使用，易于赢得消费者的好感。

4. 运费补贴价

运费补贴价是指对距离遥远的买主，卖方适当给予其价格补贴的一种定价策略，其实质是运费折让。由于企业产品向跨地区市场渗透，导致市场范围扩大、费用增加、产品价格提升，这迫使买方只能弃远求近购买产品。为了争夺远距离的潜在消费者，企业必须通过采取运费补贴价格来扩大市场销售区域。运费补贴价一般适用于较大的产品。例如，涟源钢铁集团把自己的钢铁产品卖到黑龙江市场，为了能快速打开市场并保持在该市场上有较好的竞争力，于是给相关的代理商以运费补贴，但对于娄底、长沙等这些地域较近的代理商则不给予运费补贴。

5. 分区运送价

分区运送价是指在既定地区内向所有买主收取包括运费在内的同一价格，卖主支付实际运费。价格中的运费是该区的平均运费。依据距离远近，不同的地区价格也不同。各地区间价格虽然不同，但同一地区内所有的客户都支付同一价格。它适用于交通费用在价格中所占比例大的大体积产品。

（五）差别定价策略

差别定价是指企业按照两种或者两种以上不反映成本费用的比例差异的价格销售某种产品或服务。

1．差别定价的主要形式

① 顾客差别定价，即企业按照不同的价格把同一种产品或服务卖给不同的顾客。例如，公园、旅游景点、博物馆将顾客分为学生、老年人和一般顾客，对学生和老年人收取较低的费用或免费；铁路公司对学生、军人售票的价格往往低于一般乘客；自来水公司根据需要把用水分为生活用水、商业用水、生产用水，收取不同的费用；电力公司将用电分为居民用电、商业用电和工业用电，对不同性质的用电对象收取不同的电费。

② 产品形式差别定价，即企业对不同型号或形式的产品分别制定不同的价格。企业按产品的不同型号、不同式样，制定不同的价格，但不同型号或式样的产品价格之间的差额和成本之间的差额是不成比例的。例如，33 英寸彩电比 29 英寸彩电的价格高出一大截，可其成本差额远没有这么大；一条裙子 70 元，成本 50 元，可是在裙子上绣一组花，追加成本 5 元，但价格却可定到 100 元。

③ 地点差别定价，即企业对处于不同位置或不同地点的产品和服务制定不同的价格，而每个地点的产品或服务的成本是相同的。例如，电影院不同座位的成本费用都一样，却按不同的座位收取不同的价格，因为公众对不同座位的偏好不同；火车卧铺从上铺到中铺、下铺，价格逐渐增高。

视野拓展

座位不同价格差异大

差别定价

地点差别定价

"我是明星"
演唱会门票

贵宾区：2 800元
甲区：　780元
乙区：　580元
丙区：　280元

④ 时间差别定价，即企业对于不同季节、不同时期，甚至不同钟点的产品或服务分别制定不同的价格。价格随着季节、日期，甚至钟点的变化而变化。一些公用事业公司，对于用户按一天的不同时间、周末和平常日子的不同标准来收费。例如，长途电信公司制定的晚上、清晨的电话费用可能只有白天的一半；航空公司或旅游公司在淡季的价格便宜，而旺季一到价格立即上涨。这样可以促使消费需求均匀化，避免企业资源闲置或超负荷运转。

2．差别定价的适用条件

① 市场必须是可以细分的，而且各个市场部分需表现出不同的需求程度。

② 竞争者没有可能在企业以较高价格销售产品的市场上以低价竞销。

③ 以较低价格购买某种产品的顾客没有可能以较高价格把这种产品倒卖给别人。

④ 价格歧视不会引起顾客反感。

⑤ 细分市场和控制市场的成本费用不得超过因实行价格歧视而得到的额外收入。

⑥ 采取的价格歧视形式不能违法。

⏱ 小·案例

亚马逊公司作茧自缚的差别定价

一、亚马逊公司实施差别定价试验的背景

1994 年，当时在华尔街管理着一家对冲基金公司的杰夫·贝佐斯（Jeff Bezos）在西雅图创建了亚马逊公司。该公司从 1995 年 7 月开始正式营业，1997 年 5 月股票公开发行上市，从 1996 年夏天开始，亚马逊极其成功地实施了联属网络营销战略，在数十万家联属网站的支持下，亚马逊迅速崛起成为网上销售的第一品牌。到 1999 年 10 月，亚马逊的市值达到了 280 亿美元，超过了西尔斯罗巴克公司（Sears Roebuck Co.）和卡玛特（Kmart）两大零售巨人的市值之和。亚马逊的成功可以用以下数据来说明。

① 根据 Media Metrix 的统计资料，亚马逊 2000 年 2 月在访问量最大的网站中排名第八，共吸引了 1 450 万名独立的访问者。亚马逊还是排名进入前 10 名的唯一一个纯粹的电子商务网站。

② 根据 PC Data Online 的数据，亚马逊是 2000 年 3 月最热门的网上零售目的地，共有 1 480 万名独立访问者，独立的消费者也达到了 120 万人。亚马逊当月完成的销售额相当于排名第 2 位的 CDNow 和排名第 3 位的 Ticketmaster 完成的销售额的总和。在 2000 年，亚马逊已经成为互联网上最大的图书、唱片和影视光盘的零售商。亚马逊经营的其他商品类别还包括玩具、电器、家居用品、软件、游戏等，品种达 1 800 万种之多。此外，亚马逊还提供在线拍卖业务和免费的电子贺卡服务。

但是，亚马逊的经营也暴露出不小的问题。虽然亚马逊的业务在快速扩张，亏损额却也在不断增加。在 2000 年头一个季度中，亚马逊完成的销售额为 5.74 亿美元，较前一年同期增长 95%；第二季度的销售额为 5.78 亿美元，较前一年同期增长了 84%。但是，亚马逊第一季度的总亏损达到了 1.22 亿美元，相当于每股亏损 0.35 美元，而前一年同期的总亏损仅为 3 600 万美元，相当于每股亏损 0.12 美元；亚马逊 2000 年第二季度的主营业务亏损仍达 8 900 万美元。

亚马逊公司的经营危机也反映在其股票的市场表现上。亚马逊的股票价格自 1999 年 12 月 10 日创下历史高点 106.687 5 美元后开始持续下跌，到 2000 年 8 月 10 日，亚马逊的股票价格已经跌至 30.438 美元。在业务扩张方面，亚马逊也开始遭遇到了一些老牌门户网站，如美国在线、雅虎等的有力竞争。在这一背景下，亚马逊迫切需要实现盈利，而最可靠的盈利项目是它经营最久的图书、音乐唱片和影视光盘。实际上，在 2000 年第二季度亚马逊就已经从这 3 种商品上获得了 1 000 万美元的营业利润。

二、亚马逊公司的差别定价试验

作为一个缺少行业背景的新兴的网络零售商，亚马逊不具有巴诺公司那样卓越的物流能力，也不具备像雅虎等门户网站那样大的访问流量，亚马逊最有价值的资产就是拥有的 2 300 万名注册用户，亚马逊必须设法从这些注册用户身上实现尽可能多的利润。因为网上销售并不能增加市场对产品的总的需求量，为了提高在主营产品上的盈利，亚马逊在 2000 年 9 月中旬开始了著名的差别定价试验，选择了 68 种 DVD 光盘进行动态定价试验。在试验中，亚马逊根据潜在客户的人口统计资料、在亚马逊的购物历史、上网行为及上网使用的软件系统确定这 68 种光盘的报价水平。例如，名为《泰特斯》的光盘对新顾客的报价为 22.74 美元，而对那些对该碟片表现出兴趣的老顾客的报价则为 26.24 美元。通过这一定价策略，部分顾客付出了比其他顾客更高的成本，亚马逊因此提高了销售的毛利率。但是好景不长，这一差别定价策略实施不到一个月，就有细心的消费者发现了这一秘密，并在 DVDTalk 音乐爱好者社区进行交流，使成百

上千的DVD消费者知道了此事，那些付出高价的顾客当然怨声载道，纷纷在网上对亚马逊的做法进行口诛笔伐，有人甚至公开表示以后绝不会在亚马逊购买任何东西。更不巧的是，由于亚马逊前不久才公布了它对消费者在网站上的购物习惯和行为进行的跟踪和记录，因此这次事件曝光后，消费者和媒体开始怀疑亚马逊是否利用其搜集的消费者资料作为其价格调整的依据。这样的猜测让亚马逊的价格事件与敏感的网络隐私问题联系在了一起。

为挽回日益凸显的不利影响，亚马逊的首席执行官贝佐斯只好亲自出马做危机公关。他指出亚马逊的价格调整是随机进行的，与消费者是谁没有关系，价格试验的目的仅仅是为测试消费者对不同折扣的反应，亚马逊"无论是过去、现在或未来，都不会利用消费者的人口资料进行动态定价"。贝佐斯为这次的事件给消费者造成的困扰向消费者公开表示了道歉。不仅如此，亚马逊还试图用实际行动挽回人心，亚马逊答应给所有在价格测试期间购买这68部DVD的消费者以最大的折扣，据不完全统计，至少有6 896名没有以最低折扣价购得DVD的顾客已经获得了亚马逊退还的差价。

至此，亚马逊价格试验以完全失败而告终，亚马逊不仅在经济上蒙受了损失，而且声誉也受到了严重的损害。

资料来源：王天春. 市场营销案例评析[M]. 大连：东北财经大学出版社，2009.

（六）产品组合定价策略

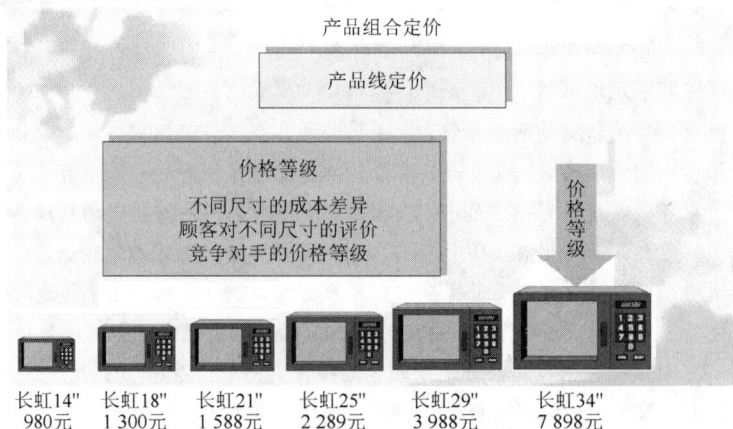

产品组合定价策略是指对不同组合产品之间的关系和市场表现进行灵活定价，以增加各种商品的销售量，并获得良好的经济效益为目的的策略。

1. 产品线定价

产品线定价是指企业就同一系列产品的不同规格、型号和质量的产品，按照相近的原则，把产品划分为若干档次，不同档次的产品制定不同的价格。例如，海尔集团生产的变频冰箱，按其规格、型号的不同可以分为白马王子、变频冰箱和宇航变频3个类别，共10个产品，虽然同属于变频冰箱系列，但每一个产品都给消费者提供了不同的特色和功能。在产品线定价中，管理者必须决定不同型号冰箱的价格差距。

视野拓展

产品组合定价

产品组合定价

产品线定价

价格等级
不同尺寸的成本差异
顾客对不同尺寸的评价
竞争对手的价格等级

价格等级

| 长虹14" | 长虹18" | 长虹21" | 长虹25" | 长虹29" | 长虹34" |
| 980元 | 1 300元 | 1 588元 | 2 289元 | 3 988元 | 7 898元 |

2．可选产品定价

许多公司在销售主产品的同时也提供备选产品，备选产品定价时往往要考虑主产品价格。

视野拓展

产品组合定价

可选产品定价

提高畅销产品价格；
降低滞销产品价格。

猪肉10元一斤
鸡肉5元一斤

……那就来只鸡！

3．互补产品定价

互补产品是指企业同时生产和经营的与主要产品一起使用的配套产品。对这类产品定价时，一方面，要有意识地降低互补产品中购买次数少、消费者对降价反应比较敏感的产品价格；另一方面，要有意识地提高互补产品中消耗最大、需要多次重复购买、消费者对其价格提高反应不太敏感的产品。

视野拓展

产品组合定价

互补产品定价

降低购买频率低、需求价格弹性高的产品的价格；
提高购买频率高、需求价格弹性低的产品的价格。

我不打算在打印机上赚钱，我主要在墨盒上赚钱。

打印机800元　墨盒280元

4．副产品定价

在肉类、石油产品及其他化学制品的生产过程中，往往有大量的副产品。如果副产品没有用就得花钱处理它们，这样就会影响主要产品的定价。因此，制造商和销售商都必须为这些副产品寻找市场，并制定相应的价格，只要能抵偿副产品的储运等费用即可。这样，制造商和销售商就可以降低主要产品的价格，以提高自身的竞争力。

小·案例

高明的英特尔定价

一个分析师曾这样形容英特尔公司的定价政策："这个集成电路巨人每12个月就要推出一种新的、具有更高盈利的微处理器，并把旧的微处理器的价格定在更低的价位上以满足需求。"当英特尔公司推出一种新的计算机集成电路时，它的定价是1 000美元，这个价格使它刚好能占有市场的一定份额。这些新的集成电路能够增加高级个人计算机和服务器的性能。如果顾客等不及，他们就会在价格较高时去购买。随着销售额的下降及竞争对手推出相似的集成电路对其构成威胁，英特尔公司就会降低其产品的价格来吸引下一层次对价格敏感的顾客。最终价格跌落到最低水平，每个集成电路仅售200美元多一点，就会使该集成电路成为一个大众市场的处理器。通过这种方式，英特尔公司从各个不同的市场上获得了最大化收入。

资料来源：科特勒.营销管理[M]. 北京：中国人民大学出版社，2001.

思考

1. 英特尔公司采取的是什么定价策略？
2. 请说出英特尔公司采取这种定价策略成功的原因。

四、价格调整策略

视野拓展

下面的产品价格是怎么回事

下面是近年来发生在我国居民生活中熟知的几个价格事件。它们都是人们生活中常见的产品，却在一段时间内价格疯涨。试分析价格形成的原因。

"豆你玩"

"蒜你狠"

"糖玄宗"

"姜你军"

（一）企业降价与提价

1. **企业降价的主要原因**

① 企业的生产能力过剩。

② 在强大竞争者的压力下，企业的市场占有率下降。

③ 企业的成本费用比竞争者低，通过降价来控制市场或提高市场占有率。

④ 经济出现衰退，市场不景气。

2. **企业提价的主要原因**

企业提价的主要原因包括：企业的产品供不应求，不能满足所有顾客的需要；通货膨胀，物价上涨，企业的成本费用提高。在通货膨胀条件下，许多企业往往采取种种方法来调整价格，以应对通货膨胀。其包括以下几个方面。

① 明确提升产品价格。

② 在合同上规定自动调整条款。

③ 降低价格折扣。

④ 采取不包括某些商品和服务的定价策略。

⑤ 降低产品质量，减少产品特色和服务。

⑥ 取消低利产品。

（二）顾客对企业变价的反应

1. **顾客对企业降价的反应**

① 这种产品的式样老了，将被新型产品所代替。

② 这种产品有某些缺点，销售不畅。

③ 企业财务困难，难以继续经营下去。

④ 价格还要进一步下跌。

⑤ 这种产品的质量下降了。

2. **顾客对企业提价的反应**

① 这种产品很畅销，不赶快买就买不到了。

② 这种产品很有价值。

③ 卖主想尽量取得更多利润。

分析顾客对调价的反应主要关注两个方面：一是关注顾客的购买量是否增加；二是要了解顾客如何理解这次调价，以便采取相应措施。通常企业在调价前，要着重分析顾客可能出现的各种反应，并在调整的同时及时与消费者进行沟通。

3. **竞争者对变价的反应**

企业在调价时，除了要考虑顾客的反应，还要考虑竞争者对变价的反应。竞争者的反应直接决定着企业制定某种价格、采用某种价格策略的效果。当竞争者的策略保持不变时，企业降价可能会起到扩大市场份额的作用；当竞争者也随企业同幅或更大幅度降价时，企业降价的效果就会被抵消，销售利润也会不如调价前。同样，在企业调高价格后，如果竞争者并不随之提价，那么企业原来供不应求的市场就可能变成供过于求的市场。鉴于此，企业预先必须对竞争者的反应进行估计。如果企业在行业中处于优势地位，则作为整个行业价格变动倡导者的企业的主动降价行为，势必会引发同业竞争者间的降价大战。如果企业在行业中处于劣势地位，则企业主动调价要非常谨慎，以免导致行业中的优势企业对自己进行报复；反之，劣势企业如果把握好时机，主动调价，也会令优势企业措手不及，从而迅速扭转不利的市场局面。除此之外，企业在实施调价行为前，还必须分析竞争者的企业目标、财务状况、生产、销售及消费者的忠诚程度等状况。

4．企业被动调价

企业被动调价是指由于竞争者首先调整了价格，迫使企业必须随之调价的一种策略。一般而言，当竞争者在同质市场上降价时，企业也必须随之降价，否则消费者就会购买竞争者的产品而不购买本企业的产品。如果某一企业提价，且提价会给整个行业带来利益时，所有企业都会同时提价。如果其中一家企业不认为提价对自己有利时，则它的不合作将促使市场领导者和其他公司撤销提价决定。而在异质市场上，企业对竞争者变价的反应有更多的回旋余地，这时消费者选择供应商主要考虑服务、质量、可靠性及其他一些因素，这些因素会降低消费者对较小价差的敏感性。

如果企业决定对竞争者的降价行为采取有效的行动，那么它可能会采取以下几种反应。

① 降低价格。企业可将价格降低到竞争对手的价格水平，以便与竞争者的价格相匹配。它可以这样做的原因可能有：随着销量的增加，成本下降；市场对价格十分敏感，不降价就会使市场份额下降，市场份额一旦下降，以后将难以恢复。

② 维持原价。企业可能会维持原价，这是因为：如果降价会，使利润减少过多；如果不降价，市场份额不会失去太多；需要时自己夺回市场份额。

③ 提高价格并改善质量。较高的质量可以用来证明较高的价格，较高的价格能使企业保持较高的利润。

④ 推出低价进攻性产品。最好的做法是在产品线中增加较低价格的产品，或者单独创立一种较低价格的品牌。当正在丢失的细分市场对价格很敏感且不会对较高质量的说法感兴趣时，这样做就很有必要。

视野拓展

价格调整中如何让顾客更满意

有一对夫妇，收入不高，却非常追求生活的格调。有一天，他们被一只作为广告背景的挂钟吸引住了。

"亲爱的，把它摆在咱们的客厅里一定很美！"妻子说道。"真漂亮！"丈夫完全赞同妻子，"但不知它卖多少钱，广告上没有标价。"

他们太喜欢那只挂钟了，于是决定去找找。根据家庭收入情况，他们想只要不超过500元就买下来。经过3个月的寻找，他们终于在一个古董展销店里找到了那只挂钟。

妻子兴奋极了，"就是它！"。

"没错！跟广告上一模一样，真是美极了！"丈夫显然也没有忘记自己钱包的状况，"一定要记住，低于500元才能购买！"

他们走进展厅，发现挂钟的标价是750元。

"算了，咱们回去吧！"妻子小声说道，"咱们说过不超过500元。"

"话是这么说。"丈夫并没有死心，"我们可以试着让他们降点价，我们已经找了这么久了，怎么能轻易放弃。"

他们商量了一下，决定由丈夫与售货员谈。

他们都知道 500 元成交的希望非常小，丈夫甚至认为，既然找了这么长时间，那只挂钟又确实漂亮，如果能用 600 元买下，也还说得过去。丈夫鼓足勇气走到售货员面前，说道："我看到你们店里有一只挂钟要卖，我也看到了它的标价。我要给你的挂钟出一个价，250 元！"出乎他的意料，挂钟售货员并没有被吓到，他连眼睛都没有眨一下，说："给你，卖啦！"

居然在一秒钟内做了一笔生意，售货员感到很满意："老板整天教导我们要满足顾客的需要，并以此作为发展长期顾客的前提。这对夫妇很有诚意，我以这么低的价格卖给他们，虽然这次没赚到钱，但只要他们满意，觉得我们店是不会欺骗顾客的，那以后就是我们的长期顾客，没准还会介绍其他顾客来呢。这次老板肯定要表扬我啦！"

听到售货员的回答，丈夫的第 1 个反应不是兴高采烈，而是"我真傻，我应该出 150 元。"他的第 2 个反应是："是不是我的耳朵出了毛病？要不就是这只挂钟有毛病。"

尽管如此，他还是把挂钟摆在了客厅。挂钟美极了，与客厅的环境也非常和谐，但他总感觉这里面有什么不对头。每天晚上，他和妻子都会起来看看挂钟指针是不是还在走。他们一天到晚忧心忡忡，以为这只挂钟很快就散架，因为那该死的挂钟售货员居然以 250 元就把这只钟卖给了他们！

从这个案例的结局来看，的确是那位售货员造成了这个"小悲剧"，把一件本可以皆大欢喜的好事变成了不堪回首的噩梦。他的错误是什么？

资料来源： 傅浙铭. 价与分销策略[M]. 广州：南方日报出版社，2004.

练一练

一、案例分析

吉列：此消彼长，互补定价

总部设于波士顿的吉列（Gillette）公司成立于 1901 年，目前有雇员 3 万人，主要生产剃须产品、电池和口腔清洁卫生产品。提到"吉列"，人们就会想到世界上最好的剃具。"掌握全世界男人的胡子"的吉列剃刀产品，在美国市场的占有率高达 90%，全球市场的份额竟达到了 70%以上。据估计，在北美每 3 个男性中就有 1 个使用吉列速锋Ⅲ剃须刀。2005 年，在《商业周刊》评出的世界品牌 100 强中吉列位列第 15 位，品牌价值 175.3 亿美元，其公司标志成了全世界人民都熟悉的一张脸。吉列公司生产的剃须刀片畅销全球，几乎只要有人的地方，就有吉列剃须刀片。

吉列公司的创始人金克·吉列（King C. Gillette）是巴尔的摩瓶盖公司的一名推销员。1895 年，吉列萌发了开发一种新剃须刀的设想。几年后，吉列发明了用后丢弃的剃须刀片，并很快进入生产阶段。1917 年，吉列刀片创造出 1.2 亿片销量的市场，市场占有率达到了 80%，有 44 家海外分公司。到 1920 年，大约有 2 000 万人都在使用吉列的剃须刀和刀片。第二次世界大战，吉列公司以"劳军"的名义，把数量巨大的剃须刀作为军用品供应美军，使世界上数百万、上千万男人进入了这一市场。由此，吉列公司获得了巨大发展。1962 年，公司连续 4 次破纪录，销售额达到 2.76 亿美元，净利润 4 500 万美元，利润率达 16.4%。在《幸福》杂志美国 500 家最大工业公司的利润率排名中，吉列公司排在第 4 位，投资回收率高居首位，达 40%。1968 年，吉列剃须刀创下了销售 1 110 亿枚"天文数字"的历史纪录。1980 年以后，吉列经历的 2 次较明显的低迷都与营销力度小相关，而重新回升也都与营销力度的加强有着密不可分的联系。2005 年 1 月，美国宝洁公司宣布并购吉列公司，整个交易金额预计高达 570 亿美元，两家公司合并后将组成世界上最大的日用消费品生产企业。

吉列今天的非凡成就并非从天而降，而是与其独特的经营之道密不可分。

在吉列剃须刀片问世之前，人们很难找到一种适合自己的修整脸的方式，因为有钱的人，如贵族、商人等才有时间和金钱请理发师为他们刮胡子。但这些人毕竟是少数，大多数人没有能力享受这样的待遇，而市场上当时还没有一种适合普通人群的剃须刀，不是价格昂贵就是质量不好，吉列剃须刀片就在这时出现了。

吉列剃须刀片不同于传统的剃须刀，它是一种舒适安全的剃须刀。但是，仅仅用"舒适安全"来形容的话，吉列公司生产的吉列安全剃须刀片并没有任何比其他品牌更高明的地方，何况其成本比其他品牌都要高。但吉列公司并不是"卖"它的剃须刀，而是"送"它的剃须刀。吉列公司把剃须刀的价格定在 55 美分，这还不到它制造成本的 1/5。但吉列公司将整个刀座设计成一种特殊的形式，只有它的剃须刀片才适合这种特殊的刀座。每个刀片的制造成本为 1 美分，而它却卖 5 美分。不过消费者考虑的是：上一次在理发店刮胡子花 10 美分，而一个 5 美分的刀片大概可以用 6 次左右。也就是说，用自己的剃须刀片刮一次胡子的费用还不到 1 美分，还不到去理发店刮胡子的费用的 1/10，依然是最划算的。

吉列公司是以顾客的心理来定剃须刀座的价格，而不是以制造成本加利润来定剃须刀座的价格。结果，顾客付给吉列公司的钱可能要比他们买其他公司制造的剃须刀更多。其他公司的刀片一个只卖 1 美分，而吉列公司的刀片却卖 5 美分，因此其他公司的产品最终会更便宜。顾客当然知道这一点，但吉列公司的"降价"出售刀座使他们感到愉快，他们觉得自己是花钱来买一个剃须刀座，而不是一件昂贵而又不合理的东西。与传统的剃须刀相比，吉列公司的刀片及刀座要安全、舒适得多。因此，不管从哪个角度来看，吉列公司的产品总是比较合算。自然地，吉列商标就闻名全球了。

吉列的这种方法可以用"此消彼长"来概括。吉列的"此消彼长"，是根据顾客的需要和价值及实际利益来销售产品，而不是根据生产者自己的决定与利益。"此消彼长"可以使消费者购买到其心目中产品的价值，吉列的剃须刀座和剃须刀片就是如此。而且，在消费完成后顾客最终所付的钱几乎都是相同的，甚至"此消彼长"会使顾客付得更多一些，只是付款的方式不同。简而言之，吉列的"此消彼长"代表了对顾客原有价值观的改变，而非厂商成本价格的改变。

资料来源：王天春. 市场营销案例评析[M]. 大连：东北财经大学出版社，2009.

浅析

1．吉列剃须刀座和剃须刀片的定价有什么特点？

2．吉列的价格策略有什么优势，在实施中需要注意些什么？

👆在线测试

二、单项选择题（每小题 1 分，每小题只有一个最恰当的答案）

1．为鼓励顾客购买更多产品，企业给那些大量购买产品的顾客的一种减价称为（　　）。

　　A．功能折扣　　　　B．数量折扣　　　　C．季节折扣　　　　D．现金折扣

2．某服装店售货员把相同的服装以 800 元卖给顾客 A，以 600 元卖给顾客 B。该服装店的定价属于（　　）。

　　A．顾客差别定价　　　　　　　　　　B．产品形式差别定价

　　C．地点差别定价　　　　　　　　　　D．时间差别定价

3．按照单位成本加上一定百分比的加成来制定产品销售价格的定价方法称为（　　）定价法。

　　A．成本导向　　　　B．目标导向　　　　C．需求导向　　　　D．竞争导向

4．在强大竞争者的压力之下，企业的市场占有率（　　）。在这种情况下，企业就需考虑降价。

　　A．下降　　　　　　B．上升　　　　　　C．波动　　　　　　D．不变

5．当产品市场需求富有弹性，且生产成本和经营费用随着生产经营经验的增加而下降时，企业便具

备了（ ）的可能性。

    A．渗透定价   B．撇脂定价   C．尾数定价   D．招徕定价

三、多项选择题（每小题 1 分，每题有多个答案正确。错选、少选、多选，均不得分）

1．影响企业定价的主要因素有（ ）等。

    A．定价目标   B．产品成本   C．市场需求

    D．经营者意志   E．竞争者的产品和价格

2．引起企业提价主要有（ ）等原因。

    A．通货膨胀，物价上涨   B．企业市场占有率下降

    C．产品供不应求   D．企业成本费用比竞争者低

    E．产品生产能力过剩

3．企业定价目标主要有（ ）等。

    A．维持生存   B．当期利润最大化

    C．市场占有率最大化   D．产品质量最优化

    E．成本最小化

4．价格折扣主要有（ ）等类型。

    A．现金折扣   B．数量折扣   C．功能折扣

    D．季节折扣   E．价格折让

5．产品组合定价策略主要有（ ）。

    A．统一交货定价   B．产品线定价

    C．可选产品定价   D．互补产品定价

    E．副产品定价

任务三　渠道策略

试一试　如果给你一种新产品，你将如何建立销售渠道？

想一想　下面哪些是分销渠道的成员？为什么？

玩具生产商	超市
宾馆	酒馆

经典赏析

可口可乐的渠道创新

可口可乐公司是全球最大的饮料公司，其系列产品畅销 200 多个国家和地区，拥有近 400 个饮料品牌。可口可乐公司在全球生产超过 2 600 种产品，每日销量超过 15 亿杯，并拥有全球最畅销饮料品牌前 5 名中的 4 个，包括可口可乐、健怡可乐、雪碧和芬达。2008 年度，可口可乐被美国《商业周刊》评为 2008 年 "全球最佳品牌"，品牌价值 667 亿美元。可口可乐公司通过与全球各装瓶伙伴的广泛合作，拥有世界上最庞大的分销系统。自 1979 年重返中国市场至今，可口可乐已经在中国投资达 12.5 亿美元，建有 29 家装瓶公司和 37 家厂房。

百年品牌的成功最主要的是品牌的成功，但百年品牌在全球范围内不止步地增长，渠道构建与开发功不可没。但是，当今的市场竞争几乎可以用惨烈来形容，新渠道开发越来越难，而开发新渠道又是抵抗竞争、提高销量的主要方式。可口可乐是如何做到让它的 "世界上最大的分销系统" 使其产品 "无处不在" 的呢？其对渠道的管理很值得探讨与学习。

1. 健怡与 Esprit 专卖店

可口可乐健怡产品放到 Esprit 的专卖店里，将健怡产品的消费者定位呈现得清晰透彻到极致：收入较高、新潮、有品位、注重健康与个性的年轻白领。事实证明，绝大部分在 Esprit 店里看到健怡产品展示的人群都成了健怡的忠实消费者。很多营销人喜欢将 "定位" 一词挂在嘴上，可口可乐公司却能将定位从嘴上、从文件上放到市场上去应用。定位应该是唯一的、不可仿冒不可跟进的，会给消费者独到、清晰、过目不忘的感觉与记忆。实际上，新渠道的选择，有利于定位的清晰化。

我们不但把可口可乐健怡产品放在高级女装 Esprit 专卖店叫作一条销售渠道，还称其为一条很好的推广渠道，虽然很多人更喜欢叫它是一种推广方法。但无论如何，它真实地告诉了我们营销人开发新渠道的一个秘诀：将产品与消费者市场细分进行对应，市场定位极具针对性，这种地方一定是好渠道。

2. 善用他人渠道——"小红帽"

"小红帽" 是《北京青年报》下属的发行站。在北京地区，可口可乐玻璃瓶装已不是主要的销售包装，即饮包装产品逐渐被 500～600 毫升的塑胶瓶所取代，但由于玻璃瓶装可口可乐系列产品进入市场较早，因此还有一定的消费人群。很少有经销商愿意玻璃瓶装和塑胶瓶装一起销售与配送，可口可乐却还想保留该产品的销售，但又不想花费太大的精力去自己做直销或协销。怎么办呢？

可口可乐公司分析到：这个产品的消费者主要是一些消费该包装较早的 "老" 消费者、非年轻人的 "老" 消费者和当场即饮的社区便利型消费者；这些消费群体更多地聚集在一些成熟的 "老" 社区，他们更多地在这些 "老" 社区里进行消费，而这些 "老" 社区中的居民有一个最大的特点就是通过看报来了解外界信息，而自办的报纸配送体系，能建立消费者与企业产品的沟通和情感的交流。于是，可口可乐公司通过与《北京青年报》的 "小红帽" 配送体系建立合作关系，针对玻璃装的主要消费人群，开发了这一独特的销售渠道。

3. 酷儿小学商店

可口可乐酷儿产品上市，承载着 "可口可乐公司——全方位饮料公司" 头一炮的空前绝后的使命。由于面对的是与可口可乐公司以前不同的消费者群体——5 至 12 岁的孩子，所以新渠道建设任务摆在了市场人员的面前。可口可乐公司这次是要在小学校下功夫，但学校是不能存在商业行为的。

可口可乐公司是如何化解这个矛盾的呢？它将小学周围几百米都当作 "渠道圈"，或者流行地说 "终端圈"，那么整个学校的学生，也就是酷儿的目标消费群体都被渠道囊括进去了。这也就打破了学校不能进行商品推广与销售的封锁，开发出了新渠道，从而可以进行一切有针对性的营销推广与销售了。

4．小卖部与冷藏品批发商

可口可乐冰露水本身并不是可口可乐公司全方位饮料的直接产物，它更深含战略目的。当竞争需要时，新渠道建设喷薄欲出。

可口可乐公司卖纯净水，看上去是为了产品多元化的目标，实际上是为了竞争。当竞争对手是以水为主业，但也想在可乐型饮料上分一杯羹时，可口可乐公司不是采取直接打压对手可乐产品的打法，而是采用"杀人不见血"的高招：低价在对手的主要渠道推出竞争对手的主力产品，从而乱其军心，在此慌乱的过程中，将对手的主力产品和可乐型产品都予以痛击，实现一箭双雕的效果。

2001年末，可口可乐公司就已经在冰露水上开始筹划了。为了打击竞争对手，可口可乐公司采取的都是一些非常规手法，如冬季上市、包装颜色设计不同、销售队伍任务设计与安排重点、故意断货销售、特价审批等。而在渠道上，可口可乐公司集中火力在竞争对手的主力渠道——传统型终端上，紧贴对手渠道进行生动化陈列、占据优势位置等。

冰露水不但专门针对竞争对手开辟小卖部渠道，还为了短时间内突破销量，在很多城市开辟了"冷藏品批发商"渠道。这些批发商主要销售冰品等，一般有自己的冷库。

可口可乐公司的业务系统在讨论渠道计划时发现：夏天很多非室内工作者都喜欢购买或自备内含"冰柱"的矿泉水，这样水可在烈日酷暑下长时间保持冰凉。于是可口可乐公司开展了与许多冷藏品批发商的合作，使销量在夏天急剧上升，在有些区域取得了高于原计划四五倍的可喜成绩。

5．全品类网吧

在可口可乐公司原有的渠道体系里，网吧作为"直营"的一部分。到现在，网吧已经成为可口可乐新兴渠道中的主力军。从一般的直营渠道之一变成新兴的专门渠道，得益于可口可乐公司对合作共建新渠道的认识。

可口可乐公司先是看到了网络的发展速度与未来，进而看到网吧聚集了大量的目标消费者，从而才将网吧在原来的直营渠道中拨出来，并且破天荒地与国内相对较大的小企业——九城进行了合作，开发网吧渠道。在共同培育这个渠道的过程中，可口可乐公司取得了成功的经验，从而大胆地将网吧渠道深入了下去。

6．品类ICOKE网络渠道

尝到了渠道共建的甜头，可口可乐公司又更进一步。随着网民越来越多，并且网络渠道没有时空限制，没有现实中的渠道的长度、宽度和深度的约束，没有现实中渠道各层级成员的不同操作手法和思维的复杂，将越来越能成为企业的新渠道。可口可乐公司敏感地捕捉到这个新兴渠道的存在，按照公司的传播主题，开辟了www.icoke.com网站。这已经突破了网吧渠道的局限性，而将目标消费群体一"网"打尽。

7．巩固腾讯联盟，走上奥运之路

北京奥运会开幕前期，可口可乐发起了腾讯技术支持的火炬在线传递活动。在活动中，如果参与者争取到了火炬在线传递的资格，会获得"火炬大使"的称号，头像处将出现一枚未点亮的图标，之后就可以向其好友发送邀请。如果10分钟内可以成功邀请其他用户参加活动，其图标将被成功点亮，同时获得"可口可乐"火炬在线传递活动专属QQ皮肤的使用权。据悉，该活动40天之内使4 000万人参与其中，这种"扩张速度"令人瞠目结舌，自然界中好像只有病毒的传递速度才能与之"媲美"。可想而知，这种无形但是爆发式的新渠道扩张为可口可乐的销售做出了巨大的贡献。

资料来源：王天春.市场营销案例评析[M].大连：东北财经大学出版社，2009.

点评 企业的竞争很大程度上是渠道的竞争。可口可乐的成功告诉我们，营销是要发现和满足消费者的需求，但消费者的需求总要在消费场所去满足，所以企业到消费场所的途径就构成了渠道。新渠道建设一定要紧扣目标消费者，充分体现市场定位。营销人员要有敏锐的洞察力和丰富的想象力，善于挖掘不同的消费习惯，敢于大胆创新，打破传统的封锁，进而成功地建设新渠道。

学一学

一、分销渠道的概念与职能

（一）分销渠道的概念

所谓市场营销渠道，是指配合生产、分销和消费某一生产者的产品和服务的所有企业和个人；所谓分销渠道，是指某种产品和服务在从生产者向消费者转移的过程中，取得这种产品和服务的所有权或帮助所有权转移的所有企业及个人，如图4.8所示。

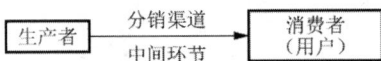

图4.8 分销渠道示意

（二）分销渠道的职能

① 搜集与传送信息。渠道成员通过渠道可以调查、整理与分析有关消费者、竞争者及市场营销环境中的其他参与者或影响力量的信息，并通过相应途径将信息传递给渠道内的其他参与者。

② 促销。促销是生产经营者为刺激消费所进行的关于商品和企业的宣传、沟通活动。渠道参与者需要通过创意的开发与构思，把能够满足消费者需要的产品和服务信息以顾客乐于接受的、富有吸引力的形式传递给消费者或用户。

③ 接洽。这是生产者或经营者寻找潜在购买者，并与之接触的活动。在具体工作中，表现为接受或争取订单。

④ 组配。组配是指生产者或经营者对商品在分类、分等、装配和包装上进行组合、搭配，以满足购买者需要的活动。

⑤ 谈判。谈判是买卖者为实现商品所有权的转移就价格及有关条件进行协商的活动。为了实现成员之间互惠互利的合作，分享渠道分工的效益，成员和成员之间、成员和消费者或用户之间要进行谈判，以达成有关产品价格和其他交易条件的最终协议，从而实现商品所有权的转移。

⑥ 物流。物流是商品的运输、储存活动。从走下生产线那一刻起，商品就进入了流通过程，渠道的参与者开始进行商品实体的运输和储存活动。

⑦ 融资。融资是生产者或经营者为完成以上各种职能而进行的资金融通活动。不论是生产或商品购销，都需要资金投入，用于渠道成员彼此之间的货款支付、组织的运转开支和劳动者工资。渠道成员只有筹集到足够的资金才能运作，整个营销渠道才能有效地运转，渠道成员之间才能保持健康的联系。

二、分销渠道的类型

（一）分销渠道的类型

按照产品在流通环节中所使用的中间商类型，可以将分销渠道划分为传统分销渠道和网络分销渠道。

1．传统分销渠道

按照产品在流通环节中是否使用中间商，可以把传统分销渠道分为直接渠道和间接渠道。

（1）直接渠道

直接渠道是指生产企业不经过任何形式的中间商环节直接把产品销售给消费者。例如，各商家在网上开设了官方旗舰店，就是一种直接渠道模式。

（2）间接渠道

间接渠道是指生产企业经过若干的中间商环节把产品销售给消费者。间接分销渠道是消费品分销的主要类型，与直接渠道的区别在于是否有中间商。

2．网络分销渠道

随着电子商务的发展，越来越多的商家通过网络进行了线上销售模式，如网上旗舰店、微信营销等。网络营销渠道是凭借互联网提供可利用的产品和服务，以便使用计算机或其他能够使用技术手段的目标市场通过电子手段进行和完成交易活动。

利用互联网的信息交互特点，网上直销市场得到了大力发展。因此，网络营销渠道可以分为以下两大类。

① 通过互联网实现了从生产者到消费（使用）者的网络直接营销渠道，简称网上直销。这时传统中间商的职能发生了改变，由过去环节的中间力量变为直销渠道提供服务的中介机构，如提供货物运输配送服务的专业配送公司、提供货款网上结算服务的网上银行，以及提供产品信息发布和网站建设的网络服务提供商和电子商务服务商。网上直销渠道的建立，使得生产者和最终消费者可以直接连接与沟通。

② 融入互联网技术后的中间商机构提供网络间接营销渠道。传统中间商由于融合了互联网技术，大大提高了中间商的交易效率、专门化程度和规模经济效益。同时，新兴的中间商也对传统中间商产生了冲击。例如，美国零售业巨头 Wal-Mart 为抵抗互联网对其零售市场的侵蚀，在 2000 年 1 月开设了网上商店。基于互联网的新型网络间接营销渠道与传统间接分销渠道有着很大不同：传统间接分销渠道可能有多个中间环节，如一级批发商、二级批发商、零售商，而网络间接营销渠道只需要一个中间环节。

（二）分销渠道的层次

在产品从生产者转移到消费者的过程中，任何一个对产品拥有所有权或负有推销责任的机构，就叫一个渠道层次。产品从生产转移到消费者的过程中，经过的环节越多，销售渠道越长；反之，渠道越短。按照分销渠道的层次，可以将分销渠道分为长短不同的若干中渠道结构，如图 4.9 所示。

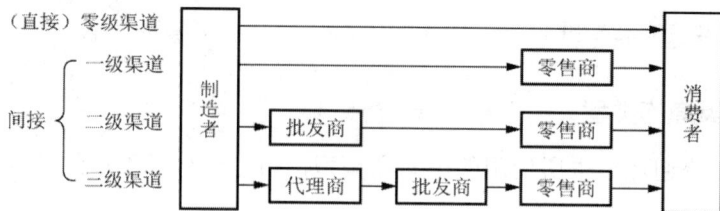

图 4.9　分销渠道层次

（二）分销渠道的宽度

分销渠道的宽度是指渠道的每个层次使用同种类型中间商数目的多少。根据渠道的宽窄，分销渠道策略可分为 3 种，如图 4.10 所示。

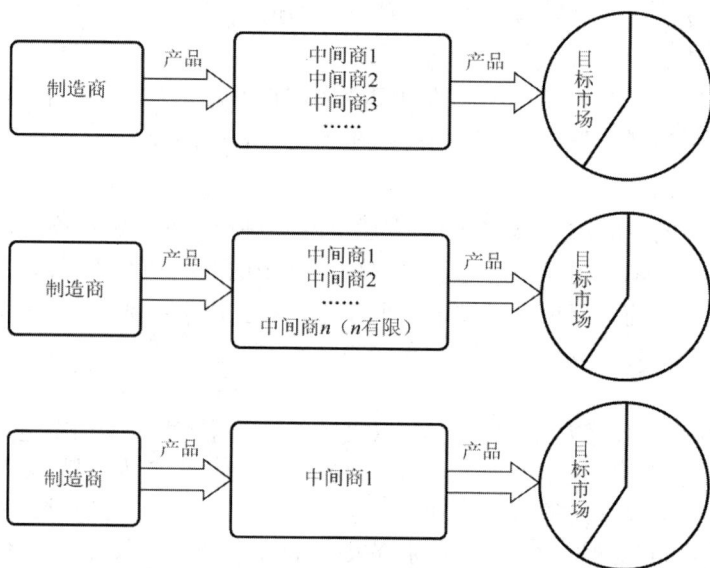

图 4.10　根据渠道宽窄设计的 3 种分销渠道策略

① 密集分销。密集分销是指制造商尽可能地通过许多负责任的、适当的批发商、零售商推销其产品。消费品中的便利品和产业用品中的供应品，通常采取密集分销。

② 选择分销。选择分销是指制造商在某一地区仅仅通过少数几个精心挑选的、最合适的中间商推销其产品。它适用于所有产品。相对而言，消费品中的选购品和特殊品最宜于采取选择分销。

③ 独家分销。独家分销是指制造商在某一地区仅选择一家中间商推销其产品，通常双方协商签订独家经销合同，规定经销商不得经营竞争者的产品。

小·案例

耐克的选择分销

耐克公司在 7 种不同类型的商店中销售其生产的运动鞋和运动衣，具体如下。

① 体育用品专卖店，如高尔夫职业选手用品商店。

② 大众体育用品商店，供应许多不同样式的耐克产品。

③ 百货商店，集中销售最新样式的耐克产品。

④ 大型综合商场，仅销售折扣款式。

⑤ 耐克产品零售商店，设在大城市中的耐克商城，供应耐克的全部产品，重点是销售最新款式的耐克产品。

⑥ 工厂的门市零售店，销售的大部分是二手货和存货。

⑦ 在淘宝、天猫上的耐克官方旗舰店销售各类产品。

三、分销渠道策略

（一）分销渠道的设计

分销渠道设计是指企业为了实现目标，对各种备选的营销渠道进行分析、评估和选择，从而找出适合的营销渠道。

一般来讲，新企业在刚刚开始经营时，总是先采取在有限市场上进行销售的策略，以当地市场或某一地区的市场为销售对象。新企业一旦经营成功，可能会扩展到其他新市场。

1. 确定渠道目标

渠道目标是指企业预期达到的顾客服务水平及中间商应执行的职能等。其主要任务是确定产品到达市场的最佳途径。最佳一般是以经济效益来衡量，如最低的成本、最快的流通速度等，但是在具体的执行过程中要结合企业的营销策略来选择。

2. 确认影响分销渠道的因素

确认影响营销渠道的因素是分销渠道设计的基础，主要包括以下几个因素。

（1）顾客特性

顾客人数、地理分布、购买频率、购买数量、对不同促销方式的敏感程度等都会影响分销渠道的设计。工业品用户常常选择直接渠道或短渠道进行产品分销，这是由工业品用户特点所决定的。而对于大多数最终消费品来讲，多采用长渠道。最终消费者数量大，位置分散、购买频率高、购买量小、购买方式灵活，这使得中间商变得很重要。

（2）产品特性

产品特性一般包括理化性能、体积质量、标准化程度和单位价值的高低等。这些因素均影响产品的分销渠道。例如，易腐产品、时尚产品宜采用短渠道；体积笨重的物品、贵重的物品、非标准化产品宜采用短渠道；日常用品一般宜采用长渠道，以方便消费者购买。

（3）企业特性

企业特性体现在其总体规模、财务能力、产品组合、渠道经验和营销政策等方面，这些因素对渠道设计有一定的影响。例如，企业营销经验丰富、有足够的资金，同时又希望控制渠道，这样就可以自建营销网络；如果企业产品组合宽、产品规格全，可以采用短渠道把产品直接卖给零售商或最终用户。

（4）中间商特性

在选择分销渠道时，对中间商的优劣势要进行比较分析，一般选择地理位置良好、经营范围广、经销经验丰富、资历和信用好的中间商。

（5）竞争特性

在设计渠道时，对竞争对手的销售地点、渠道类型、产品和服务特点、市场规模、消费者特点和规模等进行分析，并对竞争对手的分销策略、渠道结构及成员进行分析，从而制定出既避开竞争对手又对自己有利的渠道策略。

（6）环境特性

经济景气与否对企业渠道的选择有重要影响，经济不景气时，一般以最经济的方式把产品销往市场，此时适宜采用短渠道，删减一些不重要的服务。同时，要关注法律环境，在运用渠道策略时要遵守《价格法》《反不正当竞争法》等经济法律法规。

3. 确定渠道结构

确定渠道结构即在渠道结构的设计、谋划当中是否选择中间商，选择什么类型的中间商，以及确定渠道成员之间的关系如何等。它包括个别式分销渠道结构和垂直式分销渠道结构。

① 个别式分销渠道结构即传统的分销渠道，是由生产企业、批发企业和零售企业构成的、关系松弛的销售网络。

② 垂直式分销渠道结构是由生产商、批发商和零售商形成的统一整体。

4. 选择渠道成员

选择渠道成员就是要确定需要由那些中间商销售企业的产品，主要包括中间商的类型、数目及确定中间商的权利和义务等。

5. 评估渠道设计方案

这是指在上述 4 个步骤中已经对各类中间商进行了充分的了解，在此基础上提出几种可选择的方案，从中选择最合适的一种。一般在评估渠道设计方案时要考虑几个方面的问题：经济效率情况、中间商的可控程度、中间商的适应性。

小·案例

录像带的渠道革新

1992 年，美国圣诞节市场爆出一个大冷门：迪士尼公司发行的卡通录像带《美女与野兽》成了最畅销和最赚钱的商品，开卖只两个多月时间，就卖出了 2 000 万盘，盈利 2 亿美元。

秘诀何在？原来，迪士尼公司的成功之道在于率先推出"行销渠道革新"。就习惯而言，录像带应该出现在文化商店和电器商店之中，这是人们通常想到也是通常使用的销售渠道。然而，文化市场总是被流行风左右，今天还是十分红火的东西，明天说不定就会遭受冷落。更重要的是，由于现代人的生活高度紧张，既有兴趣又有时间专门逛录像带市场的人毕竟有限。问题的症结找出来了：录像带的滞销在于销售渠道不畅。

为此，迪士尼公司大胆选择在超市和儿童玩具店出售录像带，把录像带与色拉油、蔬菜、瓜果及游戏机、洋娃娃放在一起。果然，那里川流不息的人潮为迪士尼公司带来了滚滚财源。

资料来源：张润琴. 市场营销基础学习指导与练习[M]. 北京：高等教育出版社，2007.

（三）渠道管理

1. 渠道管理的概念

渠道管理是指制造商为实现公司分销的目标而对现有渠道进行管理，以确保渠道成员间、公司和渠道成员间相互协调和通力合作的一切活动。

2．渠道管理的具体内容

① 对中间商的供货管理要保证供货及时，并在此基础上帮助中间商建立并理顺销售子网，分散销售及库存压力，加快产品的流通速度。

② 加强对中间商广告、促销的支持，减少产品流通阻力；提高产品的销售能力，促进销售；提高资金利用率，使之成为中间商的重要利润源。

③ 对中间商负责，在保证供应的基础上，对中间商提供产品服务支持，妥善处理销售过程中出现的产品损坏变质、顾客投诉、顾客退货等问题，从而切实保障中间商的利益不受损害。

④ 加强对中间商的订货处理管理，减少因订货处理环节中出现的失误而引起的发货不畅。

⑤ 加强对中间商订货的结算管理，规避结算风险，保障制造商的利益，同时避免经销商利用结算便利制造市场混乱。

⑥ 其他管理工作，包括对中间商进行培训，增强中间商对公司理念、价值观的认同，以及对产品知识的认识。还要负责协调制造商和中间商之间、中间商和中间商之间的关系，尤其对于一些突发事件，如价格涨落、产品竞争、产品滞销及周边市场冲击或低价倾销等扰乱市场的问题，要以协作、协商的方式为主，以理服人，及时帮助中间商消除顾虑，平衡心态，引导和支持中间商向有利于产品营销的方向转变。

3．渠道管理的方法

生产厂家可以对其分销渠道实行两种不同程度的控制，即高度控制和低度控制。

① 高度控制。生产企业能够选择负责其产品销售的营销中介类型、数量和地理分布，并且能够支配这些营销中介的销售政策和价格政策，这样的控制称为高度控制。根据生产企业的实力和产品性质，高度控制在某些情况下是可以实现的。一些生产特种产品的大型生产企业，往往能够做到对营销网络的高度控制。例如，日本丰田汽车公司专门把东京市场划分为若干区域，每一区域都有一名业务经理专门负责，业务经理对于本区域内的分销商非常熟悉，对每一中间商的资料都详细掌握，通过与中间商的紧密联系关注市场变化，并及时反馈用户意见。高度控制对某些类型的生产企业有着很大的益处。对特种产品来说，利用高度控制维持高价格可以维护产品的优良品质形象，因为如果产品价格过低，会使消费者怀疑产品品质低劣或即将淘汰。另外，即使对一般产品，高度控制也可以防止价格竞争，保证良好的经济效益。

② 低度控制。如果生产企业无力或不需要对整个渠道进行高度控制，企业往往可以通过对中间商提供具体的支持、协助来影响营销中介。这种控制的程度较低，大多数企业的控制属于这种方式。

4．渠道管理中存在的问题及解决路径

① 渠道不统一引发厂商之间的矛盾。企业应该解决由于市场狭小所造成的企业和中间商之间的冲突，统一企业的渠道政策，使服务标准规范。例如，有些厂家为了迅速打开市场，在产品开拓初期选择两家或两家以上的总代理，由于两家总代理之间常会进行恶性的价格竞争，因此往往会出现虽然品牌知名度很高，但市场拓展状况却非常不理想的局面。

当然，厂商关系需要管理，如防止窜货应该加强巡查，防止倒货应该加强培训，建立奖惩措施等，通过人性化管理和制度化管理的有效结合，从而培育最适合企业发展的厂商关系。

② 渠道冗长造成管理难度加大。企业应该缩短货物到达消费者的时间，减少环节以降低产品的损耗，并有效掌握终端市场的供求关系，从而减少企业利润被分流的可能性。在这方面，海尔的海外营销渠道可供借鉴：海尔直接利用国外经销商现有的销售和服务网络，缩短了渠道链条，减少了渠道环节，极大地降低了渠道建设成本。现在海尔在几十个国家建立了庞大的经销网络，拥有近万个营销点，海尔的各种产品可以随时在任何国家畅通地流动。

③ 渠道覆盖面过广。企业家必须有足够的资源和能力去关注每个区域的运作，尽量提高渠道管理水平，并积极应对竞争对手对薄弱环节的重点进攻。例如，海尔与经销商、代理商合作的方式主要有店中店和专卖店，这是海尔营销渠道中颇具特色的两种形式。海尔将国内城市按规模分为5个等级，即一级是省会城市、二级是一般城市、三级是县级市及地区、四级和五级是乡镇及农村。在一、二级市场上以店中店、海尔产品专柜为主，原则上不设专卖店；在三级市场和部分二级市场建立专卖店；四、五级网点是二、三级销售渠道的延伸，主要面对农村市场。同时，海尔鼓励各个零售商主动开拓网点。

④ 企业对中间商的选择缺乏标准。企业在选择中间商的时候，不能过分强调中间商的实力，而忽视了很多容易发生的问题。例如，实力大的中间商也可能会同时经营竞争品牌，并以此作为讨价还价的筹码；不会花很大精力去销售一个小品牌；企业可能会失去对产品销售的控制权，等等。厂商关系应该与企业发展战略匹配，不同企业应该对应不同的中间商。对于知名度不高、实力不强的企业，应该在市场开拓初期进行中间商选择和培育——既建立利益关联，又有情感关联和文化认同；对于拥有知名品牌的大企业，有一整套帮助中间商提高的做法，使中间商可以在市场竞争中脱颖而出，培育中间商的忠诚度。另外，企业产品经营的低风险性及较高的利润，都促使厂商之间形成合作伙伴关系。总之，选择渠道成员应该有一定的标准，如经营规模、管理水平、经营理念、对新生事物的接受程度、合作精神、对顾客的服务水平、下游客户的数量及发展潜力等。

⑤ 企业不能很好地掌控并管理终端。有些企业自己经营了一部分终端市场，抢了二级批发商和经销商的生意，使其销量减少，逐渐对本企业的产品失去经营信心，同时他们会加大对竞争产品的经销量，从而造成传统渠道堵塞。如果市场操作不当，整个渠道会因为动力不足而瘫痪。在"渠道为王"的今天，企业越来越感受到渠道的压力，如何利用渠道的资源优势、如何管理中间商，就成了决胜终端的"尚方宝剑"了。

⑥ 忽略渠道的后续管理。很多企业误认为渠道建成后可以一劳永逸，不注意与渠道成员的感情沟通和交流，从而出现了很多问题。因为从整体情况而言，影响渠道发展的因素众多，如产品、竞争结构、行业发展、中间商能力和消费者行为等，渠道建成后，仍要根据市场的发展状况不断加以调整，否则就会出现大问题。

⑦ 盲目自建销售网络。很多企业特别是一些中小企业不顾实际情况，一定要自建销售网络，由于专业化程度不高，致使渠道效率低下；网络太大，反应缓慢，管理成本较高；人员开支、行政费用、广告费用、推广费用和仓储配送费用巨大，给企业造成了很大的经济损失。特别是在一级城市，企业自建渠道更要慎重考虑。企业自建渠道必须具备一定的条件：高度的品牌号召力、影响力和相当的企业实力；稳定的消费群体、市场销量和企业

利润，如格力已经成为行业领导品牌，具有了相当的品牌认可度和稳定的消费群体；企业经过了相当的前期市场积累已经具备了相对成熟的管理模式，等等。另外，自建渠道的关键必须讲究规模经济，只有达到一定的规模，企业才能实现整个配送和营运的成本最低化。

⑧ 新产品上市的渠道选择混乱。任何一个新产品的成功入市，都必须最大限度地发挥渠道的力量，特别是与中间商的紧密合作。如何选择一家理想的中间商呢？中间商应该与厂家有相同的经营目标和营销理念。从实力上讲，中间商要有较强的配送能力、良好的信誉、有较强的服务意识和终端管理能力，特别是在同一个经营类别中，中间商要经销独家品牌，没有与产品及价位相冲突的同类品牌。同时，中间商要有较强的资金实力和固定的分销网络。总之，在现代营销环境下，中间商经过多年的市场历练，已经开始转型并成熟了，对渠道的话语权意识也逐步得到加强。因此，企业在推广新产品上市的过程中，应该重新评价和选择中间商：一是对现有的中间商，大力强化网络拓展能力和市场操作能力，新产品交其代理后，企业对其全力扶持并培训；二是对没有改造价值的中间商，坚决予以更换；三是对于实力较强的二级分销商，可委托其代理新产品。

🕐 小·案例

宝洁的渠道冲突管理

宝洁公司所处的日化行业属于快速消费品行业，消费者的购买行为具有明显的冲动型和习惯性的特征，而且品牌忠诚度不高。对于这样的行业，企业只有拥有高效的多种营销渠道才能把产品以最快的速度转移到消费者的手里，使消费者能够方便地随时买到。

首先，宝洁公司把多渠道的组织按一定的要求进行分类管理，以便充分发挥它们各自的优势。在宝洁公司的渠道组织划分中，小店主要是月销量低于 5 箱的小型商店、商亭及各种货摊；大店是指百货商店、超级市场、连锁店、平价仓储商场、食杂店、国际连锁店及价格俱乐部等。同时，宝洁公司对大店和小店的经营进行了准确且互补的定位：小店的优势在于极大地方便消费者随时随地购买，经营品种相对集中，以畅销规格为主，销售量受其他因素干扰小，能够有足够的毛利率保证其稳定的利润来源，基本上都有较稳定并且较为广泛的客户网络；大店基本上都具有 50%以上的利润来源，大店的经营环境是建立企业形象、塑造品牌的有利场所，大店中良好的店内设计和形象展示是配合宝洁公司强大的广告攻势的最有力的销售工具。

其次，宝洁公司在营销资源的分配上也采用了合理的配置，通过供货管理和拜访制度的差异管理成功解决了渠道冲突。在供货上，小店供应价可高于批发市场的发货价，一般以出厂价加 5%为宜，100%现款现货，在任何情况下都提倡采用任何形式的代销除销，并要求分销商向所有的小店提供送货上门服务；大店则严格执行单一分销商供货政策，根据商店经营的历史背景和目前的经营情况，按比例将每一家商店划给某一个具体分销商，同时其他分销商不得介入。在拜访制度上，小店的拜访频率以成熟品牌不脱销，新产品 4 周内卖尽为目标，每家小店按 1.5 周考虑是比较合适的拜访频率；大店则根据它的库存周期、生意量大小、货架周转率、送货服务水平及促销活动频率等综合指标来考虑确定合适的拜访频率。但是，无论进行怎样好的设计和管理，总会有某些冲突，这是任何企业都无法避免的。其中，多数冲突是失调的，而某些渠道冲突却能产生建设性的作用。所以说，问题的关键不在于是否消除这种冲突，而在于如何更好地管理它。宝洁对渠道冲突的管理可以说是很成功的，值得借鉴。

一、垂直渠道冲突管理

导致宝洁垂直渠道冲突的主要原因是其与分销商的目标差异。宝洁希望通过终端来拉动市场，通过广告攻势建立强大的品牌力，实现消费者的高度认可，再配以营销渠道的协助，以提升产品的市场销量。但经销商却更倾向于经营毛利率高的短期盈利产品，特别是一些区域分销商大多采用品牌经营，它们通过代理其他品牌的产品来增加其盈利的途径。

可以看到，许多区域经销商同时经营包括联合利华、花王、高露洁等这些宝洁竞争对手的多个品牌的产品，这必然大大地分散其运作宝洁公司产品所需要的资金、人力、仓储运输等资源。面对这种目标冲突和经营行为冲突，宝洁公司采用了以渠道合作为核心的经营思路和恰当使用渠道权力策略。其具体方法如下。

① 坚持经销商必须专一经营。这基于宝洁公司强大的渠道权力优势。它规定了经销商必须独立经营宝洁的产品，独立设置账户，独立进行资金运作，业务员独立办公，拥有独立仓库等；要求经销商经营其产品的财力、人力、物力等不能随意地被组合和占用，更不能经营与宝洁公司存在竞争的品牌。

② 注意精心选择经销商。宝洁公司在全国各地精选具有一定规模、财务能力、商誉、销售额、仓储能力、运输能力和客户关系的经销商，特别强调经销商客户关系的深度和广度，以及其对区域市场的覆盖能力。对于新的经销商，宝洁公司要求其拥有不低于 500 万元的资产抵押及不低于 400 万元的流动资金，并采用公开招标的形式选择经销商。这种对经销商的严格挑选标准，可以促进市场渠道结构的合理分工，以避免因经营职能重复而造成的资源浪费，最大限度地降低渠道成本。

③ 实施端到端的直接合作。这是指不经过任何中间经销商，使宝洁公司的产品直接进入销售终端的一种渠道安排。这也是宝洁公司在成熟市场中运用娴熟的传统"战法"，使宝洁公司与最终零售商直接对接，如宝洁与沃尔玛的"端到端"的直接合作。

④ 推行协助式的渠道管理。宝洁公司不仅注重精选有实力的经销商以形成合理的渠道结构和市场布局，而且还向分销商派驻公司代表以协助销售，并帮助培训分销商销售人员，招聘专职的区域市场代表，负责其工资奖金的发放，为分销商提供覆盖市场的一定费用。宝洁公司确立了 14 天回款返利 3%的回款激励制度，协助分销商提高物流管理水平并推行数字化管理。

二、水平渠道冲突管理

在企业拓展市场的竞争中，要从水平方向拓展渠道。针对分销商的竞争是异常激烈的，同时，渠道分销商之间也会频繁发生冲突和竞争。宝洁公司凭借其强大的渠道权力和影响力，较好地运用了利益协调的核心机制，在渠道的各成员之间进行合理的利益分配，最大限度地避免和化解了分销商之间的渠道冲突。

① 强调对经销商的权责管理。宝洁公司重视对经销商的权责管理，维持在经销商选择上所一贯坚持的高标准、严要求，同时对经销商的区域权力也做出了详细的规划安排，以避免水平渠道冲突的发生。例如，对大的零售商进行明确划分，其他分销商不得干涉。同时，宝洁公司也十分重视对分销商的激励，良好的激励机制本身也是对水平渠道冲突进行管理的有效方法。

② 有效使用分销商覆盖服务费。宝洁公司设计并实施了分销商覆盖服务费（CSF）评估系统，按分销商覆盖业绩来评定覆盖服务费用，分销商提供越好的覆盖服务，将会得到越高的覆盖服务费。

分销商覆盖服务费=A%×分销商所以覆盖人员奖金基数总额×覆盖服务水平（CPL）

其中，A 由宝洁公司每一个阶段根据市场情况而定。CSF 系统可以有效激励分销商，同时简化了相关的管理，并使宝洁公司对分销商日常运作管理标准化，对解决水平渠道冲突起到了重要的作用。

③ 充分发挥信息共享的作用。宝洁公司善于利用信息共享来协调各种可能的矛盾，不仅在宝洁和各

级分销商之间，而且在同级的分销商之间也鼓励充分实现信息共享，从而有效地避免了水平渠道中因成员在信息方面的阻隔所导致的冲突。

④ 注意指导分销商的内部分工。宝洁公司通过尝试实施分销商一体化经营系统（IDS），对分销商内部的合理分工进行指导。该系统主要通过分销商运作经理、分销商销售主管、分销商销售组长、大店分销商销售代表、小店货车销售代表等各层级明确的职责和业务指标来保证渠道的畅通及高效运行。

⑤ 实施一体化营销改造。宝洁公司通过帮助经销商进行宝洁式的管理改造来增加其对渠道管理的可控度。其改造的步骤是：首先，宝洁公司内部组成一个跨部门的工作小组，对经销商进行诊断，找出其管理上的问题和不足，并且同经销商一起制订符合宝洁公司管理标准的改造计划；其次，经销商自行按照计划进行改造，工作小组提供各种支持，特别是为经销商提供导向性的咨询服务；最后，使改造后的经销商的与营销有关的职能部门拥有同宝洁公司相似的组织结构和运作管理方式。

资料来源： 王天春. 市场营销案例评析[M]. 大连：东北财经大学出版社，2009.

四、批发商与零售商

（一）批发商的含义与类型

批发是指一切将产品或者服务销售给为了转卖或商业用途而进行购买的人的活动。

批发商是专业为零售商或产业用户提供大批量产品的企业。通常把批发商分为商业批发商、经纪人和代理商、生产商或零售商的分店和销售办事处、其他批发商4种主要类型。

（二）零售商店的类型

零售是指所有向最终消费者直接销售产品和服务，用于个人及非商业性用途的活动。我国零售业商店分为8类：百货店、超级市场、大型综合超市、便利店、仓储式商场、专业店、专卖店和购物中心，如图4.11所示。

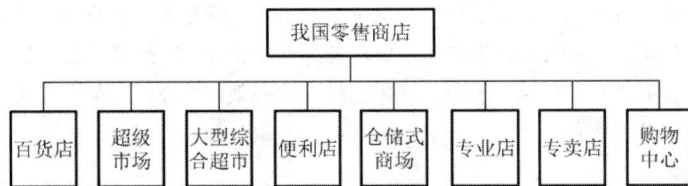

图4.11 我国零售商店的类型

（三）无门市零售形式

无门市零售的形式主要有4种，如图4.12所示。

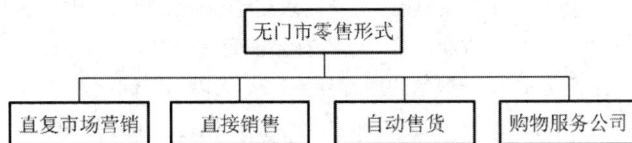

图4.12 无门市零售形式

练一练

一、案例分析

戴尔和联想——直接销售渠道和间接销售渠道之争

我国IT行业内的领导型企业——联想集团按照三年规划，到2003年，营业规模要达到600亿元，而实际情况是只有200亿元左右，营业额增长26%，利润增长50%。尽管这个增长速度高于行业内绝大多数企业，但却没能达成2000年规划制定的目标。与此同时，2003年联想的主营业务PC的销量增幅只有16.4%，而戴尔的增幅超过了40%，增长幅度超出联想两倍多。如何抵御戴尔直销渠道的冲击，是摆在联想面前的一个大课题。

1. 联想渠道成长的4个层次

① 在1994年以前，联想渠道处于第1层次，渠道能力只是简单的铺货和回款，对于产品的最终流向几乎没有了解，对消费者的需求特点缺乏把握，渠道处于粗放型、低功能的初级状态。

② 1994年－1998年，联想渠道达到第2层次。在这个阶段，联想放弃直销，专注于分销。以"大联想"的理念，不断优化渠道结构，致力于渠道扁平化，密切联想和经销商之间的业务纽带与互利关系，形成"利益共同体"，避免恶性渠道冲突。在这个时期，由于PC市场容量以平均每年40%～50%的速度增长，"大联想"获得了突飞猛进的发展。

③ 1998年－2001年，联想渠道达到第3层次。这个阶段的最大特点是"渠道信息化水平"大幅提升。联想虽然不与二级代理发生直接的交易，但是也开始进行信息交换，开始对客户需求有了更加细分的认识。同时，联想开始广泛地为各级经销商直接提供技术、培训和市场推广等方面的支持。

这个时期的标志性事件是ERP实施。ERP不仅大大降低了渠道成本，而且提升了与渠道成员之间信息交换的数量、质量和效率。联想实施ERP之后，一年总计降低成本6亿多元。

④ 2002年以来，伴随联想的技术转型，联想的渠道发展进入了第4层次。渠道一体化的内涵更加丰富，联想与经销商的合作继续深化。为了挖掘更大的客户价值，联想努力提高渠道的技术含量，使渠道由"硬"变"软"，为客户提供更多的系统集成和增值业务方面的服务。联想努力走出销售渠道中产品同质竞争的怪圈，踏上增值协同之路。在这个阶段，联想已经开始把戴尔当作最具颠覆能力的竞争对手，所以联想的渠道改进措施都有相当大的针对性。

2. 戴尔直销模式

世界上最著名的直销模式是戴尔公司的直销。据2003年1月24日IDC（互联网数据中心）公布的全球2002年第四季度PC零售排行榜的数据显示，戴尔公司在台式机市场占有15.8%的市场份额，排名世界第一，这是戴尔首次超过竞争对手HP（惠普），成为台式计算机的领头羊。

戴尔公司的成功得益于其直销模式。戴尔公司的黄金三原则是"压缩库存、倾听顾客意见和直接销售"；戴尔直销模式的精华在于"按需定制"，在明确客户需求后迅速做出回应，并向客户直接发货。

戴尔成本上的竞争力来自于3个方面：第一，没有经销商这个中间环节；第二，戴尔全球化的供应链管理；第三，戴尔的精细化管理，使得戴尔的库存保持在4天以内。因此，戴尔在价格上非常有竞争力，而价格这个武器一向是联想公司对付外国PC企业的撒手锏，但是在戴尔这里第1次失效了。

戴尔直销模式的另一个厉害之处是：戴尔直接与每个客户打交道，所以掌握了所有客户的资料，从而使戴尔能够最大限度地细化消费者需求，捕捉任何微小的变动，并把对消费者的理解体现在产品战略上，从而始终保持对市场的敏感和快速反应。

戴尔公司在刚进入中国时，其直销模式曾被认为不符合中国国情，不会取得成功。但迄今为止，戴尔在中国的市场占有率虽然还非常低，到 2003 年底约为 7%，但是发展的态势非常迅猛，对"以分销模式为主"的中国本土公司——包括联想公司——构成越来越大的威胁。现在已经没有人怀疑戴尔模式在中国的生命力了。

3．戴尔模式的局限性和联想的渠道变革方向

联想应该怎样提升自己的渠道质量，化解戴尔直销的冲击呢？

通过分析戴尔直销图，我们可以发现它与前面的分销渠道管理"四层次"模型中的第 4 层次的示意图非常相近。如果我们把第 4 层次示意图中的厂家和各级代理当作一个整体来看，那么戴尔直销与第 4 层次的分销几乎是一样的。

也就是说，在分销状态下，只要厂家和经销商之间实现"一体化"，则分销模式与直销模式就非常接近。下面再从更多细节比较戴尔直销与联想的第 4 层次分销的利弊。

戴尔直销模式存在两个主要缺陷：第 1 个缺陷是服务能力弱，是戴尔直销模式最大的缺陷；第 2 个缺陷是戴尔的客户开发比较单调，由于与客户接触的渠道上非常单调，戴尔直销在中国出现了"异化"——戴尔默许了部分分销。

戴尔面向个人或家庭的计算机，基本上严格执行了戴尔直销。但是在面向商业用户的计算机市场，戴尔似乎被迫"接受现实"。戴尔计算机的产品议价政策是：采购量越大，得到的折扣越大。某些经销商利用了戴尔的这个价格政策，从戴尔大量低价进货，再分批卖给真正的最终客户，获取其中的价差。虽然戴尔在政策上反对这种做法，但在实际执行中采取了默许的态度。因为经销商有更多的客户信息，它们能够弥补戴尔直销的一些不足。

视戴尔为心腹大患的联想公司也在丰富自己的销售模式：在 1994 年完全放弃直销之后，又在尝试直销。2002 年 3 月，联想正式宣布将开始增加在大陆市场进行计算机直销的比例。在联想的规划中，计算机直销业务主要还是以商用市场为主。联想在中国拥有 3 000 个经销商，这是联想能够稳占中国 PC 龙头的关键。为了不影响与经销商的关系，联想的直销业务暂时以商用市场为主。

这里出现了一个令人感兴趣的现象：直销的戴尔与分销的联想在 PC 市场上都坚持了自己的特色；在商用计算机市场，直销的戴尔默许了部分的分销，而分销的联想却在试图提高直销的比例。两个有特色的企业在商用计算机市场上都是直销分销并存，似乎出现了一种"殊途同归"的现象。这中间是否包含某种规律性，还有待观察。

在另一个方面，分销也有两个主要缺陷，这两个缺陷都最终体现在成本上。一个成本来源是经销商之间为了争夺客户、竞相压价而产生的成本，这种成本使经销商无利可图，并最终把成本转嫁到厂家身上；第 2 个成本是厂家和经销商之间的"接口"不畅所导致的成本，如沟通成本，经销商不能把客户需求及时准确地反馈到厂家那里，而厂家在划分经销商负责区域、厂家内部销售组织的设计、人员的考核和各级经理决策权限等方面的不当也会造成很大成本。如果分销渠道管理不善，这两种成本可能会非常大。

4．总结

基于上述分析，可以看出联想渠道变革应该遵循以下方面。

① 直销方面。在商用 PC 领域加大直销力度，使直销和分销互补。早在 2003 年 8 月，联想就已经建立了自己的电话直销队伍。在不到 2 个月的时间里，联想华东区的电话直销部门就完成近 800 万元销售额，产品涉及台式、笔记本、外设、服务器、数码产品等，开拓了 1 700 家成长型企业客户。直销实验成果不俗，使联想最终决定把电话直销部门升级，与分销部门并驾齐驱。联想的目标是 80% 以上的销量通过分销完成，而直销争取实现其他近 20% 的销量。

② 分销方面。加大渠道"一体化"力度，在发挥既有的开发客户能力的基础上，提高渠道技术含量，

进一步加大挖掘客户价值的能力，特别是那些有二次购买、多次购买的大客户。同时，最大限度减少渠道内冲突，提高市场反应速度。

联想在 2004 年的几个改革措施都是基于上述两个方向。为了提升公司整体运营效率，联想调整了组织结构，把以前的全国 7 个大区调整成 18 个分区，使整个组织更加扁平化，决策权进一步向下放，各分区的总经理将享有更多的资源和决策自主权。在此基础上，简化所有业务模式的内部流程，从而最终提高了市场反应速度。此外，联想还对业务分类管理，使联想有机会大幅度降低各类业务对财务资源和管理资源的需求，降低管理成本。联想的这些变革措施，使联想渠道的质量在已有的"第4层次"的基础上进一步丰富、成熟，更加有助于联想的销售管理机构与经销商融为一体。

直销与分销模式的胜败，并不完全由模式本身先天的优劣决定，而是在于思想和执行。例如，戴尔的库存量控制在 4 天之内，并不是直销模式的必然结果，而是戴尔精细化管理的结果。相信联想公司通过有效提升渠道质量、切实改进产品质量、加快市场反应速度，一定能够在新一轮的竞争中再现昔日辉煌。

二、单项选择题（每小题 1 分，每小题只有一个最恰当的答案）

在线测试

1．使所供应的物品符合购买者需要，包括分类、分等、装配和包装等活动属于分销渠道职能中的（　　　）。

    A．促销职能　　　　B．组配职能　　　　C．接洽职能　　　　D．物流职能

2．分销渠道的每个层次使用同种类型中间商数目的多少，被称为分销渠道的（　　　）。

    A．宽度　　　　　　B．长度　　　　　　C．深度　　　　　　D．关联度

3．下列属于批发商的类型的有（　　　）。

    A．经纪人　　　　　B．便利店　　　　　C．个人网店　　　　D．超市

4．生产消费品中的便利品的企业通常采取（　　　）策略。

    A．密集分销　　　　B．独家分销　　　　C．选择分销　　　　D．直销

5．当目标顾客人数众多时，生产者倾向于利用（　　　）。

    A．长而宽的渠道　　　　　　　　　　　B．短渠道

    C．窄渠道　　　　　　　　　　　　　　D．直接渠道

三、多项选择题（每小题 1 分，每题有多个答案正确。错选、少选、多选，均不得分）

1．分销渠道包括（　　　　）。

    A．生产者　　　　　B．商人中间商　　　C．代理商

    D．供应商　　　　　E．消费者

2．影响分销渠道设计的因素有（　　　　）。

    A．顾客特性　　　　B．产品特性　　　　C．竞争特性

    D．企业特性　　　　E．环境特性

3．产生窜货现象的主要原因是（　　　　）。

    A．该市场供应饱和　　　　　　　　　　B．各地运输成本不同

    C．激励不足　　　　D．产品差异　　　　E．地区差价

4．在（　　　　）情况下，企业常常选择短渠道。

    A．产品容易损坏　　　　　　　　　　　B．目标顾客分布范围广远

    C．企业要求对中间商的控制较强　　　　D．产品的时尚性强

5．无门市零售的主要形式是（　　　　）。

    A．直复市场营销　　B．直接销售　　　　C．自动售货

    D．购货服务公司　　E．传销

任务四　促销策略

试一试　某经销商专门经营一种名牌服装，在重庆开了多家专卖店，最近进了一批新款服装，为了促进新款服装的销售，同时处理一批换季服装。请你设计一个促销方案，帮助该经销商进行促销。

想一想　1. 下图中，如果商家想大量销售一块装的肥皂，你有何办法促销？

| 两块装肥皂 | 一块装肥皂 |

2. 上海某肥皂公司将两块增白润肤皂放在一个水晶化妆包内一并出售，即消费者只要购买两块润肤皂即可得到水晶化妆包一个。

（1）请问该公司运用的包装促销方式是（　　　）。

A. 包装内赠送　　　　　B. 包装上赠送

C. 包装外赠送　　　　　D. 可利用包装赠送

（2）利用这种方式促销要注意什么？

经典赏析

雨伞——请自由取用

　　日本大阪新电机日本桥分店有个独特的广告妙术——每逢暴雨骤至之时，店员们马上把雨伞架放置在商店门口。每个伞架有30把雨伞，伞架上写着："亲爱的顾客，请自由取用，并请下次来店时带来，以利其他顾客。"未带雨伞的顾客看到后顿时愁眉舒展，欣然取伞而去。当有人问及，如果顾客不将雨伞送回来怎么办？经理回答说："这些雨伞都是廉价的，而且伞上都印有新电机的商标。因此，即使顾客不送回也没关系，就是当作广告也是值得的。这对商店来说，是惠而不费的美事。"

　　点评　双赢互惠始终是促销的根本，只要肯动脑，办法会想好。

　　评一评　本例中的广告有何特点？其成功之处何在？哪种促销手段效果更好？

学一学

一、促销的含义

促销（promotion）是企业通过人员和非人员的方式，沟通企业和消费者之间的信息，引发、刺激消费者的消费欲望和兴趣，使其产生购买行为的活动。

促销有以下几层含义。

① 促销的核心是沟通信息。

② 促销的目的是引发、刺激消费者产生购买行为。

③ 促销的方式有人员促销和非人员促销两大类。

小·案例

"寻人启事"的启示

台湾有家新光人寿保险公司在1963年初创时，因为企业没有知名度，生意难做。当时，在电视台做一则广告，起码要1万元台币，公司刚创办，资金紧缺，拿不出这笔广告费。公司经理吴家录挖空心思，想出一招：每天晚上他都到各家卖座好的电影院去发寻人启事，通过银幕"找新光人寿保险公司的某人"。每次只需花零点几元台币，就能让千把人知道新光人寿保险公司的存在。渐渐地，新光人寿保险公司的牌子通过寻人启事在台湾城乡传开，生意也兴隆起来。

小思考　上述案例中的"寻人启事"广告对你有何启示？

二、促销的作用

① 提供商业信息。通过促销宣传，可以使顾客了解企业生产经营什么产品、有哪些特点、到什么地方购买、购买的条件是什么等，从而引起顾客的注意，激发其购买欲望，为实现和扩大销售做好舆论准备。

② 突出产品特点，提高竞争能力。在激烈的市场竞争中，企业通过促销活动，宣传本企业产品的特点，努力提高产品和企业的知名度，促使顾客加深对本企业产品的了解和喜爱，增强信任感，从而提高企业和产品的竞争力。

③ 强化企业形象，巩固市场地位。通过促销活动，可以树立良好的企业形象和产品形象，尤其是通过对名、优、特产品的宣传，更能使顾客对企业产品及企业本身产生好感，从而培养和提高品牌忠诚度，巩固和扩大市场占有率。

④ 影响消费，刺激需求，开拓市场。新产品上市之初，顾客对它的性能、用途、作用和特点并不了解，通过促销沟通，引起顾客兴趣，诱导需求，并创造新的需求，从而为新产品打开市场建立声誉。

小·案例

借冕播誉

20世纪50年代，法国白兰地已享有盛誉。白兰地公司把名酒白兰地打入美国市场时，没有采用常规的推销宣传手段，而是策划了在美国时任总统艾森豪威尔67岁寿辰之际，赠送窖藏69年之久的白兰地酒作为贺礼，并特邀法国著名艺术家设计制作专用酒桶，届时派专机送往美国，在总统寿辰之日举行隆重的赠酒仪式。他们将这一消息通过各种新闻媒介传播给美国大众。新闻媒介的连续报道，吸引了千百万人，成了华盛顿市民的热门话题。当贺礼由专机送到美国时，华盛顿竟出现了万人围观的罕见现象。关于"名酒驾到"的新闻报道、专题特写、新闻照片挤满了当天各报版面。法国白兰地就在这种氛围中昂首阔步走上了美国国宴和市民餐桌。

小思考　法国白兰地酒是如何进入美国市场的？

三、促销组合

（一）促销组合的概念

所谓促销组合，是一种组织促销活动的策略思路，一般运用广告、人员推销、公共关系和营业推广4种基本促销方式组合成一个策略系统，使企业的全部促销活动互相配合、协调一致，最大限度地发挥整体效果，从而顺利实现企业目标。

促销组合体现了现代市场营销理论的核心思想——整体营销。促销组合是一种系统化的整体策略，4种基本促销方式构成了这一整体策略的4个子系统。每个子系统都包括了一些可变因素，即具体的促销手段或工具，某一因素的改变意味着组合关系的变化，也就意味着一个新的促销策略。

小·案例

"限客进门"销售法

意大利的菲尔·劳伦斯开办了一家7岁儿童商店，经营全是7岁左右儿童吃穿看玩的用品。商店规定，进店的顾客必须是7岁的儿童，大人进店必须有7岁儿童做伴，否则谢绝入内，即使是当地官员也不例外。商店的这一举措不仅没有减少生意，反而有效地吸引了顾客。一些带着7岁儿童的家长进门，想看看里面到底"卖的什么药"，而一些带其他年龄孩子的家长也谎称孩子只有7岁，来进店选购商品，致使劳伦斯的生意越做越红火。后来，劳伦斯又开设了20多家类似的商店，如新婚青年商店、老年人商店、孕妇商店和妇女商店等。妇女商店谢绝男顾客入内，因而使不少过路女性很感兴趣，少不得进店看一看；孕妇可以进妇女商店，但无孕妇女不得进孕妇商店；戴眼镜商店只接待戴眼镜的顾客，其他人只得望门兴叹；左撇子商店只提供各种左撇子专用商品，但绝不反对人们冒充左撇子进店。所有这些限制顾客的做法，反而都起到了促进销售的效果。

（二）促销组合的决策

众所周知，促销的本质是沟通，在进行企业与消费者的沟通之前，要做到以下几点。

① 确认促销对象。通过企业目标市场的研究与市场调研，界定其产品的销售对象是现实购买者还是潜在购买者，是消费者个人、家庭还是社会团体。明确了产品的销售对象，也就确认了促销的目标对象。

② 确定促销目标。在不同时期和不同市场环境下，企业开展的促销活动都有着特定的促销目标。短期促销目标宜采用广告促销和营业推广相结合的方式；长期促销目标对公共关系具有决定性意义，需注意企业促销目标的选择必须服从企业营销的总体目标。

③ 促销信息的设计。企业需重点研究信息内容的设计，明确目标对象所要表达的诉求，并以此刺激其反应。诉求一般分为理性诉求、感性诉求和道德诉求3种方式。

④ 选择沟通渠道。传递促销信息的沟通渠道主要有人员沟通渠道和非人员沟通渠道。人员沟通渠道向目标购买者当面推荐，能得到反馈，可利用良好的口碑来扩大企业及产品的知名度与美誉度；非人员沟通渠道主要指大众媒体沟通。大众媒体沟通和人员沟通的有机结合才能发挥更好的效果。

⑤ 确定促销的具体组合。根据不同情况，将广告、人员推销、公关关系和营业推广4种促销方式进行适当搭配，使其发挥整体的促销效果。应考虑的因素有产品的属性、价格、生命周期、目标市场特点、推动或拉引策略等。

⑥ 确定促销预算。企业应从自己的经济实力和宣传期内受干扰程度大小的状况决定促销组合方式。如果企业促销费用宽裕，则可几种促销方式同时使用；反之，则要考虑选择耗资较少的促销方式。

（三）影响促销组合决策的因素

企业面临着把总的促销预算分摊到广告、人员推销、公共关系和营业推广上。影响促销组合决策的主要因素如下。

① 促销目标。促销目标是影响促销组合决策的首要因素。每种促销工具都有各自独有的特性和成本，营销人员必须根据具体的促销目标选择合适的促销工具组合。

② 市场特点。除了考虑促销目标外，市场特点也是影响促销组合决策的重要因素。市场特点受每一地区的文化、风俗习惯、经济政治环境等的影响，促销工具在不同类型的市场上所起的作用是不同的。因此，我们应该综合考虑市场和促销工具的特点，选择合适的促销工具使它们相匹配，以达到最佳的促销效果。

③ 产品性质。由于产品性质的不同，消费者及用户具有不同的购买行为和购买习惯，因此企业所采取的促销组合也会有所差异。

④ 产品生命周期。在产品生命周期的不同阶段，促销工作具有不同的效益。在介绍期，投入大量的资金用于广告和公共关系能产生较高的知名度，促销活动也是有效的；在成长期，广告和公共关系可以继续加强，促销活动可以减少，因为这时所需的刺激较少；在成熟期，相对广告而言，销售促进又逐渐起着重要作用，购买者已知道这一品牌，仅需要起提醒作用的广告即可；在衰退期，广告仍保持在提醒作用的水平，公共关系已经消退，销售人员对这一产品仅给予最低限度的关注即可，然而销售促进要继续加强。

⑤ 推动策略和拉引策略。促销组合较大程度上受企业选择推动或拉引策略的影响。推动策略要求使用销售队伍和贸易促销，通过销售渠道推出产品；拉引策略要求在广告和消费者促销方面投入较多，以建立消费者的需求欲望。

⑥ 其他营销因素。影响促销组合的因素是复杂的，除上述 5 种因素外，本公司的营销风格、销售人员素质、整体发展战略、社会和竞争环境等不同程度地影响着促销组合的决策。营销人员应审时度势，全面考虑才能制定出有效的促销组合决策。

（四）促销组合的优化

1. 促销组合对产品类型的选择

产品类型分消费品和投资品。消费品的促销组合次序为广告、营业推广、人员推销、公共关系；投资品的促销组合次序为人员推销、营业推广、广告、公共关系。

2. 促销组合对购买阶段的选择

消费者购买阶段一般依次是以下 4 个阶段：知晓阶段，促销组合的次序是广告、营业推广、人员推销；了解阶段，促销组合的次序是广告、人员推销；信任阶段，促销组合的次序是人员推销、广告；购买阶段，促销组合是人员推销为主，营业推广为辅，广告可有可无。

四、人员推销

（一）人员推销的概念

有人认为人员推销就是多磨嘴皮、多跑腿，把手里的商品卖出去，无须什么学问和技术；有人认为人员推销就是欺骗，推销技术就是骗术。其实，人员推销是一种互惠互利的推销活动，必须同时满足买卖双方的不同需求，解决各自不同的问题，而不能只注意片面的产品推销。尽管买卖双方的交易目的大不相同，但总可以达成一些双方都可以接受的协议。人员推销不仅是卖的过程，而且是买的过程，即帮助顾客购买的过程。推销员只有将推销工作理解为顾客的购买工作，才能使推销工作进行得卓有成效，从而达到双方满意的目的。为顾客服务，不仅是推销员的愿望和口号，而且是人员推销本身的客观要求。换句话说，人员推销不是推销产品本身，而是推销产品的使用价值和实际利益。顾客不是购买产品实体本身，而是购买某种需要的满足；推销员不是推销单纯的产品，而是推销一种可以解决某些问题的答案。能否成功地将推销产品解释为顾客需要的满足，能否成功地将推销产品解释为解决顾客问题的答案，是保证推销效果的关键因素。

因此，推销员应该说的是"推销产品将使顾客的生活变得如何好"，而不是"推销产品本身如何好"。此外，应认识到，人员推销是一种专业性和技术性很强的工作，要求推销员具备良好的政治素质、业务素质和心理素质，以及吃苦耐劳、坚韧不拔的工作精神和毅力。人员推销是一种金钱、时间、才智合聚的综合性的商业活动。从不同的角度出发，可以给人员推销下不同的定义，但它们包含的关键内容和要素是相同的。

一般而言，人员推销的基本要素为推销员、推销产品和推销对象。人员推销是一种具有很强人性因素的、独特的促销手段。它具备许多区别于其他促销手段的特点，可完成许多其他促销手段无法实现的目标，其效果是极其显著的。相对而言，人员推销较适合于推销性能复杂的产品。当销售活动需要更多的解决问题和说服工作时，人员推销是最佳的选择。说服和解释能力在人员推销活动中尤为重要，会直接影响推销效果。人员推销是指通过推销人员深入中间商或消费者进行直接的宣传介绍活动，使中间商或消费者采取购买行为的促销方式，是人类最古老的促销方式。在商品经济高度发达的现代社会，人员推销这种古老的形式更焕发了青春，成为现代社会最重要的一种促销形式。

小·案例

放手去做，一切皆有可能：乔·吉拉德给我们的启示

乔·吉拉德——世界吉尼斯汽车销售冠军，是世界上最伟大的推销员，他连续 12 年荣登世界吉尼斯纪录大全世界销售第一的宝座，他所保持的世界汽车销售纪录——连续 12 年平均每天销售 6 辆车至今无人能破。吉拉德因销售出 13 000 多辆汽车创造了商品销售最高纪录而被载入世界吉尼斯纪录大全。他曾经连续 15 年成为世界上销售出新汽车最多的人，其中 6 年平均每年销售出汽车 1 300 辆。

吉拉德也是全球最受欢迎的演讲大师，曾向众多世界 500 强企业精英传授他的宝贵经验，来自世界各地数以百万的人们被他的演讲所感动和激励。

吉拉德 35 岁以前是个全盘的失败者，患有相当严重的口吃，换过 40 个工作仍一事无成，甚至曾经当过小偷，开过赌场。然而，谁能想象，像这样一个谁都不看好，而且背了一身债务几乎走投无路的人，竟然能够在短短 3 年内成为世界第一，并被吉尼斯世界纪录称为"世界上最伟大的推销员"。

他是怎样做到的呢？虚心学习、努力执着、注重服务与真诚分享是吉拉德 4 个最重要的成功关键词。

销售是需要智慧和策略的事业，在我们看来，信心和执着最重要，因为按照预测推断没有人会想到吉拉德后来的辉煌。

由此可以推断，如果你的出身比吉拉德强，那你没有理由不成功，除非你对自己没有信心，没有努力过和奋斗过。

（二）人员推销的目的

① 了解顾客对本企业产品信息的接受情况及市场需求情况，以确定可成为产品购买者的顾客类型。了解目标市场和顾客对企业及产品的反应及态度，准确选择和确定潜在顾客。

② 搜集、整理、分析信息，并尽可能消除潜在顾客对产品和推销员的疑虑，并说服他们采取购买行动，以成为产品真正的购买者。

③ 促使潜在顾客成为现实购买者，维持和提高顾客对企业、产品及推销员的满意程度。因此，为了进行成功的重复推销，推销员必须努力维持和不断提高顾客对企业、产品及推销员本人的满意程度。

（三）人员推销的基本形式

① 上门推销。上门推销是最常见的人员推销形式。它是由推销人员携带产品样品、说明书和订单等走访顾客，推销产品。这种推销形式可以针对顾客的需要提供有效的服务，方便顾客，故为顾客广泛认可和接受。

② 柜台推销。柜台推销又称门市，是指企业在适当的地点设置固定门市，由营业员接待进入门市的顾客来推销产品。门市的营业员是广义的推销员。柜台推销与上门推销正好相反，是等客上门式的推销方式。由于门市里的产品种类齐全，能满足顾客多方面的购买要求，为顾客提供较多的购买方便，并且可以保证产品完好无损，因此顾客比较乐于接受这种方式。

③ 会议推销。会议推销是指利用各种会议向与会人员宣传和介绍产品的推销活动，如在订货会、交易会、展览会和物资交流会等会议上推销产品。这种推销形式接触面广、推销集中，可以同时向多个推销对象推销产品，成交额较大，推销效果较好。

（四）人员推销的特点

① 销售的针对性。与顾客直接沟通是人员推销的主要特征。由于双方是直接接触，相互间在态度、气氛和情感等方面都易于捕捉和把握，因此有利于销售人员有针对性地做好沟通工作，解除各种疑虑，从而引导购买欲望。

② 销售的有效性。人员推销的又一特点是提供产品实证，销售人员通过展示产品、解答质疑、介绍产品的使用方法等方式，使目标顾客能当面接触产品，从而确信产品的性能和特点，易于引起消费者的购买行为。

③ 密切买卖双方关系。销售人员与顾客直接打交道，交往中会逐渐产生信任和理解，加深双方的感情，建立起良好的关系，容易培养忠诚顾客，并稳定企业的销售业务。

④ 信息传递的双向性。在推销过程中，销售人员一方面把企业信息及时、准确地传递给目标顾客，另一方面把市场信息、顾客（客户）的要求、意见、建议反馈给企业，为企业调整营销方针和政策提供依据。

（五）人员推销的策略

① 试探性策略，又称刺激-反应策略。这是在不了解顾客需要的情况下，事先准备好要说的话，对顾客进行试探，同时密切注意对方的反应，然后根据反应进行说明或宣传。

② 针对性策略，又称配合-成交策略。这种策略的特点是事先基本了解了顾客某些方面的需要，然后有针对性地进行"说服"，当讲到"点子"上引起顾客共鸣时，就有可能促成交易。

③ 诱导性策略，又称诱发-满足策略。这是一种创造性推销，即首先设法引起顾客需要，再说明其推销的这种服务产品能较好地满足这种需要。这种策略要求推销人员有较高的推销技术，在"不知不觉"中成交。

（六）人员推销的技巧

1. 上门推销的技巧

① 找好上门对象，可以通过商业性资料手册或公共广告媒体寻找重要线索，也可以到商场、门市部等商业网点寻找客户名称、地址、电话、产品和商标。

② 做好上门推销前的准备工作，尤其要对企业发展状况、产品和服务的内容材料十分熟悉，充分了解并牢记，以便推销时有问必答。同时，对客户的基本情况和要求也要有一定的了解。

③ 掌握"开门"的方法，即要选好上门时间，以免吃"闭门羹"。可以采用电话、传真和电子邮件等手段事先交谈或传送文字资料给对方并预约面谈的时间、地点，也可以采用熟人引见、名片开道、与对方有关人员交朋友等策略，以赢得顾客的欢迎。

④ 把握适当的成交时机，应善于体察顾客的情绪，在给顾客留下好感和信任时，抓住时机发起"进攻"，争取签约成功。

⑤ 学会推销的谈话艺术。

2．洽谈艺术

首先注意自己的仪表和服饰打扮，给顾客一个良好的印象。同时，言行举止要讲文明、懂礼貌、有修养，做到稳重而不呆板、活泼而不轻浮、谦逊而不自卑、直率而不鲁莽、敏捷而不冒失。在开始洽谈时，推销人员应巧妙地把谈话转入正题，做到自然、轻松、适时，可以关心、赞誉、请教、炫耀和探讨等方式入题，顺利地提出洽谈的内容，以引起顾客的注意和兴趣。在洽谈过程中，推销人员应谦虚谨言，注意让顾客多说话，认真倾听，表示关注与兴趣，并做出积极的反应。遇到障碍时，要细心分析，耐心说服，排除疑虑，争取推销成功。在交谈中，语言要客观、全面，既要说明优点所在，也要如实反映缺点，切忌高谈阔论、"王婆卖瓜"，让顾客反感或不信任。洽谈成功后，推销人员切忌匆忙离去，这样做会让对方误以为上当受骗了，从而使顾客反悔违约，应该用友好的态度和巧妙的方法祝贺顾客做了笔好生意，并指导对方做好合约中的重要细节和其他一些注意事项。

3．排除推销障碍的技巧

① 排除顾客异议障碍。如果发现顾客欲言又止，己方应主动少说话，直截了当地请对方充分发表意见，以自由问答的方式真诚地与顾客交换意见。对于一时难以纠正的偏见，可将话题转移；对恶意的反对意见，可以"装聋作哑"。

② 排除价格障碍。当顾客认为价格偏高时，应充分介绍和展示产品、服务的特色和价值，使顾客感到"一分钱一分货"；对低价的看法，应介绍定价低的原因，让顾客感到物美价廉。

③ 排除习惯势力障碍。实事求是地介绍顾客不熟悉的产品或服务，并将其与他们已熟悉的产品或服务相比较，让顾客乐于接受新的消费观念。

五、广告

广告促销策略是在一般营销策略的基础上，利用各种推销手段，在广告中突出消费者能在购买的产品之外得到的其他利益，从而促进销售的广告方法和手段。它主要包括馈赠型、直接型、示范型和集中型 4 种促销策略。

（一）馈赠型广告促销策略

馈赠型广告大致可分为赠券广告、赠品广告和免费试用广告等。

① 赠券广告，是指利用报纸、杂志向顾客赠送购物券。报刊登载商店赠券，赠券周围印有虚线，读者沿虚线将赠券剪下即可持券到商店购物。赠券一般优惠供应产品。赠券广告的作用可概括为 3 个方面：薄利多销；提高商店和品牌知名度；赠券吸引顾客到商店来，从而带动其他产品的销售。

② 赠品广告，是指将富有创新意识、与促销产品相关的广告小礼品，选择时机在较大范围内赠送给消费者，从而引起轰动效应，促进产品销售。

③ 免费试用广告，是指将产品免费提供给消费者，一般让消费者在公众场合试用，以促进产品宣传。例如，日本东京 PI 广告社设计出一项新颖的试用广告，向车迷们免费出借全新名贵跑车，每辆跑车在不同部位按照所出广告费多少贴上企业的名称，车迷们在规定时间开着跑车到事先指定地点亮相替企业做广告，从而产生了不同凡响的广告效应。

（二）直接型广告促销策略

直接型广告大致可分为上门促销广告和邮递促销广告两种。

① 上门促销广告是指促销人员不在大众媒体或商店做广告，而是把产品直接送到用户门口，当面向用户做产品宣传，并给用户一定的附加利益的一种促销方法。这种促销广告能及时回答顾客的问题，解除顾客的疑虑和直接推销产品。

② 邮递促销广告是指促销人员在促销期间将印有"某商品折价优惠"或"请君试用"等字样，并备有图案和价目表之类的印刷品广告，通过邮局直接寄到用户家中或工作单位的一种促销方法。为了减少邮递促销广告的盲目性，企业平时要做经常性的资料搜集工作，掌握用户的姓名、地址和偏好，双方保持一定形式的联系，以提高用户对企业的信任感。

（三）示范型广告促销策略

示范型广告大致可分为名人示范广告和现场表演示范广告。

① 名人示范广告是指让社会名人替产品做广告。例如，上海蓓英时装店有一天挂出两条特大号牛仔裤，打出"欢迎试穿，合身者本店免费奉赠以做纪念"的广告词。消息传出，观者如潮。当天下午两位巨人光顾，试穿结果恰好合身，老板欣然奉赠。这两位巨人并非别人，乃是我国篮坛名将穆铁柱和郑海霞。这个精心设计的名人示范广告，产生了轰动效应。

② 现场表演示范广告是指选择特定的时间和地点，结合人们的生活习惯，突出产品的时尚功效做公开场合示范表演。例如，日本索尼公司于 1979 年开发出带立体声耳机的超小型放音机的新产品，起名为"沃可曼"（Walkman）。当时日本盛行散步、穿旱冰鞋锻炼等室外健身活动。为了增强宣传效果，索尼公司利用这种流行的生活习惯特地做现场表演。公司请来模特，每人发一台"沃可曼"，模特头戴耳机、脚蹬旱冰鞋，一边愉快地听着音乐，一边悠闲地在公园里往来穿行。模特的现场表演给公园里的游客留下了深刻的印象，此后"沃可曼"销售量直线上升，起到了特殊的广告效应。

（四）集中型广告促销策略

利用大型庆典活动，赞助公益事业、展销会、订货会和文娱活动等人群集中的场合进行广告宣传，就是集中型促销广告，其广告形式多种多样。例如，1993 年春，国际奥林匹克运动委员会检查团来北京考察申办奥运会情况，《人民政协报》有一则标题为"国际奥委会考察团今日到京"的广告，接着是"XX 公司预祝北京申办 2000 年奥运会成功"。这则广告给媒体受众留下了深刻的印象。

小·案例

绝妙的反证策略

企业在做广告时，如同男女青年谈对象只表现自己的优点不暴露自己的缺点，大多都会介绍自己的产品如何好，以招徕更多的顾客，谁也不愿意向顾客透露自己产品或服务的不足。然而，大千世界无奇不有，偏偏有人要宣传自己的服务是如何之差，但其结果却正好相反。

某企业曾登出这样一则广告："这种手表走得不太准确，24 小时会慢 24 秒，请君购买时三思！"但顾客们却似乎格外倔强，这种手表的销量因这则广告而扶摇直上。

美国俄勒冈州的一家饭馆，在饭馆前竖起了这样一个大广告牌，上写"俄勒冈最差的食物"。该饭馆的老板也直言不讳地说："我是一个最差劲的厨师。"可顾客并不被这"最差"二字吓跑，而是越来越多了，甚至连世界各地的游客也来这里凑热闹。

小思考　上述广告运用了什么策略使广告取得了成功？

六、营业推广

（一）营业推广的概念

营业推广是一种适宜于短期推销的促销方法，是企业为鼓励购买、销售产品和劳务而采取的除广告、公共关系和人员推销之外的所有企业营销活动的总称。

小·案例

山东某美容院推出一项新的答谢新老顾客的促销措施。凡在该美容院购买年卡和半年卡的顾客，如果在2017年继续购买年卡和半年卡，则在年卡和半年卡的折扣基础上，半年卡多享受0.5折，年卡多享受1折。而且，今后每年如此，直至折扣为0，便可终生享受该美容院的免费服务。

新顾客也可在未来的消费中享受该措施：如果拥有2016年年卡享受6折的消费者，2017年购买年卡则享受5折，2018年购买年卡则享受4折。

综合数据显示如下。

促销目的：稳定老客户，吸引新客户。

促销对象：美容院的固定消费人群。

促销项目：美容服务"年卡""半年卡"。

促销工具：退费优待（现金退费）会员营销、口碑宣传。

促销诱因：累计折扣。

促销时机：春节答谢老顾客。

促销理由：对老顾客的常年消费、支持给予回报。

促销方式：年度的现金累计折价退费。

促销地点：美容院。

促销时间：长年举办。

促销人员：美容院全体员工。

促销效果：促销措施宣布后的一周内，有100余名消费者购买了该美容院的年卡和半年卡，同时仍有人陆续咨询。

该活动成败分析：典型的留住老顾客的促销案例，通过折扣的不断递减，使消费者能够长期进行稳定的消费；通过递减折扣，在消费者面前展现了企业的实力和声誉，对吸引新消费者有一定的帮助；鼓励消费者进行高价位消费和长时间消费；由于促销时间过长，是长期促销，容易导致部分消费者出现观望态度，而不急于消费；利用折扣递减至0，引起消费者注意，创造消费者自身消费的广告效应，从而赢得口碑相传的市场结果；除去在未来几年内需要给予的折扣优惠外，整个促销活动花费极少。

促销建议：限定促销时间，在规定的时间内购买（折扣可再低些），可促使更多的人加入到购买的行列中来；如果能考虑同时推出新产品，则可能会吸引更多的新顾客；配合促销游戏措施共同进行，可取得更好的效果。

（二）营业推广的特点

① 营业推广促销效果显著。在开展营业推广活动中，可选用的方式多种多样。一般来说，只要选择合理的营业推广方式，就会很快地收到明显的增销效果，而不像广告和公共关系那样需要一个较长的时期才能见效。因此，营业推广适合于在一定时期、一定任务的短期性促销活动中使用。

② 营业推广是一种辅助性促销方式。人员推销、广告和公共关系都是常规性的促销方式，而多数营业推广方式则是非正规性和非经常性的，只能是它们的补充方式。也就是说，使用营业推广方式开展促销活动，虽能在短期内取得明显的效果，但一般不能单独使用，常常配合其他促销方式使用。营业推广方式的运用能使与其配合的促销方式更好地发挥作用。

③ 营业推广具有强化刺激性。采用营业推广方式促销，似乎迫使顾客产生"机会难得、时不再来"之感，进而能打破消费者需求动机的衰变和购买行为的惰性。不过，营业推广的一些做法也常使顾客认为卖者有急于抛售的意图。如果频繁使用或使用不当，往往会使顾客对产品质量、价格产生怀疑。因此，企业在开展营业推广活动时，要注意选择恰当的方式和时机。

（三）营业推广的作用

① 可以吸引消费者购买。这是营业推广的首要目的，尤其是在推出新产品或吸引新顾客方面，由于营业推广的刺激比较强，较易吸引顾客的注意力，使顾客在了解产品的基础上采取购买行为，也可能会使顾客追求某些方面的优惠而使用产品。

② 可以奖励品牌忠实者。因为营业推广的很多手段，如销售奖励、赠券等通常都附带价格上的让步，其直接受惠者大多是经常使用本品牌产品的顾客，从而使他们更乐于购买和使用本企业产品，以巩固企业的市场占有率。

③ 可以实现企业营销目标。这是企业的最终目的。营业推广实际上是企业让利于购买者，可以使广告宣传的效果得到有力的增强，破坏消费者对其他企业产品的品牌忠实度，从而达到本企业产品销售的目的。

（四）营业推广的不足

① 影响面较小。它只是广告和人员销售的一种辅助的促销方式。

② 刺激强烈，但时效较短。它是企业为创造声势获取快速反应的一种短暂的促销方式。

③ 顾客容易产生疑虑。过分渲染或长期频繁使用，容易使顾客对卖者产生疑虑，反而对产品或价格的真实性产生怀疑。

（五）影响营业推广的因素

采用营业推广这一促销手段时，要特别注意不同国家或地区对销售推广活动的限制、经销商的合作态度及当地市场的竞争程度等因素的影响。

1. 当地政府的限制

在不同的国家或地区，对营业推广的方式在当地市场上采取不同程度的限制。有的国家规定，企业在当地市场上进行营业推广活动时要事先征得政府部门的同意；有的国家则限制企业营业推广活动的规模。例如，法国政府规定禁止抽奖，免费赠送的物品不得超过消费者所购买商品价值的5%；还有的国家对营业推广的形式进行限制，规定赠送的物品必须与推销的商品有关，诸如杯子可作为咖啡购买者的赠品，而餐具就不能作为推销洗衣机的随赠礼品。因此，在各地出现了各式各样的推广方式。有一项研究表明：在法国，最有效的营业推广方式是降价、贸易折扣和免费样品；在巴西，最有效的方式是附送礼品；在匈牙利、荷兰和希腊，最有效的方式是贸易折扣。

2．经销商的合作态度

同中间商合作是扩展营销规模的有效途径，但要得到当地经销商或中间商的支持与协助，还需要做一定的促销活动。能否由经销商代为分发赠品或优惠券，由零售商来负责现场示范或商店陈列等，对于拓宽销售市场非常关键。

3．市场的竞争程度

进行营业推广活动一般有两种情况：一是为了扩大市场份额；二是迫于竞争对手的压力。市场的竞争程度、竞争对手在促销方面的动向或措施，将会直接影响到企业的销售推广活动。例如，当竞争对手推出新的促销举措来吸引顾客时，企业就不能不采取相应的对策，否则就有失去顾客而丧失市场的危险。同样，企业在海外目标市场进行营业推广活动也会遭到当地竞争者的反对或阻挠，甚至通过当地商会或者政府部门利用法律或法规的形式来加以禁止。例如，美国通用电气公司通过与当地企业合资的形式成功地打入日本的空调市场，主要促销措施是：以海外免费旅游度假的方式来奖励推销成绩突出的经销商，并对顾客实行超值赠送彩色电视机的刺激。随后，这些举措遭到当地电器生产厂商的反对，它们利用贸易协会通过决议，禁止以海外旅游形式作为奖励措施，并做出了限制赠品最高价值的规定，以阻止推销。

视野拓展

营业推广的方式

面向消费者的营业推广方式如下。

① 赠送促销。向消费者赠送样品或试用品。赠送样品是介绍新产品最有效的方法，缺点是费用高。样品可以选择在商店或闹市区散发，或者在其他产品中附送，也可以公开广告赠送，或者入户派送。

② 折价券。在购买某种商品时，持券可以免付一定金额的钱。折价券可以通过广告或直邮的方式发送。

③ 包装促销。以较优惠的价格提供组合包装和搭配包装的产品。

④ 抽奖促销。顾客购买一定的产品之后可获得抽奖券，凭券进行抽奖获得奖品或奖金。抽奖可以有各种形式。

⑤ 现场演示。企业派促销员在销售现场演示本企业的产品，向消费者介绍产品的特点、用途和使用方法等。

⑥ 联合推广。企业与零售商联合促销，将一些能显示企业优势和特征的产品在商场集中陈列，边展销边销售。

⑦ 参与促销。通过消费者参与各种促销活动（如技能竞赛、知识比赛等）获取企业的奖励。

⑧ 会议促销。这是指各类展销会、博览会、业务洽谈会期间的各种现场产品介绍、推广和销售活动。

面向中间商的营业推广方式如下。

① 批发回扣。企业为争取批发商或零售商多购进自己的产品，在某一时期内给经销本企业产品的批发商或零售商加大回扣比例。

② 推广津贴。企业为促使中间商购进企业产品并帮助企业推销产品，可以支付给中间商一定的推广津贴。

③ 销售竞赛。根据各个中间商销售本企业产品的实绩，分别给优胜者以不同的奖励，如现金奖、实物奖、免费旅游和度假奖等，以起到激励的作用。

④ 扶持零售商。生产商对零售商专柜的装潢予以资助，提供 POP 广告，以强化零售网络，促使销售额增加；可派遣厂方信息员或代培销售人员。生产商这样做的目的是提高中间商推销本企业产品的积极性和能力。

面对内部员工的营业推广方式为：鼓励他们热情推销产品或处理某些老产品，或者促使他们积极开拓新市场。一般可采用的方法有销售竞赛、免费提供人员培训和技术指导等形式。

（六）营业推广的控制

营业推广是一种促销效果比较显著的促销方式，但倘若使用不当，不仅达不到促销的目的，反而会影响产品销售，甚至损害企业的形象。因此，企业在运用营业推广方式促销时，必须予以控制。

① 选择适当的方式。营业推广的方式很多，而且各种方式都有其各自的适应性。选择好营业推广方式是促销获得成功的关键。一般说来，应结合产品的性质、不同方式的特点及消费者的接受习惯等因素选择合适的营业推广方式。

② 确定合理的期限。控制好营业推广的时间长短也是取得预期促销效果的重要一环。推广的期限既不能过长，也不宜过短。这是因为，时间过长会使消费者感到习以为常，达不到刺激需求的作用，甚至会产生疑问或不信任感；时间过短会使部分顾客来不及接受营业推广的好处，收不到最佳的促销效果。一般应以消费者的平均购买周期或淡旺季间隔为依据来确定合理的推广方式。

③ 切忌弄虚作假。营业推广的主要对象是企业的潜在顾客，所以企业在营业推广全过程中，一定要坚决杜绝徇私舞弊的短视行为发生。在市场竞争日益激烈的条件下，企业的商业信誉是十分重要的竞争优势，企业没有理由自毁商誉。本来营业推广这种促销方式就有贬低产品之意，如果再不严格约束企业行为，那将会产生失去企业长期利益的巨大风险。因此，弄虚作假是营业推广中的最大禁忌。

④ 注重中后期宣传。开展营业推广活动的企业比较注重推广前期的宣传，这非常必要。在此还需提及的是不应忽视中后期宣传。在营业推广活动的中后期，面临的十分重要的宣传内容是营业推广中的企业兑现行为。这是消费者验证企业推广行为是否具有可信性的重要信息源。因此，令消费者感到可信的企业兑现行为，一方面有利于唤起消费者的购买欲望，另一方面可以换来社会公众对企业良好的口碑，增强企业良好的形象。

此外，还应注意确定合理的推广预算，科学测算营业推广活动的投入产出比。

（七）营业推广设计

① 确定推广目标。营业推广目标的确定，就是要明确推广的对象是谁，要达到的目的是什么。只有知道推广的对象是谁，才能有针对性地制定具体的推广方案。例如，是为了达到培育忠诚度的目的，还是以鼓励大批量购买为目的。

② 选择推广工具。营业推广的方式方法很多，但如果使用不当，就会适得其反。因此，选择合适的推广工具是取得营业推广效果的关键因素。企业一般要根据目标对象的接受习惯和产品特点、目标市场状况等来综合分析选择推广工具。

③ 推广的配合安排。营业推广要与营销沟通的其他方式，如广告、人员销售等整合起来，相互配合、共同使用，从而形成营销推广期间的更大声势，取得单项推广活动达不到的效果。

④ 确定推广时机。选择营业推广的市场时机很重要，如季节性产品、节日和礼仪产品等，必须在季前节前做营业推广，否则就会错过了时机。

⑤ 确定推广期限，即确定营业推广活动持续时间的长短。推广期限要恰当，过长会使消费者新鲜感丧失，产生不信任感；过短会使一些消费者还来不及接受营业推广的实惠。

七、公共关系

（一）公共关系的概念

公共关系并不是推销某个具体的产品，而是把企业的经营目标、经营理念和政策措施等传递给社会公众，使公众对企业有充分的了解；对内协调各部门的关系，对外保持企业与公众的关系，扩大企业的知名度、信誉度和美誉度，为企业营造一个和谐、亲善、友好的营销环境，从而间接地促进产品销售。

（二）公共关系的方式

① 内部刊物。这是企业内部公关的主要内容、企业各种信息的载体，既是管理者和员工的舆论阵地，也是沟通信息、凝聚人心的重要工具。例如，海尔集团的《海尔人》就起到了这样的作用。

② 发布新闻。由公关人员将企业的重大活动、重要的政策，以及各种新奇、创新的思路编写成新闻稿，借助媒体或其他宣传手段传播出去，从而帮助企业树立形象。

③ 举办记者招待会，即邀请新闻记者，发布企业信息。通过记者的笔传播企业重要的政策和产品信息，传播广、信誉好，可引起公众的注意。

④ 设计公众活动。通过各类捐助、赞助活动，努力展示企业关爱社会的责任感，树立企业美好的形象。

⑤ 企业庆典活动。它可以营造热烈、祥和的气氛，显现企业蒸蒸日上的风貌，以树立公众对企业的信心和偏爱。

⑥ 制造新闻事件。制造新闻事件能起到轰动的效应，常常会引起社会公众的强烈反响。例如，海尔张瑞敏刚入主海尔时的"砸冰箱"事件，至今人们谈及还记忆犹新。

⑦ 散发宣传材料。公关部门要为企业设计精美的宣传册或画片、资料等，这些资料在适当的时机向相关公众发放，可以增进公众对企业的认知和了解，从而扩大企业的影响。

小·案例

2005 年初，西班牙康乐氏橄榄油正式进入中国市场，通过选用北京大学女博士遇辉作为产品代言人等活动在社会上引起了强烈的反响，《人民日报》《北京青年报》、中央电视台等媒体竞相报道，可谓是"社会意义和商业效益兼备"，从而使康乐氏采用最低的广告成本将品牌最大限度地传播出去。品牌虽然一炮走红，但如果想在橄榄油市场上获得长期而持久的发展，并领跑国内橄榄油市场，则需要找到有效而持久的动力来推动产品的营销。

西班牙康乐氏橄榄油打入中国市场之初，采取了产品与概念聚集等手段，令康乐氏取得了满意的市场份额。不到一年的时间，康乐氏的经销网络已经覆盖了大半个中国。这一系列成果的取得不仅源于康乐氏橄榄油的健康实用，也得益于康乐氏采取的社区营销。

生活在同一社区中的人在文化程度、职业背景、收入水平、生活理念和消费习惯等方面大都比较相似。社区成为商家营销对象最好的"过滤器"，将消费者排好队、分好类，企业可根据自身产品适合的消费群体来选择重点的营销社区。因此，以社区为基础的市场营销策略也将变得越来越重要。

在橄榄油销售淡季的七八月中，"好男人"是较为适合厂家促销活动的主要对象。选择"好男人"促销主题最直观的效益就是康乐氏橄榄油作为礼品的营销量会增加。同时，"好男人"与顾家紧紧相连，如果抓住"好男人"这一主题，就可以充分营造出家庭的氛围，与推广橄榄油进入厨房成为家庭的食用油这一主要目标紧密相关。因此，为推动产品的食用油用途，刘杰克营销顾问机构与西班牙康乐氏橄榄油中国市场部组成的项目组将促销活动的时机确定了下来。

总部经过仔细考察，慎重地决定在广州进行促销活动。康乐氏橄榄油通过中小城市进行试点，为各地加盟商提供经营市场的经验和成功之道，待市场运作方法和体系成熟之后，再向全国推广。尽管当时康乐氏经销商网络建设非常迅速，但是这些经销商网络主要分布地域还仅限于北方市场。伴随着康乐氏实力的进一步扩大与发展，扩展市场地域势在必行。将促销城市选在广州，一方面是为了利用淡季推广产品用途，另一方面打响了进军南方市场的第一枪，达到了在南方城市扩大影响和推广品牌的作用。另外，广州是中国南方城市中发达又繁荣的代表，居民的收入水平与消费水平在全国范围内都比较高，因此具备食用橄榄油的经济水平和实力；广州是中国经济开放较早的城市，不仅经济氛围相对开放，而且市民接受新观念的速度也很快，易于接受橄榄油，并可以让康乐氏的广告成本降至最低且效果最好。

此行去广州促销，康乐氏选择了清华大学博士郝晓健担任康乐氏橄榄油的厨房大使、"康乐氏好男人"。此次男博士下厨房，一方面由于博士身份的新异性，吸引众多消费者前来观看，形成了良好的促销效果；另一方面，塑造好男人、好父亲的形象，形成了良好的促销氛围。同时，博士本身所代表的学识、修养会与消费者心中对于知识的敬仰产生共鸣，大大增强了产品的吸引力和可信度。康乐氏将营销现场的整体色调定为红色，传递给消费者其乐融融的家庭氛围。推广柜台被布置成家庭厨房的样子，橄榄油摆在厨房中，与厨房浑然一体，相映成趣。郝晓健就在现场为消费者烹饪各式橄榄油菜谱。不仅如此，烹饪出的菜肴还交由现场消费者品尝，消费者可以通过亲口品尝来感受橄榄油是否符合自己的口味。加上知识渊博的博士的"知识普及"，让现场消费者对橄榄油的保健和美容等功效有了更深刻的了解与认识，使产品用途的推广迈进了一大步。

这一促销活动源于社区营销，但又高于社区营销。它继承了社区营销"亲近消费群体""与消费群体沟通"的优点，同时又添加了体验营销的元素。消费者在这场营销活动中拥有更多的自主性和主动权，不仅可以观摩橄榄油的做菜过程、品尝橄榄油烹制的菜肴的味道，甚至可以亲自"挑战"博士的厨艺。这次营销达到了消费者与厂商良性互动的效果。

此次活动不仅吸引了大批女性顾客，还引发了现场中老年人的众说纷纭，无论是品牌传播还是轰动效应方面，都可谓是收效俱佳。一轮活动下来，康乐氏橄榄油的销售额迅速增长。《广州日报》、新浪、搜狐等媒体对"博士秀"的大篇幅报道，可谓是社会意义和商业效益兼备，让西班牙康乐氏橄榄油品牌迅速在南方产生了巨大影响，成功地达到了策划的目标。伴随着康乐氏强大的品牌影响力和营销系统的支持，也吸引了各地经销商不断要求加盟康乐氏，共享橄榄油市场的"头啖汤"，从而使总部和加盟商最终达成双赢。

通过对康乐氏橄榄油公共关系的促销策略可以看出，在企业营销活动中公关策略的应用举足轻重。为此，企业必须正确运用公关策略，以实现企业营销目标。

公关营销不仅是推销产品，还推销企业的品牌，树立企业良好的形象，即便生意做不成，也要把关系建立起来，把企业形象树立起来。如果产品推销出去了，关系却给毁掉了，就是失败的推销。因此，公关营销不仅瞄准顾客，还瞄准广大的社会公众。公共关系不具有直接的推销功能，而具一种间接的促销作用。如果说推销就像马鞭子抽在马背上能使马儿跑得快的话，公共关系就是清除跑道上的沙石障碍，铺平跑道上的坑坑洼洼，给马儿创造跑得更快、更好的条件和环境。

（三）公共关系设计要考虑的因素

① 公共关系的目标。制定公关促销方案，首先要明确公关活动的目标。公关活动的目标应与企业的整体目标一致，并尽可能具体，同时要分清主次轻重。

② 公关活动对象。在本次促销活动中，确定公关活动的对象，即本次公关活动中所针对的目标公众。

③ 公关活动项目，即采用多种方式来进行公关活动，如举行记者招待会、组织企业纪念活动和庆祝活动、参加社会公益活动等。

④ 公关活动预算。在制定活动方案时，还要考虑公关活动的费用预算，使其活动效果能够取得效益最大化。

（四）公共关系促销的步骤

公关的主要职能是信息采集、传播沟通、咨询建议和协调引导。作为一个完整的工作过程，应该包括以下4个衔接的步骤。

1）市场调查研究。市场调查研究是做好公关工作的基础。企业公关工作要做到有的放矢，应先了解与企业实施的政策有关的公众意见和反应。公关要把企业领导层的意图告诉公众，也要把公众的意见和要求反映到领导层。因此，公关部门必须搜集、整理、提供信息交流所必需的各种材料。

2）确定公关目标。在调查分析的基础上明确问题的重要性和紧迫性，进而根据企业总目标的要求和各方面的情况，确定具体的公关目标。一般来说，企业公关的直接目标是促成企业与公众的相互理解，影响和改变公众的态度与行为，从而建立良好的企业形象。公关工作是围绕信息的提供和分享而展开的，因而具体的公关目标又分为传播信息、转变态度和唤起需求。企业不同时期的公关目标，应综合公众对企业理解、信赖的实际状况分别确定，以传递公众急切想了解的情况，改变公众的态度或是以唤起需求、引起购买行为为重点。

3）信息交流。公关工作是以说服力的传播去影响公众，因而公关工作过程也是信息交流的过程。企业面对广大的社会公众，与小生产条件下简单的人际关系大相径庭。企业必须学会运用大众传播媒介及其他交流信息的方式，达到良好的公关效果。

4）公关效果评估。企业应对公关活动是否实现了既定目标进行评价。公关工作的成效可从定性和定量两方面评价。信息传播可以强化或转变受传者固有的观念和态度，但人们对信息的接受、理解和记忆都具有选择性。传播成效的取得是一个潜移默化的过程，在一定时期内很难用统计数据衡量。有些公关活动的成效可以进行数量统计，如理解程度、抱怨者数量、传媒宣传次数和赞助活动等。评价结果的目的在于为今后公关工作提供资料和经验，也可以向企业领导层提供咨询。

练一练

一、案例分析

可口可乐在中国的促销策略

可口可乐进入中国市场累计 50 多年。这个有近 120 年历史的优秀企业凭借原有的名片效应，通过奉行 3 个环环相扣的 3P 原则——"无处不在（pervasiveness）""心中首选（perference）""物有所值（price to value）"，迅速打开了中国市场。1999 年，该公司饮料的销售量为 160 亿标准箱。2000 年第四季度，其在中国的销售量再次大幅度增长近 25%。可口可乐计划在 2010 年之前达到 350 亿标准箱的销售目标。

1. 广告策略

可口可乐公司在中国的广告策略，用简单的一句话来表达就是：在广告上必须用消费者明白的方式去沟通。具体来说，其广告策略就是启用张惠妹、谢霆锋、伏明霞、张柏芝这些"新人类"做广告模特，走"年轻化"路线。

在可口可乐的广告中，"新星"是可口可乐永远的题材：先是张惠妹的"雪碧、晶晶亮、透心凉"；然后是新生代偶像谢霆锋出演的可口可乐数码精英总动员，这个广告带动国内的销售增长了 24%；2000 年末又推出谢霆锋、林心如、张震岳三人的月亮/滑板篇；2001 年春节到来之际，又推出一款乡土味浓厚的"泥娃娃阿福贺新年"的广告，以动画的形式推广 2.25 升瓶装系列产品。这是可口可乐公司继"大风车""舞龙"广告之后的第 3 部专为中国市场推出的"新年贺岁广告"；紧接着就是三届奥运会冠军得主、中国跳水皇后伏明霞与可口可乐（中国）饮料有限公司签约，成为新世纪"雪碧"品牌在中国的第 1 位广告代言人，并拍摄了新一辑的广告片。

可口可乐公司近来在全球力推"本土化思维、本地化营销"的市场策略，调动并运用全球不同市场的资源，使可口可乐品牌散发出多元化的活力，而这种活力的表达就是靠生动的促销来完成的。

2. 营业推广策略

1997 年 6 月，可口可乐公司推出了主题为"可口可乐红色真好玩"的促销活动。在活动期间，消费者只要购买了"可口可乐""雪碧""芬达"的促销包装品，就会发现在易拉罐威拉环或塑料瓶标签上印有的红色可口可乐、红太阳、红玫瑰、红苹果等 12 种不同的图案。如果消费者能对中中奖组合的两个图案（红色可口可乐可以代替任何一种图案），就能赢取背包、手表等 5 款不同奖品，奖品总值超过 1 000 万元。整个促销活动通过报纸、电视、海宝、宣传单、活动热线、促销包装等媒体传递出去。通过红得发烫的市场宣传，我们可以看出可口可乐公司匠心独具之处：通过让消费者反复感知红色的概念，从而让红色的可口可乐更深入人心。

2000 年，可口可乐公司在中国内地推出了一套十二生肖的易拉罐，销售日期只到当年 2 月底，惹得连香港的朋友都从北京成箱地运可乐。胖乎乎的泥阿福也一夜之间登上了国内可口可乐的塑胶瓶包装。醉翁之意不在酒，"中国娃娃"做形象大使不仅是为了给大伙拜个年，更是为了推行可口可乐"本土化"的战略。

3．公关策略

可口可乐公司在中国的公关活动一刻都不停歇。从体育、教育、文娱到环保，可口可乐公司利用一切可以利用的机会提高自己的知名度。可口可乐在中国的运动旋风首先从足球刮起。可口可乐杯全国青年锦标赛为中国选拔了不少足球尖子，并成为中国青年足球最重要的赛事。"可口可乐——临门一脚"足球培训班自1986年在中国实施以来，10多年间已培训了超过1 000多名青少年足球教练，使近100万名的儿童得到了先进的技术训练。

可口可乐公司积极利用奥运题材在中国开展公关活动。例如，1992年可口可乐（中国）有限公司赞助6名中国选手，参加在西班牙巴塞罗那举办的全球奥运火炬接力长跑活动；1994年著名运动员王秀丽也由可口可乐赞助，代表中国在瑞典利利哈默市传递奥运圣火；1995年，可口可乐公司三度赞助中国神射手许海峰及12名全国选拔代表，其中包括3名希望优秀受助生，参加在美国亚特兰大举办的奥运火炬接力活动。可口可乐公司也在国内主办多项相关活动，仅奥林匹克长跑日便已超过10多年的历史。

同样，可口可乐公司也十分关注教育事业。例如，可口可乐公司积极赞助许多教育、扶贫、助学的项目，其中以对希望工程的捐助最为有名。1997年，可口可乐公司及中国的装瓶厂捐赠200万美元，在数十个贫困山村共建了50所希望小学和100个希望书库，帮助300至600名小学生改善了学习环境。可口可乐公司还捐助了500万元人民币，设立了10 000个奖学金，让贫困的学生可以完成6年的学业。可口可乐公司在我国还与当地青基会、教委、团委及大学共同挑选一些品学兼优的特困生，帮助他们解决生活费及学费问题，协助我国培养优秀的人才。这个项目于1997年开始实行，有超过1 000名学生受惠。

4．独到的捆绑式销售

捆绑式销售的源头大概可以追溯到可口可乐与麦当劳、联想、大家宝及方正的合作。捆绑式销售不同于赠品促销。赠品促销只有一个品牌主体，另一个或更多的品牌处于附属的被动地位，或者企业赠送自己生产的产品，只有一个品牌。目前，面对铺天盖地的赠品促销，理性的消费者越来越不买账，赠品促销几乎起不到应有的作用。而捆绑式销售则不同，它是两个或多个品牌处于平等的地位，互相推广，把市场做大，达到"双赢"的目的。

可口可乐与联想的"数码精英总动员"、可口可乐与方正的"动感互联你我他"的广告在各种媒体上连番轰炸，联想与方正作为促销奖品的承担方也获益匪浅。在此之前，可口可乐与北京大家宝薯片共同演绎的"绝妙搭配好滋味"的促销活动也非常成功。在降价、打折、抽奖、赠送礼品等传统促销方法已经难以刺激消费者购买欲望的今天，可口可乐是微甜的饮料，大家宝是微咸的休闲食品，两者可以在口感上相互搭配，就是双方合作的基础。这也是可口可乐公司运用产品亲和力市场策略的生动体现。本土化要有较为理想的载体，联想、方正和大家宝都是本地品牌，与可口可乐一样都是大众化产品，而且在当地市场有一定的知名度，容易被本地消费者接受和信赖。

资料来源：杨明刚. 市场营销100个案与点析[M]. 上海：华东理工大学出版社，2004.

二、单项选择题（每小题1分，每小题只有一个最恰当的答案）

1. 促销工作的核心是（　　　　）。

    A．出售商品　　　　B．沟通信息　　　　C．建立良好关系　　　　D．寻找顾客

2. 促销的目的是引导和刺激消费者产生（　　　　）。

    A．购买行为　　　　B．购买兴趣　　　　C．购买决定　　　　D．购买倾向

3. 不属于人员推销基本要素的是（　　　　）。

    A．推销员　　　　B．推销产品　　　　C．推销条件　　　　D．推销对象

在线测试

4．公共关系是一项（　　）的促销方式。

    A．一次性　　　　　　B．偶然　　　　　　C．短期　　　　　　D．长期

5．营业推广是一种（　　）的促销方式。

    A．常规性　　　　　　B．辅助性　　　　　　C．经常性　　　　　　D．连续性

三、多项选择题（每小题 1 分，每题有多个答案正确。错选、少选、多选，均不得分）

1．促销的具体方式包括（　　　　）。

    A．市场细分　　　　　B．人员推销　　　　　C．广告

    D．公共关系　　　　　E．营业推广

2．促销组合和促销策略的制定，其影响因素较多，主要应考虑的因素有（　　　　　）。

    A．消费者状况　　　　B．促销目标　　　　　C．产品因素

    D．市场条件　　　　　E．促销预算

3．人员推销的基本形式包括（　　　　）。

    A．上门推销　　　　　B．柜台推销　　　　　C．会议推销

    D．洽谈推销　　　　　E．约见推销

4．广告最常用的媒体包括（　　　　）。

    A．报纸　　　　　　　B．杂志　　　　　　　C．广播

    D．电影　　　　　　　E．电视

5．下列不是公共关系的主要目标的有（　　　　）。

    A．出售商品　　　　　B．盈利　　　　　　　C．广结良缘　　　　　D．占领市场

项目五

市场营销的新发展

经商信条 一分信誉十分财，十分信誉黄金来。——谚语

任务一 客户关系管理

试一试 如果企业的客户不稳定，忠诚度很低，你该怎么办？

想一想 在描述错误的图片标题上画"√"，并说明理由。

客户关系的核心是客户	客户关系与人际关系不同
客户关系管理就是陪笑脸	客户关系管理不等于关系营销

经典赏析

出租车司机"三秒钟识别客人"

　　掌握了客户价值的计算方法以后，我们一定会关注如何从茫茫人海中有效识别不同价值的客户。也就是如何从属性和消费行为特征去识别客户。

　　一般人都会认为做出租车司机是靠运气，运气好就能拉几个高价值的长途客人，运气不好的话拉的都是低价值客人。在招手即停的几秒钟内，普通的出租车司机很难判断出客人的价值。但是善于观察和分析的臧勤却不这么认为，他举例说明了两个场景。

场景一　医院门口，一人拿着药，另一人拿着脸盆，两人同时要车，应该选择哪一个客人？

答案是：选择拿脸盆的那个客人。因为拿着脸盆在医院门口打车的是出院的病人，出院的病人通常会有一种重获新生的感觉，重新认识生命的意义——健康才最重要，因此他不会为了省一点车钱而选择打车去附近的地铁站，而后换乘地铁回家。而拿药的那位，很可能只是小病小痛，就近选择不远的医院看病，所以打车的距离不会很远。

场景二　人民广场，中午12:45，3个人在前面招手。一个年轻女子，拿着小包，刚买完东西；还有一对青年男女，一看就是逛街的；第3个是里面穿绒衬衫、外面穿羽绒服的男子，拿着笔记本包。应该选择哪一个客人？

答案是：选择拿笔记本包的那个客人。因为在这个时刻拿笔记本包出去的是公务拜访，很可能约的客户是下午两点见面，车程约1小时。而那个年轻女子是利用午饭后的时间出来买东西的，估计公司很近，赶着一点钟回到公司上班。那对青年男女手上没什么东西，很可能是游客，也不会去远的地方。

许多企业已经在利用客户属性和消费行为特征来进行客户识别了。例如，房地产代理公司的售楼小姐，她们会根据客人的衣着细节、陪同的人员、选择的交通工具等快速评估客户的潜在价值。但需要注意的是，进行客户识别、评估客户的价值，只有在"非此即彼"的情况下才是为了拒绝低价值客户、保留为高价值客户服务的机会。例如，航空公司实施了收益管理系统以后，在飞机起飞前一两天，控制人员会拒绝继续接受一些申请低折扣票价的客人，因为空余座位不多了，他预测到会有一些愿意支付高票价的公、商务旅客会在最后时刻购票，需要为这些高票价旅客保留足够数量的座位。在大多数情况下，进行客户识别、评估客户潜在价值的目的不是拒绝客户，而是提供符合其特点的产品或服务。例如，广东移动通信公司向手机话费金额比较高的商务人士提供广东省内漫游的包月套餐，向消费金额比较低的学生提供手机短信套餐等，通过不同的解决方案同时满足差异化的客户需求来提高总体客户满意度，提高企业的总体收益和利润。

出租车司机"三秒钟识别客人"功夫讲究的是又快又准。与此相比，这个客户关系管理案例，许多企业识别客户特征和客户价值管理的过程与方式要复杂得多。许多客户与企业打交道，不像搭乘出租车那样是"一锤子买卖"，而是通常要经过目标客户、潜在客户、机会客户、签约客户、用户等客户生命周期。在客户生命周期发生、发展和循环的过程中，会涉及企业内部的市场、销售、服务，甚至物流、财务管理等多个部门与岗位，在企业业务流程的每一个环节都会获得或产生若干反映客户属性、消费行为特征的管理信息。这些信息体现或预示着客户的当期价值、潜在价值和模型价值。

评一评　客户关系管理的魅力何在？

学一学

市场经济的重要特征之一就是市场竞争常态化。随着我国社会主义市场经济体制的不断完善，企业之间的市场竞争也不断加剧，企业也越来越深刻地认识到，要想在激烈的市场竞争中站稳脚跟和保持优势，就必须高度重视客户关系管理。

一、认知客户关系管理

（一）客户关系管理的含义

客户关系管理（Customer Relationship Management，CRM）是指通过培养企业的最终客户、分销商和合作伙伴对企业及产品更积极的偏爱和喜好，留住它们并以此提升企业业绩的一种营销策略。

客户关系管理的核心是客户关系，对客户关系的正确认识和理解是实施客户关系管理的前提。因此，企业必须真正理解客户关系的内涵与本质，了解构成客户关系的要素。客户关系，顾名思义就是指企业为达到其经营目标，主动与客户建立起的某种联系。当然，这种联系的形式是多样的，可能是单纯的交易关系，可能是通信联系，也可能是为客户提供一种特殊的接触机会，还可能是双方为利益而形成某种买卖合同或联盟关系。

客户关系是企业与客户在互动中建立起来的，是一个连续的过程，企业与客户的每一次互动都有可能改变它。因此，企业必须花费大量的精力来培育和维护客户关系。事实上，客户关系绝不是某些特殊情况下的偶然接触，也不仅仅是重复的购买和客户保持，虽然这些能作为客户关系可能存在的指标，但真正的客户关系意味着客户对企业具有忠诚度、情感或归属感。也就是说，客户关系包含了信任、责任感、可靠性和友爱等一系列要素，如表5.1所示。

表5.1 客户关系的要素

信 任	依 赖 感
责任感	对历史的了解
可靠性	双向的交流
友爱	温暖、亲密
理解、同情	对需求的关心
共同的目标	知识
互惠	回应
尊敬、忠诚	守诺
喜爱	社会支持、社区能力

资料来源：巴诺斯. 客户关系管理成功奥秘——感知客户[M]. 刘祥亚，郭奔宇，王耿，译. 北京：机械工业出版社，2001.

我们要强调的是，客户关系虽然指的是企业与客户的关系，但就其本质来说，最终归结为人和人之间的关系。但是，客户关系又与一般的人际关系有所不同，一般的人际关系是可以"务虚"的，而客户关系必须是"务实"的。它不是可以通过"请客""送礼""赔笑脸"和"走后门"就能够实现的，而必须是建立在坚实的利益基础之上，必须是能为客户创造价值的。

⏱ 小·案例

忠诚顾客靠培养

日本的一家化妆品公司设在人口百万的大都市里，而这座城市每年的高中毕业生相当多。该公司的老板灵机一动，想出了一个好点子，从此，他的生意蒸蒸日上，成功地掌握了事业的命脉。

这座城市中的学校，每年都送出许多即将步入黄金时代的少女。这些刚毕业的女学生，无论是就业或深造，都将开始一个崭新的生活，她们脱掉学生制服，开始学习修饰和装扮自己。这家公司的老板了解了这个情况后，每年都为女学生们举办一次服装表演会，聘请知名度较高的明星或模特现身说法，教她们一些美容的技巧。与此同时，老板自己也利用这一机会宣传自己的产品，表演会结束后还不失时机地向女学生们赠送一份精美的礼物。

这些应邀参加的少女，除了可以观赏到精彩的服装表演之外，还可以学到不少美容的知识，又能个个中奖，人人有份，满载而归，真是皆大欢喜。因此，许多人都对这家化妆品公司颇有好感。

这些女学生事先都会收到公司寄来的请柬。该请柬设计得相当精巧有趣，令人一看卡片就目眩神迷，哪有不去的道理？因此，大部分人都会寄回报名单，公司根据这些报名单准备一切事物。据说每年参加的人数，约占全市女性应届毕业生的90%以上。

在她们所得的纪念品中，附有一张申请表。上面写着：如果您愿意成为本公司产品的使用者，请填好申请表，亲自交回本公司的服务台，您就可以享受到公司的许多优待。其中，包括各种表演会和联欢会，以及购买产品时的优惠价等。大部分女学生都会响应这个活动，纷纷填表交回，该公司管理员把这些申请表一一加以登记装订，以便事后联系或提供服务。事实上，她们在交回申请表时，或多或少都会买些化妆品回去。如此一来，对该公司而言，真是一举多得，不仅吸收了新顾客，也实现了把顾客忠诚化的理想。

国外的一项客户关系管理案例调查研究表明，一个企业总销售额的80%来自于占企业顾客总数20%的忠诚顾客。因此，企业拥有的忠诚顾客对企业的发展是十分关键的。

视野拓展

客户关系管理的3个关键要素

不同的人对客户关系管理有不同的认识和理解。对客户关系管理的理解通常有两种：一种认为客户关系管理是一种管理理念；另一种认为客户关系管理就是CRM软件系统。而我们则认为客户关系管理包括以下3个关键要素。

1. 客户关系管理理念

任何管理都有其核心思想理念，客户关系管理也不例外。客户关系管理的核心思想理念就是企业发现、保留或提高客户价值，进而提高企业的盈利能力和竞争优势。对于企业来说，理解这种思想理念，是企业实现向"以客户为中心，以市场为导向"的经营模式转变的第1步。因此，这就要求企业管理人员据此制定本企业客户关系管理的战略目标，在合适的时间、地点，以合适的手段引入客户关系管理理念，并保证这种理念在企业得以贯彻与实施。

2. 客户关系管理软件系统

对企业来说，要提高企业在激烈的市场竞争中的竞争力，实施客户关系管理是重要措施之一。而客户关系管理的实施是需要一定的技术做支撑的。客户关系管理软件系统就是企业进行客户关系管理（CRM）的技术支持系统。目前，市场上的CRM软件名目众多，如合作型、运营型和分析型，或者是针对某个行业的CRM软件。因此，企业需要根据自身的实际情况，或者自主开发或外包开发适合本企业实际情况、符合本企业需要的定制化的CRM软件系统，切不可迷信大而全或知名品牌的CRM软件。与此同时，企业管理人员还要结合本企业所处市场环境、所处发展阶段的需要，合理使用CRM软件的相关功能，以便有效地管理企业和客户之间的关系，因为CRM软件毕竟只是一种技术手段，替代不了一切。在现实生活中，有些企业管理人员就因过于沉迷和依赖CRM软件，结果适得其反。

3. 客户关系管理策略实施

客户关系管理策略实施就是企业管理本企业与客户关系的过程。企业结合其自身实际状况和CRM软件在市场调研基础上形成的解决管理企业与客户关系问题的方案，就是企业客户关系管理策略。企业在制定和实施客户关系管理策略时要确定目标和范围，以确保完成项目的成本最小化。客户关系管理策略的实施是一个渐进的过程。因此，企业管理人员要根据企业所处环境、企业所处发展阶段的实际情况，设定各个阶段实施的目标，制定适合本企业的客户关系管理战略，以确保整个客户关系管理策略的成功实施。

（二）客户关系管理的产生与发展

客户关系管理作为一种经营哲学，产生于生产经营实践活动中，是管理学、营销学和社会学相结合的产物，是信息技术的发展和市场竞争促动的结果。客户关系管理的产生源于市场形态的不断演变，市场形态的不断演变，促使企业的营销由以交易为中心向以关系为中心转变。从20世纪初以产品为主导到现在的以建立关系为主导，营销的重点也逐渐转移到顾客满意度、顾客关系及客户价值方面。客户关系管理的产生与发展就是营销观念在市场经济发展过程中不断演化的结果。

纵观营销观念的演变历史，可以大致划分为传统营销观念、市场营销观念和以关系为核心的营销观念。

1. 传统营销观念

传统营销观念包括以生产为导向的生产观念、以产品为导向的产品观念和推销观念。生产观念是指导销售者行为的最古老的观念之一，是20世纪20年代卖方市场环境下产生的。当时，社会生产力相对落后，市场上产品供应不足，只要产品价格在消费者承受能力范围之内，消费者一般都会购买。因此，企业的营销观念不是从消费者需求出发，而是从企业的生产出发。它们认为，企业无须关注顾客的需求，只需大力改善生产技术、提高劳动生产率、降低成本、扩大生产和增加销售量。

以产品为导向的产品观念和推销观念也属于传统营销观念的范畴。产品观念认为，消费者喜欢高质量、多功能和具有某种特色的产品。在这种营销观念的指导下，企业致力于生产优质产品并持续改进产品，其信条是"拥有高质量的产品就拥有顾客"。也就是说，企业只要把注意力放在产品上，生产出高附加值的产品就行。这种观念产生于市场产品供不应求的卖方市场形势下，一直持续到20世纪西方国家由卖方市场向买方市场的过渡时期。推销观念也是产生于这个时期。20世纪20年代到40年代，由于科学技术的突飞猛进和大规模的应用推广，产品产量迅速增加，逐渐出现了市场商品供过于求，卖主之间竞争激烈的新形势，许多企业开始感到即使有物美价廉的产品，也未必能卖得出去。它们认为，要在日益激烈的市场竞争中求得生存和发展，就必须积极推销和大力促销，增加销售人员，扩大宣传以刺激消费者大量购买本企业产品。

2. 市场营销观念

随着市场经济的不断演进和消费者需求的不断变化，传统的营销观念显然变得越来越不适用。20世纪50年代，许多企业逐渐认识到必须转变传统的营销观念，认为应该从消费者的需求出发来做企业的生产经营管理，这就是以市场为导向的现代营销观念。现代营销观念的出现，使企业的经营哲学发生了根本性变化（以生产和产品为导向转向以市场为导向）。这种营销观念有4个支柱：以目标市场为出发点，以顾客需求为导向，以协调和整合营销为手段及以通过使顾客满意而获取利润为目的。

市场营销观念从其出现到随后的40年里，越来越接近麦卡锡提出的4P理论。4P理论认为，企业只要围绕4P制定灵活的营销组合策略，就能取得成功。

3. 以关系为核心的营销观念

自从4P理论出现以来，以4P为核心的市场营销观念在营销实践和理论上表现出其与传统营销观念相比较的优势。这种卓越表现一直持续到了 20 世纪 80 年代中期。在这个时期，由于经济的发展变化，市场营销环境也发生了较大的变化，消费的个性化、人文化和多样化特征日益突显，4P 营销组合所反映的市场营销观念就显得不适应新的市场形态了。也正是此时，关于以关系为核心的营销观念引起了企业经营管理者的重视。关于什么是客户关系及如何建立客户关系的论述出现在营销理论研究之中，并被逐渐运用到营销实践中。20 世纪 90 年代，美国市场营销专家劳特朋提出以 4C 理论取代 4P 理论。这种 4C 的营销组合所反映的当代营销观念的出现并取代 4P 的营销组合所反映的市场营销观念，并不是自发的，而是有其促动因素的。这主要来自以下 3 个方面。

① 信息系统的出现。随着系统科学和计算机技术的发展，企业通过建立各种信息系统平台来提高本企业的生产和经营管理水平。借助信息系统，许多企业管理人员就可以粗略估计顾客的价值及顾客流失所带来的损失。于是，企业开始意识到保留顾客的重要性，并通过信息系统来管理企业和客户之间的关系。

② 服务部门的扩张。随着市场经济的发展，服务部门及服务业迅速扩张。服务行业的这种扩张使得企业经营管理者开始注意企业与客户交往的"软件"方面。他们认识到，企业对客户如何及客户在与企业交往过程中的感受如何，是决定客户是否愿意继续与企业交往的重要因素。

③ 竞争本质的变化。市场竞争是市场经济的重要特征之一。随着市场经济的不断发展，市场形态也在不断演变，虽然市场竞争没有变，但竞争本质发生了变化。在大部分行业中，企业需要参与与过去层次完全不同的竞争。过去，企业只要参与产品质量竞争并赢得优势就可以超越竞争对手，但现在，仅靠此并不能保证企业经营取得成功。企业要取得成功，还必须努力营造本企业与客户的关系以提升自己的竞争力。

客户关系管理理论得以出现并逐渐发展和成熟，正是因为以上三方面因素的推动，同时也是营销观念不断演进的结果，如表 5.2 所示。

表 5.2　市场演进的阶段

阶　段	作为工具的营销	作为战略的营销	作为服务的营销	作为文化的营销
重点	营销组合	理解客户	服务行业和服务	传递客户关系
要素	产品 广告 促销 分销 价格	细化 差别化 竞争 优势 定位	与客户互动 服务经历 服务质量	客户保留 客户价值 推荐 股东价值

资料来源：巴诺斯. 客户关系管理成功奥秘——感知客户[M]. 刘祥亚，郭奔宇，王耿，译. 北京：机械工业出版社，2001.

随着经济和社会的发展，企业要在激烈的市场竞争中保持优势，仅仅靠在产品质量和价格方面取得优势已经不够，企业管理人员必须把长期的客户满意作为本企业的所有营销活动的目标，培育客户对企业的忠诚感，与客户建立长期的合作关系。也就是说，企业的营销活动的重点已经转移到了以获得客户和保持客户为中心的客户关系管理上。

视野拓展

4C 理论

由于经济的发展变化，市场营销环境也发生了较大的变化，消费的个性化、人文化和多样化特征日益突显，4P 营销组合所反映的市场营销观念就显得不适应新的市场形态了。20 世纪 90 年代，美国市场营销专家劳特朋提出以 4C 理论取代 4P 理论，其主要内容如下。

① Customer（顾客）。4C 理论认为，消费者是企业一切经营活动的核心，企业重视顾客要甚于重视产品。这体现在两个方面：创造顾客比开发产品更重要；对消费者需求和欲望的满足比产品功能更重要。

② Cost（成本）。4C 理论将营销价格因素延伸为生产经营全过程的成本，主要包括两方面。第一，企业生产成本，即企业生产适合消费者需要的产品成本。价格是企业营销中值得重视的，但价格归根结底是由生产成本决定的，再低的价格也不可能低于成本。第二，消费者购物成本。它不单是指购物的货币支出，还包括购物的时间耗费、体力和精力耗费及风险承担（消费者可能承担的因购买到质价不符或假冒伪劣产品而带来的损失）。值得注意的是，近年来出现了一种定价的思维，以往企业对于产品价格的思维模式是"成本+适当利益=适当价格"，新的模式则是"消费者接受的价格-适当的利益=成本上限"。也就是说，企业界对于产品的价格定义，已从过去由厂商的"指示"价格，转换成了消费者的"接受"价格，我们可以把这看作是一场定价思维的革命。新的定价模式将消费者接受价格列为决定性因素，企业要不断追求更高利润，就不得不想方设法降低成本，从而推动生产技术、营销手段进入一个新的水平。

③ Convience（便利）。4C 理论强调企业提供给消费者的便利比营销渠道更重要。便利就是方便顾客，维护顾客利益，为顾客提供全方位的服务。便利原则应贯穿于营销的全过程：在产品销售前，企业应及时向消费者提供充分的关于产品质量、使用方法及使用效果的准确信息；顾客前来购买商品，企业应给顾客以最大的购物方便，如自由挑选、方便停车、免费送货等；产品售完以后，企业更应重视信息反馈，及时答复、处理顾客意见，对有问题的商品要主动包退包换，对产品使用故障要积极提供维修方便，对大件商品甚至要终身保修。目前国外经营成功的企业，无不在服务上下功夫，很多企业为方便顾客，还开办了热线电话服务、咨询导购、代购代送，以及回应顾客投诉，并根据情况及时为顾客安排专人维修和排除故障。与传统的渠道战略相比，新的 4C 理论更重视服务环节，强调企业既出售产品，也出售服务；消费者既购买到商品，也购买到便利。

④ Communication（沟通）。4C 理论用沟通取代促销，强调企业应重视与顾客的双向沟通，以积极的方式适应顾客的情感，建立基于共同利益之上的新型的企业、顾客关系。例如，格朗普斯认为，企业营销不仅仅是企业提出承诺和劝导顾客，更重要的是追求企业与顾客的共同利益，"互利的交换与承诺的实现是同等重要的"。同时，强调双向沟通，有利于协调矛盾，融合感情，培养忠诚的顾客，而忠诚的顾客既是企业稳固的消费者，也是企业最理想的推销者。

（三）客户关系管理的理论基础

客户关系管理理论的产生和发展是营销观念在市场经济中演化的结果。它涉及的理论和技术众多，主要包括关系营销理论、客户价值理论和数据库营销理论。这些理论是客户关系管理的理论基础。

1. 关系营销理论

关系营销理论是客户关系管理的理论基础之一。关系营销就是把营销活动看成是一个企业与消费者、供应商、分销商、竞争者、政府机构及其他公众发生互动作用的过程，核心是建立和发展与这些公众的良好关系。关系营销作为一种新的营销理念，是 1985 年巴巴拉·本德·杰克逊提出来的。这一概念的提出，使人们对市场营销理论的研究迈上了一个新的台阶。关系营销理论的出现，使企业管理人员认识到，客户是企业的合作伙伴，企业应注重于保持和改善现有客户，而不是获得新客户。这种理论认为，企业应通过质量、服务和创新，与客户及其他合作者（员工、投资者，甚至竞争者）保持长期关系、合作关系、信任关系和忠诚关系。客户关系管理的核心概念就是长期关系。

　　上述关系营销的这些理念是有其基础假设的。那就是，客户更愿意同一家企业保持现有的关系，而不是在寻求价值时在不同的企业中不断转换。也就是说，客户更换新企业的成本高于与现有企业保持关系的成本。市场事实也反映了关系营销的可行性：企业保留一位现有客户往往比吸引一位新客户的成本低得多。因此，市场竞争的激化、营销成本的上升和客户需求的不断变化，使客户关系管理的实践具有深远的意义。

　　关系营销的基本目标是建立和维持对企业有益的、有承诺的客户基础。首先，企业通过市场细分，明确和开发那些可能保持长期关系的目标客户。接着，企业会了解目标市场不断变化的需求，并通过满足最佳目标市场的需求来留住客户。当客户从企业获得高价值服务时，客户就有可能会稳定与企业的关系，而企业对这种关系不断进行改进和投资，使得客户与企业的关系进一步得以加强，并且随着这些关系数量的增长，现有的忠诚客户也会为企业进行口头宣传，从而吸引更多类似的潜在客户与企业建立长期关系。图 5.1 表明，关系营销的目标就是使越来越多的对企业有价值的客户从新开发的客户阶段向更有价值的强化的客户阶段转移，从而使企业和客户都可以从长期关系中获得收益。总之，关系营

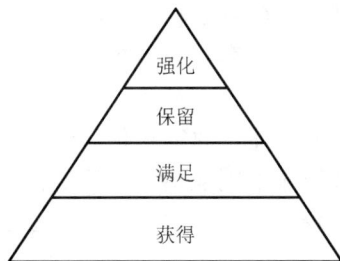

图 5.1　关系营销的目标

销就是一种营销理念，这种理念决定了企业和客户之间的关系，也决定了企业管理人员如何管理本企业和客户之间的关系。

视野拓展

关系营销的原则

　　关系营销的实质是在市场营销中与各关系方建立长期稳定的相互依存的营销关系，以求彼此协调发展。因此，必须遵循以下原则。

　　1. 主动沟通原则

　　在关系营销中，各关系方都应主动与其他关系方接触和联系，相互沟通信息，了解情况，形成制度或以合同形式定期或不定期碰头，相互交流各关系方需求变化情况，主动为关系方服务或解决困难和问题，以增强伙伴合作关系。

　　2. 承诺信任原则

　　在关系营销中各关系方相互之间都应做出一系列书面或口头承诺，并以自己的行为履行诺言，才能赢得关系方的信任。承诺的实质是一种自信的表现，履行承诺就是将誓言变成行动，既是维护和尊重关系方利益的体现，也是获得关系方信任的关键，是公司（企业）与关系方保持融洽伙伴关系的基础。

　　3. 互惠原则

　　在与关系方交往过程中必须做到相互满足关系方的经济利益，并通过在公平、公正和公开的条件下进

行成熟、高质量的产品或价值交换使关系方都能得到实惠。

2．客户价值理论

不同的顾客为企业创造的价值不同，所以企业管理人员进行客户关系管理，就是要选择价值高的客户，建立、保持和发展与高价值客户的长期关系、合作关系、信任关系和忠诚关系，终止与损害企业利润的客户关系。

关系营销理念的出现，带来了市场营销范式的根本性变革，企业越来越认识到客户价值对企业的长期生存和发展的重要性。可以说，在知识经济时代，企业的真正任务是价值，而不是价格。客户价值是企业从与其具有长期稳定关系的，并愿意为企业提供的产品和服务承担合适价格的客户中获得的利润，即客户为企业的利润贡献。客户价值理论的发展主要基于新兴的关系营销理论。关于客户价值的研究，虽然没有形成一个完整的体系，但在客户价值理论发展过程中，出现了大量的研究成果，如客户让渡价值（customer delivered value）、客户感知价值（customer perceived value）和客户终身价值。

1994 年，美国著名的市场营销学专家科特勒在其出版的《市场营销管理——分析、规划、执行和控制》中，提出了"客户让渡价值"的概念。他认为："客户让渡价值是总客户价值和总客户成本之差。总客户价值就是客户期望从某一特定产品或服务中获得的一组利益；总客户成本是在评估、获得和使用该产品或服务时引起的客户的预计费用。"根据科特勒的论述，总客户价值包括了产品价值、服务价值、人员价值和形象价值 4 个方面，而总客户成本则包括了货币价格、时间成本、精力成本和体力成本 4 个方面，如图 5.2 所示。

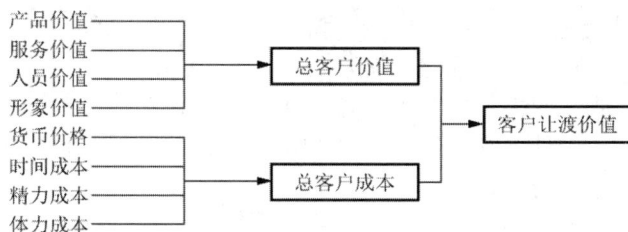

图 5.2　客户让渡价值的决定因素

客户感知价值是从客户角度看待交换价值的一个概念。它是客户所能感知到的利益与其在获取产品或者服务时所付出的成本进行权衡后对产品或服务效用的总体评价。人们买的不是东西，而是他们的期望，消费者希望在交易过程中实现一定的客户价值。客户价值的本质是客户感知，即客户对与某企业交互过程和结果的主观感知，包括客户对其感知利得和感知损失之间的比较与权衡。客户感知价值是指客户对企业提供的产品或服务所具有价值的主观认知，不同于传统意义上的客户价值概念。后者是指企业认为自己的产品或服务可以为客户提供的价值，属于企业内部认知导向；前者是指客户对企业所提供的产品或服务的价值判断，属于外部客户认知导向。因此，企业为客户设计、创造、提供价值时应该从客户导向出发，把客户对价值的感知作为决定因素。

企业管理人员进行客户关系管理，就是通过与高价值的客户建立、保持和发展长期关系，使客户为企业带来利润。而衡量客户给企业带来的利润有一个常用指标，那就是客户终身价值。客户终身价值是指客户长期购买企业的产品和服务给企业带来的利润的净现值。

根据客户终身价值的定义，我们可以把客户为企业带来的利润划分为两部分：一是客户已经实现的价值，即客户当下购买企业产品和服务为企业创造的价值；二是客户的潜在价值，即客户未来持续购买企业产品和服务将为企业创造的价值。因此，企业管理人员要确定客户终身价值，就要根据客户已实现的价值和客户的潜在价值之和评估每一个客户的价值。

企业在确定客户终身价值后，应根据客户终身价值的大小决定企业为客户服务的成本。也就是说，对于不同终身价值的客户提供不同标准的服务。企业不应为客户提供高于其终身价值的产品和服务。否则，企业就可能为那些已实现价值高而潜在价值低的客户提供了超值服务，为那些已实现价值低而潜在价值高的客户提供了低于他们价值的服务，进而可能会终止与他们的关系，从而损害了企业的长期利益。因此，企业管理人员既要了解客户已实现价值，还要了解客户不断变化的需求，为客户提供满意的个性化消费体验，培养客户对企业的信任感、归属感，以便最终留住具有潜在价值的客户。

3．数据库营销理论

数据库营销是指企业通过搜集和积累会员（用户或消费者）信息，经过分析筛选后针对性地使用电子邮件、短信、电话和信件等方式进行客户深度挖掘与关系维护的营销方式。或者说，数据库营销就是以与客户建立一对一的互动沟通关系为目标，并依赖庞大的客户信息库进行长期促销活动的一种全新的销售手段。它是一套内容涵盖现有客户和潜在客户，可以随时更新的动态数据库管理系统。从数据库营销的含义看，数据库营销的核心是数据挖掘。

作为一种在 IT、互联网与数据库技术发展上逐渐兴起和成熟起来的一种市场营销推广手段，数据库营销在企业市场营销行为中具备广阔的发展前景。它不仅是一种营销方法、工具、技术和平台，还是一种企业经营理念，也改变了企业的市场营销模式和服务模式，从本质上讲是改变了企业营销的基本价值观。它是在直接营销理念上发展起来的，运用数据库技术手段进行客户管理是企业管理人员进行客户关系管理的技术基础，也是企业在激烈市场竞争中保持竞争优势的重要手段。数据库营销在欧美已经得到了广泛应用。在中国大陆，也已经开始呈现"星星之火，快速燎原"的势头，越来越多的企业，尤其是服务性企业开始运用数据库营销管理客户关系。之所以越来越多的企业开始选择数据库营销，这与它相对传统营销所具有的独特优势是密不可分的。与传统营销相比较，数据库营销具有以下独特优势。

① 可测度。数据库营销是唯一一种可测度的广告形式。企业能够准确知道如何获得客户的反应及这些反应来自何处。这些信息将被用于继续、扩展或重新制订、调整企业的营销计划。

而传统的广告形式（如报纸、杂志、网络和电视等）只能面对一个模糊的大致的群体，究竟目标人群占多少无法统计，所以效果和反馈率总是让人失望。正如零售商巨头约翰·沃纳梅克说的："我知道花在广告上的钱，有一半被浪费掉了，但我不知道是哪一半。"

② 可测试性。数据库营销就像科学实验，每推进一步，都可以精心测试，结果还可以进行分析。例如，假设你有一间酒吧，可以发出一封邮件，宣布所有光临的女士可以免费获得一杯鸡尾酒。而在另一封邮件中，你可以宣布除周六、周日外所有顾客都可以获得 8 折优惠。在进行一段时间的小规模测试后，计算哪一封邮件产生的回报高，之后就运用获

得最佳反应的方案进行更大规模的邮寄。因此，不管企业的大小如何，只要运用适当的形式，都可以进行小规模的测试，以便了解哪种策略最有可能取得成功。

③ 降低成本，提高营销效率。数据库营销可以使企业能够集中精力于更少的人身上，最终目标集中在最小消费单位个人身上，从而实现准确定位。目前，美国已有56%的企业正在建立数据库，85%的企业认为它们需要数据库营销来加强竞争力。由于运用消费者数据库能够准确找出某种产品的目标消费者，所以企业就可以避免使用昂贵的大众传播媒体而运用更经济的促销方式，从而降低成本，增强企业的竞争力。据有关资料统计，运用数据库技术筛选消费者，其邮寄宣传品的反馈率，是没有运用数据库技术进行筛选而邮寄宣传品的反馈率的10倍以上。

④ 获得更多的长期忠实客户。权威专家分析，维持一个老客户所需的成本是寻求一个新客户成本的0.5倍，而要使一个失去的老客户重新成为新客户所花费的成本则是寻求一个新客户成本的10倍。如果比竞争对手更了解客户的需求和欲望，留住的最佳客户就更多，就能创造出更大的竞争优势。用数据库营销经常地与消费者保持沟通和联系，可以维持与增强企业和消费者之间的感情纽带。另外，运用存储的消费记录来推测其未来消费者的行为具有相当高的精确性，从而使企业能更好地满足消费者的需求，建立起长期稳定的客户关系。

⑤ 企业制胜的秘密武器。传统营销中，运用大众传媒（如报纸、杂志、网络和电视等）大规模地宣传新品上市，或者实施新的促销方案，容易引起竞争对手的注意，使它们紧跟其后推出对抗方案，势必影响预期的效果。而运用数据库营销，可以与消费者建立紧密的关系，一般不会引起竞争对手的注意，从而避免公开对抗。如今，很多知名企业都将这种现代化的营销手段运用到了自身的企业，将其作为一种秘密武器运用于激烈的市场竞争中，从而在市场上站稳了脚跟。

二、运营客户关系管理

企业的客户关系管理主要包括客户关系的建立和维护两个方面。企业和客户之间关系的建立，就是要让潜在客户产生购买本企业产品和服务的欲望并付诸行动，促使他们尽快成为企业的现实客户。客户关系的维护，就是企业通过努力来巩固及进一步发展与客户长期稳定的关系，实现现实客户的忠诚，特别是要避免优质客户的流失并实现优质客户的忠诚。

（一）客户关系的建立

一般来说，企业和客户之间关系的建立需要经过3个环节：首先，识别客户，即认识客户对企业的价值；其次，选择客户，即企业选择与哪种客户建立关系；再次，开发客户，即企业如何与客户建立关系，如何吸引和开发客户。由此可见，客户关系的建立是逐层递进的。

1. 识别客户

客户是企业的衣食父母，是企业的命脉。客户的存在是企业存在的前提，没有客户，企业就会垮台。在激烈的市场竞争中，企业要想保持生存并持续发展，就必须依赖客户。

首先，要对市场中众多的客户进行识别，主要包括认识客户的价值、认识客户的状态和对各种客户状态进行管理。客户的价值是指客户对企业的价值。它不仅是客户直接购买本企业产品和服务而为企业带来的利润，而且是客户为企业创造的所有价值的总和。显然，客户的价值与上文所述的客户价值（产品价值、服务价值、人员价值和形象价值）不同。同样，客户的价值与客户关系的价值也有所不同。客户关系的价值是指企业和客户之间建立了良好的关系而给企业带来的价值；客户的价值则主要体现在利润源泉、聚客效应、信息价值和口碑价值等方面。

① 客户价值的识别。客户是企业利润的源泉，企业要实现盈利就必须依赖客户，因为只有客户购买了企业的产品或服务，企业的利润才能得以实现。一个企业要实现可持续发展，既要留住现实客户，更要源源不断地吸引新客户，而没有老客户带来的旺盛人气，很难想象企业能持续不断地吸引新客户。一般来说，人们具有一种从众心理，他们是否选择或选择哪家企业，常常会看这家企业是否已经拥有了大量的客户。因此，从这个意义上说，企业的老客户具有一种聚客效应，他们就像播种机，因为满意和忠诚的客户会为企业带来其他新客户。在企业与客户的互动过程中，客户往往能为企业提供大量的有用信息，如客户需求信息、竞争对手信息和客户满意度信息等，而客户的这些信息将使企业能够更有效、更有的放矢地开展生产经营活动。因此，可以在这种意义上把客户看作企业的整容镜，客户所提供的信息对企业具有重要价值，是企业的一笔巨大财富。客户的口碑价值是指由于满意的客户向他人宣传本企业的产品或服务，吸引了更多的新客户，从而使企业销售增长、收益增加。一般来说，客户在购买企业的产品或服务后，往往会做出正面或负面的评价，并向周围的人群诉说，这就会影响他人对企业的兴趣和期望。因此，企业管理人员要充分发挥和利用客户的口碑价值，这样既可以降低企业的广告和宣传费用，还能为企业吸引更多新客户，从而为企业创造更大的价值。

② 客户类型的识别。认识到客户对企业的价值后，企业管理人员就可以据此对客户进行区分，从众多的客户中找出哪些是潜在客户、哪些是目标客户、哪些是现实客户、哪些是流失客户、哪些是非客户，从而有效地加强潜在客户和目标客户、重复购买客户和忠诚客户的管理，以便为企业留住现实客户，吸引更多新客户，确保本企业在争夺客户的竞争中保持优势，从而实现本企业的可持续发展。因为对企业来说，忠诚客户来源于重复购买客户，重复购买客户来源于初次购买客户，初次购买客户又来源于潜在客户和目标客户。因此，企业要获得尽可能多的忠诚客户，就必须加强对重复购买客户的管理。这就要求必须重视对初次购买客户的管理，特别是对潜在客户和目标客户的管理。对于潜在客户和目标客户来说，虽然他们没有购买过企业的产品或服务，但是一旦他们对企业的产品或服务感兴趣，并通过一定的渠道与企业接触时，企业经营管理人员就必须详细向他们介绍本企业的产品或服务，及时解答他们的各种疑惑或问题，促使他们对本企业及产品或服务产生认同，乃至最终与本企业建立交易关系。通过对这些潜在客户和目标客户的管理，可以把他们发展成为本企业的产品或服务的初次购买者，然后发展成为重复购买客户，最终发展成为本企业的忠诚客户。加强对企业潜在客户和目标客户的管理固然重要，但加强对重复购买客户和忠诚客户的管理也同样重要。这是客户管理工作的重点。有研究表明，销售给老客户的成功率比销售给潜在客户、目标客户和初次客户的成功率高得多，销售给重复购

买客户和忠诚客户，即老客户的成功率为 50%，而销售给潜在客户和目标客户的成功率为 6%，销售给初次购买客户的成功率为 15%。因此，企业应努力加强与重复购买客户和忠诚客户的联系，甚至可以成立专门机构来负责管理和服务这些客户。如果企业对这些客户关注不够，就有可能使他们流失，甚至可能成为非客户，这样一来企业的危机也就随之而来了。

视野拓展

客户的划分

要与客户建立关系，就必须对客户进行区分，确定哪些客户是对本企业有价值的客户。根据客户的状态，我们可以把客户分为以下几种。

1. 潜在客户

潜在客户是指对某类产品（或服务）存在需求且具备购买能力的待开发客户。这类客户与企业存在着销售合作机会，经过企业及销售人员的努力，可以把潜在客户转变为现实客户。

2. 目标客户

目标客户是指企业的产品或服务的针对对象，是企业产品的直接购买者或使用者。企业通常会根据产品情况来选择目标客户群。例如，奇瑞 QQ 就把自己的目标客户定位为收入并不高但有知识、有品位的年轻人，同时兼顾有一定事业基础、心态年轻、追求时尚的中年人。

3. 现实客户

现实客户是指已经购买了企业产品或服务的人群。根据客户和企业之间关系的疏密程度，可以把现实客户分为初次购买客户、重复购买客户和忠诚客户。初次购买客户是指第 1 次尝试性购买企业的产品或服务的客户；重复购买客户是指两次及两次以上购买企业的产品或服务的客户；忠诚客户则是指持续地、指向性地重复购买企业的产品或服务的客户。

4. 流失客户

流失客户是指曾经购买企业的产品或服务，但因多种原因，现在不再购买企业的产品或服务的人群。

5. 非客户

非客户是指那些与企业的产品或者服务无关或对企业有敌意、不可能购买企业的产品或者服务的人群。

上述 5 种客户在一定条件下是可以相互转换的。潜在客户和目标客户只要购买了企业的产品或服务，就变成了企业的初次购买客户；初次购买客户如果常常购买同一企业的产品或服务，则有可能发展成为企业的重复购买客户，甚至忠诚客户。但是因为各种原因，这些客户也有可能成为流失客户，而这些流失客户如果无法挽回，他们就会永远流失，成为企业的非客户。

2. 选择客户

对客户进行识别和区分以后，我们就可以选择出对本企业有价值的客户，与他们建立长期关系。在卖方市场条件下，企业（供应商）可以选择买主和客户（采购商），而客户是不能够选择企业的。而在产品、服务极大丰富的今天，在买方市场条件下，客户可以自由地选择企业，而企业不能够选择客户。但是，如果换一个角度来看，即使是在买方市场条件下，作为卖方的企业还是要主动去选择自己的客户。

首先，并不是所有的购买者都是企业的客户。因为需求是有差异的，企业资源也是有限的，竞争者也是客观存在的，这就决定了企业能够有效地服务客户的类别和数量是有限的，众多的购买者中只有一部分能成为企业的客户，其余则是非客户。如果企业准确选择了属于自己的客户，就可以避免在非客户上的花费，以减少企业资源的浪费。

其次，并不是所有的购买者都能够给企业带来效益。在一定条件下，客户对企业非常重要，"客户就是上帝"，但这不等于可以无限夸大客户的作用和给企业所带来的价值。事实上，客户天生就存在差异，有优劣之分，不是每个客户都能够带来同样的收益，都能给企业带来正的价值，有的客户就可能是"麻烦的制造者"，有可能给企业带来的是负面的风险，并且有时候带来的风险可能超过其给企业带来的价值。

最后，企业准确选择属于自己的客户，是企业成功开发客户，实现客户忠诚的前提。企业如果没有选择好客户，或者选择错了客户，那么开发客户的难度就可能比较大，开发的成本也可能比较高，成功的可能性就比较低。即使开发成功，随后维护客户关系的难度也比较大，维护成本也比较高，到头来企业可能会吃力不讨好。因此，企业的战略定位和客户定位确定以后，就应当考虑如何选择客户。对于企业来说，要选择正确的客户，必须遵循正确的指导思想和原则，那就是选择与企业定位一致的客户，即根据企业自身的定位和目标选择经营对象；选择"好客户"，因为客户天生有优劣之分，企业只有选择"好客户"，才能实现其盈利目标；选择有潜力的客户；选择"门当户对"的客户；选择与"忠诚客户"具有相似特征的客户，因为实践证明开发和维护这样的客户相对容易，而且他们能够给企业不断地带来稳定的收益。

3．开发客户

如果说企业认识客户的价值，并准确选择属于自己的客户是企业和客户之间的"相亲""恋爱"，那么企业开发客户则是企业向客户的"求婚"。这是企业建立和客户之间关系的必经阶段。毫无疑问，对新企业来说，首要任务就是吸引和开发客户，而对老企业来说，企业的发展也需要源源不断地吸引和开发新客户。

开发客户就是企业将目标客户和潜在客户转化为现实客户的过程。企业要开发属于自己的客户，就必须采取和实施有效的开发策略。一般来说，企业可以从营销导向和推销导向两个方面来着手开发客户。所谓营销导向的开发策略，就是企业通过适当的产品或服务、适当的价格、适当的分销渠道和适当的促销手段来吸引目标客户和潜在客户，从而将目标客户和潜在客户开发为现实客户的过程。营销导向的开发策略主张企业要靠其产品、价格、分销和促销的特色来吸引客户，目标是实现客户自己完成开发、主动和自愿地被开发，这也是客户开发策略的最高境界。

小·案例

与客户互动是成功的关键

一位客户在销售员的帮助下买下了一所大房子。房子虽说不错，可毕竟是价格不菲，所以总有一种买贵了的感觉。几个星期之后，房产销售员打来电话说要登门拜访，这位客户不禁有些奇怪，因为不知他有什么目的。星期天上午，销售员来了，一进屋就祝贺这位客户选择了一所好房子。在聊天中，销售员讲了好多当地的小典故，又带客户围着房子转了一圈，把其他房子指给他看，说明他的房子为何与众不同。还告诉他，附近几个住户都是有身份的人，一番话，让这位客户疑虑顿消，得意满怀，觉得很值。那天，销售员表现出的热情甚至超过卖房子的时候，他的热情造访让客户大受感染，这位客户确信自己买对了房子，很开心。一周后，这位客户的朋友来这里玩，对旁边的一幢房子产生了兴趣。自然，他介绍了那位房产销售员给朋友。结果，这位销售员又顺利地完成了一笔生意。

学会跟踪客户，慢慢地公司会积累出一大群客户资源。跟踪工作能使公司的客户记住公司，一旦客户采取行动时，首先就会想到这家公司。

推销导向的开发策略，是指企业在自己的产品或服务、价格、分销渠道和促销手段没有明显特色或缺乏吸引力的情况下，通过积极的人员推销，引导或劝说客户购买本企业的产品或服务，从而将目标客户和潜在客户开发为企业的现实客户的过程。推销导向的开发策略主张，首先要寻找到目标客户，其次要想办法说服目标客户采取购买行动。企业要将自己的产品或服务推销出去，寻找客户是起点。对于企业来说，应该采取有效的寻找客户的方法，而不是大海捞针般地盲目寻找客户。常用的寻找客户的方法有逐户访问法、会议寻找法和咨询寻找法、"猎犬"法、介绍法、"中心开花"法、电话寻找法、信函寻找法、短信寻找法和网络寻找法等。寻找到客户只是企业推销的起点，并不等于企业已经成功开发了客户，因为还需要一个说服客户的过程。一般来说，企业要成功说服客户认同其产品或服务并付诸购买，既要掌握说服客户的要点，了解说服客户的注意事项，还要掌握说服客户的技巧，采取有针对性的说服策略。

视野拓展

说服客户的要点

要说服客户认同本企业及产品或服务，并采取购买行动，企业经营人员就要掌握说服客户的要点。一般来说，包括以下3个方面。

首先，要向客户介绍企业的情况和产品的优点、价格及服务方式等信息。

其次，要及时解答和解决客户提出的问题，消除客户的疑虑，并且根据客户的特点和反应，及时调整策略和方法。

最后，要一再说明和表达客户购买的好处有哪些。

（二）客户关系的维护

俗话说，"打江山易，坐江山难"，这对于客户关系管理也适用。我们都知道，客户关系管理包括建立客户关系和维护客户关系，而且建立客户关系固然不容易，但维护客户关系更难。因为随着技术的进步和经济的发展，市场已经从卖方市场转向了买方市场，客户可选择的余地越来越大，而企业保留客户的难度也越来越大，所以对于企业管理人员来说，固然要努力争取新客户，与其建立合作关系，但更要努力维护已经建立的客户关系，保持现有客户，并且培育忠诚客户。客户关系的维护是指企业通过努力来巩固及进一步发展与客户长期稳定关系的动态过程和策略。它的目标是要实现客户的忠诚，特别是要避免优质客户的流失，实现优质客户的忠诚。如果客户关系的建立阶段就像是企业和客户之间的"相亲""恋爱""求婚"，则客户关系的维护阶段就像是企业和客户之间的"婚姻"阶段，应当争取从"纸婚"……"银婚"到"金婚"。关于客户关系的维护，有人认为就是安装 CRM 软件，其实这是对客户关系管理的误解。事实上，客户关系的维护也确实需要计算机软件，但它们并不能代表客户关系的维护，而只是企业维护客户关系的一种手段。也有人认为，客户关系的维护就是数据库管理，这也是一种误解。因为事实上，数据库也只是帮助企业更有效管理客户信息的工具，不能代表客户关系维护的全部。企业与客户的关系，本质上说是一种平等关系、协作关系和双赢关系，只要双方愿意合作，这种关系就能维护。企业和客户之间建立的是情感关系、利益关系，而不仅是技术关系。因此，企业维护客户关系靠的不仅是技术，更重要的是情感和利益，依靠客户与企业互动过程的体验，仅凭计算机软件和数据库技术是无法解决客户关系管理过程遇到的所有问题的。企业要持久地维持客户关系，就必须全面掌握客户信息，对客户进行分级管理，与客户进行有效沟通，让客户满意，从而实现客户忠诚。

1. 客户信息的掌握

企业要想维护好客户和企业之间建立的关系，就必须充分掌握客户信息，时刻了解客户的变化。客户信息的变化，将会影响企业的经营战略和策略。

① 客户信息的构成。如果企业对客户的信息掌握不全、不准，判断就会失误，决策就会出现偏差，从而企业就无法制定出正确的经营战略和策略，就可能失去好不容易建立起来的客户关系。因此，企业必须全面、准确、及时地掌握客户信息。企业只有搜集全面的客户信息，才能知道自己有哪些客户，他们分别有多少价值，并识别哪些是优质客户，哪些是劣质客户，从而对客户进行分级管理。对企业来说，要维护好和客户之间的关系，就应当掌握相关信息，如个人客户的信息和企业客户的信息。个人客户信息包括基本信息、消费情况、事业情况、家庭情况、生活情况、教育情况、个性情况和人际情况等；企业客户信息则包括基本信息、客户特征、业务状况、交易状况和负责人信息等。

② 客户信息的搜集渠道。一般来说，企业搜集客户信息的渠道有直接渠道和间接渠道。直接搜集客户信息的渠道主要是指客户与企业的各种接触机会，包括在调查中获取客户信息；在营销活动中获取客户信息；在服务过程中获取客户信息；在终端搜集客户信息，等等。间接搜集客户信息的渠道是指企业从公开的信息中或通过购买获得客户信息，如各种媒介、工商行政管理机构、国内外金融机构、国内外咨询公司及市场研究公司。

③ 客户信息管理工具。要有效管理所搜集的客户信息，企业必须运用有效的管理工具，客户数据库就是一种客户信息管理工具。客户数据库是企业运用数据库技术，全面搜集现有客户、潜在客户或目标客户的综合数据资料，追踪和掌握现有客户、潜在客户和目标客户的情况、需求和偏好，并且进行深入的统计、分析和数据挖掘，从而使企业的营销工作更有针对性的一种技术措施，是企业维护客户关系、获取竞争优势的重要手段和有效工具。在当前市场情况下，越来越多的企业重视建立客户数据库，如日本花王公司已经建立了8 000多页的客户资料。通过运用客户数据库，企业可以深入分析客户消费行为，对客户开展一对一的营销，既可实现客户服务及管理的自动化，还可以实现对客户的动态管理。

2. 客户分级管理

客户信息的搜集和掌握是有效维护客户关系的重要基础，而要真正实现对客户关系的有效维护，还必须对客户进行分级，对他们进行分级管理。客户分级是企业依据客户对企业的价值大小和重要程度，把客户区分为不同的层级，为企业的有限资源的合理分配提供依据。企业之所以要对客户进行分级，主要基于以下原因。首先，不同客户给企业带来的价值不同。经验表明，每一个客户给企业带来的效益是不同的，有些客户价值大，对企业更重要，有些客户价值相对小些，对企业的重要程度低。其次，企业要根据客户的价值不同来分配不同资源。企业的资源总量是有限的，而不同客户对企业的价值不同，因此把企业有限资源平均分配到每一个客户，既不经济也不切合实际。最后，不同价值的客户需求不同，企业应该分别满足。每一个客户为企业带来的价值不同，他们对企业的需求和预期也有所不同。一般来说，为企业创造主要利润的客户的期望值就高于普通客户。因此，如果企业能够区分出利润贡献大的客户，并为其提供针对性的服务，这些客户就可能成为企业的忠诚客户。

视野拓展

客户的分级

企业根据客户给企业创造的利润和价值大小由大到小的顺序可以把客户分为关键客户、普通客户和小客户 3 个层级，并呈金字塔分布。

1. 关键客户

关键客户是企业的核心客户，一般占企业客户总数的 20%，是企业的重点保护对象，因为企业 80% 的利润是他们贡献的。关键客户又由重要客户和次要客户组成。重要客户是客户金字塔中最高层的客户，他们往往是企业产品的重度用户，是对企业最忠诚的客户，为企业创造了绝大部分和长期的利润；次要客户是除重要客户以外给企业带来最大价值的前 20% 的客户，他们也是企业产品或服务的大量使用者，与重要客户相比，他们对企业的忠诚度要低些。

2. 普通客户

普通客户是除重要客户和次要客户之外的为企业创造最大价值的前 50% 的客户。普通客户虽然包含的客户数量较大，但他们的购买力、忠诚度、给企业带来的价值却远比不上重要客户和次要客户。这类客户就值得企业特殊对待。

3. 小客户

小客户是客户金字塔中最底层的客户，是除重要客户、次要客户和普通客户之外剩下的后 50% 的客户。这类客户购买量不多，忠诚度也低，有时还会向企业提出苛刻的服务要求来消耗企业的资源，有时他们甚至是问题客户，破坏企业的形象，因为他们会因企业不能满足其苛刻的服务要求而向别人抱怨。

根据客户对企业的价值大小把客户划分为不同层级，是为了实现对客户的分级管理。客户分级管理是指企业在依据客户带来的利润和价值大小对客户进行分级的基础上，依据客户级别高低的不同设计不同的客户服务和关怀项目——不是对所有客户都平等对待。关键客户是为企业创造最大价值的客户，是企业可持续发展的最重要的保障之一。因此，关键客户的管理在企业管理中处于重要地位。对关键客户管理的目标就是提高关键客户的忠诚度，并在保持关系的基础上进一步提升关键客户给企业带来的价值。为了实现这一目标，企业要集中优势资源服务关键客户，成立为关键客户专门服务的机构，加强与他们的沟通和情感交流，密切双方之间的关系。对于普通客户的管理，则主要强调提升其级别和控制成本两个方面。对于有潜力升级为关键客户的普通客户，企业可以通过引领、创造、增加普通客户的需求来提高他们的贡献度，努力将他们培养成为企业的关键客户；对没有升级潜力的普通客户，企业应减少服务，降低企业的运营成本。与对普通客户的管理一样，对小客户的管理也侧重于提升级别和降低成本，一方面，针对有升级潜力的小客户，企业要给予更多的关心和照顾，帮助其成长，挖掘其升级潜力，将其培养成企业的普通客户甚至关键客户；另一方面，针对没有升级潜力的小客户，则可以提高为其服务的价格来降低服务成本。对于劣质客户则要坚决淘汰,因为劣质客户会吞噬、蚕食企业的利润,与其让他们消耗企业的利润,还不如及早终止与他们的关系,从而将企业的有限资源投入到其他客户群体中。

3.客户的交流沟通

要实现对客户关系的有效管理,除了要全面掌握客户的信息和对客户进行分级管理外,还要加强与客户的交流与沟通。客户的沟通就是企业通过与客户建立相互联系的桥梁或纽带,拉近与客户之间的距离,加深与客户之间的感情,从而与客户建立良好的伙伴关系,赢得客户满意和客户对企业的忠诚。企业和客户之间的沟通是双向沟通,一方面是企业与客户的沟通,是指企业积极保持与客户的联系,通过人员沟通和非人员沟通的形式把企业的产品或服务的信息及时传递给客户,使客户认同企业及产品或服务;另一方面是客户与企业的沟通,是指企业要为客户提供各种渠道,并保持渠道畅通,使客户能随时随地与企业进行沟通。客户沟通的内容广泛,通常包括信息沟通和情感沟通、理念沟通、意见沟通和政策沟通等。由于客户的沟通包括企业与客户的沟通和客户与企业的沟通,而且它们之间的沟通内容也有所不同,所以这两种沟通的途径也不同。企业与客户的沟通主要通过业务员与客户沟通、通过活动与客户沟通、通过传统媒体和新媒体与客户沟通等途径来实现;客户与企业的沟通则是通过来人、来函、电话和网络电子邮件等途径实现。要保持企业与客户的有效沟通,还必须处理好客户投诉。在企业与客户的交易过程中,由于产品或服务质量问题、服务态度问题等,客户会对企业提出投诉。对于客户的投诉,企业要予以高度重视,因为投诉的客户是忠实的客户,客户投诉会为企业带来许多珍贵的信息,企业妥善处理好客户投诉,可以增强客户满意度,从而实现客户对企业的忠诚。

练一练

一、案例分析

黄女士买车

黄女士决定买一辆车,而且还想买一辆好车。最初,她定下的目标是一辆日产车,因为她听朋友说日产车质量较好。

跑了大半个北京城、看了很多售车点并进行反复的比较后,她却走进了一个新开的上海通用汽车特约销售点。接待她是一个姓段的客户服务员,一声亲切的"你好",接着是规范地请坐、递茶,让黄女士感觉相当热情。仔细听完黄女士的想法和要求后,段先生陪她参观并仔细地介绍了不同型号别克轿车的性能,有时还上车进行示范,请黄女士体验。对于黄女士提出的各种各样的问题,段先生都耐心、形象、深入浅出地给予回答,并根据黄女士的情况与她商讨最佳购车方案。

黄女士特别注意到,在去停车场看车、试车的路上,天上正下着雨,段先生熟练地撑起雨伞为黄女士挡雨,却把自己淋在雨里。在这一看车、试车的过程中,黄女士不仅加深了对别克轿车的了解,还知道了别克轿车的服务理念及单层次直接销售的好处,她很快就改变了想法,决定买一辆别克。

约定提车的那一天,正好是中秋节。黄女士按时前来,但她又提出了新的问题:她自己开车从来没有上过马路,况且又是新车,不知如何是好。段先生想了想,说:"我给您开回去。"由于是中秋节,又已经接近下班时间,大家都赶着回家,路上特别堵。短短的一段路竟走了近两个小时,到黄女士家时已经是晚上6点半了。在车上,黄女士问:"这也是你们别克销售服务中规定的吗?"段先生说:"我们的销售服务没有规定必须这么做，但是我们的宗旨是要客户满意。"黄女士在聊天当中得知段先生还要赶往颐和园的女朋友家吃饭，所以到家后塞给他一点钱，让他赶紧打车走。段先生怎么也不肯收，嘴里说着"没事，没事"，一会就不见踪影了。

一段时间后，黄女士发现汽车的油耗远大于段先生的介绍，每百公里超过了 15 升。她又找到了段先生询问原因，段先生再一次仔细讲解了别克车的驾驶要领，并告诉她节油的"窍门"，还亲自坐在黄女士旁边，耐心地指导她如何操作。一圈兜下来，油量表指示，百公里油耗才 11 升。

这样，黄女士和其他别克车主一样，与段先生成了熟悉的朋友。她经常会接到段先生打来询问车辆的状况和提供咨询的电话，上海通用汽车按时寄来季刊《别克车主》。黄女士逢人便说："别克车好，销售服务更好！"

二、单项选择题（每小题 1 分，每小题只有一个最恰当的答案）

1. 客户关系管理的核心是（　　）。
   A．客户　　　　　　　B．客户关系　　　　　C．关系　　　　　　　D．管理

2. 客户关系的构成要素中不包括（　　）。
   A．信任　　　　　　　B．友爱　　　　　　　C．责任感　　　　　　D．态度

3. 4C 理论是美国市场营销专家（　　）在 20 世纪 90 年代提出来的。
   A．罗伯特·劳特伯恩　　　　　　　　　　B．劳特朋
   C．杰罗姆·麦卡锡　　　　　　　　　　　D．梅纳德

4. CRM 是（　　）。
   A．销售自动化　　　　　　　　　　　　　B．客户信息管理
   C．客户关系管理　　　　　　　　　　　　D．客户关系营销

5. 关系营销作为一种新的营销理念，是 1985 年（　　）提出来的。
   A．巴巴拉·本德·杰克逊　　　　　　　　B．罗伯特·劳特伯恩
   C．杰罗姆·麦卡锡　　　　　　　　　　　D．菲利普·科特勒

6. 关于客户价值的表述错误的是（　　）。
   A．客户让渡价值是总客户价值和总客户成本之差
   B．企业应根据客户终身价值的大小决定企业为客户服务的成本
   C．客户终身价值包括客户已经实现的价值和客户潜在价值
   D．客户感知价值是指企业认为自己的产品或服务可以为客户提供的价值

7. 关于客户的表述正确的是（　　）。
   A．忠诚客户来源于重复购买客户　　　　　B．重复购买客户来源于潜在购买客户
   C．忠诚客户来源于初次购买客户　　　　　D．重复购买客户来源于目标客户

8. 不属于客户关系建立环节的是（　　）。
   A．识别客户　　　　B．选择客户　　　　C．区分客户　　　　D．开发客户

9. 下列表述正确的是（　　）。
   A．只有大企业才需要实施客户关系管理
   B．实施客户关系管理就是要购买一个 CRM 软件，并且在企业全面使用
   C．需求量大且重复消费的客户就是企业的大客户
   D．维持老客户的成本大大高于吸引新客户的成本

10. 以下表述属于流失客户的是（　　　　）。

    A. 曾经购买企业的产品或服务，现在不再购买企业的产品或服务的人群

    B. 对某类产品（或服务）存在需求且具备购买能力的待开发客户

    C. 已经购买了企业产品或服务的人群

    D. 企业的产品或服务的针对对象

三、多项选择题（每小题 1 分，每题有多个答案正确。错选、少选、多选，均不得分）

1. 下面关于客户关系的表述中，正确的是（　　　　　　）。

    A. 是企业与客户的联系　　　　　　　　B. 可能是单纯的交易关系

    C. 可能是通信联系　　　　　　　　　　D. 可能是双方的利益关系

2. 客户关系管理的关键要素包括（　　　　　　）。

    A. 客户关系管理理念　　　　　　　　　B. 客户关系管理过程

    C. 客户关系管理软件系统　　　　　　　D. 客户关系管理策略实施

3. 客户关系管理是一种经营哲学，它是与（　　　　　）相结合的产物。

    A. 经济学　　　　　　B. 管理学　　　　　　C. 营销学　　　　　　D. 社会学

4. 营销学中的 4C 理论分别指（　　　　　　）。

    A. 顾客　　　　　　　B. 成本　　　　　　　C. 便利　　　　　　　D. 沟通

5. 以关系为核心的营销观念产生的促动因素是（　　　　　　）。

    A. 信息系统的出现　　　　　　　　　　B. 服务部门的扩张

    C. 竞争本质的变化　　　　　　　　　　D. 人际关系的变化

6. 客户关系管理的理论基础包括（　　　　　　）。

    A. 顾客价值理论　　　　　　　　　　　B. 关系营销理论

    C. 产品价值理论　　　　　　　　　　　D. 数据库营销

7. 数据库营销的独特优势是（　　　　　　）。

    A. 获得更多的长期忠实客户　　　　　　B. 可测试性

    C. 可测度　　　　　　　　　　　　　　D. 降低成本，提高营销效率

8. 根据客户的状态，可以把客户划分为（　　　　　　）。

    A. 潜在客户　　　　　　B. 现实客户　　　　　C. 流失客户　　　　　D. 非客户

9. 一般来说，企业搜集客户信息的渠道有（　　　　　　）。

    A. 宽渠道　　　　　　　B. 直接渠道　　　　　C. 长渠道　　　　　　D. 间接渠道

10. 客户的沟通是为了（　　　　　　）。

    A. 排除一些非客户　　　　　　　　　　B. 拉近与客户之间的距离

    C. 加深与客户之间的感情　　　　　　　D. 赢得客户对企业的满意

任务二　网络营销

试一试　企业准备通过网络来开展市场营销活动，具体应该怎么做？

想一想　在描述正确的图片标题上画"√"，并说明理由。

包邮 江浙沪皖 **多媒体键盘** **巧克力键 带键位膜** 网络营销就是网上销售	营销组合 ← 市场营销 → 战略规划 机会分析 营销管理 网络营销与传统营销不相关
网络营销都是虚拟营销	付款方式　介绍 **支付宝余额**　用支付宝账户余额的钱付款 **快捷支付**　用绑定了"支付宝"的银行卡付款 **网上银行**　用开通"网上银行"的银行卡付款 **信用卡（支**　用信用卡付款 **持分期）** 网络营销与电子商务不同

经典赏析

马云无人超市正式迎客！

　　该来的，终究还是来了！别人的无人超市，可能只是蹭个热点，但马云的无人超市，绝对将掀起一场革命！从概念曝光到现场挤爆，才刚刚一周时间。当所有人都还觉得一切还早之时，今天它就突然来了！今天全杭州的焦点就是这家超市。

　　据都市快报前线报道，马云的首家无人超市正式落户杭州，东西拿了就走，与之前媒体曝光的场景，一模一样！第1次进店时，打开淘宝，扫描门口的二维码进店。一旦进入，全程无须再掏手机。进入后，发现里面分成超市区和餐饮点单区。这两个区域的结算方式略有不同。餐饮点单区，由于比较特殊，所以有服务员。但就算有服务员，也与传统的完全不同。当你点好后，只要在屏幕下方站着，头顶就会显示取餐号码和剩余时间。如果已经做好，就会显示：XX号，请取单。在无人超市区，则是与传统商铺的摆放商品无异，让我们感觉跟逛普通超市一样。你可以拿起任何一件你中意的商品，直到离店。最后一步就是支付。当你拿着商品离开时，必须要经过两道"结算门"，也可以叫"剁手门"。

第 1 道门：感应你即将离店的信息，并自动开启。

第 2 道门：这才是最关键的一道门。当你走到第 2 道门时，屏幕会显示"商品正在识别中"，马上再显示"商品正在支付中"，自动扣款，大门开启。

想浑水摸鱼？不可能！工程师们做了一次内测，把多种"浑水摸鱼"的场景在店里测试。例如，把商品放进书包里、塞进裤兜里；多人拥挤在一个货柜前抢爆款；戴墨镜；戴墨镜＋戴帽子。测试结果显示，基本都能识别，并自动扣款。也就是说，那些想戴墨镜或口罩，把商品放进口袋悄悄拿走的人，可以醒醒了。你在科技面前，只是个人类！

无人超市，一场"消灭收银员、消灭导购员、消灭服务员"的革命，浩浩荡荡开始了。2017 年 7 月，将是重要的转折点。作为店铺老板，高兴了。因为他们可以在跟上时代潮流的情况下，大量减少人工成本，大幅提高店铺运营效率。更"恐怖"的是，他们将能对自己的店铺、客人产生前所未有的了解，如客人逛超市最喜欢走哪条路线，哪个货架客流最密集，哪个货架客人停留的时间最长。

无人超市的到来，将让大数据行业继续爆发！巨头们面临着又一次改变世界的机会；店铺老板们面临着降低成本，更高效运营店铺的大好时机。但我们普通人，正面临着什么？

没错，还是那句话，我们正面临的是无生意可做、无工可打、无缝可钻！

所谓无生意可做，最直接就是"赚差价"的无生意可做，我们与工厂直联，物流强大，需要买什么、买多少，工厂再生产，没有囤货，没有中间商。

所谓无工可打，未来的世界还需要人类打工吗？富士康流水线上出现大量机器人；刘强东开始用机器人送货；李彦宏已经坐无人驾驶汽车上了北京五环；马云的无人超市已经落地。

所谓无缝可钻，信用时代，消灭了不公平，消灭了潜规则；区块链让一切更公开、透明、不可篡改。你往哪里钻？

从今天开始，变革自己，不要指望任何人，也不能指望任何人，从来就没有什么救世主。能救我们的，只有我们自己！

资料来源：京华网，http://news.jinghua.cn/351/c/201707/09/f310116.shtml.

评一评　网络营销的前景将会怎样？

学一学

一、网络营销概述

随着互联网技术的发展和应用，以及上网人数的迅速增长，网络营销已经成为企业常用的营销方式之一。网络营销信息同各种广告信息一样影响了人们的消费行为，成为人们日常工作和生活中密不可分的重要部分。

（一）网络营销的含义

网络营销是一门新兴的学科，不同的专家学者对它的认识也有很大差异。从网络营销的内容和表现形式来看，有些人认为网络营销就是在网上销售产品，有些人注重企业网站的推广，还有些人侧重于网络技术手段的发展和创新。应该说这些观点都从某些方面反映了网络营销的内容，但是却没有完整地表达网络营销的内涵，也没有体现网络营销的本质。

综合多方面的概念，这里将网络营销定义为：网络营销是指组织或个人以互联网为手段，为实现特定营销目标而进行的一系列营销活动。它是企业整体营销战略的一个组成部分，目的是以互联网为手段营造良好的网上经营环境。

视野拓展

网络营销的广义与狭义之分

关于网络营销的范围和影响力应当界定在多宽泛的程度上，拉菲·穆罕默德、罗伯特·菲谢尔等几位网络营销学者用方格法进行了界定。他们以营销工作的方式和收入的获取方式为基础，把网络营销工作分成4个方格，如图5.3所示。

营销工作方式

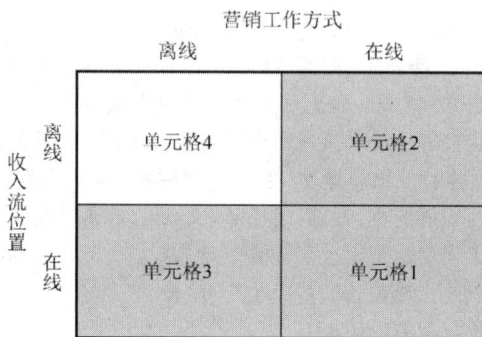

图5.3　营销工作方式分类

图5.3中，单元格1表示营销工作是在线进行的，而且销售收入也是通过在线方式获得的。例如，网上商城的在线营销活动使其获得在线的营销收入。单元格2表示，在线的营销工作带来了离线的销售收入。例如，新电影在放映之前的网络宣传活动往往会促进传统电影院的销售，使其收入增加。再来看一下单元格3，它的情形与单元格2恰恰相反，这里是离线的营销工作导致在线的销售收入增加，典型的应用是卓越亚马逊的户外打折广告促使人们进行网上购物。单元格4表示离线的营销工作获得离线的销售收入，这是传统的营销活动。

狭义的网络营销观点认为，只有单元格1才是网络营销，其他的单元格因为有离线的营销工作或离线的营销收入，不应该算在网络营销研究的范围之内；广义的网络营销观点认为，单元格1、2、3都应当算作网络营销工作的组成部分，因为它们都通过网络的渠道参与了市场营销活动，这些跨渠道的营销活动应当视作网络营销的一部分。

其实，市场营销的工作应该以整合的方式对4个单元格进行协调和管理。

（二）网络营销产生的背景

市场营销理论一直处于发展变化中，网络营销是市场营销活动在网络环境上的发展和延伸。但是网络营销的产生不是一种偶然，它既是科技进步的产物，同时也是现实营销环境的压力和消费者观念改变的结果。

1. 互联网的诞生是网络营销产生的技术基础

从网络营销的概念可以看出，网络营销活动的主要运行平台是互联网，网络服务于网络营销活动的各个方面。因此，网络营销的产生与互联网的产生和发展是紧密相关、不可分割的。

1969年，美国军方在阿帕网制定的协定下将美国西南部4所大学的4台主要计算机连接起来，标志着互联网的诞生。互联网自诞生起，就成为企业进行广告宣传和寻找商机的主要手段。

一方面，网络营销充分利用计算机网络技术，体现了其价值；另一方面，网络营销活动的开展也离不开计算机网络技术的发展。因此，没有互联网的诞生和发展，就没有网络营销的产生和发展。

2. 消费者心理和行为的改变是网络营销产生的观念基础

网络技术的发展只是一种客观的科技进步，网络营销之所以产生和迅速发展，关键是网络使用主体——人的观念发生了巨大的变化。随着经济、文化、社会的发展与进步，消费者的心理需求呈现出新的变化：人们更加注重购物的乐趣性和购买活动的互动性，一些年轻消费群体热衷于自主选择，讨厌被推销。这些新的要求是传统营销手段和工具难以满足的，网络营销工具的发展与应用恰好满足了这些要求。而网络本身的特点，也适时地满足了年轻人群求知欲强、喜好新鲜事物等心理。因此，网络营销工具是随着新的消费心理和行为的改变而不断发展创新，并趋于成熟和完善的。

3. 营销环境的变化是网络营销产生的现实基础

商场如战场，现实商业社会里的竞争愈演愈烈，市场营销活动的成本逐渐提高，营销活动的效果却越来越差，而企业的利润也日益缩小，企业的生存与发展举步维艰。在这样的环境下，企业急切地寻找各种低成本的营销工具和手段，网络的产生自然就成为企业的不二选择。利用网络营销工具，可以节约成本，减少资金占用，并及时搜集市场信息，捕捉消费趋势，从而增强企业的市场竞争能力。

总之，网络营销工具的产生是多种原因综合作用的结果。随着互联网的发展、消费观念和经营理念的转变、市场竞争格局的改变，网络营销工具将继续发展完善，以便更好地服务于企业的营销活动，提高营销效果。

（三）网络营销的特点

网络营销作为一种新型的营销格局和方式，与传统营销方式有着明显的差别。

① 覆盖范围广，即互联网络技术覆盖全球市场，只要是开通网络的地方，企业就可以迅速进入该市场。例如，企业可以通过全球信息网或贸易网，将产品信息传递到国内外市场上。网络营销的应用极大地扩展了企业营销活动的传播范围。

② 经营成本低，即相对于现实中的营销活动，网络营销不需要昂贵的店面租金，大大缩减了销售渠道的成本。它只需少量的员工就能实现营销活动的顺利开展，为企业节省了开支，从多个方面降低了企业的经营成本。

③ 交流互动性强，即网络技术的发展进步使得普通用户不仅可以浏览网页，而且可以交流互动，对相关信息做出反馈。网络用户不仅可以在购物前进行多方面的信息搜集和比较，而且可以进行在线咨询，客服也会提出一些建议。

④ 无时空限制，即网络营销工具使消费者比传统营销具有更大的选择自由。消费者可以根据自己的爱好特点及工作生活的需要安排网络活动时间；对于不同地理范围内的产品，消费者可以快速找到并进行交易。

小·案例

网上能卖网下不行

美国有个43岁的妇女，为她姨妈向政府申请到了一个免费的轮椅。她所做的不过是准备了一些必要的文件并填写了一些表格。为此，她还写了一篇如何向政府申请免费轮椅的报告。她在网上卖她的报告，成本仅是2美元，后来她每月可赚3万美元！简直难以置信，如此简单的事会有市场，会有如此的潜在利益！随后，她又在报刊上做广告，这次她在赔钱。很奇怪，这份报告只能在网上赚钱。

网络营销和传统营销相比，有着其独到的地方。网络营销的最大特点是：方便快捷，鼠标一点，一切完成。

但是，万物各有长短，网络营销也存在妨碍它快速发展的一些特点。例如，缺乏安全感的问题，消费者一般相信眼见为实，对于看不见摸不着的网络营销活动，消费者心理上总是缺乏一种安全感，担心上当受骗；还有价格问题，企业为了产品的销售和宣传，经常打价格战，大大损害了企业本身的利益。但是无论如何，网络营销都将成为21世纪企业竞争的重要工具。

二、网络营销的工具和方法

在网络营销活动中，常用的工具主要包括企业网站、搜索引擎、电子邮件、网络广告、博客和微博等。借助于这些手段和方法，才能进行营销信息的发布和宣传，才能与用户交流，构建良好的网络营销环境。以下重点介绍前3种。

（一）企业网站

企业网站是企业在互联网上进行网络建设和形象宣传的平台。在网络营销工作中，企业网站是最基本、最重要的一个工具。

1．企业网站的特点

与搜索引擎、电子邮件等其他网络营销工具相比，企业网站具有自己的特点。例如，企业网站具有灵活自主性，企业可以根据自己的需要设计网站的功能、增删网站内的信息、设计网页布局和客户体验等，网站建设的主动权掌握在企业自己手里，企业可以灵活处理。但是，企业网站也有其被动的一面，表现为企业网站上的信息不会自动传递给用户，只能被动地等待用户搜寻。网站做得再好，如果不能被消费者找到并应用也都是枉然。另外，企业网站的结构和功能具有相对稳定性。企业网站的结构和功能一旦确定，在较长一段时间内是稳定不变的。企业网站的稳定性使得网站的运营维护工作简单便利，同时也方便了用户的使用和操作。

2．企业网站的功能

网站的种类有很多，如政府网站、行业网站、高校教学网站和求职招聘网站等。从网站的基本原理和操作技术上说，各类网站在本质上没有太大区别，不同之处在于各网站建设的目的、功能、内容和经营方式等方面有所差异。通过对众多企业网站的研究发现，不管网站的规模大小、技术状况怎样，企业网站一般具有6个方面的功能：品牌形象、产品或服务展示、信息发布、顾客服务、网上调查和网上销售。

3．企业网站的建设

在建设企业网站时，首先需要考虑的问题是企业网站的构成要素。一个完整的网站一般包括3个组成部分：内容和服务、结构、技术功能。这3个要素是相互关联的统一体。

①　内容和服务。企业网站的内容一般包括企业信息、产品信息、服务信息、销售信息和其他信息，是网站的核心要素。为用户提供有价值的内容是网站运营的基础。但是，如果网站仅仅有一些简单的内容介绍，就会显得很贫乏。因此，网站还会根据产品和用户的需求提供相应的服务，如在线帮助、网上销售、优惠券下载等服务项目，所以网站的内容和服务是相辅相成的，都是为满足用户的需求而设置的。

②　结构。企业网站要向用户提供的内容和服务有很多，所以网站的结构安排就变得非常重要。网站结构是为了合理地向用户表达企业信息所采用的栏目设置、网页布局及信息形式等。

栏目是相对独立的信息单元，企业可根据其经营业务将网站划分为几个部分，每个部分就构成一个栏目（一级栏目），每个一级栏目可根据需要继续划分为二级、三级栏目。根据经验，一个企业网站的一级栏目不应超过8个，而栏目层次以3级以内比较合适。

网页布局就是对网站上各种内容、服务和信息的安排设计，它对用户获取信息有直接的影响作用。研究人员通过对网民的眼球视线运动规律进行跟踪实验，结果发现用户浏览网页的注意力呈F形，即用户的视线先固定在网页的左上角，浏览一阵后开始向右移，在顶部停留阅读后，开始往下扫描，而且用户更倾向于在网页顶部阅读长句，越往下越不会读长句。因此，企业网站布局要充分利用左上角和顶部，在这些重点区域放置最希望用户看到的信息。

（二）搜索引擎

1．搜索引擎的含义

搜索引擎是一个重要的互联网服务工具，基本功能是为用户查询信息提供方便。搜索引擎的工作原理是运用特定的程序和软件在互联网上搜集信息，再运用一定的方法对信息进行组织和处理，为用户提供检索服务，最后把用户需要的相关信息展示给用户的一种系统。搜索引擎极大地方便了人们的网络生活，也对网络营销活动起着重要的作用，特别是在企业网站的推广方面。

2．搜索引擎的分类

按照工作原理的不同，搜索引擎主要分为两类：全文搜索引擎和分类目录。全文搜索引擎通过一个叫"网络蜘蛛"或"网络机器人"的软件，从互联网上提取各个网站的信息建立数据库，再检索与用户需求相匹配的信息，按照一定的顺序呈现给用户。这是当前应用最广泛的主流搜索引擎，国外代表有谷歌，国内最著名的是百度。分类目录则是通过人工的方式搜集、整理因特网的资源建立数据库，再根据搜索到的网页内容，将其网址分配到不同层次的目录之下，如雅虎、搜狐、新浪等都属于分类目录索引。还有一些企业通过对这两类搜索引擎进行整合，研发了其他的检索服务系统，如元搜索引擎、垂直搜索引擎、集合式搜索引擎、门户搜索引擎和免费链接列表等。

3. 搜索引擎营销

搜索引擎营销是指企业根据用户使用搜索引擎的方式和习惯，利用用户检索信息的机会，把营销信息传递给目标用户的活动过程。搜索引擎营销的基本思想是尽可能地让用户发现企业营销信息，并通过单击进入网页了解他所需要的信息。有研究发现，能够被搜索引擎发现而且在搜索结果中位置越靠前的信息越容易被用户单击进入。因此，搜索引擎营销主要实现方法包括搜索引擎优化（搜索引擎自然排名）、关键词广告、竞价排名和网页内容定位广告等。以下重点介绍前3种。

① 搜索引擎优化就是通过对网站构成要素的优化设计，使网站中更多的网页被搜索引擎收录，并提高在相关搜索结果内的排名，从而获得更多潜在用户的营销方法。这是一种利用搜索引擎的搜索规则来提高目的网站排名的方式，可以通过网站优化、关键词优化、代码优化和图片优化等方法来实现。

② 关键词广告也称关键词检索，是指当用户利用某一关键词进行检索时，在检索结果页面会出现与该关键词相关的广告内容。这是一种按照单击次数收取费用的广告方法。只有在特定的关键词被用户检索时，与该关键词相关的广告内容才会出现在搜索结果页面的显著位置，因此其针对性非常高，是一种性价比较高的网络推广方式。

③ 竞价排名是指按照付费高低的原则对购买同一关键词的网站进行排名的搜索引擎营销方法，一般付费越高，排名越靠前。这也是按照单击次数进行计费的一种服务。客户既可以通过调整价格来控制特定关键词在搜索结果中的排名，还可以设置不同的关键词来满足不同类型访问者的需要。

4. 搜索引擎营销的发展趋势

有行业人士认为，在未来的网络营销工具中，搜索引擎网站（如谷歌和百度等）、垂直媒体网站、综合门户网站（如新浪、搜狐和网易等）是最有价值的网络平台。由此可见，搜索引擎仍然有很大的发展潜力。搜索引擎营销的发展趋势主要有：搜索引擎营销被越来越多的企业接受和认可；品牌企业加大对搜索引擎营销的投入；投入搜索引擎营销的企业两极分化加重。

（三）电子邮件

1. 电子邮件营销的含义

电子邮件简称 E-mail，是一种大众的信息传播工具。它并非为营销而产生，但它的营销价值却逐渐显现出来。E-mail 营销是指在用户的许可下，通过电子邮件的方式与目标客户进行商业交流的一种网络营销方式。与其他网络营销工具相比，E-mail 营销不仅有传播范围广、操作简单高效、成本低、针对性强等特点，还有其独特的功能。例如，帮助企业实现一对一的销售模式；与顾客建立并保持长期性、高质量的良好关系；帮助企业探测市场、寻找新的市场机会，以及方便了顾客与企业的主动联系，等等。

2. E-mail 营销的分类

企业根据营销活动的不同，往往会有不同的 E-mail 营销活动。因此，E-mail 营销还有以下几种分类。

① 按照 E-mail 营销的功能，可分为产品促销 E-mail 营销、在线调查 E-mail 营销、顾

客关系 E-mail 营销和品牌宣传 E-mail 营销等。

② 按照是否经过用户许可，可分为许可 E-mail 营销和未经许可 E-mail 营销。未经许可 E-mail 营销就是通常所说的垃圾邮件；经许可的 E-mail 营销都是基于用户许可的。

③ 按照营销计划分类，可分为临时 E-mail 营销和长期 E-mail 营销。例如，节假日问候、市场调查和季节性促销等均属于临时 E-mail 营销，而长期 E-mail 营销则主要是以企业内部注册会员为基础，开展诸如电子杂志、客户服务和新闻邮件等形式的 E-mail 营销活动。

3．E-mail 营销的操作步骤

开展 E-mail 营销一般包括 4 个步骤：制订营销计划、决定目标受众、设计邮件内容、总结营销效果。制订营销计划是整个营销工作的开始，需要考虑本次营销活动的目标，企业拥有的资源是否充足，还有哪些外部资源可以利用，由谁执行本次营销活动，预计费用是多少，等等。为了使营销活动更有针对性，还要根据营销目标来选择受众。企业可以依据人口统计变量、兴趣偏好变量、地理区位变量等指标来确定目标受众。E-mail 营销的主要目的是信息传播，所以邮件内容的设计至关重要。不同人群的网络行为和兴趣爱好是不同的，所以企业应根据营销目的，针对不同目标人群设计不同的内容，以此获得更好的营销效果。邮件的发送还不是整个 E-mail 营销的结束，企业还要根据送达率、开信率、转化率和回馈率等指标来衡量 E-mail 营销的效果。

随着网络科技的发展，各种营销工具和方法层出不穷，比较典型的还有博客、论坛、微博、微信等，以及病毒营销、事件营销、体验营销等方法。在此不做详解。

三、网络营销实践

网络营销是企业营销活动在网络环境上的延伸，介绍理论和工具都是为了网络营销实践活动的有序开展。网络营销实践是指借助网络工具和方法，实现网络营销的各项职能，最后实现企业的整体营销目标。网络营销实践活动主要包括网络产品、网络定价、网络渠道和网络促销 4 个主要部分。

（一）网络产品

与传统产品相比，网络产品的范围扩大了很多，不仅包括传统的实体产品和无形的服务，还包括软件、在线服务等多种新型产品。网络产品分类如表 5.3 所示。

表 5.3　网络产品分类

产品形态	产品种类	产品品种
实体产品	普通产品	一般为有形产品，如服装和家电等
虚拟产品	软件	系统软件、应用软件和电子游戏
	服务	普通服务，如医疗服务和金融服务
		信息咨询服务，如市场调查
		网络营销服务，如网站建设和推广

一般来说，企业在从事网络营销时，可以首先选择这些产品：易于数字化、信息化的产品；个性化的产品；名牌产品；消费者从网上取得信息即可做出购买决策的产品；网络群体目标市场容量较大，便于配送的产品；网络营销费用远低于其他销售渠道费用的产品，

等等。

（二）网络定价

在网络营销活动中，价格同样是营销组合中十分敏感的因素，定价是否恰当直接关系到顾客对产品的接受程度，影响着企业产品的销售量和盈利水平。网络营销常用的价格策略有免费定价策略；使用定价策略；特殊品定价策略；心理定价策略，如尾数定价、声望定价和招徕定价等；产品组合定价策略，如互补产品定价法和产品群定价法等。

（三）网络渠道

渠道是实现产品交易和实体转移的全过程，渠道的服务质量直接影响到顾客的满意度和网购热情，是网络营销工作中一个重要的组成部分。与传统市场营销相比，网络营销渠道有直接性、高效性、便利性和专业性等特点。但是，网络营销渠道也分为直接销售渠道和间接销售渠道，而且新型的电子中间商成为间接销售渠道的重要成员。网络营销渠道建设应包括网络信息传播和信息沟通系统、网上订货系统、货款结算系统和物流系统。

（四）网络促销

网络促销是指企业利用现代化的网络技术向目标市场传递有关产品或服务的信息，以启发需求，激起消费者的购买欲望和购买行为的各种活动。网络促销活动主要有以下几种。

① 网站推广。网站推广是指企业通过对网络营销站点的宣传推广，以吸引顾客访问，树立企业网上品牌形象，从而促进产品销售。

② 网络广告。网络广告是指广告主以付费方式运用网络媒体传播企业或产品信息，从而宣传企业形象。

③ 网上销售促进。销售促进是一种短期的宣传行为，是指企业利用各种诱因，刺激顾客增加产品购买和使用的活动，一般包括打折促销、返券促销、赠送积分或赠品、有奖促销等。

视野拓展

网络促销

在进行网络营销、对网上营销活动的整体策划中，网上促销是其中极为重要的一项内容。根据促销对象的不同，网上促销策略可分为消费者促销、中间商促销和零售商促销等。下面主要介绍针对消费者的网上促销策略。

1. 网上折价促销

折价又称打折、折扣，是目前网上最常用的一种促销方式。因为如今网民在网上购物的热情远低于商场超市等传统购物场所，所以网上商品的价格一般要比传统方式的销售价格要低，以吸引人们购买。由于网上销售商品不能给人全面、直观的印象，也不可试用、触摸等，再加上配送成本和付款方式的复杂性，所以造成网上购物和订货的积极性的下降。而幅度比较大的折扣可以促使消费者进行网上购物的尝试并做出购买决定。

大部分网上销售商品都有不同程度的价格折扣，如当当网上书店等。

折价券是直接进行价格打折的一种变化形式，有些商品因在网上直接销售有一定的困难，便结合传统营销方式，可以从网上下载、打印折价券或直接填写优惠表单，到指定地点购买商品时便可享受一定优惠。

2. 网上变相折价促销

变相折价促销是指在不提高或稍微增加价格的前提下，提高产品或服务的品质数量，较大幅度地增加产品或服务的附加值，让消费者感到物有所值。由于网上直接的价格折扣容易造成降低产品品质的怀疑，利用增加产品附加值的促销方法会更容易获得消费者的信任。

3. 网上赠品促销

一般情况下，在新产品推出试用、产品更新、对抗竞争品牌、开辟新市场的情况下利用赠品促销可以达到比较好的促销效果。

赠品促销的优点有：可以提升品牌和网站的知名度；鼓励人们经常访问网站以获得更多的优惠信息；能根据消费者索取赠品的热情程度总结分析营销效果和产品本身的反应情况等。

赠品促销应注意赠品的选择：不要选择次品、劣质品作为赠品，这样只会起到适得其反的作用；明确促销目的，选择适当的、能够吸引消费者的产品或服务；注意时间和时机，注意赠品的时间性，如冬季不能赠送只有在夏季才能用的物品，另外也可考虑不计成本的赠品活动；注意预算和市场需求，赠品要在能接受的预算内，不可过度赠送赠品而造成营销困境。

4. 网上抽奖促销

抽奖促销是网上应用较广泛的促销形式之一，是大部分网站乐意采用的促销方式。抽奖促销是以一个人或数人获得超出参加活动成本的奖品为手段进行商品或服务的促销。网上抽奖活动主要附加于调查、产品销售、扩大用户群、庆典、推广某项活动等，消费者或访问者通过填写问卷、注册、购买产品或参加网上活动等方式获得抽奖机会。

网上抽奖促销活动应注意：奖品要有诱惑力，可考虑大额超值的产品吸引人们参加；活动参加方式要简单化，因为上网费偏高，网络速度不够快，以及浏览者兴趣不同等原因，网上抽奖活动要策划得有趣味性和容易参加，太过复杂和难度太大的活动较难吸引访客；抽奖结果的公正公平性，由于网络的虚拟性和参加者广泛的地域性，对抽奖结果的真实性要有一定的保证，应该及时请公证人员进行全程公证，并及时通过 E-mail、公告等形式向参加者通告活动进度和结果。

5. 积分促销

积分促销在网络上的应用比传统营销方式要简单和易操作。网上积分活动很容易通过编程和数据库等来实现，并且结果可信度很高，操作起来相对较为简便。积分促销一般设置有价值较高的奖品，消费者通过多次购买或多次参加某项活动来增加积分以获得奖品。

积分促销可以增加上网者访问网站和参加某项活动的次数；可以增加上网者对网站的忠诚度；可以提高活动的知名度，等等。

现在不少电子商务网站"发行"的"虚拟货币"应该是积分促销的另一种体现，如酷必得的"酷币"等。网站通过举办活动来使会员"挣钱"，同时可以用仅能在网站使用的虚拟货币来购买本网站的商品，实际上是给会员购买者相应的优惠。

6. 网上联合促销

由不同商家联合进行的促销活动称为联合促销，联合促销的产品或服务可以起到一定的优势互补、互相提升自身价值等效应。如果应用得当，联合促销可起到相当好的促销效果，如网络公司可以与传统商家联合，以提供在网络上无法实现的服务；网上销售汽车与润滑油公司联合，等等。

以上 6 种是网上促销活动中比较常见又较为重要的方式，其他如节假日的促销、事件促销等都可将以上几种促销方式进行综合应用。但要想使促销活动达到良好的效果，必须事先进行市场分析、竞争对手分析，以及网络上活动实施的可行性分析，并与整体营销计划结合，有创意地组织实施促销活动，从而使促销活动新奇，扩大销售量和影响力。

练一练

一、案例分析

网红 Papi 酱

2016 年 4 月 21 日下午两点半，被誉为"新媒体史上第一拍"的 Papi 酱广告处女秀拍卖会在北京举行。举牌过程相当激烈，8 号竞拍者直接将竞拍价叫到 1 000 万元，引发场内一片沸腾。然而，这还只是开始，竞拍价的数字仍在不断刷新——1 500 万元，1 820 万元……直到拍卖师落槌，2 号竞拍者最终才以 2 200 万元拿下这场万众瞩目的竞拍。拍卖过程仅仅用了 6 分钟。

2 200 万元的广告费能干啥？此次拍卖会的公告显示，拍卖标的物包括 Papi 酱视频贴片广告，发布时间为 2016 年 5 月 21 日后任意一周的星期一，位置为 Papi 酱视频主节目后彩蛋位置，次数为 1 次。此外，贴片广告还有一些衍生回报。例如，微信在第 2 条位置推送 1 次，微博转发 1 次，罗辑思维微信公号多次推送等，罗辑思维还可应邀对此次合作进行全程监制。

2 200 万元，"拍卖处女秀"的总导演、罗辑思维创始人罗振宇对这个价格显然十分满意。罗振宇表示，"2 200 万元是人类历史单条视频广告最高价格，远远超过春晚的广告价格。"Papi 酱的合伙人、经纪人杨铭也表示，拍卖所得 2 200 万元的净利润将全部捐给母校中央戏剧学院。

阿里巴巴——神秘买家背后站着你

此次拍卖的中标者上海丽人丽妆化妆品有限公司的代表在现场坦言，她看中的是 Papi 酱系列视频中人格的力量。"通俗来说，这类广告只值几十万元，但我以 2 200 万元拍下了，我相信这是人格的力量。"公开资料显示，上海丽人丽妆化妆品有限公司成立于 2007 年，是一家专注于品牌化妆品网络零售的新型电子商务公司，目前运营着兰蔻、雅漾、碧欧泉、兰芝、美宝莲、妮维雅、施华蔻等近 40 多家品牌的天猫官方旗舰店，其中多个品牌的天猫旗舰店已成为全球最大在线专柜。今年 3 月 2 日，丽人丽妆创始人兼 CEO 黄韬曾表示，作为一个经销商，他只做天猫，是因为"觉得马总靠谱，跟着马总做生意有前途"。事实上，丽人丽妆早在 2012 年就已获得阿里巴巴的 A 轮注资。刚成为阿里巴巴全资子公司的优酷土豆提供的数据显示，截至昨日下午 6 点，优酷平台累积观看直播人次高达 347 万。除现场拍卖外，还有商家通过阿里拍卖平台进行线上出价。在拍卖前曾信誓旦旦要成为"标王"的微鲸最终抱憾而归，这家背后闪现华人文化、腾讯、阿里等巨额资本的企业给出了 1 820 万元的竞拍价。

Papi 酱爆红——催生"网红经济"产业链

2 200 万元到底值不值？自从拍卖师的小槌落下的一刻，争论就没有停止过。"1 200 万元占股 10%，2 200 万元买一支广告，真的是人傻钱多吗？"要知道，Papi 酱获得的第 1 笔 1 200 万元融资是由罗辑思维、真格基金、光源资本和星图资本联合注资的。早在罗振宇投资 Papi 酱之时，投资圈就有不少人认为，Papi 酱本人其实与罗辑思维非常不像。罗辑思维的粉丝都是一点点积累起来的，用户画像非常清晰。而 Papi 酱的走红，偶然因素更大。

"如果没有可持续性的内容，Papi 酱的未来风险很高。"财经评论人边际表示，从投资人角度来看，Papi 酱能否稳定持续地生产输出优质内容，能否将粉丝继续聚集在她周围，并最终把她的粉丝转变为用户，未来仍有不确定因素。就在 3 天前，因为节目内容存在表述粗口、侮辱性语言等，Papi 酱还被广电总局要求整改。

"Papi 酱的一夜爆红，还是给自媒体行业树立了一个标杆。"易观智库分析师庞亿明表示，目前各大直播平台都在打造属于自己平台的"网红"，"网红经济"的产业链正在形成。

资料来源：Papi 酱一次广告拍出 2200 万 Papi 酱是谁，为啥这么红. 人民网安徽频道，http://ah.people. com.cn/n2/2016/0422/c358329-28197282.html.

二、单项选择题（每小题 1 分，每小题只有一个最恰当的答案）

1. 关于网络营销的论述，正确的是（　　）。
　　A．网络营销就是网上销售　　　　　　B．网络营销是关于企业网站的推广
　　C．网络营销是市场营销的手段　　　　D．网络营销与电子商务一样

2. 1969 年，美国军方在阿帕网制定的协定下将美国西南部 4 所大学的 4 台主要计算机连接起来，标志着（　　）的诞生。
　　A．计算机　　　　　B．互联网　　　　　C．网络营销　　　　　D．局域网

3. 关于网络营销的特点，不正确的是（　　）。
　　A．覆盖范围广　　　　　　　　　　　B．经营成本高
　　C．无时空限制　　　　　　　　　　　D．缺乏安全感

4. 下列选项中，属于企业网站的是（　　）。
　　A．政府网站　　　　　　　　　　　　B．行业协会网站
　　C．高校教育网　　　　　　　　　　　D．联想企业官网

5. 企业网站建设中，一级栏目一般不应超过（　　）。
　　A．6 个　　　　　B．7 个　　　　　C．8 个　　　　　D．9 个

6. 企业网站建设中，网页布局应呈现（　　）。
　　A．E 形　　　　　B．F 形　　　　　C．T 形　　　　　D．M 形

7. 利用"网络蜘蛛"或"网络机器手"进行网页信息搜集的搜索引擎是（　　）。
　　A．全文搜索引擎　　　　　　　　　　B．分类目录
　　C．元搜索引擎　　　　　　　　　　　D．垂直搜索引擎

8. 有"搜索引擎之上的搜索引擎"之称的是（　　）。
　　A．全文搜索引擎　　　　　　　　　　B．分类目录
　　C．元搜索引擎　　　　　　　　　　　D．垂直搜索引擎

9. E-mail 营销的主要目的是（　　）。
　　A．信息的传播　　　　　　　　　　　B．产品销售
　　C．品牌推广　　　　　　　　　　　　D．客户服务

10. 关于网络营销渠道的特点，不正确的是（　　）。
　　A．高效性　　　　　B．专业性　　　　　C．便利性　　　　　D．间接性

三、多项选择题（每小题 1 分，每题有多个答案正确。错选、少选、多选，均不得分）

1. 网络营销产生的基础包括（　　）。
　　A．互联网络的诞生　　　　　　　　　B．消费者心理和行为的改变

C．市场竞争加剧

D．营销观念的转变

2．网络营销工具包括哪些？（　　　　　　）。

  A．企业网站　　　　　B．搜索引擎　　　　　C．电子邮件　　　　　D．Web 2.0 技术

3．企业网站的功能有（　　　　　）。

  A．信息发布　　　　　B．网上调查　　　　　C．顾客服务　　　　　D．网上销售

4．B2B 企业网站评价标准一般包括（　　　　）。

  A．网站信息质量高低　　　　　　　B．网站导航易用度

  C．网站设计美观性　　　　　　　　D．网站电子商务功能

5．下面选项中，属于分类目录索引的是（　　　　）。

  A．谷歌　　　　　B．百度　　　　　C．雅虎　　　　　D．搜狐

6．搜索引擎营销方法有（　　　　）。

  A．关键词广告　　　　　　　　　　B．竞价排名

  C．代码优化　　　　　　　　　　　D．网站优化

7．关于 E-mail 营销的特点，正确的是（　　　　）。

  A．传播范围广　　　　　　　　　　B．营销成本高

  C．针对性强　　　　　　　　　　　D．操作简单

8．关于垃圾邮件的定义，表述正确的是（　　　　）。

  A．收件人无法拒收的邮件　　　　　B．含有虚假信息的邮件

  C．隐藏发件人身份的邮件　　　　　D．收件人同意接受的邮件

9．E-mail 营销效果的评价指标有（　　　　）。

  A．点击率　　　　　B．转化率　　　　　C．转信率　　　　　D．阅读率

10．开展 E-mail 营销活动，一般的步骤包括（　　　　）。

  A．制订营销计划　　　　　　　　　B．决定目标受众

  C．设计邮件内容　　　　　　　　　D．营销效果总结

参 考 文 献

[1] 佘伯明. 市场营销实务[M]. 大连：东北财经大学出版社，2008.

[2] 连漪. 市场营销学[M]. 北京：北京理工大学出版社，2007.

[3] 李叔宁. 市场营销[M]. 北京：高等教育出版社，2011.

[4] 闫春荣. 市场营销综合实训[M]. 北京：清华大学出版社，2010.

[5] 闫春荣. 市场营销策划实务[M]. 北京：科学出版社，2011.

[6] 邓剑平. 市场调查与预测——理论、实务、案例、实训[M]. 北京：高等教育出版社，2010.

[7] 阿姆斯特朗. 市场营销学[M]. 吕一林，译. 北京：中国人民大学出版社，2010.

[8] 刘勤侠. 市场信息采集与分析[M]. 北京：科学出版社，2009.

[9] 杨凤敏，李贤红. 市场调查与预测[M]. 北京：中国农业大学出版社，2011.

[10] 许春燕，孟泽云. 新编市场营销[M]. 北京：电子工业出版社，2011.

[11] 沃顿. 炫耀性消费和种族[J]. 新营销，2008（7）.

[12] 王健. 市场营销案例新编[M]. 北京：清华大学出版社，2009.

[13] 王广宇. 客户关系管理[M]. 北京：清华大学出版社，2010.

[14] 苏朝晖. 客户关系管理——客户关系的建立与维护[M]. 北京：清华大学出版社，2010.

[15] 韩小芸，申文果. 客户关系管理[M]. 天津：南开大学出版社，2009.

[16] 冯英健. 网络营销基础与实践[M]. 北京：清华大学出版社，2007.

[17] 韩郁骞，杨为民. 网络营销[M]. 青岛：中国海洋大学出版社，2010.

[18] 周云. 品牌理论与实务[M]. 北京：清华大学出版社，2008.

[19] 王晓望. 客户关系管理实践教程[M]. 北京：机械工业出版社，2012.

[20] 刘永红. 商务策划实务[M]. 北京：机械工业出版社，2012.

[21] 刘常宝. 品牌管理[M]. 北京：机械工业出版社，2011.

[22] 胡德华. 市场营销理论与实务[M]. 北京：电子工业出版社，2009.

[23] 方凤玲. 市场营销理念与实训[M]. 北京：人民邮电出版社，2011.

[24] 范海峰. 产品定价决策影响因素及方法探讨[J]. 武汉：财会通讯（理财版），2007（8）.

[25] 王晓望. 客户关系管理实践教程[M]. 北京：机械工业出版社，2012.

[26] 曹洪. 市场定价的影响因素研究[J]. 西安：价格与市场，2008（1）.

[27] 骆俊澎. 央视 2013 年黄金时段广告招标达 158.8 亿再创新高[N]. 东方早报，2012-11-19.

[28] 张富禄. 解读整合营销[J]. 市场营销，2009.

[29] 韩德昌. 市场营销理论与实务[M]. 天津大学出版社，2007.

[30] 贾丽博. "格力渠道模式"战略分析与对策[J]. 北京市财贸管理干部学院学报，2007（04）：40-43.

[31] 向海清，何璐，许勇. 中国家电分销模式比较[J]. 销售与市场，2008（12）：34-36.

[32] 白文宇，李晓华. 海尔集团营销渠道策略分析[J]. 经济师，2007（03）：182-184.

[33] 张红星，董鸿亮. 物流服务的促销策略研究[J]. 商品储运与养护. 2007，04-28（01）.

[34] 王朋，姜彩芬. 市场营销学[M]. 北京：北京理工大学出版社，2009.

[35] 沃顿. 炫耀性消费和种族[J]. 新营销，2008（7）.

[36] 王健，市场营销案例新编[M]. 北京：清华大学出版社，2009.

[37] 王广宇. 客户关系管理[M]. 北京：清华大学出版社，2010.

[38] 苏朝晖. 客户关系管理——客户关系的建立与维护[M]. 北京：清华大学出版社，2010.

[39] 严世华. 地摊生意里的大智慧[J]. 大众投资指南，2016（8）.

[40] 魏明. "选择顾客"的陈老板[J]. 大众投资指南，2017（7）.

尊敬的老师：

您好。

请您认真、完整地填写以下表格的内容（务必填写每一项），索取相关图书的教学资源。

教学资源索取表

书　名			作者名	
姓　名		所在学校		
职　称		职　务		职　称	
联系方式	电　话		E-mail	
	QQ 号		微 信 号	
地址（含邮编）				
贵校已购本教材的数量（本）				
所需教学资源				
系/院主任姓名				

系／院主任：_____（签字）

（系／院办公室公章）

20_____年____月____日

注意：

① 本配套教学资源仅向购买了相关教材的学校老师免费提供。

② 请任课老师认真填写以上信息，并请系／院加盖公章，然后传真到 (010) 80115555 转 718438 索取配套教学资源。也可将加盖公章的文件扫描后，发送到 fservice@126.com 索取教学资源。欢迎各位老师扫码关注我们的微信号和公众号，随时与我们进行沟通和互动。

③ 个人购买的读者，请提供含有书名的购书凭证，如发票、网络交易信息，以及购书地点和本人工作单位来索取。

微信号

公众号

反侵权盗版声明

电子工业出版社依法对本作品享有专有出版权。任何未经权利人书面许可，复制、销售或通过信息网络传播本作品的行为；歪曲、篡改、剽窃本作品的行为，均违反《中华人民共和国著作权法》，其行为人应承担相应的民事责任和行政责任，构成犯罪的，将被依法追究刑事责任。

为了维护市场秩序，保护权利人的合法权益，我社将依法查处和打击侵权盗版的单位和个人。欢迎社会各界人士积极举报侵权盗版行为，本社将奖励举报有功人员，并保证举报人的信息不被泄露。

举报电话：(010) 88254396；(010) 88258888
传　　真：(010) 88254397
E－mail ：dbqq@phei.com.cn
通信地址：北京市万寿路 173 信箱
　　　　　电子工业出版社总编办公室
邮　　编：100036